KB212171

신약의 메시지

일러두기:

· 본문에 사용된 성경 구절은 『성경전서 개역개정판』을 인용했으며, 본문에 언급한 구절 가운데 일부 게재했습니다.

· 본문의 이미지는 위키피디아의 퍼블릭 도메인을 사용했습니다.

신약의 메시지

다양한 신약성경 저자에서 발견하는 단 하나의 메시지

MEN
WITH
A
MESSAGE

존 스토트
스티븐 모티어 지음
김동규 옮김

아바서원

차례

서문

1950년 내가 올소울즈 랭함플레이스에 교구 목사로 부임한 직후, (내게 목사 안수를 주고 나를 교구 목사로 세워준) 윌리엄 원드 감독이 1954년에 간행될 '런던 감독의 사순절 책(The Bishop of London's Lent Book)' 집필을 의뢰했다. 그 결과물이 바로 이 책이다. 이 책은 나의 첫 저작으로, 그 후 2년 뒤 「복음주의의 기본진리」(Fundamentalism and Evangelism, IVP 역간), 4년 뒤 「기독교의 기본진리」(Basic Christianity, 생명의말씀사 역간) 그리고 「그리스도가 보는 교회」(What Christ Thinks of the Church, 생명의말씀사 역간)가 연이어 출간되었다.

1950년대 초에 나는 성경의 신적 성격과 인간적 성격 사이의 관계, 그리고 성경 영감설 등에 대해 많은 책을 읽고 연구했다. 특히 신적 영감이라는 독특한 과정이 각 신약 저자들의 개성을 결코 훼손하지 않는다는 사실에 매우 감동받았다. 나는 1954년판 서문에 다음과 같이 썼다. "성령께서는 각각의 성경 저자들을 통해 개별적으로 적절한 진리를 전달하기 위해 그들을 먼저 준비시키시고, 각자의 성장배경, 경험, 기질, 개성 등을 사용하셨다." 바로 이것이 이 책의 기본 주제다.

40년이 지난 지금, 개정 요청을 흔쾌히 수락해 준 스티븐 모티어의 수고를 통해 이 책이 '부활'하게 된 것을 진심으로 고맙게 생각한다. 그의

6

노고가 없었다면 이 책은 다시 나오지 못했을 것이다. 그는 원저작의 주제와 내용을 최대한 보존하려고 노력하면서도 원작보다 좀 더 쉬운 문체로 다듬고 내용을 확대하며 새롭게 했다. 그는 뛰어난 전문성과 세심함으로 이 작업을 마무리했다.

　나는 다소 고루하고 빡빡했던 초판보다 이 개정판이 훨씬 읽기 편해졌다고 확신한다.

1994년 부활절에

John Stott.

머리말

내가 존 스토트 목사의 첫 저작 개정판 작업에 참여한 것은 엄청난 특권이었다. 이 책이 처음 출간되었을 때, 그는 런던 올소울즈 랭함플레이스 교회의 교구 목사로 부임한 지 얼마 되지 않았고 나는 초등학교에 입학하기 전이었다. 이 책이 올소울즈 교회에서 존 스토트가 전한 설교 시리즈에서 시작됐다는 사실은 당시 교인들이 얼마나 양질의 설교를 받아 누렸는지를 말해준다. 이 책의 초판은 내 후배 세대들이 말하는 이른바 '빈티지 스토트'의 전형적 특징을 보인다. 활기차면서도 까다로운 문제에 표현된 날카로운 지적 엄밀성과 분석력 그리고 본문에 대한 포괄적인 지식 등이 바로 그것이다. 서점에 마땅한 복음주의적 저술이 거의 없던 시기에 영국과 미국에서 이 책이 오랫동안 쇄를 거듭하고 다양한 판본이 출간되면서 복음주의자들에게는 최고의 신약개론서로 통했다. 이 책 덕분에 목사 안수 시험의 신약 과목을 통과할 수 있었다고 말한 영국 국교회 교구 목사도 있었다.

나는 이 개정판에 초판의 좋은 점들을 고스란히 담도록 노력했다. 개정판의 목적은 문체를 현대적으로 다듬고, 최신 성경 연구를 반영하며, 독자들이 좀 더 쉽게 읽을 수 있는 형태로 만드는 데 있다. 그는 개정을 하는 데에 내게 최대한 자유를 허락했지만, 나는 그의 분석과 강조점들을 손대지 않고 그대로 두려고 노력했다. 기본적으로 초판의 목차 구조를 그대로 유지하면서, 자료들을 보충하고 1950년대의 딱딱한 문체를 부드럽게 다듬었을 뿐이다. 그리고 초판에는 없었던 마가와 마태에 대한 장을 추가했으며, 처음부터 약간 어울리지 않았던 예수에 관한 장을 뺐다.

원제인 'Men with a Message'는 오해의 소지가 조금 있다. 이것은 신약의 각 저자들 사이에 아무런 차이 없이 동일한 메시지를 전한다는 의미가 아니다. 사실 이 책의 주된 목적 가운데 하나는 각 신약 저자들의 다양성을 연구하는 것이다. 그들은 다양한 배경, 성격, 경험들을 소유한 사람들이었고 그들의 글은 바로 그러한 특성을 반영한다. 예를 들어 복음서의 경우, 복음서 저자들은 의도적으로 처음부터 각자의 목적과 관심사에 따라 서로 보완하려고 한 것 같다. 즉 마태복음은 마가복음의 내용을 상당히 확장시켰고, 누가복음은 마태복음과 마가복음의 자료들을 인용하면서도 새로운 주안점들을 소개해 내용을 추가했으며, 요한복음은 내용과 영적 깊이에서 나머지 세 복음서가 다루지 못한 예수의 모습을 묘사하고 있다. 이렇듯이 신약의 각 저자들은 각자 독특성을 갖고 있다. 그들은 모두 하나님이 택한 사람들이며 여러 경험을 통해 인격이 형성되었고, 성령의 능력으로 예수에 관한 혁명적인 복음을 이해했고 이후로 그들이 직면한 다양한 상황 속에서 복음을 전하고 삶에 적용했다.

그러나 그들이 각각 전한 메시지는 여러 가지 메시지가 아닌, 단 하나의 동일한 메시지였다. 그들은 모두 다양한 상황 가운데서 그리스도 안에서 구원하시는 하나님의 은혜라는 한 가지 메시지를 전한다. '복음'은 다른 단어로도 표현되고 다양한 필요에 적용되기도 하지만, 모든 시대와 장소의 모든 사람을 위한 단 하나의 메시지만을 포함한다. 신약 저자들의 다양한 차이점이 이 책에서 강조하는 부분이지만, 그 안에서 또한 다음과 같은 통일성이 드러나길 기대한다.

- 하나님으로부터 멀어지고 죄로 인해 고통받는 세상의 필요에 대한 통일된 인식
- 세상을 악에서 구원하시고 하나님과 화해시키기 위해 행동하신 하나님의 계획에 대한 일치된 믿음
- 세상의 구원자가 되시도록 지명하시고 기름 부으신 예수 그리스도에 관한 하나님의 계획에 대한 일치된 주안점
- 단지 예수를 통해서가 아니라 그 안에서 직접 행하시는 하나님의 개입에 대한 일치된 믿음

• 우리가 하나님 그분의 생명을 얻도록 십자가에서 죽으셨다가 다시 부활하신 예수 그리스도를 높이는 일치된 믿음

위와 같은 요소들은 신약의 '저자들'이 기록한 모든 글에 다양한 방법으로 표현되어 있으나 본질은 동일하다. 단 한 경우에만 빠진 부분이 있다. 야고보가 쓴 짧은 서신서에는 우리를 구원하시기 위해 인간과 동등됨을 취하신 그리스도의 죽음에 대한 언급이 전혀 없다. 그러나 그 믿음은 야고보가 전한 '메시지'와 모순되는 것은 아니다. 야고보가 그리스도의 죽음을 부인했는가? 결코 그렇지 않다. 그랬다면 야고보는 그렇게 오랫동안 예루살렘 교회를 이끌어 갈 수 없었을 것이다. 야고보서는 당장의 관심사를 다룬 서신서로, 그 문제들은 십자가에 대한 언급 없이도 해결될 수 있었다.

사실 야고보서뿐만이 아니다. 유다서도 그리스도의 죽음을 언급하지 않는다. 유다는 이 책에서 다루지 않는 유일한 신약 저자다. 유다서는 분량이 아주 적지만, 신약의 다른 책들만큼 강력하고, 독특하며, 설득력 있고 흥미롭다. 하지만 바울이나 누가에 대해서도 겨우 한 장만 할애했기에 우리가 유다를 따로 다루지 않더라도 그가 이해해 주리라고 생각한다. 어쨌든 바울과 누가는 신약의 절반을 쓴 저자들이 아닌가!

우리는 성경을 더 깊이 이해하고 사모하도록 그리스도인들을 인도하는 데 이 책이 중요한 역할을 하길 기도하고 소망한다. 존 스토트 목사와 나에게 성경은 매우 소중하다. 존 스토트 목사는 올소울즈 교회에서의 초창기 사역 시절 이후 전 생애의 대부분을 성경과 관련한 책을 저술하고 섬기는 데 바쳤고, 나 역시 반평생 통찰과 열정으로 신약성경을 가르치는 데 매진했다.

최소한 머리말에서만큼은 유다가 맺음말을 하게 하고 싶다. "성도에게 단번에 주신 믿음의 도를 위하여 힘써 싸우라"(3절)는 유다의 격려에 순종하며, "우리 구주 홀로 하나이신 하나님께 우리 주 예수 그리스도로 말미암아 영광과 위엄과 권력과 권세가 영원 전부터 이제와 영원토록 있을지어다 아멘"(25절)이라고 그와 함께 노래하길 우리는 원한다.

존 스토트 목사와 나는 이 책의 출간을 위해 충고해 주고 헌신해 준 팀 도울리와 피터 위아트에게 감사를 전한다. 그들의 기획, 조언, 능력 그리고 헌신이 없었다면 이 책은 새롭게 나올 수 없었을 것이다.

1994년 1월, 성 바울 개종 주일에

스티븐 모티어

마 가 와
그 의 메 시 지

"무리와 제자들을 불러 이르시되
누구든지 나를 따라오려거든
자기를 부인하고 자기 십자가를 지고
나를 따를 것이니라" (막 8:34)

「성 마가」, 프란스 할스, 약 1625-1630년. 68X52cm. 캔버스에 유화. 개인 소장.

마가복음은 제자들을 위한 복음이다. 마가는 다른 복음서 저자들과 마찬가지로 독자들이 "하나님의 아들 예수 그리스도"(막 1:1)를 이해하게 되기를 바랐다. 그러나 마가는 단지 그리스도에 대해 설명하는 것으로 그치지 않는다. 마가의 드라마에서 예수가 주인공이지만 그의 제자들 또한 그다음으로 중요한 등장인물이다.

마가복음 전체에서 마가의 관심은 제자도이다. 제자의 특권, 장애물, 위험, 도전 그리고 그 밖의 복잡한 사실들을 다룬다. 이는 마가복음이 특별히 강조하는 부분이다. 마가는 예수의 첫 추종자들이 제자로서의 걸음을 내딛는 과정이 얼마나 힘들었는지, 또한 이해력도 부족하고 순종함에도 더 없이 연약한 그들을 예수께서 얼마나 인내심을 갖고 감내했는지를 매우 인간적이면서도 고무적으로 묘사하고 있다. 곧이어 설명하겠지만, 마가의 이러한 강조는 분명 그리스도인으로서 마가 자신의 경험에서 나왔을 것이다.

획기적인 저작

마가복음은 사복음서 중 가장 먼저 기록되었고, 나머지 복음서 저자들이 그의 유형을 따르도록 새로운 지평과 길을 열었을 것이다. 이전에 이와 같은 책이 나온 적이 없었기 때문에 마가의 공헌은 엄청나다. 예수에 대한 마가의 기록은 다른 유명한 고대 위인의 전기와 여러 면에서 두드러진 차이점을 보인다.

- 마가는 처음부터 자신이 다루는 소재가 단순히 인간이 아니라 '하나님의 아들'임을 공표한다.
- 마가는 자신이 쓴 글을 '복음'이라는 새로운 이름으로 분류한다(1:1).
- 마가는 주인공의 출생이나 어린 시절에 대해 별다른 언급을 하지 않는다.
- "예수께서 가르치셨다"라고 자주 언급하면서도 그 가르침의 내용은 의외로 자세히 기록하지 않는다(예. 1:38-39; 2:2).
- 마가는 그의 책의 약 3분의 1을 예수의 죽음에 대한 이야기에 할애한다.
- 마가의 기록은 놀랍게도 길지 않다. 그에게는 '하나님의 아들'에 대해 기록할 내용이 열여섯 장밖에 없었던 것일까?
- 마가가 이 짧은 분량의 책에서 주인공 예수가 아니라 그의 주위에 모여든 제자들에게 초점을 둔 이유는 무엇일까?

위와 같은 특징들 때문에 그 당시의 전기들 중 예수에 관한 마가의 기록은 가히 독보적이다. 다른 복음서 저자들은 이런 생략된 부분들을 일부 보완했다. 실제로 마태와 누가는 마가복음의 내용을 대부분 재사용하면서 특별히 예수의 탄생 이야기를 덧붙이고 그의 가르침에 관해 더욱 자세히 기록했다. 그 결과 마태복음과 누가복음은 마가복음에 비해 훨씬

막 1:1   하나님의 아들 예수 그리스도의 복음의 시작이라
막 1:38-39 이르시되 우리가 다른 가까운 마을들로 가자 거기서도 전도하리니 내가 이를 위하여 왔노라 하시고 이에 온 갈릴리에 다니시며 그들의 여러 회당에서 전도하시고 또 귀신들을 내쫓으시더라
막 2:2   많은 사람이 모여서 문 앞까지도 들어설 자리가 없게 되었는데 예수께서 그들에게 도를 말씀하시더니

더 길다. 특히 누가복음은 마가복음의 두 배 분량이다. 그러나 이러한 사실들만으로는 마가가 왜 이렇게 놀라운 작품으로 길을 닦았는지 이해하기가 쉽지 않다.

그러한 질문들에 대한 대답은 마가 자신의 경험을 통해 얻을 수 있을지 모른다. 마가는 어떤 사람이었을까?

인간 마가

다른 복음서 저자들과 마찬가지로 마가 역시 자신이 기록한 복음서에 자신의 정체를 드러내려고 애쓰지 않았다. 마가는 자신의 이름조차 언급하지 않는다. 그러나 다른 이들이 간절히 저자의 이름을 기록하고자 했

기에 초창기부터 '마가가 기록한'이라는 어구가 붙여졌다. 만약 마가복음의 저자에 대한 의구심이 널리 퍼져 있었다면, 시간이 흐르면서 분명 초대교회의 다른 명성 있는 인물로 확정되었을 것이다. 그러므로 우리는 마가복음의 저자가 마가임을 확신할 수 있다. 다행히 우리는 성경을 통해 쉽게 마가복음의 저자를 밝힐 수도 있고, 신약성경의 증거 덕분에 마가에 대해 훌륭한 설명을 할 수 있다.

성마가 수도원 | 동예루살렘에 위치한 시리아정교회 수도원인 이곳은 마가의 어머니 마리아의 집이었던, 고대 유적지이자 기독교 첫번째 교회로 알려져 있으며, 큰 다락방이 있었다. 수도원은 1940년까지 7차례 재건되었다.

1. 마가는 초대교회의 일원이다

의심할 여지없이 마가는 사도행
전 12장 12절과 25절에서 언급된
"마가라 하는 요한"이다. 당시 이
름이 두 개인 것은 특별한 의미가
있는 것이 아니라 단지 이중언어
사용자임을 나타낸다. 마가의 경
우, 이름 중 하나가 '마가'라는 라

마가의 다락방 | 다윗의 묘 위에 있는 마가의 다락방은 최후의 만
찬을 했던 장소로 여겨지기도 한다.

틴어인 사실은 그의 가족 배경이 팔레스타인에 주둔한 로마군과 관련이
있음을 암시할 수도 있다. 마가의 라틴어 배경은 마가복음에서 그가 라
틴어 단어를 일부 사용한 사실에서 추측해 볼 수 있다(18쪽 박스글 참조).

사도행전 12장에는 마가의 어머니 마리아의 집에 모여 감옥에 있는
베드로를 위해 기도하는 교회의 모습이 나온다. 이 집은 분명 초기 예루
살렘 교회 역사에서 매우 중요한 역할을 했다. 베드로가 감옥에서 기적
적으로 풀려났을 때 그곳으로 곧장 달려갔다. 틀림없이 교회를 찾아간
것이다. 규모가 제법 큰 집이었을 것이고, 마가의 집안은 최소한 여종 한
명을 둘 정도로 부유했을 것이다. 베드로가 대문 앞에 왔을 때, 흥분한
나머지 문을 미처 열지 못하고 달려 들어간 로데라는 여종이 그 예다. 어
떤 학자들은 그 집이 최후의 만찬을 했던 유명한 "큰 다락방"(막 14:15)이
있는, 예수께서 승천하신 후 교회가 모였던(행 1:3) 바로 그 집이라고 추
측하기도 한다.

행 1:3   그가 고난 받으신 후에 또한 그들에게 확실한 많은 증거로 친히 살아 계심을 나타내사 사
         십 일 동안 그들에게 보이시며 하나님 나라의 일을 말씀하시니라

라틴어에 어원을 둔 마가복음의 용어

마가복음의 독특한 특징 가운데 하나는 별다른 설명 없이 라틴어 용어를 자주 사용한 것이다.

- Legion(군대, 막 5:9)
- Centurion(백부장, 막 15:39)
- Praetorium(브라이도리언, 막 15:16): 여기서 마가는 헬라어 단어 '뜰'을 설명하기 위해 라틴어를 덧붙인다.
- Executioner(시위병, 막 6:27): 여기서 마가가 사용한 단어는 군경찰을 의미하는 전문 용어다.
- Penny(고드란트, 12:42): 마가가 언급한 이 동전은 로마제국의 절반인 라틴어를 사용하던 서부 지역에서만 유통되었다.

마가는 헬라어로 기록했지만 라틴어에 대한 지식을 무심결에 드러내고 있다. 이는 마가 자신이 서부, 특히 로마의 독자들을 염두에 두고 마가복음을 기록했다는 사실을 분명히 보여준다.

2. 마가는 예수의 죽음과 부활을 목격했다

마가는 이전에 다른 곳에서 예수를 봤거나 그분에 대해 들었을지도 모른다. 그러나 마가가 예루살렘에 살았다면 분명 예수 사역의 마지막 사건들을 목격했을 것이다. 그러한 사건들이 젊은 마가에게 끼쳤을 영향력은 상상하기 어렵지 않다. 마가는 예수의 죽음이 지닌 의미를 묵상했다. 그리고 마가복음을 쓰면서, 예수의 죽음은 바로 이야기 전체의 핵심이 되었고, 마가복음 3장 6절에서 일찍 복선이 드러난다. 의도적으로 죽기 위해 예루살렘으로 가신 예수는 자신의 죽음을 자주 예언하셨고, 이

막 3:6   바리새인들이 나가서 곧 헤롯당과 함께 어떻게 하여 예수를 죽일까 의논하니라

신약 시대의
팔레스타인
60-70년

다메섹
수 리 아
두로
▲헤르몬 산
가이사랴
빌립보
돌레마이
갈릴리
가울라니티스
바타니아
드라고닛
갈릴리
호수
디베랴
아우라니티스
다볼 산
게바
데가볼리
가이사랴
거라사
사마리아
알렉산드리움
안디바드리
베뢰아
욥바
빌라델비아
유대
예루살렘
구브로
에스부스
아소도
가사
이두매
헤브론

● 수도
— 헤롯 왕국의 국경
● 데가볼리 도시
Ⅱ 헤롯의 성
— 주요 도로

죽음을 마가는 "많은 사람의 대속물"(10:45)이 되어줄 희생적 죽음으로 해석했다. 이제부터 우리는 마가의 메시지가 지닌 이 핵심적인 면에 대해 살펴볼 것이다.

분명 마가는 베드로와 비슷한 고통스런 과정을 겪었을 것이다(8장을 보라). 유대 민족을 하나님의 주권적 백성으로 회복시키고, 정복하고 승리하는 메시아라는 전통적 관념에서 시작했던 마가는 비로소 자신의 백성을 죄로부터 구원하기 위해 고난받고, 죽으시는 메시아를 보게 된다. 그는 "하나님의 아들, 예수 그리스도"시며, 그의 이야기는 모든 들을 귀 있는 자들에게 '복음'이었다(1:1).

3. 마가는 제자훈련 과정에서 실패를 경험했다

이 사실은 마가의 경험이 그의 복음서 기록에 어떤 영향을 끼쳤는지 이해하는 데 가장 중요하다.

바울과 바나바는 베드로가 감옥에서 풀려나왔을 당시 그 유명한 기도 모임이 있었던 마가의 집에 함께 있었다. 마가는 사실 바나바의 생질이었고(골 4:10), 바울과 바나바가 안디옥 교회로 돌아가기 위해 떠날 때, 마가를 함께 데리고 갔다(행 12:25). 이 일이 있은 직후 성령께서는 안디옥 교회를 통해 바울과 바나바를 험난한 새로운 선교지로 보내도록 인도하셨다(행 13:2-3). 그들은 구브로를 통해 바다를 건너 갈라디아의 로마 지역인 밤빌리아로 가서 복음을 전할 때, 마가를 수행원(행 13:5)으로 데리고 갔다.

그러나 그때, 마가는 더 이상 선교여행을 하지 않기로 하고 예루살렘으로 돌아가기 위해 바울과 바나바를 떠난다(행 13:13). 그 사건은 바울의 심경을 불편하게 했고, 이후 바울은 마가를 또다시 데리고 가는 것을 반대했다. "밤빌리아에서 자기들을 떠나 함께 일하러 가지 아니한 자를 데리고 가는 것이 옳지 않다"라고 생각했기 때문이다(행 15:38). 여기서 '떠나'라는 표현은 씨 뿌리는 자의 비유에서 돌밭에 뿌려진 씨에 대해 사용한 것과 동일한 단어다. "바위 위에 있다는 것은 말씀을 들을 때에 기쁨으로 받으나 뿌리가 없어 잠깐 믿다가 시련을 당할 때에 배반하는

행 12:25 바나바와 사울이 부조하는 일을 마치고 마가라 하는 요한을 데리고 예루살렘에서 돌아오
니라

행 13:5 살라미에 이르러 하나님의 말씀을 유대인의 여러 회당에서 전할새 요한을 수행원으로 두
었더라

행 13:13 바울과 및 동행하는 사람들이 바보에서 배 타고 밤빌리아에 있는 버가에 이르니 요한은
그들에게서 떠나 예루살렘으로 돌아가고

자요"(눅 8:13). 바울은 마가를 그렇게 여겼다. 시련 앞에서, 마가는 '배반함'으로 뿌리가 없고, 성령의 부르심에 순종하려는 마음이 없는 제자로 비춰진 것이다.

우리는 마가가 포기한 이유를 알지 못한다. 밤빌리아는 지대가 낮고 열병이 유행했던 지역이었고, 그들은 비시디아로 가는 험난한 여정을 앞두고 있었다. 마가는 바로 직전에 바보에서 마술사 엘루마와 대적하며 정서적으로 진이 빠진 상태였다(행 13:6-12). 게다가 그는 앞으로 일어날 일들을 어느 정도 직감하고 있었는지도 모른다. 만약 바울과 바나바와 동행했다면, 그는 바울이 돌에 맞아 거의 죽을 뻔한 루스드라에서 똑같은 박해를 당했을 것이다(행 14:19). 마가는 이런 위험과 긴장감을 도무지 감당할 수 없어서 결국 예루살렘으로 도망치듯 돌아간 것처럼 보인다. 그는 다소 겁이 많고 향수병에 약한 젊은이였다고 추정해 볼 수 있다.

역사는 되풀이되는 특성이 있다. 마가복음 14장 51-52절에서 묘사하는 그 청년이 바로 마가였을까? 전통적으로는 마가라는 의견이 대부분이다. 그렇다면 또다시 제자도의 도전에 제대로 맞서지 못하면서, 그가 밤빌리아에서 느꼈을 낭패감을 상상하기란 어렵지 않다. 그러나 그는 이러한 경험을 갖고 복음서를 기록하면서 제자도를 어려워하는 사람들에게 특별한 격려의

요단강 | 갈릴리 호수 남쪽에 있는 요단강. 광야에서 설교를 하고 요단강에서 세례를 하던 세례 요한과 함께 마가복음이 시작된다.

행 14:19   유대인들이 안디옥과 이고니온에서 와서 무리를 충동하니 그들이 돌로 바울을 쳐서 죽은 줄로 알고 시외로 끌어 내치니라

메시지를 줄 수 있게 되었다. 이제 우리는 제자도에 대한 마가의 가르침을 살펴볼 것이다. 그러나 먼저 마가 자신의 경험과 정확히 들어맞는 두 가지 특징을 언급하는 것이 좋겠다.

마가는 제자들이 예수를 따르며 느꼈던 두려움에 대해 유일하게 강조한다

마태와 누가는 마가가 이런 두려움을 언급하는 세 부분에서 그의 표현을 좀 누그러뜨리거나 완전히 생략한다.

- 마가복음 4장 40-41절에서 마가는 예수께서 광풍을 잠잠케 하시는 것을 보고 제자들이 "심히 두려워했다"(매우 강력한 표현을 사용했다)고 표현한다. 그리고 제자들을 두렵게 했던 것은 단지 파도치는 물결이 아니라 예수의 어마어마한 능력과 위대함에 대한 깨달음이었다고 매우 인간적으로 설명하고 있다.
- 마찬가지로 마가복음 10장 32절에서 마가는 제자들이 예수를 따라 예루살렘으로 가면서 "놀라고", "두려워했다"고 기록한다. 예수께서 곧 자신이 당하게 될 고난과 죽음에 대해 강조하기 전인데도 말이다(10:33-34).
- 가장 놀라운 사실은 마가가 복음서 기록을 마치면서 당혹감과 두려움을 표현했다는 것이다. 예수께서 부활하셨다는 소식을 듣고 여자들이 보인 반응을 설명하는 부분에서 그것을 알 수 있다. 여자들은 부활하신 예수께서 갈릴리에서 제자들을 만나실 것이라는 메시지를 전하라는 명령을 듣는다. 그러나 여자들은 "몹시 놀라 떨며 나와 무덤에서 도망하고 무서워하여 아무에게 아무 말도 하지 못했다"(16:8).

초창기부터 성경 필사자들은 이 부분이 마가복음에서 가장 부적절한 결말이라고 생각하여 다른 대안들을 제시했다. 성경을 옮겨 적는 과정에서 마가복음 원본의 결말 부분이 소실되었을 가능성도 분명히 있다. 그

벌거벗은 제자가 마가였을까?

겟세마네에서 벗은 몸에 베 홑이불(겉옷을 의미한다 — 옮긴이)을 두르고 예수를 따라가다가 산헤드린 공회 사람들이 예수와 함께 그를 체포하려고 하자, 벗은 몸으로 도망간 청년이 바로 마가 자신이라는 것이 전통적인 견해다. 아래의 세 요소가 그 청년이 마가임을 뒷받침한다. (물론 이 가운데 어떤 것도 결정적인 증거는 아니다.)

- 이 사건은 마태와 누가가 자신의 복음서에 포함시키지 않은 미미한 일화 중 하나다. 마치 그들이 마가가 이 일화를 자신의 복음서에 넣은 특별한 이유를 알았던 것처럼 말이다.
- 마가의 집에서 최후의 만찬이 있었다면, 마가 역시 예수와 다른 제자들과 함께 따라나섰음을 쉽게 상상할 수 있다. 예수께서 하룻밤을 묵지 않고 떠나셨다는 뜻밖의 소식을 들었을 때, 마가는 이미 잠자리에 있다가 그렇게 허겁지겁 옷을 입고 뒤따라 나섰을지도 모른다.
- 예수를 따라나섰던 그 청년은 분명 부유했을 것이다. '베 홑이불'을 두르고 있었기 때문이다. 일반적으로 그런 겉옷은 모직으로 만들었다. 그렇게 값비싼 겉옷을 거리낌 없이 버리고 벌거벗은 채 도망갔다는 사실은 그가 느낀 공포감을 강조한다.

확실히 알 수는 없지만, 기존의 해석이 정확하다면, 마가가 연약하고 확신이 없었던 제자들을 향해 그렇게 동정심을 보여주었던 이유를 이 사건을 통해 훨씬 분명히 이해할 수 있게 된다.

러나 마가복음의 고대 헬라어 사본을 볼 때, 확실히 그 대안들 중 어느 것도 원본이 아니다. 그리고 사실 두려움으로 끝을 맺는 것은 예수의 제자들의 인간적 연약함에 대해 마가복음이 전체적으로 묘사하는 것과 들어맞기 때문에 마가가 그렇게 충격적인 방법으로 자신의 복음서를 마무리했을 가능성도 있다.

마가는 예수께서 제자들의 믿음이 아직 불완전함에도 기꺼이 그들을 신뢰하고자 하셨음을 유일하게 강조한다

마가복음 6장 7-13절에서 예수는 열두 제자를 보내시며 자신의 이름으로 복음을 전하고 치유할 수 있는 권능을 주셨다. "제자들이 나가서 회개하라 전파하고 많은 귀신을 쫓아내며 많은 병자에게 기름을 발라 고치더라"(6:12, 13). 그리고는 "사도들이 예수께 모여 자기들이 행한 것과 가르친 것을 낱낱이 고하니"(6:30). 이 두 구절을 보면, 언뜻 제자들이 영적 거인처럼 보인다. 그러나 곧바로 이어지는 이야기에서 그들의 진짜 모습이 드러난다.

그 마음이 둔하여졌고(6:52), 깨달음도 없었으며(7:18), 그들의 기억력도 짧았다(8:2-5; 6:35-38과 비교하라). 그래서 예수는 그들에게 이렇게 호소하신다. "아직도 알지 못하며 깨닫지 못하느냐 너희 마음이 둔하냐 너희가 눈이 있어도 보지 못하며 귀가 있어도 듣지 못하느냐 또 기억하지 못하느냐"(8:17-18).

심지어 제자들이 예수께 '그리스도이심'을 마침내 고백할 때조차(8:29), 그들은 이제 막 첫걸음을 뗀 것이었다. 기도(9:28-29; 11:21-25),

「베드로의 말에 따라 복음서를 쓰는 마가(St. Mark writes his Evangelium at the dictation of St. Peter)」 파스쿠알 오티니. 17세기. 캔버스에 유화. 243X169cm. 보르도미술관. 보르도.

막 6:52 이는 그들이 그 떡 떼시던 일을 깨닫지 못하고 도리어 그 마음이 둔하여졌음이러라

막 7:18 예수께서 이르시되 너희도 이렇게 깨달음이 없느냐 무엇이든지 밖에서 들어가는 것이 능히 사람을 더럽게 하지 못함을 알지 못하느냐

막 8:29 또 물으시되 너희는 나를 누구라 하느냐 베드로가 대답하여 이르되 주는 그리스도시니이다 하매

겸손(10:13-16), 자기희생(10:26-31) 그리고 지위(9:38-39; 10:35-45)에 대해 그들은 뼈아픈 가르침을 받아야 했다. 이후 마가는 제자들의 진전된 모습을 거의 보여주지 않는다. 겟세마네 동산에서 베드로, 야고보 그리고 요한은 기도에 전념하는 대신 잠들어 버린다(14:37-42). 되돌아와 예수를 따라가던 한 제자는 다시 그분을 큰 소리로 부인한다(14:71).

이 모든 것에 비추어 볼 때 우리는 마가 자신의 경험을 추측할 수 있다. 마가는 예수의 첫 제자들 속에 있는 모순된 동기들을 직접 경험했다. 한편으로 제자들은 예수께 마음을 빼앗겼다. 예수의 특별한 능력을 직접 체험했고(6:13), 그분을 '그리스도'로 인식했으며(8:29), 그분을 따르기 위해 모든 것을 버렸고(10:28), 기꺼이 그분을 위해 목숨을 버릴 준비가 되어 있었다(14:31). 그러나 반면 그들은 예수에 대해 줄곧 어리둥절했고 놀라움을 그칠 줄 몰랐다. 그런 나머지 마가는 예수에 대해 인식하는 데에는 제자들이나 바리새인들이 별 차이가 없다는 결론을 내릴 정도였다(8:11-21). 앞서 언급했듯이, 제자들은 종종 두려움에 떨었고 마침내는 완전히 예수를 버리고 도망가 버린다.

따라서 마가는 이렇듯 그리스도를 따름에 어려움을 느끼는 모든 이들에게 동정심을 품고 말한다. 그렇다면 결국 마가는 끝까지 제자의 길을 걸을 수 없다고 절망할까? 이제 마가복음을 이해하는 데 도움을 줄 '인간 마가'의 네 번째 특성에 대해 알아보자.

막 14:71 그러나 베드로가 저주하며 맹세하되 나는 너희가 말하는 이 사람을 알지 못하노라 하니
막 6:13 많은 귀신을 쫓아내며 많은 병자에게 기름을 발라 고치더라
막 10:28 베드로가 여짜와 이르되 보소서 우리가 모든 것을 버리고 주를 따랐나이다
막 14:31 베드로가 힘있게 말하되 내가 주와 함께 죽을지언정 주를 부인하지 않겠나이다 하고 모든 제자도 이와 같이 말하니라

4. 마가는 베드로와 바울의 동역자가 되었다

마가의 이야기는 실패로 끝나지 않는다. 마가가 예루살렘에 돌아온 후 얼마나 오래 그곳에 머물렀는지는 알려진 바 없다. 그러나 사도행전 15장에서 사도들의 모임 이후 마가가 바나바와 바울과 함께 안디옥에 돌아온 사실을 발견하게 된다. 바울은 그동안 방문했던 교회들로 다시 돌아가는 길에 마가를 데리고 가기를 거부했다. 하지만 바나바는 바울과의 동역 관계가 깨지는 희생을 치르면서까지, 고맙게도 마가를 그가 실패한 장소인 구브로로 데려가 다시 선교 사역에 동참하도록 돕는다(행 15:38-39).

우리는 이후 네 권의 신약 서신서에서 마가가 언급될 때까지 그의 소식을 듣지 못한다. 골로새서와 빌레몬서를 기록할 당시(약 10-12년 후), 마가는 바울과 함께 있었다. 이때 바울은 마가를 "나의 동역자"(몬 24절; 골 4:10과 비교하라)라고까지 칭한다. 그후 마가는 바울이 죽기 직전에 쓴 것으로 보이는 마지막 서신서에서 빛나는 증언을 듣는다. 바울은 디모데에게 다음과 같이 말한다. "…네가 올 때에 마가를 데리고 오라 그가 나의 일에 유익하니라"(딤후 4:11). 분명 바울과의 깨졌던 관계는 완전히 회복된 것이다.

마침내 베드로전서 5장 13절에서 마가는 다시 등장한다. 베드로는 "본도, 갈라디아, 갑바도기아, 아시아와 비두니아"(벧전 1:1)의 그리스도

행 15:38-39 바울은 밤빌리아에서 자기들을 떠나 함께 일하러 가지 아니한 자를 데리고 가는 것이 옳지 않다 하여 서로 심히 다투어 피차 갈라서니 바나바는 마가를 데리고 배 타고 구브로로 가고

몬 1:24 또한 나의 동역자 마가, 아리스다고, 데마, 누가가 문안하느니라

골 4:10 나와 함께 갇힌 아리스다고와 바나바의 생질 마가와 (이 마가에 대하여 너희가 명을 받았으매 그가 이르거든 영접하라)

벧전 5:13 택하심을 함께 받은 바벨론에 있는 교회가 너희에게 문안하고 내 아들 마가도 그리하느니라

인들에게 마가의 안부 인사를 전하면서 따뜻하게 "내 아들"이라는 호칭을 사용한다.

이 모든 편지들은 아마도 로마에서 썼을 것이다. 분명 로마에서 마가는 베드로, 바울과 함께 사역했고, 두 사람 모두에게 신뢰와 사랑을 받는 동역자가 되었다. 확실히 그 무렵 마가는 믿음이 연약해져서 당시 도망쳤던 그 장소인 갈라디아와 소아시아 지역 교회에서 이미 잘 알려진 인물이었다. 바나바가 조카 마가를 돌봤음을 뒷받침하는 증거는 수없이 많다. 마가는 자신의 두려움을 직면해 극복했고 기독교 사역에 충분히 '유익한' 사람이 되었다.

마가뿐만이 아니었다. 베드로 역시 실패를 극복하고 초대교회의 기틀이 된 '반석'이 되었다. 마가는 다른 제자들보다도 베드로의 실패를 강조한다. "다 버릴지라도 나는 그리하지 않겠나이다… 내가 주와 함께 죽을지언정 주를 부인하지 않겠나이다…"(14:29, 31). 그리고 나서 마가는 섬뜩하면서도 연민과 역설이 담긴 문체로 예수의 예언, 즉 베

갈릴리 호숫가 | 세례 요한의 감옥에 갇힌 후 예수는 갈릴리로 들어갔고, 사역의 많은 부분이 갈릴리 호수와 가버나움의 마을에서 이루어졌다.

드로가 예수를 세 번 부인한 사건을 기술한다(14:66-72). 베드로의 부인은 점점 더 단호해진다. 마침내 베드로는 다음과 같이 맹세한다. "베드로가 저주하며 맹세하되 나는 너희가 말하는 이 사람을 알지 못하노라"(14:71).

베드로와 마가의 우정은 실패와 회복을 같이 겪으면서 더 견고해졌을지도 모른다. 복음서 자체가 이런 공통된 경험을 통해 나왔을 가능성도 꽤 큰 편이다. 오래전부터 사람들은 마가의 복음서가 베드로의 설교에 기초했다고 믿었다. 그런 견해는 130년경 히에라폴리스의 주교 파피아스가 가장 먼저 주장했다. 2세기경 리옹의 주교 이레나이우스가 그 견해를 지지했는데, 마가가 베드로의 죽음 후 로마에서 설교 한 편을 기록했을 것이라는 의견을 덧붙였다. 200년경, 알렉산드리아의 클레멘트는 마가가 베드로의 설교를 들은 사람들로부터 그것을 기록으로 남기도록 부탁받았다는 설을 제안했다.

사건의 순서는 명확하지 않지만, 적어도 다음과 같은 사실들은 확실히 알 수 있다.

- 마가는 로마에서 일정 기간 베드로와 동역했다.
- 마가복음에서는 다른 제자들보다 베드로가 유독 부각된다.
- 마가복음은 서부 사람들, 아마도 로마인들을 대상으로 기록되었을 것이다 (18쪽 박스글 참조).
- 마가복음은 특히 고난과 박해에 직면해 있는 그리스도인들에게 격려가 되었을 것이다.

위와 같은 견해들을 근간으로 미국의 신학자 윌리엄 레인은 마가가 베드로의 설교 내용을 바탕으로 복음서를 기록했다는 전통을 신중히 받아들였다. 그는 또한 마가가 65년경 네로 황제의 박해에 직면한 로마 교회를 위해 특별히 마가복음을 기록했다는 견해를 제시했다. 베드로도 바로 이 시기에 순교했을 가능성이 크다.

마가복음이 베드로의 설교를 기초로 기록되었다면, 마가복음만의 놀라운 몇 가지 특징들을 이렇게 설명할 수 있다.

- 분량: 마가는 단순히 베드로가 활용했다고 전해 들은 소재들만 사용했다. 마가는 누가처럼 더 자세한 조사를 하지 않았다.
- 시작: 확실히 베드로는 사역 기간 내내 예수의 탄생과 어린 시절에 관한 이야기를 하지 않았다. 고넬료에게 예수의 사역을 간략히 설명할 때, 베드로는 "요한이 그 세례를 반포한 후에 갈릴리에서 시작하여"라고 간략하게 언급했을 뿐이다(행 10:37).
- 이름: 마가가 자신이 기록한 책을 '복음(Gospel)'이라는 이름으로 부른 것은 베드로와 다른 사도들이 설교한 것으로 알려진 '예수 그리스도에 관한 복음(good news)'에서 기원했음을 반영한다.
- 초점: 베드로는 비록 범죄자처럼 십자가형으로 최후를 맞지만, 예수의 죽음을 강조한 마가의 뒤편에서 예수가 진정 '그리스도시요 살아 계신 하나님의 아들'임을 유대인에게 선포하는 베드로의 목소리를 우리는 들을 수 있다. 그분의 죽음은 성경 말씀을 성취했다!

· · · · · · · · · ·
기록자 마가

우리는 마가가 쓴 글만으로도 그가 어떤 사람인지 더 자세히 알 수 있다. 여기에서도 마가는 최초의 복음서 저자로서 손색이 없는 남다른 재능과 자질들을 보여준다. 특히 세 가지 특징이 두드러진다.

1. 마가는 타고난 문장가였다

마가는 생생하고 직설적이며 짜릿한 문체의 글을 쓴다. 마가는 짧은 헬라어 단어 '유투스(euthus)'를 마흔 번이나 즐겨 사용했다. '곧', '즉시', '바로', '그때 곧바로', '지체하지 않고' 등으로 번역되는 이 단어는 속도와 움직임에 대한 느낌을 전달한다. 마가는 또한 짧은 문장 속에 생생하면서도 정곡을 찌르는 효과적인 어휘를 구사함으로써 그 의미를 더욱 강조한다. 마가의 이야기는 사건의 흐름에 따라 빠르게 진행된다.

마가는 시각적으로 상세한 묘사를 통해 현장감 있게 장면을 전달하는 은사가 있다. 종종 마가는 마태나 누가가 빠뜨린 세부사항들까지 담아낸다. 예컨대 오직 마가만이 예수께서 "누구든지 내 이름으로 이런 어린아이 하나를 영접하면 곧 나를 영접함이요"를 말씀하실 때의 상황을 "어린아이 하나를 데려다가 그들 가운데 세우시고 안으시며 제자들에게 이르시되"(9:36)라고 자세히 묘사한다. 또한 부자 청년이 예수께 "선한 선생님이여 내가 무엇을 하여야 영생을 얻으리이까"라고 물었던 상황을 그가 "달려와서", "꿇어앉아" 질문했음을 덧붙여 상세히 설명한다 (10:17). 부자 청년을 향한 예수의 마음을 "예수께서 그를 보시고 사랑하사"(10:21)라고, 그리고 부자 청년의 반응을 "슬픈 기색을 띠고 근심하며 가니라"(10:22) 라고 세밀하게 묘사한 사람도 마가뿐이다.

이와 같은 예는 수없이 많다. 그런 방식으로 생생한 묘사를 담았기에 마가의 이야기는 마태복음이나 누가복음의 일화들보다 더 완성도 있는 형태를 띠고 있는 경우가 많다. 일례로, 야이로의 딸과 혈루증을 앓던 여인에 관한 이야기를 통계치로 서로 비교해 보자.

막 10:17　예수께서 길에 나가실새 한 사람이 달려와서 꿇어 앉아 묻자오되 선한 선생님이여 내가 무엇을 하여야 영생을 얻으리이까

- 마가는 두 일화를 395단어로 묘사하고 있다(막 5:21-43).
- 누가는 285단어를 사용하고 있다(눅 8:40-56).
- 마태는 단 138단어로 묘사하고 있다(마 9:18-26).

마가만의 일부 세부묘사로 인해 이야기에 '인간적인 느낌'이 가미된다.

- 야이로는 단순히 예수께 와달라고 '호소'한 것이 아니라 '간곡히' 요청했다 (문자 그대로 표현하면 '많은 말을 했다').
- 혈루증을 앓던 여인에 관해서도 "많은 의사에게 많은 괴로움을 받았고" "아무 효험이 없고 도리어 더 중하여졌던" 상황을 설명한다(5:26).
- 여인이 옷에 손을 대었을 때 예수는 "그 능력이 자기에게서 나간 줄을 곧 스스로 아시고" "무리 가운데서 돌이켜 말씀하시되 누가 내 옷에 손을 대었느냐"고 하셨다(5:30, 32).
- 예수께서 야이로의 집에 도착했을 때 그곳에는 "사람들이 울며 심히 통곡" 하고 있었다(5:38).
- 그때 예수는 "아이의 부모와 또 자기와 함께한 자들을 데리시고 아이 있는 곳에 들어가셨다"(5:40).
- 그러고 나서 마가는 특히 생생한 묘사를 덧붙이는데, 이와 같은 묘사를 다른 세 군데에서도 발견할 수 있다. 마가는 예수께서 원래 아람어로 명령하신 "달리다굼"(소녀야, 일어나라)이라는 표현을 그대로 쓰고 있다(5:41).

내러티브를 생생하게 전달하기 위해 문장가 마가가 사용한 또 하나의 표현법은 이른바 '역사적 현재' 서술기법이다. 이는 과거의 사건을 생동감 있게 묘사하기 위해 돌연 현재 시제를 사용하는 기법으로, 야이로와 그의 딸 이야기에서 야이로가 등장했을 때의 상황이 좋은 예다. 야이로는 예수 앞에 "와서" 예수를 보고 "발 아래 엎드리어 간곡히 구하여 이르되"에서 모두 현재 시제 동사를 사용했다. 이와 같이 마가는 이야기의 절정 부분에서도 현재 시제를 사용한다. 예수께서 야이로의 집에 도착했을 때, 예수는 '소란을 보시고' 통곡하는 자들에게 '말씀하신다.' 또 부모와 '들어가서' 소녀에게 '말씀하신'다.

모든 것을 종합해 볼 때 진정 마가는 출중한 문장가였다.

2. 마가는 매우 설득력 있는 이야기꾼이다

전체적으로 봤을 때 이런 자질은 상호보완적이다. 마가가 각각의 세부적인 이야기를 생생하고도 힘 있게 전달하는 것처럼 전체적으로 그는 자신의 복음서를 동일한 방법으로 기술한다.

초기 기독교 작가인 파피아스는 분명 이 부분에 대해 잘못 이해한 것 같다. 파피아스는 마가복음이 베드로의 설교에 기초했음을 논증하는 본문에서 "마가는 주님이 행하시거나 말씀하신 것에 대해 기억하는 모든 것을 정확하게 그러나 순서와는 관계없이 기록했다"고 한다. 이렇게 시간적 '순서'가 맞지 않는 것에 대해 파피아스는 '주님의 말씀들을 연결지어 기술'하지 않은 베드로 탓으로 돌리고 있다. 그래서 마가가 베드로의 영향으로 순서보다는 단지 내용을 일부라도 누락시키지 않으려고 했다는 것이다.

그렇다고 해서 마가복음이 전혀 관련 없는 기억의 파편들로 뒤섞여 있는 형태는 결코 아니다. 최근 학자들은 마가의 이야기를 과거 어느 때보다 더욱 분명하게 이해하게 되었다. 마가복음의 아름다운 문체와 그 풍성함에 대해서는 아직도 연구 중에 있다. 그런 주도면밀한 글쓰기를 통해 마가는 자신이 전달하고자 하는 메시지에 힘을 보탰다. 마가복음의 특색에 관해서는 몇 가지 더 언급해야 할 것들이 있다.

1장 1-15절의 도입 부분 이후의 마가복음은 뚜렷하게 두 부분으로 나뉘는데, 8장 27-30절은 이 둘을 구분하는 경첩 역할을 한다. 예수가 '그리스도'임을 밝힌 베드로의 고백은 그때까지의 내러티브에서 절정을 이룬다. 그러나 그것은 극적인 반전을 가져온다. "인자가 많은 고난을 받고 장로들과 대제사장들과 서기관들에게 버린 바 되어 죽임을 당하고… 비로소 그들에게 가르치시되." 장차 닥칠 고난에 대한 이런 언급은 전부터 전해진 이야기의 일부였지만, 예수께서 직접 예언하신 적은 없었다. 이제 이어서 보게 될 것처럼 십자가가 현실로 다가오고 있는 것이다.

마가복음 전후반부는 각각 세 단락으로 나뉜다. 전반부의 세 단락은 모두 제자들에 관한 이야기로 시작해서(1:16-20; 3:13-19; 6:6-13), 그 단락의 메시지를 요약해 주는 짧은 사건으로 마무리된다.

- 3장 7-12절: 큰 무리가 예수께 치유받고 가르침을 듣고자 모여든다. 마귀는 예수가 누구인지 알고 있다(1장 1절과 비교하라).
- 6장 1-6절: 3장 7-12절과는 정반대로 예수는 고향에서 배척당하신다. 그곳에서 예수는 더 이상 치유 사역을 행하지 않는다. 이 단락 내내 갈등과 반대에 대한 기록이 전개된다.
- 8장 22-26절: 이 단락에 나오는 두 단계의 치유(마가복음에만 나온다)는 제자들에게 일어날 일을 예시한다. 이 단락에서 제자들은 예수를 이해하는 데 어려움을 겪는다. 제자들은 예수께서 행하시는 것을 보면서도 그 의미를 온전히 이해하지 못한다. 마치 이제 막 눈 뜬 맹인이 나무 같은 것들이 걸어가는 것밖에 보지 못하는 것과 같다(8:24). 예수께서 베드로의 이해력을 회복시켜 주시자마자 곧바로 베드로의 고백이 이어진다. "주는 그리스도시니이다"(8:29).

마가복음 후반부도 세 단락으로 나뉜다. 8장 31절에서 10장 52절(바로 앞의 단락처럼 맹인을 치유하는 내용으로 끝난다), 11장 1절에서 13장 37절(전반부의 두 번째 단락처럼 반대와 갈등에 초점을 맞춘다), 14장 1절에서 16장 8절(예수의 죽음에 관한 이 부분은 백부장의 고백에서 절정에 이르는데, 이는 우리를 곧바로 마가복음의 처음 부분으로 돌아가게 한다. 1:1, 11).

반복과 기억

마가는 자주 내러티브를 반복하는데 이러한 반복은 마가의 메시지에 필수적인 특징이다.

- 크게 보면, 하늘로부터 직접 받은 말씀과 관련해 예수께서 '하나님의 아들'임을 밝혀주는 매우 중요한 세 가지 경우를 보게 된다. 세례를 받으실 때(1:10-11), 변화산 상에서(9:7), 그리고 15장 39절에서 "성소 휘장이 위로부터 아래까지 찢어"진 이후 백부장이 한 고백이 그렇다(여기서 휘장이 '찢어져'는 마가복음 1장 10절의 하늘이 '갈라짐'에서 사용된 단어와 동일하다). 신적 증언 이후에 인간의 증언이 뒤따른다. 독자들이 그 백부장의 고백에 자신들의 목소리를 보탤 것인가?
- 좀 더 세부적으로 보면, 사람들을 먹이고(6:30-44; 8:1-10), 맹인을 치유하고(7:31-37; 8:22-26; 10:46-52), 폭풍을 잠재우고(4:35-41; 6:47-52), 귀신을 쫓아내는(각각의 상황은 전혀 다르다. 1:21-28; 5:1-20; 7:24-30; 9:14-29) 등의 기적들이 되풀이된다. 모든 경우, 뒤에 일어난 사건들은

막 1:10-11 곧 물에서 올라오실새 하늘이 갈라짐과 성령이 비둘기 같이 자기에게 내려오심을 보시더니 하늘로부터 소리가 나기를 너는 내 사랑하는 아들이라 내가 너를 기뻐하노라 하시니라

막 9:7 마침 구름이 와서 그들을 덮으며 구름 속에서 소리가 나되 이는 내 사랑하는 아들이니 너희는 그의 말을 들으라 하는지라

앞서 일어난 사건들을 떠올리게 하며, 그 차이점은 예수께서 행하신 사역의 다양한 측면들이나 제자들 혹은 마가복음의 독자들이 직면한 다양한 도전들을 부각시키는 데 있다.

• 조금 더 세부적으로 들여다보면, 마가는 자신의 메시지의 여러 면을 부각시키는 이야기들 간에 절묘한 관계들을 이끌어 낸다. 예컨대, 마가는 9장의 귀신 들린 불쌍한 아이와 10장의 예수와 만난 또 다른 청년(부자이고 경건하며 교육받은)을 놀랍게 비교한다. '어려서부터' 한 사람은 귀신 들렸고, 또 다른 사람은 계명을 충실히 지켰다(9:21; 10:20). 그러나 두 사람 모두 똑같이 무엇엔가 붙잡혔는데, 전자는 악한 영에, 후자는 자신이 가진 재물에 사로잡혔다. 그리고 이들 모두 오직 하나님의 직접적인 권능으로만 구원받을 수 있으며(9:29; 10:27), 제자들은 이 상황에서 자신들이 아무것도 할 수 없음을 깨닫는다(9:28; 10:26).

그러나 귀신 들린 아이는 구원받지만 부자 청년은 구원받지 못했다. 그 두 사람 사이에 차이를 가져온 것은 바로 아이 아버지의 믿음과 기도였다. "내가 믿나이다 나의 믿음 없는 것을 도와주소서"(9:24).

독창적인 병렬구조

앞에서 언급한 이 두 '소년' 사이의 관계는 이런 '창조적인 병렬관계'를 예시한다. 마가는 특별한 언급 없이 이야기들이 서로를 해석하도록

막 9:21 예수께서 그 아버지에게 물으시되 언제부터 이렇게 되었느냐 하시니 이르되 어릴 때부터니이다

막 10:20 그가 여짜오되 선생님이여 이것은 내가 어려서부터 다 지켰나이다

막 9:29 이르시되 기도 외에 다른 것으로는 이런 종류가 나갈 수 없느니라 하시니라

막 20:27 예수께서 그들을 보시며 이르시되 사람으로는 할 수 없으되 하나님으로는 그렇지 아니하니 하나님으로서는 다 하실 수 있느니라

막 9:28 집에 들어가시매 제자들이 조용히 묻자오되 우리는 어찌하여 능히 그 귀신을 쫓아내지 못하였나이까

막 10:26 제자들이 매우 놀라 서로 말하되 그런즉 누가 구원을 얻을 수 있는가 하니

그것들을 결합하거나 병렬식으로 전한다.

그 한 예가 11장 11-25절에 나오는 성전 정화와 무화과나무 저주 이야기의 결합이다. 마가는 하나의 이야기 속에 다른 이야기를 포함시키는 방법으로 두 이야기를 함께 전한다. 이는 5장 21-43절과 6장 7-31절에서도 사용한 기법이다. 하나의 이야기가 다른 이야기가 전하는 메시지를 보충해 준다. '무화과나무'는 이스라엘을 상징하는 데 자주 사용되는 나무들 중 하나였다. 11장 11절에서 예수께서 성전을 둘러본 이후 11장 12-14절에서 무화과나무를 살펴보시고 열매 맺지 못하도록 저주하시는 일이 뒤따른다. 그 무화과나무 저주 후에 이른바 성전 '정화' 사건이라고 알려진 이야기가 뒤따르는데, 그것은 일종의 심판 행위에 더 가깝다. '내 집'이라고 하신 분은 그 집을 살펴보셨고 그것이 심히 부족함을 발견하셨다(11:17).

갑바도기아 | 갑바도기아의 초기 기독교인들 일부가 로마의 박해를 피해 정착해 살던 곳(벧전 1:1-2)으로 지금의 터키에 위치해 있으며, 사람이 살기에 어려운 지역이어서 그들에게는 더욱 안전한 거처가 될 수 있었다.

막 11:17　이에 가르쳐 이르시되 기록된 바 내 집은 만민이 기도하는 집이라 칭함을 받으리라고 하지 아니하였느냐 너희는 강도의 소굴을 만들었도다 하시매 다음 날 제자들은 무화과나무가 말라죽은 것을 발견했다. 얼마나 불길한 징조인가! 그리고 나서 예수는 제자들에게 "만민이 기도하는 집"이라는 성전의 의미를 완전히 비껴가는, 기도에 관한 급진적인 새로운 가르침을 준다(11:22-25). 그날 늦게 예수께서 성전이 완전히 무너질 것을 예언하신 것은 놀랄 일이 아니다(13:2).

만일 이렇게 하나로 결합된 이야기에서 어느 한 부분이라도 존재하지 않는다면 그 이야기는 전혀 다른 의미를 갖게 될 것이다. 이런 기법을 사용한 예는 마가복음의 다른 부분에서도 수차례 발견된다.

3. 마가는 매우 설득력 있는 대변인이었다

이처럼 모든 것이 잘 짜여진 글의 목적은 설득하는 것에 있다. 마가가 염두에 둔 독자는 누구였을까? 학자들마다 의견이 분분하다. 마가는 전도 및 목회와 관련하여 여러 목적을 생각하고 있었을 것이다. 종합적으로 마가의 목적을 정의하기는 어렵지 않다. 마가는 자신의 글을 읽는 사람들이 "하나님의 아들 예수 그리스도의 복음"(1:1)을 믿고 그분을 따르도록 설득하고자 했다.

마가는 실제로 자신의 책에 "하나님의 아들 예수 그리스도의 복음의 시작"이라는 제목을 붙인다. 여기서 '시작'이라는 단어의 의미에 대해서는, 그것이 단지 마가복음의 도입 부분(1:1-15)과 관계된 것인지, 아니

막 11:22-25 예수께서 그들에게 대답하여 이르시되 하나님을 믿으라 내가 진실로 너희에게 이르노니 누구든지 이 산더러 들리어 바다에 던져지라 하며 그 말하는 것이 이루어질 줄 믿고 마음에 의심하지 아니하면 그대로 되리라 그러므로 내가 너희에게 말하노니 무엇이든지 기도하고 구하는 것은 받은 줄로 믿으라 그리하면 너희에게 그대로 되리라 서서 기도할 때에 아무에게나 혐의가 있거든 용서하라 그리하여야 하늘에 계신 너희 아버지께서도 너희 허물을 사하여 주시리라 하시니라
막 13:2 예수께서 이르시되 네가 이 큰 건물들을 보느냐 돌 하나도 돌 위에 남지 않고 다 무너뜨려지리라 하시니라

면 마가복음 전체와 관련된 것인지를 놓고 의견이 나뉜다. 이 문장이 마가복음을 여는 첫 마디이기 때문에 마가는 아마도 자신의 책 전체를 '복음의 시작'이라고 묘사했을 가능성이 크다. 그러므로 마가는 독자들이 이미 '복음'에 관한 설교와 복음에 헌신한 신자들의 공동체에 대해 알고 있음을 전제로 한다. 마가는 그들에게 그 모든 것이 어떻게 시작되었는지 전해주고자 했다.

마가 자신이 '복음' 이야기 전체를 말하고 있는 것이 아니며, 독자들이 이미 뒷이야기를 알고 있다고 추측하고 있음을 암시하는 다른 구절들도 있다.

- 1장 8절에서 예수께서 성령으로 세례를 주실 것이라고 한 세례 요한의 약속은 마가복음에서 실현되지 않는다.
- 또한 예수께서 제자들을 '사람을 낚는 어부'가 되게 하신다고 한 약속도 마가복음 안에서 이뤄지지 않는다.
- 부활 후 갈릴리에서 제자들을 만나리라는 예수의 약속(14:28)도 이뤄지지 않는다(만약 이것이 마가복음 원본이 실제로 부활 사건을 포함했음을 암시하지 않는다면 말이다).
- 마가는 예수의 사역에서 복음전파와 가르침이 핵심이었음을 강조한다("내가 이를 위하여 왔노라", 1:38). 그러나 그 내용을 요약하는 정도로 그친다. 이는 마가와 그의 독자들이 예수의 가르침에 대한 기록을 다른 곳에서 얻을 수 있다고 생각했음을 암시한다.
- 마가는 제자들을 소개하면서 그들의 약점, 어리석음, 두려움, 믿음의 부족 등을 강조한다. 이는 예수께서 이런 가망 없는 사람들을 데리고 다니셨으며 나

막 1:8   나는 너희에게 물로 세례를 베풀었거니와 그는 너희에게 성령으로 세례를 베푸시리라
막 14:28   그러나 내가 살아난 후에 너희보다 먼저 갈릴리로 가리라

중에 그들에게 성령을 주신 후 어떤 일을 하실 수 있었는지 생각해 보라는 마가의 메시지 중 일부로 보인다. 제자들, 특히 베드로는 훗날 초대교회의 위대한 지도자가 되었다. 마가 자신도 베드로와 함께 사역했고, 자신의 경험에서 "하나님으로서는 다 하실 수 있다"는 사실을 깨달았다(10:27). 따라서 실패로 끝나지 않는다.

- 이야기가 계속될 것 같은 느낌이 바로 마지막 16장 8절의 두려움과 불순종에 대한 기록으로 뚜렷하게 드러난다. '복음'이 이렇게 끝날 수 있을까? 마가와 그의 독자들 모두 그렇게 끝나지 않았음을 안다. 절대 그렇지 않다.

그렇다면 마가의 전략은 먼저 '시작', 즉 기초를 보여줌으로써 독자들이 예수 그리스도에 관한 메시지가 '좋은 소식'인 이유, 그리고 그분을 따른다는 것의 본질적 의미를 이해하도록 하는 것이다. 이제 마가가 전달하려고 한 메시지를 간략하게 요약해 보자.

마가의 메시지

마가복음과 같은 탁월한 책이 전달하고자 하는 메시지에는 다양한 측면이 있다. 그러나 마가복음의 핵심 내용을 아래와 같이 몇 가지로 정리할 수 있다.

1. 하나님나라

마가는 예수의 복음전파를 하나님나라에 관한 메시지로 요약한다.

막 16:8   여자들이 몹시 놀라 떨며 나와 무덤에서 도망하고 무서워하여 아무에게 아무 말도 하지 못하더라

"요한이 잡힌 후 예수께서 갈릴리에 오셔서 하나님의 복음을 전파하여 이르시되 때가 찼고 하나님의 나라가 가까이 왔으니 회개하고 복음을 믿으라 하시더라"(막 1:14-15). 여기서 '복음'은 물론 '좋은 소식'이다. 따라서 마가는 '복음(gospel)'을 임박한 하나님나라에 관한 예수의 메시지와 연결한다.

우리는 마태복음에 관한 장에서 '하나님나라'의 의미에 대해 고찰해 볼 것이다. 마태는 예수의 가르침에 담긴 특징들을 마가보다 더 두드러지게 묘사하고 있기 때문이다. 마태는 '하나님나라'를 50여회 언급하는 반면 마가는 겨우 15회만 언급할 뿐이다.

'하나님나라'는 유대인들에게 찬란한 미래에 대한 소망이었다(막 15:43과 비교하라). 하나님나라가 임한다는 것은 곧 하나님의 원수들이 전복되고 이스라엘이 하나님의 백성임이 증명되는 것을 의미했다. 이러한 배경을 염두에 두고 마가복음이 담고 있는 메시지를 아래와 같이 요약할 수 있다.

- 하나님나라가 가까이 왔으며 곧 올 것이다(1:15).
- 하나님나라가 임박한 이유는 예수께서 이 땅에 오셨기 때문이다(11:10; 2:18-22과 비교하라).
- 하나님나라가 온전히 드러나게 될 과정이 이미 시작되었다(4:26, 30).
- 현실의 기대와는 정반대로 하나님나라에 들어가는 것은 매우 어렵다 (10:24). 자동적으로 들어가는 것이 아니다. 급진적인 행동이 필요할지도

막 15:43   아리마대 사람 요셉이 와서 당돌히 빌라도에게 들어가 예수의 시체를 달라 하니 이 사람
          은 존경 받는 공회원이요 하나님의 나라를 기다리는 자라
막 1:15   이르시되 때가 찼고 하나님의 나라가 가까이 왔으니 회개하고 복음을 믿으라 하시더라
막 11:10   찬송하리로다 오는 우리 조상 다윗의 나라여 가장 높은 곳에서 호산나 하더라
막 4:26   또 이르시되 하나님의 나라는 사람이 씨를 땅에 뿌림과 같으니

모른다(9:47). 사실 천국에 들어가는 문은 오직 모든 것을 버리고 예수를 따르는 자들에게만 열려 있다(10:15, 21).

2. 예수의 죽음

앞서 언급했듯이 예수의 죽음에 대한 강조는 마가복음의 눈에 띄는 특징 가운데 하나다. 그렇다면 예수의 죽음에 관한 마가의 가르침은 무엇인가?

마가복음은 갈등과 함께 시작한다. 마가복음 1장 22절에 이미 예수와 종교 기득권 세력 사이의 갈등이 언급된다. "뭇사람이 그의 교훈에 놀라니 이는 그가 가르치시는 것이 권위 있는 자와 같고 서기관들과 같지 아니함일러라." 곧 권위에 대한 그런 언급을 바리새인들이 신성모독으로 간주했음이 분명히 드러난다(2:6). 또 예수께서 '죄인들'과 교제하고 (2:15-17), 금식(2:18-22)과 안식일 준수(2:23-28)와 치유(3:1-5)에 관한 규정들을 개조할 수 있는 권세가 자신에게 있음을 주장하셨을 때, 즉시 치명적인 위협에 직면했다. "바리새인들이 나가서 곧 헤롯당과 함께 어떻게 하여 예수를 죽일까 의논하니라"(3:6). (평상시에는 서로 숙적이었던) 바리새인들과 헤롯당의 공모를 언급하면서 마가는 예수에 대한 적대 세

막 10:24 　제자들이 그 말씀에 놀라는지라 예수께서 다시 대답하여 이르시되 얘들아 하나님의 나라에 들어가기가 얼마나 어려운지

막 9:47 　만일 네 눈이 너를 범죄하게 하거든 빼버리라 한 눈으로 하나님의 나라에 들어가는 것이 두 눈을 가지고 지옥에 던져지는 것보다 나으니라

막 10:15 　내가 진실로 너희에게 이르노니 누구든지 하나님의 나라를 어린 아이와 같이 받들지 않는 자는 결단코 그 곳에 들어가지 못하리라 하시고

막 10:21 　예수께서 그를 보시고 사랑하사 이르시되 네게 아직도 한 가지 부족한 것이 있으니 가서 네게 있는 것을 다 팔아 가난한 자들에게 주라 그리하면 하늘에서 보화가 네게 있으리라 그리고 와서 나를 따르라 하시니

막 2:6-7 　어떤 서기관들이 거기 앉아서 마음에 생각하기를 이 사람이 어찌 이렇게 말하는가 신성모독이로다 오직 하나님 한 분 외에는 누가 능히 죄를 사하겠느냐

력의 반감이 어느 정도였는지를 강조한다.

3장 20-30절의 사건에서 그러한 갈등이 더욱 부각된다. 여기서 '서기관들'은 예수를 마귀에 사로잡힌 자라고 추궁하고, 이에 예수께서는 서기관들이 성령을 모독한다고 질책하신다. 실제로 서기관들은 예수를 거짓 선지자라며 송사하는데, 그 죄에 대한 형벌은 사형이다(신 13:1-5). 반면 예수는 서기관들이 엘리의 아들들이 그랬던 것처럼 주님께 안하무인격으로 거역한 것을 추궁하셨는데, 그에 대해서는 어떠한 속죄도 불가능했다(삼상 2:25; 3:13-14). 우리로서는 마지막 결전이 얼마나 더 연기될 수 있을지 의아할 뿐이다.

그러나 사실 예수께서 갈릴리에 머무는 한 그를 죽이려는 어떠한 시도도 이루어지지 않는다. 마가는 예수에 대한 적대감의 근원이 예루살렘임을 밝힌다(3:22). 이는 "바리새인들과 또 서기관 중 몇이 예루살렘에서 와서"(7:1) 예수가 깨끗하지 않은 것을 가르친다고 비난하고, 예수는 그들이 불순종을 가르친다고 대꾸한다(7:5-9).

이런 배경 속에 숨어 있는 갈등을 염두에 둔다면, 예수께서 예루살렘으로 가기로 하셨을 때 제자들이 보인 반응은 당연한 것이다. "그들이 놀라고 따르는 자들은 두려워하더라"(10:32).

이 무렵 두 가지 사태가 전개된다. 먼저 예수에 대한 적대감이 확산되었다. 예수의 가족들마저 그가 미쳤다고 생각했다(3:21). 거라사인들

삼상 2:25 사람이 사람에게 범죄하면 하나님이 심판하시려니와 만일 사람이 여호와께 범죄하면 누가 그를 위하여 간구하겠느냐 하되 그들이 자기 아버지의 말을 듣지 아니하였으니 이는 여호와께서 그들을 죽이기로 뜻하셨음이더라

삼상 3:13-14 내가 그의 집을 영원토록 심판하겠다고 그에게 말한 것은 그가 아는 죄악 때문이니 이는 그가 자기의 아들들이 저주를 자청하되 금하지 아니하였음이니라 그러므로 내가 엘리의 집에 대하여 맹세하기를 엘리 집의 죄악은 제물로나 예물로나 영원히 속죄함을 받지 못하리라 하였노라 하셨더라

막 3:22 예루살렘에서 내려온 서기관들은 그가 바알세불이 지폈다 하며 또 귀신의 왕을 힘입어 귀신을 쫓아낸다 하니

은 예수께 속히 떠나시기를 간구했다(5:17). 예수의 고향도 그를 배척했다(6:3). 심지어 제자들마저 '바리새인의 누룩'에 오염될 위험에 처했다(8:15). 그리고 베드로는 예수의 뜻을 거스르고 사탄의 일을 도모하려 했다(8:33). 문제는 이때가 "음란하고 죄 많은 세대"(8:38)라는 것이고, 그 세대에 속한 모든 이들, 심지어 예수의 제자들마저 예수께 대적하게 될 것이었다.

두 번째 사태는 불시에 일어났다. 베드로가 모든 제자들을 대신해 예수를 '그리스도'라고 고백했던 상황에서 일어난 일이다(8:29). 예수는 곧 자신에게 닥쳐올 죽음에 대해 말한다. "인자가 많은 고난을 받고 장로들과 대제사장들과 서기관들에게 버린 바 되어 죽임을 당하고 사흘 만에 살아나야 할 것을 비로소 그들에게 가르치시되"(8:31). 그러므로 바리새인들과 헤롯당이 꾸미고 있는 일도 그 나름대로의 이유가 있어 일어나야만 하는 것이었다. 성경이 "많은 고난을 받고 멸시를 당하리라"고 기록하고 있기 때문이다(9:12).

이와 같이 극적인 사건은 엄청난 필연성 속에 예루살렘으로 집중된다. 완전히 인간적이고도 정치적인 이유로 권력자들은 예수를 죽이길 원한 반면 예수는 오로지 천국과 말씀의 성취라는 목적 때문에 기꺼이 그들의 함정 안으로 걸어 들어간다. 사실 예수는 곧 자신에게 닥칠 고난과 죽음 그리고 부활에 대해 예루살렘에 도착하기 전까지 세 번 정도 되풀이해 이미 말씀하셨다(9:31; 10:32-34; 10:45).

막 3:21 예수의 친족들이 듣고 그를 붙들러 나오니 이는 그가 미쳤다 함일러라
막 5:17 그들이 예수께 그 지방에서 떠나시기를 간구하더라
막 6:3 이 사람이 마리아의 아들 목수가 아니냐 야고보와 요셉과 유다와 시몬의 형제가 아니냐 그 누이들이 우리와 함께 여기 있지 아니하냐 하고 예수를 배척한지라
막 8:15 예수께서 경고하여 이르시되 삼가 바리새들의 누룩과 헤롯의 누룩을 주의하라 하시니
막 8:33 예수께서 돌이키사 제자들을 보시며 베드로를 꾸짖어 이르시되 사탄아 내 뒤로 물러가라 네가 하나님의 일을 생각하지 아니하고 도리어 사람의 일을 생각하는도다 하시고

이 가운데 마지막 사건이 특별히 중요한 의미를 지닌다. "너희 중에는 그렇지 않을지니 너희 중에 누구든지 크고자 하는 자는 너희를 섬기는 자가 되고 너희 중에 누구든지 으뜸이 되고자 하는 자는 모든 사람의 종이 되어야 하리라 인자가 온 것은 섬김을 받으려 함이 아니라 도리어 섬기려 하고 자기 목숨을 많은 사람의 대속물로 주려 함이니라"(10:43-45). 오직 이 구절에서만 마가는 그리스도께서 죽어야 한다고 기록한 말씀을 이해할 수 있도록 돕는다. 예수는 자신의 죽음에 대해 이사야 53장의 표현을 인용하며 자신이 '주의 종'임을 분명하게 밝히신다. 그리고 멸시당하고 버림받으며 하나님의 백성의 죄를 담당하심으로 결국 험악한 죽음을 맞이하게 되신다(사 53:3절 이하).

아나나 다를까. 종교 권력자들과의 갈등은 예수께서 예루살렘에서 사역을 시작하시면서 새로운 국면으로 접어들게 된다(11-12장). 하지만 이야기는 14장 18-21절에서 극적인 전환을 맞이하는데, 이때 예수는 돌연 자신의 죽음이 종교 권력자들이 적대해서만이 아니라, 열두 제자 중

막 9:31   이는 제자들을 가르치시며 또 인자가 사람들의 손에 넘겨져 죽임을 당하고 죽은 지 삼 일 만에 살아나리라는 것을 말씀하셨기 때문이더라

막 10:32-34   예루살렘으로 올라가는 길에 예수께서 그들 앞에 서서 가시는데 그들이 놀라고 따르는 자들은 두려워하더라 이에 다시 열두 제자를 데리시고 자기가 당할 일을 말씀하여 이르시되 보라 우리가 예루살렘에 올라가노니 인자가 대제사장들과 서기관들에게 넘겨지매 그들이 죽이기로 결의하고 이방인들에게 넘겨 주겠고 그들은 능욕하며 침 뱉으며 채찍질하고 죽일 것이나 그는 삼 일 만에 살아나리라 하시니라

막 10:45   인자가 온 것은 섬김을 받으려 함이 아니라 도리어 섬기려 하고 자기 목숨을 많은 사람의 대속물로 주려 함이니라

사 53:3   그는 멸시를 받아 사람들에게 버림 받았으며 간고를 많이 겪었으며 질고를 아는 자라 마치 사람들이 그에게서 얼굴을 가리는 것 같이 멸시를 당하였고 우리도 그를 귀히 여기지 아니하였도다

막 14:18-21 다 앉아 먹을 때에 예수께서 이르시되 내가 진실로 너희에게 이르노니 너희 중의 한 사람 곧 나와 함께 먹는 자가 나를 팔리라 하신대 그들이 근심하며 하나씩 하나씩 나는 아니지요 하고 말하기 시작하니 그들에게 이르시되 열둘 중의 하나 곧 나와 함께 그릇에 손을 넣는 자니라 인자는 자기에 대하여 기록된 대로 가거니와 인자를 파는 그 사람에게는 화가 있으리로다 그 사람은 차라리 나지 아니하였더라면 자기에게 좋을 뻔하였느니라 하시니라

한 명이 배신함으로써 이루어질 것임을 공개적으로 밝힌다. 배신자가 누구인지 아직 드러나지 않은 상황에서 제자들은 각자 자신들의 충성심을 내세운다. 그러나 예수를 배신하고 반대 세력에 가담한 가룟 유다나 후에 예수를 버리고 도망간 나머지 제자들이나 결국에는 대동소이해진다. 즉 예수의 죽음을 묵인했던 이들이나 그 죽음을 노골적으로 모의했던 반대자들이나 오십보백보라는 의미다.

제자들과 원수들을 막론하고 모든 사람은 그들을 대신해 죽을 누군가가 필요하다는 사실이 요점이다. 즉 그들이 용서받기 위해서는 "자기 목숨을 많은 사람의 대속물로 줄" 누군가가 필요하다. 마가의 경우, 예수가 "그리스도, 하나님의 아들"(1:1)이라는 주장을 입증한 것은 무엇보다 그분의 죽음이다. 예수께서 숨을 거두자마자 십자가 옆에 서 있던 백부장은 이 진리를 깨닫는다. "이 사람은 진실로 하나님의 아들이었도다"(15:39).

「성 마가의 사자(Lion of Saint Mark)」. 비토레 카르파치오. 1516년. 캔버스에 템페라1. 130X368cm. 두칼레 궁전. 베네치아. | 에스겔서 1장과 요한계시록 4장에 기반하여 복음서의 각 저자들을 사람, 사자, 황소, 독수리로 상징화하는데, 마가는 날개 달린 사자로 기호화한다. 이는 왕으로 오신 예수님을 강조하여 서두에 세례요한의 외침으로 시작하는데, 왕을 상징하는 사자와 '광야에서 외치는 자의 소리'가 사자의 으르렁거림과 맞닿아 있다고 설명한다.

3. 제자도의 대가

우리는 앞서 제자도의 어려움과 도전에 대한 마가의 관심, 그리고 초기 사도들의 연약함을 향한 마가의 동정심에 대해 고찰했다. 하지만 마가는 동정심 때문에 예수의 제자가 되는 데 필요한 요구사항들을 타협하거나 절충하지 않는다. 물론 그런 유혹이 있었을 것이다. 특히 마가가 밤빌리아에서 다시 예루살렘으로 도망쳤던 초창기에는 더욱 그러했을 것이다. 기독교 신앙은 진정 그런 희생을 요구하는가?

그러나 마가복음을 쓸 무렵 마가는 이미 자신의 두려움을 직면하고 극복한 상태였다. 그리고 그런 싸움을 치른 후에야 마가는 다른 복음서 저자들보다 더욱 날카롭게 예수의 제자에게 요구되는 엄청난 대가를 가감없이 제시한다. "무리와 제자들을 불러 이르시되 누구든지 나를 따라오려거든 자기를 부인하고 자기 십자가를 지고 나를 따를 것이니라 누구든지 자기 목숨을 구원하고자 하면 잃을 것이요 누구든지 나와 복음을 위하여 자기 목숨을 잃으면 구원하리라"(8:34-35).

예수는 자신의 죽음에 대해 처음으로 알리자마자 이러한 부르심을 공표하신다. 예수의 제자들도 각자 자기의 십자가를 지고 복음과 예수를 위해 목숨을 버릴 각오로 같은 길을 걸어가야 하는 것이다. 남아프리카 교회협의회 의장인 프랭크 치칸(Frank Chikane) 목사의 자서전 제목, 「내 자신의 목숨은 없다」(*No Life of My Own*)가 그들 생애 전체의 모토가 되어야 한다!

그런 자기부인의 의미는 마가복음 10장 17-30절에 좀 더 분명하게 설명되어 있다. 부자 청년은 "가서 네게 있는 것을 다 팔아 가난한 자들에게 주라 그리하면 하늘에서 보화가 네게 있으리라 그리고 와서 나를 따르라"는 도전을 받는다(10:21). 그러나 그는 그렇게 하기를 주저한다. 베드로는 "우리가 모든 것을 버리고 주를 따랐나이다"라고 주장했을 때

(10:28), "나와 복음을 위하여 집이나 형제나 자매나 어머니나 아버지나 자식이나 전토를 버린 자는 현세에 있어 집과 형제와 자매와 어머니와 자식과 전토를 백 배나 받되 박해를 겸하여 받고 내세에 영생을 받지 못할 자가 없느니라"라는 예수의 약속을 듣게 된다(10:29-30).

제자들은 가족과 가정의 뿌리를 매우 중시하는 문화에서 살았다. 당시 유대인들은 자신의 가족이 소유한 땅은 하나님이 그들에게 주신 것이기에 궁극적으로 마음대로 팔거나 처분할 수 없다고 믿었다. 그러나 예수는 그분을 위해 그 모든 것에 등을 돌리라고 말씀하신다. 예수는 진정 그들이 그만큼 보상을 받게 될 것이라고 약속하신다. 그러나 그들이 받는 것은 그들이 포기한 것 이상의 것이다. 그들이 혈연으로 맺은 가족을 포기했을 때, 그들은 하나님의 가족을 받게 될 것이다(3:34-35). 그들은 또한 '박해'를 받을 것인데, 그들의 포기는 여전히 그것들을 중요시하는 '음란하고 죄 많은 세대'에게 도전이 될 것이다.

모든 그리스도인이 예수를 위해 가족과 가정을 떠나도록 부르심을 받는 것은 아니다. 하지만 마가는 그 부르심을 받았다. 마가는 고향인 예루살렘과 가족이 주는 부요와 안정을 떠나야 했다. 그런 후 먼저 바나바와 함께 구브로로 선교여행을 떠났고, 이후 소아시아에 들렀으며, 마지막으로 로마에서 베드로와 바울을 만났다. 이것을 제외하면 정확하게 마가가 어느 곳을 다녔는지는 알려진 바가 없다. 오래전 마태와 누가가 하나님의 영감을 구하며 각자 복음서를 기록할 때 마가복음이 생생한 목소리로 도움을 주었듯이, 마가는 자신이 기록한 훌륭한 복음서를 통해 지금도 사람들을 그리스도께로 인도하고 있다.

막 3:34-35 둘러 앉은 자들을 보시며 이르시되 내 어머니와 내 동생들을 보라 누구든지 하나님의 뜻대로 행하는 자가 내 형제요 자매요 어머니이니라

2장

마 태 와
그 의 메 시 지

"예수께서 온 갈릴리에 두루 다니사
그들의 회당에서 가르치시며 천국 복음을
전파하시며 백성 중의 모든 병과
모든 약한 것을 고치시니" (마 4:23)

「마태(St. Matthew)」, 프란스 할스, 1625년, 캔버스에 유화, 70x50cm, 오데사동서양미술관, 오데사.

마가복음이 고난받는 종으로서의 그리스도의 복음이라면, 누가복음은 만유의 구세주로서의 그리스도의 복음, 마태복음은 통치하시는 왕으로서의 그리스도에 관한 복음이다. '천국(The Kingdom of heaven)'은 마태복음의 가장 중요한 주제다. 그러나 마태는 천국의 중요성을 바로 예수가 어떤 분인가에 두었다. 예수는 왕이시다. 그분은 그의 탄생, 세례, 소명, 제자들을 가르침, 권능과 자비의 역사, 그리고 무엇보다 죽음과 부활을 통해 천국을 현실에서 체험하며 누릴 수 있고 장차 기대할 수 있는 희망이 되게 하셨다. (마태는 '하나님나라Kingdom of God' 대신 '천국 Kingdom of heaven'이라는 말을 사용하는데 이는 유대교 관습을 따른 것이다.)

오랜 기간 그리스도인들은 마태복음이 가장 먼저 기록되었으며 사복음서 가운데 가장 중요하다고 생각했다. 그러나 지난 150여 년간의 연구를 통해 그러한 관점은 거의 사라졌고, 학자들은 대부분 이제 마가복음을 최초로 기록된 복음서로 여긴다. 이렇게 관점을 변화시킨 주장은 쉽게 정리해 볼 수 있다. 마가복음 전체 662구절 가운데 600여 개가 마태복음에도 등장한다. 마가가 마태복음에서 600구절을 뽑아서 거기에 약간의 내용만 추가해 별도의 복음서를 만들었다는 것은 조금만 생각해 봐도 이치에 맞지 않는다. 마태가 마가복음을 기초로 훨씬 더 방대한 복음서를 썼다고 생각하는 편이 더 타당하다. 마태는 기본적으로 마가의 양식을 따르면서 더 상세한 자료를 보충하여 마가복음의 두 배에 달하는 복음서(총 1069구절)를 만들어 냈다.

이와 같이 마태복음이 마가복음과 밀접한 관계에 있기에, 마태가 추가한 자료들에 특별히 관심을 갖는다면, 마태가 가장 중요하게 생각했던 몇 가지 주제들을 밝혀낼 수 있다.

마태는 어떤 사람인가?

마가와 마찬가지로 마태 역시 자신이 누구인지에 대해 말을 아낀다. 마태는 확실히 뛰어난 선생이었다. 마태는 사람들에게 예수의 가르침을 전하려고 노력했고 그 가르침에 순종하도록 사람들을 격려했다. 그러나 마태에게 그것은 자신이 아닌, 예수께 온전히 집중함을 의미했다. 마태는 이에 대해 예수께서 직접 하신 말씀을 기록한다. "또한 지도자라 칭함을 받지 말라 너희의 지도자는 한 분이시니 곧 그리스도시니라 너희 중에 큰 자는 너희를 섬기는 자가 되어야 하리라 누구든지 자기를 높이는 자는 낮아지고 누구든지 자기를 낮추는 자는 높아지리라"(마 23:10-12). 이 말씀을 좇아 마태 자신이 본보기를 보인 것이다. 복음서 안에는 글쓴이에 대한 암시가 전혀 없기 때문이다.

그러나 애초부터 사람들은 이 복음서에 '마태가 전한'이라는 이름을 붙였다. 그리고 마태는 사도들 가운데 잘 드러나지 않는 인물이기 때문에

「마태를 부르심(The Calling of Saint Matthew)」 카라바조. 1599-1600년. 캔버스에 유화. 340x322cm. 산 루이지 데이 프란체시 성당. 로마.

확실한 근거가 없었다면 그의 이름이 사용되지 않았을 것이다.

이에 대해 히에라폴리스 주교인 파피아스가 최초의 증언을 남겼다. 그의 책 「주님의 말씀에 관한 해설」(*Explanation of the Lord's Words*)은 130년경에 출간되었다. 학자들은 오랫동안 다음과 같은 파피아스의 언급에 대해 고개를 갸우뚱거렸다. "마태는 히브리 방언(또는 '문체')으로 된 주님의 말씀을 신중하게 편집(또는 '수집')했으며, 모든 사람은 그것을 최선을 다해 해석했다." 사실 마태복음이 원래 히브리어로 기록되었을 가능성은 크지 않다. 그것을 뒷받침해 줄 일반적인 특징은 전혀 찾아볼 수 없다. 그러나 파피아스의 증언이 난해하긴 하지만 그는 마태복음서의 저자가 마태임을 확실하게 밝히고 있다.

그럼에도 일부 학자들은 사도였던 마태가 사도도 아닌 마가가 기록한 복음서에 그렇게 광범위하게 의존했을 가능성이 거의 없다는 점에 근거해 이 옛 증언을 거부해 왔다. 그러나 반대 의견은 다음과 같다.

- 복음서 양식을 만든 면에서 마가가 이룩한 문학적 업적을 무시하는 것이다.
- 베드로의 설교에 근거한 마가의 글을 마태가 지지하기 원했을 가능성을 배제하는 것이다.
- 마태복음과 마가복음의 차이점을 과소평가하는 것이다. 마태복음은 결코 마가복음의 확대판이나 증보판이 아니며, '마태'만의 독특한 방식으로 이야기를 전개한다.

마태에 관해 우리가 알고 있는 것은 무엇인가? 하나님이 마태를 마태복음의 저자로 준비시킨 방법들을 찾아낼 수 있을까? 마태에 관해 구체적으로 알려진 사실은 거의 없지만 우리가 알고 있는 사실을 토대로 마태복음을 읽어나가다 보면 보기보다 더 많은 정보를 얻을 수 있다.

1. 마태는 유대인이다

'마태'는 히브리 이름이다. 마태의 몇몇 동료 사도들은 히브리 이름과 헬라어 이름을 동시에 갖고 있었는데, 이는 그들의 이중적인 문화적 뿌리를 나타낸다. 그러나 마태의 경우 또 다른 이름 역시 히브리 이름이었다. 마가복음과 누가복음은 예수께서 마태를 '레위'라고 부르셨다고 기록한다(막 2:14; 눅 5:27-29). 앞으로 살펴보겠지만, 구약에 대한 마태의 깊은 관심이 마태복음에서 분명히 드러난다. 마태복음의 기록 목적 중 하나는 의심의 여지없이 예수께서 "그리스도시요 살아 계신 하나님의 아들"(마16:16)임을 믿도록 같은 유대인들을 설득하는 것이었다.

그러나 마태는 젊은 시절에 아주 특별한 유대인이었다. 그 이유는 다음과 같다.

2. 마태는 세리였다

이 사실은 마태 자신이 등장하는 마태복음의 한 이야기에서 드러난다. "예수께서 그곳을 떠나 지나가시다가 마태라 하는 사람이 세관에 앉아 있는 것을 보시고 이르시되 나를 따르라 하시니 일어나 따르니라"(마 9:9). 마가복음과 누가복음을 통해 우리는 예수와 그의 제자들이 "많은 세리와 죄인들"(마 9:10)과 만나게 되는 잔치를 베푼 당사자가 바로 마

막 2:14   또 지나가시다가 알패오의 아들 레위가 세관에 앉아 있는 것을 보시고 그에게 이르시되 나를 따르라 하시니 일어나 따르니라

눅 5:27-29 그 후에 예수께서 나가사 레위라 하는 세리가 세관에 앉아 있는 것을 보시고 나를 따르라 하시니 그가 모든 것을 버리고 일어나 따르니라 레위가 예수를 위하여 자기 집에서 큰 잔치를 하니 세리와 다른 사람이 많이 함께 앉아 있는지라

마 9:10   예수께서 마태의 집에서 앉아 음식을 잡수실 때에 많은 세리와 죄인들이 와서 예수와 그의 제자들과 함께 앉았더니

태였음을 알 수 있다. 그들은 이전에 마태의 동료들이었다. 마태는 10장 3절에서 사도들의 목록을 나열하면서 자신을 "세리 마태"라고 칭한다.

당시 세리가 된다는 것은 어떤 의미였을까? 로마제국에는 매우 세부적인 세금징수 제도가 있었고, 이는 지역에 따라 각기 달랐다. 당시 팔레스타인 지역에서는 다양한 조세제도를 운용하고 있었다. 남쪽 유대 지역은 로마의 직접적인 관할 아래 있었는데, 이는 로마 총독과 그 공무원들이 모든 주요 세금을 거두는 일을 담당했음을 의미한다. 이 세금들 가운데 가장 중요한 것은 토지세와 모든 성인에게 부과되는 인두세였다. 이외의 일부 중요하지 않은 세금들(이를테면 항구나 대로에서 거둬들이는 관세가 대표적인데)의 징수권은 제3자에게 최고 낙찰가로 팔렸다.

삭개오는 여리고의 세금 징수권을 사들였다(눅 19:1-10). 그는 "세리장이요 또한 부자"였다(눅 19:2). 삭개오는 상당한 교역이 이루어지

마태는 베드로처럼 가버나움에서 살았다. 가버나움 발굴 과정에서 이 유적이 발견되었는데, 이 유적지는 예수가 머물렀을 수도 있는 베드로의 집으로 추정된다(마 5:20).

마 10:3   빌립과 바돌로매, 도마와 세리 마태, 알패오의 아들 야고보와 다대오,

는 여리고 지역 전체의 세금징수를 위해 꽤 규모가 큰 조직을 운영했을 것이다.

북부의 갈릴리는 로마의 전적인 통치 아래 헤롯 안디바가 관할했다. 여기서 헤롯은 세금을 징수해 매년 일정 금액을 로마에 상납해야 할 책임이 있었다. 헤롯이 유대 지역의 로마인들과 동일한 종류의 세금을 부과했는지는 알려진 바가 없지만 그가 세금을 거두기 위해 엄청난 인력을 동원했다는 사실은 분명하다. '많은' 세리들이 예수를 만나기 위해 마태의 집에 모여들었다. 짐작건대 가버나움과 인접한 지역의 사람들만 왔을 것이다.

헤롯이 모든 세금 징수원을 직접 공무원으로 채용했는지 아니면 로마인들처럼 세금 징수권을 경매했는지는 밝혀진 바 없다. (오직 마태복음에서만) 14장 2절에서 헤롯의 '신하'들을 잠시 언급한 것으로 보아 마태는 헤롯 왕이 직접 고용했던 것으로 보인다. 과연 마태는 헤롯이 예수에 대해 했던 말을 자신의 이전 동료들에게서 들었을까?

그러나 직접 고용되었든 프리랜서로 활동하든 세리는 극히 인기 없는 직업이었고, 유대인의 대의를 저버리는 반역자 취급을 받았다. 세리들은 대체로 자신의 지위를 이용해 가외의 세금을 거둬 챙겼다(사실 이것이 세금징수권을 사들이는 가장 중요한 목적이었다). 비록 그런 짓을 저지르지 않더라도 세리들은 점령국인 로마, 그리고 유대인이 아니면서 로마의 허용하에 이스라엘을 쥐락펴락한 헤롯의 협력자들로 간주되었다.

유대인으로서의 민족적 유산보다 돈을 더 사랑하는 유대인만이 그런 직업을 택했다. 심지어 랍비들은 세리를 속이는 것이 완전히 적법하다고 가르쳤다. 랍비들은 '세리'를 매춘과 함께, 율법을 지키는 유대인으로서

마 14:2　그 신하들에게 이르되 이는 세례 요한이라 그가 죽은 자 가운데서 살아났으니 그러므로 이런 능력이 그 속에서 역사하는도다 하더라

결코 선택할 수 없는 직업으로 분류했다. 세리는 탐욕과 불의라는 문제 외에도 이방인들을 상대하고 안식일에도 일을 해야 하는 직업이었기 때문이다.

따라서 세리들은 유대 사회에서 외면당하고 매장되어 자신들만의 소외된 계층을 형성했다. 그들은 회당에 드나드는 것이 용납되지 않았다. 세리들 대부분은 이러한 이유들 때문에 율법과 이스라엘의 하나님을 예배하는 일에 거의 관심을 두지 않았다. 그들은 영적인 풍요가 아닌 세상적인 부요함에 마음을 두었다.

이 모든 것을 기초로 우리는 예수를 만나기 전 마태의 모습을 꽤 분명하게 그려볼 수 있다. 그러나 세리 마태가 유대 전통을 상습적으로 무시했다는 것은 마태복음과 들어맞지 않는다. 마태복음에는 구약 인용과 율법을 존중한 내용이 많이 나오기 때문이다. 마태는 어떻게 그런 성향을 갖게 되었을까?

3. 마태는 가히 혁명적인 회심을 경험했다

예수를 만난 이후 그의 삶은 변화되었다. 일부 다른 사도들은 예수의 제자가 된 후에도 자신이 하던 일을 계속했다. 베드로는 가버나움에 가정이 있었고, 아마 고기잡이 일도 쉬지 않았을 것이다(요 21:3과 비교하라). 그러나 마태는 세리 일을 깨끗이 그만두었다.

우리는 이 사실을 두 가지 증거를 통해 알 수 있다.

첫째, 열두 제자의 그룹 안에는 마태와 함께 "열심당원 시몬"이 있었다(마 10:4). 예전에 시몬은 로마제국에 굴복하길 거부하고 폭력적 혁명

요 21:3　시몬 베드로가 나는 물고기 잡으러 가노라 하니 그들이 우리도 함께 가겠다 하고 나가서 배에 올랐으나 그 날 밤에 아무 것도 잡지 못하였더니

운동에 가담했었다. 마태와 시몬 두 사람이 예수를 만나기 전이었다면 시몬은 마태를 믿음 없는 부역자로 여기고 깊은 증오심을 품었을 것이다. 마태 역시 자신과 시몬이 이미 화해했음을 강조하기 위해 10장 2-4절의 사도 목록에서 자신과 시몬의 직업을 명백히 밝힌다. 예수를 따르기 위해 이전의 삶을 포기하지 않았다면 두 사람 모두 그런 식으로 함께 할 수 없었을 것이다.

둘째, 오직 마태만 유일하게 세금 내는 것에 대한 예수의 직접적 가르침을 포함하고 있다(17:24-27). 예수께서 베드로에게 물고기의 입에서 동전을 찾아오게 해 성전세(성전 관리와 예식을 위해 모든 성인 유대인들에게 부과된 세금)를 내도록 한 사건을 마태만 유일하게 기록했다. 이 본문의 해석은 논란의 여지가 있지만, 가장 설득력 있는 해석은 예수께서 자신과 자신을 따르는 자들이 모든 납세의 의무에서 근본적으로 자유로움을 선포하신다는 것이다. 그들은 하나님의 자녀이며 하나님은 온 세상의 왕이시다. 따라서 하나님의 자녀는 그런 굴레로부터 '자유'롭다. 그럼에도

마 17:24-27 가버나움에 이르니 반 세겔 받는 자들이 베드로에게 나아와 이르되 너의 선생은 반 세겔을 내지 아니하느냐 이르되 내신다 하고 집에 들어가니 예수께서 먼저 이르시되 시몬아 네 생각은 어떠하냐 세상 임금들이 누구에게 관세와 국세를 받느냐 자기 아들에게냐 타인에게냐 베드로가 이르되 타인에게니이다 예수께서 이르시되 그렇다면 아들들은 세를 면하리라 그러나 우리가 그들이 실족하지 않게 하기 위하여 네가 바다에 가서 낚시를 던져 먼저 오르는 고기를 가져 입을 열면 돈 한 세겔을 얻을 것이니 가져다가 나와 너를 위하여 주라 하시니라

「마태를 부르심(The Calling of Saint Matthew)」 자메 티소트. 1886-1896년. 흑연 칠한 회색 방수지에 오페이크 수채화. 26x16.8cm. 브루클린미술관. 뉴욕.

하나님은 그런 세금을 낼 방법을 제공해 주실 것이다. 이는 단지 주변 사회에 불필요한 반감을 주지 않기 위해서다.

짐작건대 이 일화는 마태 자신에게 큰 의미가 있기 때문에 복음서에 포함했을 것이다. 마태는 세금제도의 구속으로부터 자유로워졌다. 실제로 그는 돈의 신, 맘몬을 섬기는 것에서 해방되었다(6:24).

앞으로 우리는 마태의 회심이 자기 자신과 그의 복음서에 미친 영향을 고찰할 것이다. 그러나 먼저 그 회심 자체에 대해 더 질문하는 것도 좋을 듯하다. 어째서 마태는 그날 예수에게서 "나를 따르라"는 단 두 마디를 들었을 뿐인데 기꺼이 자신의 직업을 버리고 따라나설 수 있었을까?

그에 대한 해답은 마태복음에서 중요한 역할을 하는 또 다른 인물을 통해 알 수 있다.

4. 마태는 세례 요한에게서 깊은 영향을 받았을 것이다

이는 추측에 불과하지만 이를 뒷받침해 주는 증거들이 있다.

오직 마태복음에만 21장 28-32절에 두 아들의 비유가 나온다. 포도원에 가서 일하라는 아버지의 말을 거절했다가 후에 뉘우치고 가는 둘째 아들은 세례 요한의 설교를 듣고 응답한 '세리와 창녀'로 해석된다. 그들은 이제 요한의 경고를 듣고도 '회개하고 믿지' 않은 종교 지도자들보다 먼저 '하나님의 나라에 들어간다'. '포도원'은 하나님의 백성, 이스라엘을 가리키는 구약의 상징이다(예. 사 5:1-7).

마 6:24 　한 사람이 두 주인을 섬기지 못할 것이니 혹 이를 미워하고 저를 사랑하거나 혹 이를 중히
　　　　 여기고 저를 경히 여김이라 너희가 하나님과 재물을 겸하여 섬기지 못하느니라

사 5:1-7 　나는 내가 사랑하는 자를 위하여 노래하되 내가 사랑하는 자의 포도원을 노래하리라 내
　　　　 가 사랑하는 자에게 포도원이 있음이여 심히 기름진 산에로다 땅을 파서 돌을 제하고 극

이것은 마태 자신의 경험을 반영하는 것일까? 누가복음에서 세례 요한에게 세례를 받으러 나온 세리들 가운데 한 명이 마태였을까? 그들이 요한에게 자신들이 회개했음을 어떻게 보여야 하는지 물었을 때, 요한은 그들에게 이렇게 대답했다. "부과된 것 외에는 거두지 말라"(눅 3:13).

마태에게 회개는 단지 지나치게 부과된 세금을 줄이는 것보다 훨씬 더 완전한 것이었다. 아마도 바로 이때 마태는 율법을 홀대한 것을 두고 세례 요한에게서 꾸짖음을 받은 뒤 율법에 대해 더 진지해졌을 것이다. 즉, 새롭게 율법을 공부하고 순종할 준비가 되었다. 실제로 그는 자신의 불순종을 회개하고 포도원에 들어갈 준비가 된 것이다. 마태는 또한 예수에 대한 세례 요한의 증언을 듣고 그분을 기다렸을 것이다. "내 뒤에 오시는 이는 나보다 능력이 많으시니 나는 그의 신을 들기도 감당하지 못하겠노라"(마 3:11). 마태는 예수께서 "온 갈릴리에 두루 다니시며"(마 4:23) 복음을 전파하면서 "회개하라 천국이 가까이 왔느니라"(마 4:17; 3:2과 비교하라)라는 세례 요한의 메시지를 거듭 강조하시는 것을 들었을 것이다. 마태는 점차 세례 요한에게서 예수께로 한 단계 더 나아갈 준비가 되었다.

따라서 마태의 회심은 두 단계를 거쳤을 가능성이 높다. 먼저 세례 요

상품 포도나무를 심었도다 그 중에 망대를 세웠고 또 그 안에 술틀을 팠도다 좋은 포도 맺기를 바랐더니 들포도를 맺었도다 예루살렘 주민과 유다 사람들아 구하노니 이제 나와 내 포도원 사이에서 사리를 판단하라 내가 내 포도원을 위하여 행한 것 외에 무엇을 더할 것이 있으랴 내가 좋은 포도 맺기를 기다렸거늘 들포도를 맺음은 어찌 됨인고 이제 내가 내 포도원에 어떻게 행할지를 너희에게 이르리라 내가 그 울타리를 걷어 먹힘을 당하게 하며 그 담을 헐어 짓밟히게 할 것이요 내가 그것을 황폐하게 하리니 다시는 가지를 자름이나 북을 돋우지 못하여 찔레와 가시가 날 것이며 내가 또 구름에게 명하여 그 위에 비를 내리지 못하게 하리라 하셨으니 무릇 만군의 여호와의 포도원은 이스라엘 족속이요 그가 기뻐하시는 나무는 유다 사람이라 그들에게 정의를 바라셨더니 도리어 포학이요 그들에게 공의를 바라셨더니 도리어 부르짖음이었도다

마 4:17   이 때부터 예수께서 비로소 전파하여 이르시되 회개하라 천국이 가까이 왔느니라 하시더라

마 3:2   회개하라 천국이 가까이 왔느니라 하였으니

한에 의해 율법으로 회심했고, 다음에는 "나를 따르라"는 두 마디의 부르심에 의해 예수 그리스도에게로 회심한 것이다. 스스로 모든 것을 버리고 예수를 따라야 한다는 깨달음이 급작스레 찾아왔다. 몇 주 되지 않아 마태는 동료 제자들과 함께 선교여행을 떠나게 된다. 여행을 위한 아무런 준비도, 위험에 대한 아무런 대책도 세우지 말며, 손대접에 대한 사전 계획도 세우지 말라는 말씀과 함께 말이다(마 10:9-11). 마태는 선교여행을 떠날 당시 예수께서 제자들에게 요구하셨던 자기희생과 무력한 상태를 마가나 누가보다 훨씬 더 강조한다. 이것은 특히 마태에게는 쉽지 않은 엄청난 변화였기에 더욱 강조했던 것 같다. 부유함에서 자발적 가난으로, 자기 결정에서 제자도로, 안정된 현실에서 모험과 믿음의 삶으로, 그리고 무엇보다 자아 중심에서 그리스도께로의 변화, 이것이 마태가 경험한 회심의 본질이었다.

이러한 회심이 마태 자신과 복음서에 끼친 다른 영향들을 알아보자.

새사람 마태

마태복음의 세 가지 중요한 특징은 마태가 체험한 회심에 뿌리를 둔다.

1. 마태는 용서와 자비에 대해 배웠다

용서와 자비는 마태복음에서 매우 중요한 주제다. 마태는 그가 기록한 주님의 기도에서 '죄(sins)' 대신 '빚(debts)'이라는 용어를 사용한다. "우리가 우리에게 빚진 자를 사하여 준 것같이 우리의 빚을

마 10:9-11 너희 전대에 금이나 은이나 동을 가지지 말고 여행을 위하여 배낭이나 두 벌 옷이나 신이나 지팡이를 가지지 말라 이는 일꾼이 자기의 먹을 것 받는 것이 마땅함이라 어떤 성이나 마을에 들어가든지 그 중에 합당한 자를 찾아내어 너희가 떠나기까지 거기서 머물라

사하여 주시옵고(Forgive us our debts, as we also have forgiven our debtors.)"(NIV, 마 6:12; 눅 11:4과 비교하라). 세리였던 마태는 이전에 빚을 탕감해 준 적이 한 번도 없었고, 할 수도 없었을 것이다. 그러나 마태는 자신이 하나님께 갚지 못할 엄청난 빚을 지게 된 사실을 깨달았다. 즉 사랑과 순종의 빚이다.

용서하지 않는 종의 비유는 마태복음에만 기록되어 있다(마 18:23-35). 마태는 전에 자주 이 종의 신세가 되었던 것 같다. "그 종이 나가서 자기에게 백 데나리온 빚진 동료 한 사람을 만나 붙들어 목을 잡고 이르되 빚을 갚으라 하매"(마 18:28). 마태는 그렇게 거칠게 행동하지는 않았을지 몰라도 분명 갚을 능력이 거의 없는 사람들에게조차 빚을 갚도록 압력을 행사했을 것이다. 하지만 이제 마태는 이 비유의 교훈을 배웠다. 우리가 하나님께 진 빚이 그 무엇보다 크며, 그 빚은 우리가 도저히 갚을 수 없다. 우리가 하나님의 용서를 거저 주시는 선물로 받아들인다면, 어떻게 다른 이들을 용서하지 않을 수 있겠는가?

마찬가지로 포도원 품꾼의 비유도 오직 마태만 기록하고 있다(마 20:1-16). 분명 마태는 불공평에 대한 불평을 수없이 들었을 것이고, 마태 자신도 사람들을 부당하게 대해왔을 것이다. 그러나 이제 포도원의 역설은 그에게 깊은 감동을 준다. 부당하고 불공평하게도 마태는 하나님의 선하심을 입은 것이다. 그 하나님은 부당하게 요구하지 않으며 오히려 공평함을 초월해 우리가 의당 받을 수 있는 것보다 훨씬 더 우리에게 베푸시는 분이다(마 20:15).

예수의 제자로서 새 삶을 시작한 사도들 사이에는 수없이 용서를 주

마 6:12 우리가 우리에게 죄 지은 자를 사하여 준 것 같이 우리 죄를 사하여 주시옵고
눅 11:4 우리가 우리에게 죄 지은 모든 사람을 용서하오니 우리 죄도 사하여 주시옵고 우리를 시험에 들게 하지 마시옵소서 하라
마 20:15 내 것을 가지고 내 뜻대로 할 것이 아니냐 내가 선하므로 네가 악하게 보느냐

고발을 일들이 있었다. 마태는 베드로와 안드레 그리고 야고보와 요한 형제처럼 가버나움 출신이었다. 이전에 마태는 '그들의' 세리였다. 그렇지 않았더라도 어쨌든 그들에게는 세리로 알려져 있었다. 필시 해결해야 할 오래된 논쟁거리, 고백해야 할 죄들, 바로잡아야 할 불의 등이 그들 사이에 존재했을 것이다. 특히 세리 마태와 열심당원 시몬 사이에는 서로 회개할 것들이 많았을 것이다.

이 모든 것과 관련해 특별히 한 구절이 마태에게는 많은 의미를 주었던 것 같다. 그는 "나는 인애를 원하고 제사를 원하지 아니하며"(호 6:6)라는 예수의 인용을 두 번이나 기록하고 있다. 예수께서 이 구절을 인용하신 것을 언급한 복음서 저자는 마태가 유일하다. 마태는 예수의 제자가 되고 난 직후 자신의 집에서 이전 동료들에게 만찬을 베풀었다. 그때

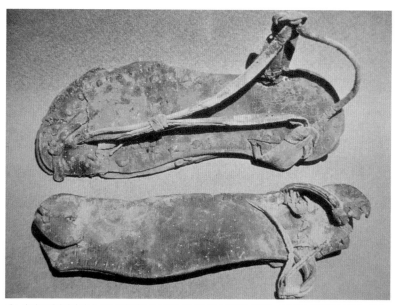

예수가 열두 제자에게 하나님 나라를 전파하도록 보낼 때 두 벌의 옷이나 신 또는 지팡이를 가져가지 말라고 했다. 1세기의 것으로 추정되는 이 가죽 신발은 마사다에서 발굴되었다.

호 6:6　　나는 인애를 원하고 제사를 원하지 아니하며 번제보다 하나님을 아는 것을 원하노라

마가복음의 내용에 마태가 추가한 것들

마태는 주로 다음과 같은 계획적인 방법으로 마가복음의 내용을 보충했다.

- 마가는 예수의 가족 배경에 대해 지나가는 말로 간략하게 언급한 반면(막 6:3), 마태는 예수의 탄생 이야기를 시작으로 그와 관련해 두 장을 할애한다.
- 마가는 예수가 받은 유혹을 매우 간략하고 모호하게 언급한 반면(막 1:12-13), 마태는 이야기를 전체적으로 기록하고 있다(마 4:1-11).
- 마가는 예수께서 주위에 모여든 군중들을 가르치셨다고 자주 언급하면서도 (예. 막 1:21; 2:13; 4:1; 6:6; 6:34), 그 내용에 대해서는 거의 아무런 기록도 남기지 않았다. 반면 마태는 다섯 편의 위대한 설교를 추가해서 이 부족한 부분을 메운다. 이는 예수의 말씀들을 모아 마태나 또는 그 이전에 누군가가 신중하게 편집한 것으로 보인다.

5:3-7:27	산상수훈
10:5-42	열두 제자에게 주는 사명 설명
13:3-52	천국 비유
18:2-35	교회 생활에 관한 가르침
23:1-25:46	장차 올 심판과 구원

- 부활과 관련한 마가의 설명은 매우 간략하며, 부활하신 예수의 나타나심에 대해서는 아무런 기록도 없다. 반면 마태는 갈릴리에서 제자들이 다시 예수를 만나는 장면(막 14:28에 예언이 있지만 그 내용은 기록에 없다)과 제자들에게 앞으로의 사명을 맡기기까지(마 28:1-20) 부활 이야기를 계속 이어간다.

이외에도 짧은 내용들이 많이 추가되는데, 그 가운데 일부는 앞으로 이 장에서 다룰 것이다.

마태가 계획적으로 마가복음의 내용을 보충했다는 주장을 모든 학자가 수용하는 것은 아니다. 복음주의 학자 존 웬햄(John Wenham)이 최근 마태복음이 마가복음 이전에 기록되었다는 주장에 힘을 실어주는 책을 출간하기도 했다(참고 도서를 보라).

예수께서 이 구절을 어떻게 인용하셨는지가 처음으로 나온다. 일부 바리새인들은 예수의 다른 제자들에게 "어찌하여 너희 선생은 세리와 '죄인들'과 함께 잡수시느냐"하고 물으면서 비난한다(마 9:11). 마태는 바리새인들이 자기를 혐오하는 만큼이나 예수도 싫어함을 깨닫게 된다.

그때 예수께서 하신 대답이 그의 뇌리에 남았다. "건강한 자에게는 의사가 쓸 데 없고 병든 자에게라야 쓸 데 있느니라 너희는 가서 내가 긍휼을 원하고 제사를 원하지 아니하노라 하신 뜻이 무엇인지 배우라 나는 의인을 부르러 온 것이 아니요 죄인을 부르러 왔노라"(마 9:12-13). 마태는 예수께 그런 자비하심을 입었다. 단지 예수께서 기꺼이 자신과 함께하고자 했을 뿐만이 아니라, 예수로 인해 자신이 갚을 수 없는 엄청난 빚이 탕감되었음을 깨달은 것이다.

마태는 예수께서 호세아 6장 6절을 또 한 차례 인용하신 것을 기록한다. 제자들이 안식일에 밀밭에서 이삭을 잘라 먹은 것에 대해 바리새인들이 예수를 비판했을 때였다(마 12:1-2). 예수는 안식일을 범한 비슷한 성경 속의 예를 몇 가지 들고 나서(마 12:3-6), 다음과 같이 말씀을 마무

막 6:3   이 사람이 마리아의 아들 목수가 아니냐 야고보와 요셉과 유다와 시몬의 형제가 아니냐 그 누이들이 우리와 함께 여기 있지 아니하냐 하고 예수를 배척한지라

막 1:12-13 성령이 곧 예수를 광야로 몰아내신지라 광야에서 사십 일을 계시면서 사탄에게 시험을 받으시며 들짐승과 함께 계시니 천사들이 수종들더라

막 1:21   그들이 가버나움에 들어가니라 예수께서 곧 안식일에 회당에 들어가 가르치시매

막 2:13   예수께서 다시 바닷가에 나가시매 큰 무리가 나왔거늘 예수께서 그들을 가르치시니라

막 4:1   예수께서 다시 바닷가에서 가르치시니 큰 무리가 모여들거늘 예수께서 바다에 떠 있는 배에 올라 앉으시고 온 무리는 바닷가 육지에 있더라

막 6:6   그들이 믿지 않음을 이상히 여기셨더라 이에 모든 촌에 두루 다니시며 가르치시더라

막 6:34   예수께서 나오사 큰 무리를 보시고 그 목자 없는 양 같음으로 인하여 불쌍히 여기사 이에 여러 가지로 가르치시더라

막 14:28   그러나 내가 살아난 후에 너희보다 먼저 갈릴리로 가리라

마 12:1-2 그 때에 예수께서 안식일에 밀밭 사이로 가실새 제자들이 시장하여 이삭을 잘라 먹으니 바리새인들이 보고 예수께 말하되 보시오 당신의 제자들이 안식일에 하지 못할 일을 하나이다

리한다. "나는 자비를 원하고 제사를 원하지 아니하노라 하신 뜻을 너희가 알았더라면 무죄한 자를 정죄하지 아니하였으리라 인자는 안식일의 주인이니라 하시니라"(마 12:7-8). 세리로서의 마태가 베풀지 않았던 자비가 이제는 그의 삶의 중심을 차지하게 되었다. 그러나 더 나아가 마태는 예수께서 무엇이 자비이며 그것을 어떻게 드러낼 것인지 결정하시는 분임을 배웠다. 즉 호세아 6장 6절과 같은 말씀을 어떻게 해석해야 할지를 말이다. '인자'이신 예수는 그런 것들을 결정하시는 주님이다. 앞으로 보게 되듯이 마태복음의 핵심 주제는 성경의 주권적 해석자로서의 예수이다.

2. 마태는 왕에 대한 새로운 관점을 개발했다

세리 마태가 과거에 열렬한 '헤롯 당원'이었는지는 알려진 바 없다. 헤롯당은 헤롯 왕조를 옹호하는 군주제 지지 정당에 붙여진 이름이었다(마 22:16; 막 3:6과 비교). 만약 마태가 헤롯 당원이었다면 그의 회심은 이 점에서도 극적인 변화였음을 의미한다. 복음서 저자 마태는 어떠한 정치적 권위도 신뢰하지 않았다. 사실은 그와는 정반대였다. 마태는 이스라엘에 대해 예수께서 느끼는 심적 고통을 다른 복음서 저자들보다 더 강조한

마 12:3-6 예수께서 이르시되 다윗이 자기와 그 함께 한 자들이 시장할 때에 한 일을 읽지 못하였느냐 그가 하나님의 전에 들어가서 제사장 외에는 자기나 그 함께 한 자들이 먹어서는 안 되는 진설병을 먹지 아니하였느냐 또 안식일에 제사장들이 성전 안에서 안식을 범하여도 죄가 없음을 너희가 율법에서 읽지 못하였느냐 내가 너희에게 이르노니 성전보다 더 큰 이가 여기 있느니라 나는 자비를 원하고 제사를 원하지 아니하노라 하신 뜻을 너희가 알았더라면 무죄한 자를 정죄하지 아니하였으리라

마 22:16 자기 제자들을 헤롯 당원들과 함께 예수께 보내어 말하되 선생님이여 우리가 아노니 당신은 참되시고 진리로 하나님의 도를 가르치시며 아무도 꺼리는 일이 없으시니 이는 사람을 외모로 보지 아니하심이니이다

막 3:6 바리새인들이 나가서 곧 헤롯당과 함께 어떻게 하여 예수를 죽일까 의논하니라

다. "무리를 보시고 불쌍히 여기시니 이는 그들이 목자 없는 양과 같이 고생하며 기진함이라"(마 9:36). 헤롯 치하에서 이스라엘 백성은 실제로도 목자 없는 양처럼 고생하며 방황했다.

그러나 하나님은 자신의 백성을 구하기 위해 일하셨다. 마태는 예수를 헤롯과 대조하면서 진정한 이스라엘의 왕으로 높인다. 도입 부분부터 마태는 "유대인의 왕으로 나신 이"를 소개하면서 헤롯에게 '헤롯 왕'이라는 온전한 칭호를 붙인다(마 2:1-2). 헤롯은 자신의 위치가 위태로움을 깨닫고 이 경쟁 상대인 왕을 죽이려고 하지만 실패한다(2:16-18). 또한 그는 자신의 임박한 죽음을 연기하는 것마저 실패한다. 이에 대해 마태는 빈정대는 듯한 유머로 기록하고 있다(2:19).

학자들은 마태복음에서 왕권의 주제가 두드러지게 나타나는 것을 자주 언급했다. 그 중요성은 마태복음의 첫 구절에서도 암시하는데, 이는 마태복음의 제목이 되기도 한다. "아브라함과 다윗의 자손 예수 그리스도의 계보라"(마 1:1).

다윗과 아브라함은 예수의 가장 중요한 조상으로 꼽혔다. 뒤이어 마태복음 1장 2-17절에 기록된 계보는 약속대로 오신 왕이신 예수를 강조하기 위해 신중하게 짜여진 것이다. "그런즉 모든 대 수가 아브라함부터 다윗까지 열네 대요 다윗부터 바벨론으로 사로잡혀 갈 때까지 열네 대요 바벨론으로 사로잡혀 간 후부터 그리스도까지 열네 대더라"(마 1:17). 예수는 바벨론이 예루살렘을 강탈한 이후 600여 년 동안 끊어진 왕조를 다시 살린 '다윗의 자손'이다. 위대한 왕 '다윗'이 와서 이스라엘뿐만 아

마 2:16-18 이에 헤롯이 박사들에게 속은 줄 알고 심히 노하여 사람을 보내어 베들레헴과 그 모든 지경 안에 있는 사내아이를 박사들에게 자세히 알아본 그 때를 기준하여 두 살부터 그 아래로 다 죽이니 이에 선지자 예레미야를 통하여 말씀하신 바 라마에서 슬퍼하며 크게 통곡하는 소리가 들리니 라헬이 그 자식을 위하여 애곡하는 것이라 그가 자식이 없으므로 위로 받기를 거절하였도다 함이 이루어졌느니라

마 2:19 헤롯이 죽은 후에 주의 사자가 애굽에서 요셉에게 현몽하여 이르되

다윗의 자손

구약의 선지자들은 하나님께서 전능한 '다윗'을 보내주시리라는 기대감을 점점 갖게 되었다. 그의 통치는 이전의 어떤 '다윗의 자손'보다 훨씬 더 위대할 것이다. 이 예언은 다윗의 후손들이 여전히 예루살렘을 통치하고 있던 당시에 발견된다(사 11:1-5; 16:5; 호 3:5). 그러나 당연히 주전 587년 바벨론에 의해 다윗의 대가 끝났을 때 가장 성했다(렘 23:5; 30:9; 33:15-22; 겔 34:23-24; 37:24-25; 슥 12:7-13:1).

시편 2편은 이 모든 예언의 배경이 되는 환상을 기술한다. 여기서 왕은 하나님의 "기름 부음 받은 자"로 불린다. 즉 '그리스도'를 뜻한다. 그리고 왕은 다음과 같이 선포한다. "내가 여호와의 명령을 전하노라 여호와께서 내게 이르시되 너는 내 아들이라 오늘 내가 너를 낳았도다 내게 구하라 내가 이방 나라를 네 유업으로 주리니 네 소유가 땅 끝까지 이르리로다 네가 철장으로 그들을 깨뜨림이여 질그릇같이 부수리라"(시 2:7-9). 이 시편은 신약에서 예수와 관련해서 자주 인용된다. 그리고 마태는 자신의 복음서를 끝맺는 이른바 대위임에서 이를 반영한다. "예수께서 나아와 말씀하여 이르시되 하늘과 땅의 모든 권세를 내게 주셨으니 그러므로 너희는 가서 모든 민족을 제자로 삼아…"(마 28:18-19).

마태복음에서 예수를 '다윗의 자손'으로 칭하는 경우가 10회 정도 등장한다(1:1, 20; 9:27; 12:23; 15:22; 20:30, 31; 21:9, 15; 22:42). 이 가운데 5회는 예수께서 돌봄과 치유의 사역을 하시는 동안 병들고 소외된 자들이 호소할 때 사용되었다.

- 두 맹인: "다윗의 자손이여 우리를 불쌍히 여기소서!"(9:27).
- 가나안 여자: "주 다윗의 자손이여 나를 불쌍히 여기소서 내 딸이 흉악하게 귀신 들렸나이다"(15:22).
- 또 다른 맹인 두 사람: "주여 우리를 불쌍히 여기소서 다윗의 자손이여"(20:30). "무리가 꾸짖어 잠잠하라"할 때 한 번 더 반복된다(20:31).
- 귀신 들린 사람을 예수께서 고쳐주셨을 때: "무리가 다 놀라 이르되 이는 다윗의 자손이 아니냐 하니"(12:23).

구약의 왕위에 대한 이해가 이 부분의 배경이 된다. 즉 연약한 자를 돌보는 일이 왕의 가장 중요한 역할이었다.

"하나님이여 주의 판단력을 왕에게 주시고 주의 공의를 왕의 아들에게 주소서 그가 주의 백성을 공의로 재판하며 주의 가난한 자를 정의로 재판하리니 의로 말미암아 산들이 백성에게 평강을 주며 작은 산들도 그리하리로다 그가 가난한 백성의 억울함을 풀어주며 궁핍한 자의 자손을 구원하며 압박하는 자를 꺾으리로다"(시 72:1-4).

니라 온 세상을 다스릴 것이라는 선지자들의 모든 약속을 예수께서 성취하신다. 이에 따라 '다윗의 자손'은 랍비들이 메시아를 칭할 때 사용하는 기본 명칭이 되었다(마 22:42과 비교하라).

이는 또한 마태가 즐겨 사용한 예수의 호칭 가운데 하나다. 마태는 '다

사 11:1-5 이새의 줄기에서 한 싹이 나며 그 뿌리에서 한 가지가 나서 결실할 것이요 그의 위에 여호와의 영 곧 지혜와 총명의 영이요 모략과 재능의 영이요 지식과 여호와를 경외하는 영이 강림하시리니 그가 여호와를 경외함으로 즐거움을 삼을 것이며 그의 눈에 보이는 대로 심판하지 아니하며 그의 귀에 들리는 대로 판단하지 아니하며 공의로 가난한 자를 심판하며 정직으로 세상의 겸손한 자를 판단할 것이며 그의 입의 막대기로 세상을 치며 그의 입술의 기운으로 악인을 죽일 것이며 공의로 그의 허리띠를 삼으며 성실로 그의 몸의 띠를 삼으리라

사 16:5 다윗의 장막에 인자함으로 왕위가 굳게 설 것이요 그 위에 앉을 자는 충실함으로 판결하며 정의를 구하며 공의를 신속히 행하리라

호 3:5 그 후에 이스라엘 자손이 돌아와서 그들의 하나님 여호와와 그들의 왕 다윗을 찾고 마지막 날에는 여호와를 경외하므로 여호와와 그의 은총으로 나아가리라

렘 23:5 여호와의 말씀이니라 보라 때가 이르리니 내가 다윗에게 한 의로운 가지를 일으킬 것이라 그가 왕이 되어 지혜롭게 다스리며 세상에서 정의와 공의를 행할 것이며

렘 30:9 그들은 그들의 하나님 여호와를 섬기며 내가 그들을 위하여 세울 그들의 왕 다윗을 섬기리라

겔 34:23-24 내가 한 목자를 그들 위에 세워 먹이게 하리니 그는 내 종 다윗이라 그가 그들을 먹이고 그들의 목자가 될지라 나 여호와는 그들의 하나님이 되고 내 종 다윗은 그들 중에 왕이 되리라 나 여호와의 말이니라

겔 37:24-25 내 종 다윗이 그들의 왕이 되리니 그들 모두에게 한 목자가 있을 것이라 그들이 내 규례를 준수하고 내 율례를 지켜 행하며 내가 내 종 야곱에게 준 땅 곧 그의 조상들이 거주하던 땅에 그들이 거주하되 그들과 그들의 자자 손손이 영원히 거기에 거주할 것이요 내 종 다윗이 영원히 그들의 왕이 되리라

마 22:42 너희는 그리스도에 대하여 어떻게 생각하느냐 누구의 자손이냐 대답하되 다윗의 자손이니이다

윗의 자손'이라는 호칭을 10회나 사용한 반면, 마가와 누가는 둘이 합쳐 일곱 번 정도밖에 사용하지 않았다. 이 칭호는 특히 병자와 가난한 자를 향한 긍휼의 행위와 관련이 있다(67-68쪽 박스글 참조). 이는 구약에서 왕의 매우 중요한 임무 가운데 하나였기 때문이다. 왕은 연약하고 힘없는 자들을 보호해 줘야 했다.

그러므로 헤롯 '왕'이 철저히 실패한 것을 예수께서 완벽하게 수행하신다. 사실 헤롯은 한 번도 자신을 '다윗의 자손'이라고 주장한 적이 없었고, 그럴 수도 없었다. 헤롯은 유대인이 아니라 오히려 앙숙인 이두매 출신이었기 때문이다. 헤롯이 왕위에 오른 것은 전적으로 로마의 덕택이었고 그런 이유로 유대인은 대부분 헤롯을 왕이라고 부르지 않았으며, 그의 통치를 거부했다. 마태는 왕인 척만 하는 거짓 왕을 섬기다가 이스라엘의 진정한 왕을 섬기게 된 것이다.

이 '진정한 이스라엘의 왕'은 헤롯의 작디작은 왕국보다 훨씬 더 큰 나라를 통치하신다. 이는 장차 오실 '다윗'이 만유의 왕이 되실 것이라는 구약의 약속 가운데 일부분이었다. 여기서 세리였던 마태의 과거가 오히려 그에게 도움이 되었을지도 모른다. 마태는 다수의 비유대인들과 허물없이 지냈고, 따라서 이 새로운 왕의 통치를 누리도록 이방인들을 불러모으는 일이 다른 사람들보다 수월했을 것이기 때문이다.

마태가 전한 메시지의 주요 특징들을 뒷부분에서 다룰 텐데, 마태가 언급한 '왕'이라는 주제는 그때 좀 더 자세히 살펴보겠다.

3. 마태는 가르치는 은사를 새롭게 발견했다

앞서 봤듯이 세리 마태가 율법에 관해 가르치는 것은 말할 것도 없고, 공부할 기회가 있었을 가능성도 거의 없는 것 같다. 그럼에도 그의 복음서는 확실히 율법을 사랑하고 동시에 선생으로서 가르치는 은사가 있는 사람의 작품이었다. 그렇다면 우리는 마태가 돈을 목적으로 삼았을 때는 깨닫지 못했던 은사를 새롭게 발견했다는 결론을 내릴 수밖에 없다.

마태의 가르치는 능력을 보여주는 증거는 무엇인가? 마태복음의 네 가지 특징으로 요약해 볼 수 있다.

체계적인 내러티브

우리는 이미 마태가 다섯 편의 위대한 설교를 기록함으로써 예수의 가르침을 강조했음을 언급했다. 이 설교들은 각각 독특한 주제들을 다루고 있다(63쪽 박스글 참조). 마태나 다른 복음서 저자들은 예수의 말씀을 주제별로 모아서 편집했거나, 혹은 실제로 예수께서 하신 말씀을 근거로 기록했을 것이다. 학식이 높은 세리 마태는 예수의 말씀을 들으면서 직접 기록을 남겼을 가능성도 있다. 어느 쪽이든 그 편집본들이 초기 회심자들에게 그리스도인으로서의 기본적인 삶과 신앙을 가르치는 수단으로 유용하게 활용되었음을 상상하기는 어렵지 않다.

구약 인용

마태는 구약의 예언과 그것이 예수 안에서 성취되는 것의 관계를 가르쳐 주고자 하는 선생의 마음을 드러낸다. 마태는 열한 번이나 어떤 사건과 그와 관련된 예언을 다음과 같은 설명을 통해 연결 시킨다. "이는 선지자를 통하여 하신 말씀을 이루려 하심이라"(마 21:4). 앞서 제시한 의견, 즉 마태가 먼저 세례 요한을 통해 율법을 알게 되었고, 이후 예수를 통해 복음을 접하게 되었다는 사실이 정확하다면, 율법에 대한 마태의 새롭고 특별한 관점을 이해하는 데 도움이 될 것이다. 마태는 기독교 신앙과 제자도라는 관점에서 율법을 바라보면서 그것을 독특하게 해석한다. 이 점에 대해서는 이후 자세히 살펴볼 것이다.

이것은 마지막 사항과 대응 관계에 있다. 다른 복음서 저자들보다 마태는 바리새인과 그 가르침에 대해 비판적이다. 마태복음 23장 27-28절과 같은 구절에 대해 여러 학자들은 '적대적'이라는 표현을 한다. "화 있을진저 외식하는 서기관들과 바리새인들이여 회칠한 무덤 같으니 겉으로는 아름답게 보이나 그 안에는 죽은 사람의 뼈와 모든 더러운 것이 가득하도다 이와 같이 너희도 겉으로는 사람에게 옳게 보이되 안으로는 외식과 불법이 가득하도다."

다른 복음서 저자들은 바리새인을 향해 "화 있을진저"와 같은 표현을 하기를 주저했다. 그러나 마태는 망설이지 않는다. 마태는 이런 구절들을 적대감이 아니라 오히려 바리새인의 가르침이 가져올 무시무시한 결과를 염려하는 마음에서 포함시켰다.

• "서기관들과 바리새인들이 모세의 자리에 앉았으니 그러므로 무엇이든지 그들이 말하는 바는 행하고 지키되 그들이 하는 행위는 본받지 말라 그들

마케루스 | 세례 요한의 순교지. 동생의 아내와 결혼한 헤롯 왕의 죄를 비판한 세례 요한을 참수한 곳(마 14:6-11)으로 지금의 요르단에 있다.

은 말만 하고 행하지 아니하며 또 무거운 짐을 묶어 사람의 어깨에 지우되 자기는 이것을 한 손가락으로도 움직이려 하지 아니하며"(마 23:2-4).

• "화 있을진저 외식하는 서기관들과 바리새인들이여 너희는 천국 문을 사람들 앞에서 닫고 너희도 들어가지 않고 들어가려 하는 자도 들어가지 못하게 하는도다"(마 23:13).

바리새인들은 합법적인 선생이었다. 하지만 그들의 메시지는 생명이 없었고, 그 도를 좇는 모든 자들에게 치명적이었다. 마태는 그들의 가르침을 자신의 것으로 바꾸기 원했다.

마태의 내러티브 방식

마태복음은 마가복음보다 분량이 훨씬 많지만, 동일한 내용들을 좀 더 간결하게 서술한다. 마가는 개인적인 세부사항들을 많이 언급한 반면, 마태는 내러티브의 본질만 남기고 나머지는 잘라낸다. 그러나 이어서 자주 이야기에서 도출한 '가르침'을 확장한다.

예컨대 마가는 귀신 들린 아이 이야기를 전하면서 제자들이 예수께 "우리는 어찌하여 능히 그 귀신을 쫓아내지 못하였나이까"(막 9:14-28)라고 묻는 데까지 256단어로 서술했다. 그 질문에 대한 예수의 답변은 "기도 외에 다른 것으로는 이런 종류가 나갈 수 없느니라"라고 간략하게 기록되었다(막 9:29). 반면 마태는 제자들의 질문까지를 반도 안 되는 102단어로 서술했다(17:14-20). 하지만 이후 예수의 답변은 더욱 자세하게 기록한다. "이르시되 너희 믿음이 작은 까닭이니라 진실로 너희에게 이르노니 만일 너희에게 믿음이 겨자씨 한 알만큼만 있어도 이 산을 명하여 여기서 저기로 옮겨지라 하면 옮겨질 것이요 또 너희가 못할 것이 없으리라"(마 17:20).

이런 방법으로 마태는 제자도와 가르침에 대한 자신의 열정을 표현했다. 마태는 자신이 직접 기록한 "모든 민족을 제자로 삼아"(마 28:19)라는 예수의 명령에 순종하려고 애썼다. 아마도 마태는 자신을 마태복음 13장 52절의 "천국의 제자된 서기관"으로 여긴 것 같다(다시 말하지만 이 짧은 비유는 마태복음에만 나온다). 마태는 마치 "새것과 옛것을 그 곳간에서 내오는 집주인과 같기" 때문이다. 마태는 새것 즉 우리를 사로잡는 예수의 부요함을 설명하기 위해, 옛것 즉 구약의 풍성함을 끌어냈다. 예수는 마태가 자신의 모든 소유를 다 팔아 산 "값진 진주"였다(마 13:45-46).

마 태 의   메 시 지

그렇다면 마태가 복음서를 기록할 당시 그의 마음속에 타오르던 메시지는 무엇이었을까? 예수를 직접 만나 경험한 후 그가 선포하고자 했던 메시지는 무엇이었을까? 이를 다섯 가지로 요약해 볼 수 있다.

1. 예수는 구약의 완성이자 성취다

예수에 대한 마태의 이러한 설명은 다른 것들의 근간이 된다. 마태복음은 전체적으로, 하나님이 예수 안에서 그리고 그분을 통해 행하시는 모든 것들을 구약과 연관 지어 설명하고 해석한다. 마태는 그의 독자들이 구약을 잘 알고 있고 그가 여기저기서 사용한 구약에서 인용해 온 구절들에서 결론을 이끌어 낼 수 있다고 가정했다.

예컨대 마태는 갈릴리에서 해질 무렵 예수께서 병자와 귀신들린 자들을 치유하신 일을 전할 때 마가를 따르되(막 1:32-34), 구약의 인용도 덧

마 13:45-46 또 천국은 마치 좋은 진주를 구하는 장사와 같으니 극히 값진 진주 하나를 발견하매 가서 자기의 소유를 다 팔아 그 진주를 사느니라

붙인다.

- "저물매 사람들이 귀신 들린 자를 많이 데리고 예수께 오거늘 예수께서 말씀으로 귀신들을 쫓아내시고 병든 자들을 다 고치시니 이는 선지자 이사야를 통하여 하신 말씀에 우리의 연약한 것을 친히 담당하시고 병을 짊어지셨도다 함을 이루려 하심이더라"(마 8:16-17).

마태는 독자들이 이사야의 어느 부분을 인용했는지를 알고 있을 것이라고 생각했다. 이는 이사야 53장에서 하나님 백성의 병뿐만 아니라 그들의 죄악을 짊어지고 그들을 대신해 죽는 '주의 종'에 대해 묘사한 부분이다. 이 짧은 인용을 통해 마태는 예수야말로 이사야가 예언한 인물임을 전한다. 이는 중요하면서도 극적인 주장이다. 마태복음 12장 15-21절에서 마태는 이사야의 '종의 노래' 가운데 일부를 길게 인용하는데(사 42:1-4), 여기에서도 그것을 예수께 적용한다.

마태복음 5장 17-20절은 이러한 연관 관계에서 가장 중요한 구절이다. 예수는 다음과 같이 말씀하신다. "내가 율법이나 선지자를 폐하러 온 줄로 생각하지 말라 폐하러 온 것이 아니요 완전하게 하려 함이라." 많은 사람들은 예수의 행동과 가르침을 볼 때 예수의 권위가 구약의 권위를 거스른다고 생각했다. 마태는 그러한 오해를 바로잡고자 했다. 예수는 "율법의 일점 일획도 결코 없어지지 아니하고 다 이루시길" 원했다

마 1:32-34 저물어 해 질 때에 모든 병자와 귀신 들린 자를 예수께 데려오니 온 동네가 그 문 앞에 모였더라 예수께서 각종 병이 든 많은 사람을 고치시며 많은 귀신을 내쫓으시되 귀신이 자기를 알므로 그 말하는 것을 허락하지 아니하시니라

사 42:1-4 내가 붙드는 나의 종, 내 마음에 기뻐하는 자 곧 내가 택한 사람을 보라 내가 나의 영을 그에게 주었은즉 그가 이방에 정의를 베풀리라 그는 외치지 아니하며 목소리를 높이지 아니하며 그 소리를 거리에 들리게 하지 아니하며 상한 갈대를 꺾지 아니하며 꺼져가는 등불을 끄지 아니하고 진실로 정의를 시행할 것이며 그는 쇠하지 아니하며 낙담하지 아니하고 세상에 정의를 세우기에 이르리니 섬들이 그 교훈을 앙망하리라

(마 5:18).

그러나 이는 당시의 율법 해석을 그대로 수용한다는 의미가 아니다. 결코 그렇지 않다. 우리는 이미 당시 유대 정통 율법의 수호자인 바리새인들에 대한 마태의 비판적인 태도를 살펴봤다. 5장 나머지 부분에서 마태는 예수께서 율법을 재해석하신 여섯 가지 영역을 기록한다. 때로 예수의 재해석은 지나치게 광범위해서 바리새인의 율법 해석만이 아니라 율법 전체를 파기한 것처럼 보인다. 예수께서 가르치실 때의 권위는 바로 그런 것이었다. 예수의 권위는 율법과 동등하지만 결코 율법을 대신하지 않는다. 그러나 하나님의 아들이자 왕으로서의 예수의 권위 아래서 율법은 새롭게 형성되고 새로운 관점으로 조명된다. 이에 따라 율법은 이스라엘과 이방 나라의 차이점을 강조하는 대신, 이제는 원수를 향한 사랑과(5:38-48) 유대인과 이방인 간의 장벽을 허무는 것을 장려한다(특히 15:1-28을 보라).

마태는 누구를 위해 이러한 설명을 했을까? 학자들은 대부분 마태가 그리스도인들, 특히 기독교 신앙이 유대 전통과 충돌하지 않는다고 설득해야 할 유대 그리스도인들을 염두에 두었을 것으로 생각한다. 그러나 또한 마태는 믿지 않는 유대인들을 설득하고 예수께서 구약의 예언을 완전하게 성취하셨음을 그들에게 보여주기 원했을 가능성이 크다. 마태복음 27장 62-66절과 28장 11-15절은 마태가 유대인을 염두에 두었음을 암시한다. 여기서 마태는 부활에 대한 당시 유대적 해석의 유래와 오류를 설명하려 애쓴다. 2세기 기독교 변증가인 순교자 저스틴은 135년경 다음과 같이 기록했다. "유대인들은 여전히 예수의 제자들이 무덤에서 예수의 시체를 훔쳤다고 주장한다." 마태가 그런 거짓 고발에 대응하려 했다면, 마태복음의 다른 특징들, 특히 마태가 구약을 대하는 방식 또한 회의적인 유대인을 설득하는 것을 목표로 했을 것이다.

마태의 다른 핵심 주제들을 추적하다 보면 마태가 율법을 어떻게 다루었는지 더 자세히 알게 될 것이다.

2. 예수는 왕이다!

"이때부터 예수께서 비로소 전파하여 이르시되 회개하라 천국이 가까이 왔느니라 하시더라"(마 4:17). '천국'이 마태복음에서 매우 중요한 주제라는 것은 오래전부터 인식해 왔다. 천국은 모든 복음서 저자에게 중요하겠지만 마태에게는 더욱 그랬다. 마태는 천국이라는 표현을 50회 넘게 사용하는데, 마가는 15회, 누가는 38회 정도 사용했다.

이 통계 수치를 '다윗의 자손'(앞의 내용 참조)이라는 왕호의 중요성과 나란히 놓고 비교하면 예수를 왕으로 밝히는 것이 마태에게 얼마나 중요했는지를 분명히 할 수 있다.

여기서 구약의 배경을 살펴볼 필요가 있다. 구약은 종종 하나님을 '왕'으로 묘사하며, 그분의 '왕국(kingdom)'은 구약 신학에서 중요한 주제다. 일반적으로 '왕국'으로 번역되는 헬라어와 히브리어 단어 모두 매우 흥미로운 이중적 의미를 내포하고 있는데, 이는 구약과 예수의 선포 모두를 이해하는 데 중요한 역할을 한다. 두 단어 모두 '영역(realm)'과 '통치(rule)' 즉 왕의 행위(그분이 다스린다)와 행위의 장소(그분의 나라)를 의미한다. 이는 구약에서 다음과 같은 사항들을 의미한다.

- 하나님은 온 세상을 통치하시는 분으로 묘사된다(예. 시 47; 98:4-6; 99:1)
- 이스라엘은 특별히 하나님의 영역, 그분의 왕권이 가장 분명하게 드러나는 곳으로 간주된다(예. 삼상 8:7; 12:12; 시 48:1-2)

시 99:1 여호와께서 다스리시니 만민이 떨 것이요 여호와께서 그룹 사이에 좌정하시니 땅이 흔들 릴 것이로다

• 열방이 하나님의 통치에 복종하게 되는 날이 올 것이다. 즉 특별히 하나님이 현재 이스라엘을 통치하시듯이 그분이 온 세상을 다스리는 날을 의미한다. 장차 올 이 나라는 또한 이스라엘 자신이 궁극적으로 구원받게 될 것을 의미한다(예. 시 47:7-9; 사 52:7-10; 슥 9:9-12).

장차 올 하나님나라의 네 가지 특징이 구약에 언급되어 있다. 정의(렘 23:5-6), 화평(겔 34:23-31), 안정(사 9:7) 그리고 보편성(슥 9:10)이다.

예수 당시 장차 올 하나님나라에 대한 기대는 매우 컸지만, 그 나라가

삼상 8:7 여호와께서 사무엘에게 이르시되 백성이 네게 한 말을 다 들으라 이는 그들이 너를 버림이 아니요 나를 버려 자기들의 왕이 되지 못하게 함이니라

삼상 12:12 너희가 암몬 자손의 왕 나하스가 너희를 치러 옴을 보고 너희의 하나님 여호와께서는 너희의 왕이 되심에도 불구하고 너희가 내게 이르기를 아니라 우리를 다스릴 왕이 있어야 하겠다 하였도다

시 48:1-2 여호와는 위대하시니 우리 하나님의 성, 거룩한 산에서 극진히 찬양 받으시리로다 터가 높고 아름다워 온 세계가 즐거워함이여 큰 왕의 성 곧 북방에 있는 시온 산이 그러하도다

시 47:7-9 하나님은 온 땅의 왕이심이라 지혜의 시로 찬송할지어다 하나님이 뭇 백성을 다스리시며 하나님이 그의 거룩한 보좌에 앉으셨도다 뭇 나라의 고관들이 모임이여 아브라함의 하나님의 백성이 되도다 세상의 모든 방패는 하나님의 것임이여 그는 높임을 받으시리로다

사 52:7-10 좋은 소식을 전하며 평화를 공포하며 복된 좋은 소식을 가져오며 구원을 공포하며 시온을 향하여 이르기를 네 하나님이 통치하신다 하는 자의 산을 넘는 발이 어찌 그리 아름다운가 네 파수꾼들의 소리로다 그들이 소리를 높여 일제히 노래하니 이는 여호와께서 시온으로 돌아오실 때에 그들의 눈이 마주 보리로다 너 예루살렘의 황폐한 곳들아 기쁜 소리를 내어 함께 노래할지어다 이는 여호와께서 그의 백성을 위로하셨고 예루살렘을 구속하셨음이라 여호와께서 열방의 목전에서 그의 거룩한 팔을 나타내셨으므로 땅 끝까지도 모두 우리 하나님의 구원을 보았도다

렘 23:5-6 여호와의 말씀이니라 보라 때가 이르리니 내가 다윗에게 한 의로운 가지를 일으킬 것이라 그가 왕이 되어 지혜롭게 다스리며 세상에서 정의와 공의를 행할 것이며 그의 날에 유다는 구원을 받겠고 이스라엘은 평안히 살 것이며 그의 이름은 여호와 우리의 공의라 일컬음을 받으리라

겔 34:27-28 그리한즉 밭에 나무가 열매를 맺으며 땅이 그 소산을 내리니 그들이 그 땅에서 평안할지라 내가 그들의 멍에의 나무를 꺾고 그들을 종으로 삼은 자의 손에서 그들을 건져낸 후에 내가 여호와인 줄을 그들이 알겠고 그들이 다시는 이방의 노략거리가 되지 아니하며 땅의 짐승들에게 잡아먹히지도 아니하고 평안히 거주하리니 놀랄 사람이 없으리라

사 9:7 그 정사와 평강의 더함이 무궁하며 또 다윗의 왕좌와 그의 나라에 군림하여 그 나라를 굳게 세우고 지금 이후로 영원히 정의와 공의로 그것을 보존하실 것이라 만군의 여호와의 열심이 이를 이루시리라

어떻게 임할 것인지에 대해서는 의견이 분분했다. 어떤 이들은 그것을 정치적 관점에서 이해해서 이스라엘이 모든 원수들로부터 구원받아 세상의 눈앞에서 그 정당성을 입증받으리라고 생각했다. 심지어 일부 무리는 무력으로 로마에 항거함으로써 하나님나라의 도래를 앞당길 수 있다고 생각했다. 그러나 다른 이들은 그것을 영적으로 이해했고, 궁극적으로 하나님이 이스라엘을 죄로부터 구원하시고 또한 이방 국가들이 하나님을 알게 되는 그날이 올 것을 기다렸다.

그러므로 예수께서 "천국이 가까이 왔느니라"라고 선포하셨을 때(마 4:17), 사람들은 뜨겁게 반응했다. 그러나 그들은 천국에 대한 예수의 이해가 정치적인지 영적인지를 먼저 배워야 했다. 또한 마태는 이러한 천국의 성격에 대해 독자들이 이해하기 쉽도록 분석할 필요가 있었다. 마태는 천국에 대해 네 가지로 설명하고 있다.

천국은 이스라엘의 영적 회복에 초점을 둔다

마태는 예수께서 거의 대부분 이스라엘에서만 사역하고 있음을 보여준다. 예수는 다음과 같이 말씀하신다. "나는 이스라엘 집의 잃어버린 양 외에는 다른 데로 보내심을 받지 아니하였노라"(15:24; 10:5-6과 비교하라). 마찬가지로 예수는 제자들을 보내시며 다음과 같이 말씀하신다. "이 방인의 길로도 가지 말고 사마리아인의 고을에도 들어가지 말고 오히려 이스라엘 집의 잃어버린 양에게로 가라 가면서 전파하여 말하되 천국이 가까이 왔다 하고"(10:5-7).

하지만 예수는 사실상 그들이 "총독들과 임금들 앞에 끌려갈 것"임을 아신다(10:18). 먼저 이스라엘만을 향해 선포된 복음은 곧 널리 퍼지게

슥 9:10 내가 에브라임의 병거와 예루살렘의 말을 끊겠고 전쟁하는 활도 끊으리니 그가 이방 사람에게 화평을 전할 것이요 그의 통치는 바다에서 바다까지 이르고 유브라데 강에서 땅 끝까지 이르리라

된다. 따라서 마태는 이스라엘의 그 누구보다 더 큰 믿음을 소유한 백부장 이야기를 부각시킨다(8:10). 이는 "또 너희에게 이르노니 동 서로부터 많은 사람이 이르러 아브라함과 이삭과 야곱과 함께 천국에 앉으려니와 그 나라의 본 자손들은 바깥 어두운 데 쫓겨나…"라는 선포의 전조가 된다(8:11-12). 이스라엘은 천국에 초대를 받았지만, 그에 합당한 믿음으로 반응하지 않았다. 따라서 아브라함과 천국 잔치를 함께할 이방인들을 데려와야 했다. 초대받은 손님들이 오기를 거절하자 종들을 내보내 "악한 자나 선한 자나 만나는 대로 모두 데려오니 혼인 잔치에 손님들이 가득"하게 되었다(22:10). 이것이 바로 예수께서 복음서의 마지막 대목에서 하시는 일이다(28:18-20).

천국은 예수 자신께 초점을 둔다

예수께서 왕이기에, 천국 즉 그분의 통치는 그분과 함께 임한다. 마태는 천국을 예수의 치유 사역과 밀접하게 결부시킨다. "예수께서 모든 도시와 마을에 두루 다니사 그들의 회당에서 가르치시며 천국 복음을 전파하시며 모든 병과 모든 약한 것을 고치시니라"(9:35). 예수께서 행하신 기적은 그분 안에 있는 하나님나라의 능력을 가리킨다. "내가 하나님의 성령을 힘입어 귀신을 쫓아내는 것이면 하나님의 나라가 이미 너희에게 임하였느니라"(12:28). 요한은 예수의 기적을 '표적'이라고 묘사한다. 표적은 메시지를 내포한 특별한 행위인즉 그분의 복음전파와 가르침의 일부라고 말할 수 있다. 그러나 마태복음에서도 기적의 그러한 특징

마 8:10   예수께서 들으시고 놀랍게 여겨 따르는 자들에게 이르시되 내가 진실로 너희에게 이르노니 이스라엘 중 아무에게서도 이만한 믿음을 보지 못하였노라

마 28:18-20   예수께서 나아와 말씀하여 이르시되 하늘과 땅의 모든 권세를 내게 주셨으니 그러므로 너희는 가서 모든 민족을 제자로 삼아 아버지와 아들과 성령의 이름으로 세례를 베풀고 내가 너희에게 분부한 모든 것을 가르쳐 지키게 하라 볼지어다 내가 세상 끝날까지 너희와 항상 함께 있으리라 하시니라

이 나타난다. 그 기적들은 예수를 특별히 이사야 예언의 성취로 묘사한다. "우리의 연약한 것을 친히 담당하시고 병을 짊어지셨도다"(8:17). 그러므로 예수의 기적은 오로지 그분만의 것이며, 천국이 선포되는 곳마다 반드시 기대할 수 있는 것은 아니다.

예수를 따르는 자들은 이미 천국에 들어갔다

사람들이 이 왕의 통치 안으로 걸음을 내딛을 때 그들은 천국에 들어가게 된다. 세례 요한이 그 과정의 문을 열었다. "세례 요한의 때부터 지금까지 천국은 침노를 당하나니 침노하는 자는 빼앗느니라"(11:12). 여기서 '침노'는 아마도 예수께서 자신의 사역에 대한 수많은 사람들의 열광적인 응답을 표현한 것으로 보인다. 그분을 따름으로써 사람들은 천국을 '빼앗는다.' 이는 문자 그대로 지상 최대의 세일 상품을 발견한 쇼핑

「면류관을 쓰신 그리스도(Christ with the crown of thorns)」 디르크 반 바부렌. 1623년. 캔버스에 유화. 106x136cm. 가타리나수도원박물관. 위트레흐트.

객처럼 잡아채는 것을 의미한다. 일단 천국에 들어가면, 그곳에서는 아무리 작은 자라도 세례 요한보다 큰 자가 된다(11:11).

부자 청년은 확신하지 못했다. 그는 '영생'(이 표현은 '천국'과 동일한 의미이다)을 원했지만 한 가지 조건을 감당하지 못했다. "가서 네 소유를 팔아 가난한 자들에게 주라 그리하면 하늘에서 보화가 네게 있으리라 그리고 와서 나를 따르라"(19:21). 예수를 따른다는 것은 곧 그 청년이 놓친 것을 행하는 것이다. "천국에 들어가는" 것이다(19:23).

이러한 예수를 따르는 자들에게는 새로운 삶의 방식이 요구된다. 바로 그들 안에 있는 하나님나라의 실체를 드러내는 삶이다. 이는 예수께서 열두 제자를 하나님나라를 전하라고 보내시면서 다음과 같이 말씀하신 이유다. "…너희가 거저 받았으니 거저 주라 너희 전대에 금이나 은이나 동을 가지지 말고 여행을 위하여 배낭이나 두 벌 옷이나 신이나 지팡이를 가지지 말라 이는 일꾼이 자기의 먹을 것 받는 것이 마땅함이라"(10:8-10). 하나님은 그들이 살아가는 데 필요한 모든 것을 공급해 주시며 그들을 보호하신다. 또한 제자들이 다른 사람들에게 아낌없이 줘야 할 모든 것들도 채워주신다. 제자들 자신이 살아 있는 설교, 즉 그들이 선포하는 하나님나라의 실체에 대한 증거다. 마태는 예수의 가르침을 상세히 기록하면서 독자들에게 이 새로운 삶의 방식을 설명하기 위해 노력한다.

하나님나라는 아직 오지 않았다

사실 마태보다 하나님나라의 현존을 더 강조한 사람은 누구다. 그러나 마태가 독특하게 강조한 것은 바로 하나님나라가 아직 오지 않았다는

마 11:11 내가 진실로 너희에게 말하노니 여자가 낳은 자 중에 세례 요한보다 큰 이가 일어남이 없도다 그러나 천국에서는 극히 작은 자라도 그보다 크니라

사실이다. '인자'인 예수께서 엄청난 권능으로 심판하기 위해 다시 오실 것이며 그날은 곧 임할 것이다. "진실로 너희에게 이르노니 여기 서 있는 사람 중에 죽기 전에 인자가 그 왕권을 가지고 오는 것을 볼 자들도 있느니라"(16:28).

이 '인자의 오심'은 24장과 25장의 주제가 된다. 이 장들, 특히 24장의 해석을 놓고 논란이 많지만, 두 종류의 '오심'이 24장과 25장에서 서로 연결되어 함께 다뤄지고 있다는 점에 대해서는 대체로 동의한다.

- 한편으로는 심판하러 오심이 있다. 이는 성전이 무너질 것이라는 예수의 예언이 성취됨을 의미한다. "돌 하나도 돌 위에 남지 않고 다 무너뜨려지리라"(24:2). 이것은 아마도 이 세대가 지나가기 전에 일어날 '인자의 오심'을 뜻할 것이다(24:34).
- 다른 한편 영광으로 오심이 있다(25:31). 이는 마지막 날 세상의 심판과 하나님 백성의 구원 소식을 알릴 것이다. '임금'(25:34), 즉 예수는 그분 앞에 모인 온 나라들을 심판할 것이며, '의인'은 영생에 들어가고 '저주를 받은 자'는 영벌에 들어가게 할 것이다(25:46).

3. 예수는 하나님의 아들이다!

마태복음에 관한 저명한 현대 저술가 중 한 명인 잭 킹스베리(Jack Kingsbury) 교수는 '하나님의 아들'은 마태에게 가장 중요한 예수의 칭호

마 24:34 내가 진실로 너희에게 말하노니 이 세대가 지나가기 전에 이 일이 다 일어나리라
마 25:31 인자가 자기 영광으로 모든 천사와 함께 올 때에 자기 영광의 보좌에 앉으리니
마 25:34 그 때에 임금이 그 오른편에 있는 자들에게 이르시되 내 아버지께 복 받을 자들이여 나아와 창세로부터 너희를 위하여 예비된 나라를 상속받으라
마 25:46 그들은 영벌에, 의인들은 영생에 들어가리라 하시니라

였다고 주장한다. 그 칭호가 다른 것들보다 더 중요한지는 논란의 여지가 있지만, 그 중요성만큼은 의심할 수 없다. 이 단어는 마태복음에서 열네 번이나 사용되었다.

그것은 대부분 다른 이들이 예수에 대해 언급할 때 사용되었다.

- 마귀, 귀신에 의해(4:3, 6: 8:29)
- 예수의 원수들이 참소하거나 조롱할 때(26:63: 27:40, 43)
- 마태, 제자들 혹은 다른 이들이 믿음을 고백할 때(2:15: 14:33: 16:16: 27:54)
- 하나님에 의해(3:17: 17:5: 21:37)

마 4:3   시험하는 자가 예수께 나아와서 이르되 네가 만일 하나님의 아들이어든 명하여 이 돌들로 떡덩이가 되게 하라

마 4:6   이르되 네가 만일 하나님의 아들이어든 뛰어내리라 기록되었으되 그가 너를 위하여 그의 사자들을 명하시리니 그들이 손으로 너를 받들어 발이 돌에 부딪치지 않게 하리로다 하였느니라

마 8:29 이에 그들이 소리 질러 이르되 하나님의 아들이여 우리가 당신과 무슨 상관이 있나이까 때가 이르기 전에 우리를 괴롭게 하려고 여기 오셨나이까 하더니

마 26:63 예수께서 침묵하시거늘 대제사장이 이르되 내가 너로 살아 계신 하나님께 맹세하게 하노니 네가 하나님의 아들 그리스도인지 우리에게 말하라

마 27:40 이르되 성전을 헐고 사흘에 짓는 자여 네가 만일 하나님의 아들이어든 자기를 구원하고 십자가에서 내려오라 하며

마 27:43 그가 하나님을 신뢰하니 하나님이 원하시면 이제 그를 구원하실지라 그의 말이 나는 하나님의 아들이라 하였도다 하며

마 2:15 헤롯이 죽기까지 거기 있었으니 이는 주께서 선지자를 통하여 말씀하신 바 애굽으로부터 내 아들을 불렀다 함을 이루려 하심이라

마 14:33 배에 있는 사람들이 예수께 절하며 이르되 진실로 하나님의 아들이로소이다 하더라

마 16:16 시몬 베드로가 대답하여 이르되 주는 그리스도시요 살아 계신 하나님의 아들이시니이다

마 27:54 백부장과 및 함께 예수를 지키던 자들이 지진과 그 일어난 일들을 보고 심히 두려워하여 이르되 이는 진실로 하나님의 아들이었도다 하더라

마 3:17 하늘로부터 소리가 있어 말씀하시되 이는 내 사랑하는 아들이요 내 기뻐하는 자라 하시니라

마 17:5 말할 때에 홀연히 빛난 구름이 그들을 덮으며 구름 속에서 소리가 나서 이르시되 이는 내 사랑하는 아들이요 내 기뻐하는 자니 너희는 그의 말을 들으라 하시는지라

마 21:37 후에 자기 아들을 보내며 이르되 그들이 내 아들은 존대하리라 하였더니

예수께서 자신을 직접 '아들'로 언급하신 경우는 단지 두 번 뿐이다 (24:36; 28:19).

이 칭호는 다음과 같은 세 가지 의미를 내포한다.

'아들'은 이스라엘을 의미한다

구약에서는 온 이스라엘을 '하나님의 아들'로 간주한다(예. 출 4:22). 마태는 그러한 구절 하나를 인용해서 예수께 적용한다. 마태복음 2장 15절에 인용된 호세아 11장 1절은 원래 출애굽을 지칭한다. "애굽으로부터 내 아들을 불렀다." 일부 학자들은 마치 마태가 본문의 원래 의미에는 별 관심이 없이, 단지 자신의 생각을 입증하기 위해 특정한 구절을 과도하게 인용한 것처럼 의심했다. 하지만 결코 그렇지 않다. 마태복음의 처음 몇 장에서 마태는 예수께서 이스라엘의 경험을 다시 실제로 겪으시면서 그들의 입장에 얼마나 서고자 했는지를 보여주고자 애쓴다. 예수는 애굽을 떠나, 자신을 죽이려는 적대감을 품은 왕으로부터 구출되고, 바다를 건너며, 광야에서 시험과 유혹을 받고, 결국에는 하나님이 말씀하시는 산에 이른다(5:1).

물론 다른 점도 있다. 이스라엘은 광야의 시험에서 실패한 반면(신 8:5과 비교하라), 하나님의 아들은 훌륭하게 통과하신다. 또한 시내산에서 이

마 24:36 그러나 그 날과 그 때는 아무도 모르나니 하늘의 천사들도, 아들도 모르고 오직 아버지만 아시느니라

마 28:19 그러므로 너희는 가서 모든 민족을 제자로 삼아 아버지와 아들과 성령의 이름으로 세례를 베풀고

출 4:22 너는 바로에게 이르기를 여호와의 말씀에 이스라엘은 내 아들 내 장자라

마 2:15 헤롯이 죽기까지 거기 있었으니 이는 주께서 선지자를 통하여 말씀하신 바 애굽으로부터 내 아들을 불렀다 함을 이루려 하심이라

호 11:1 이스라엘이 어렸을 때에 내가 사랑하여 내 아들을 애굽에서 불러냈거늘

마 5:1 예수께서 무리를 보시고 산에 올라가 앉으시니 제자들이 나아온지라

신 8:5 너는 사람이 그 아들을 징계함 같이 네 하나님 여호와께서 너를 징계하시는 줄 마음에 생각하고

스라엘은 하나님의 말씀을 들었지만, 하나님의 아들 예수는 직접 말씀하셨다. 그러나 유사점은 분명하다. 예수께서는 스스로 이스라엘의 역할을 받아들이면서 자신을 중심으로 하나님의 백성을 새롭게 형성하신다. 언젠가는 그분의 제자들이 그분의 옆 열두 보좌에 앉아 이스라엘의 지파들을 심판할 것이다(마 19:28).

아들은 왕족을 의미한다

'하나님의 아들'이라는 칭호는 구약의 왕에 의해 생겨났다(삼하 7:14과 비교하라; 시 2:7). 이를 배경으로 '하나님의 아들'이라는 칭호를 예수께 적용한 것은 마태복음에 나오는 '왕'과 관련한 다른 주제들과 관계가 있다. 특히 '천국(Kingdom)'과 '다윗의 자손' 등이 그렇다.

아들은 신성을 의미한다

요한복음과 마찬가지로 '하나님의 아들'이라는 칭호는 하나님과의 친밀한 관계를 가리킨다. 예수는 아홉 번에 걸쳐서 '내 하늘 아버지', 또는 '하늘에 계신 내 아버지'라는 표현을 하는데, 마태복음에만 있는 잘 알려진 구절에서 이 관계의 의미가 구체적으로 설명된다. "천지의 주재이신 아버지여 이것을 지혜롭고 슬기 있는 자들에게는 숨기시고 어린아이들에게는 나타내심을 감사하나이다 옳소이다 이렇게 된 것이 아버지의 뜻이니이다 내 아버지께서 모든 것을 내게 주셨으니 아버지 외에는 아

마 19:28 예수께서 이르시되 내가 진실로 너희에게 이르노니 세상이 새롭게 되어 인자가 자기 영광의 보좌에 앉을 때에 나를 따르는 너희도 열두 보좌에 앉아 이스라엘 열두 지파를 심판하리라

삼하 7:14 나는 그에게 아버지가 되고 그는 내게 아들이 되리니 그가 만일 죄를 범하면 내가 사람의 매와 인생의 채찍으로 징계하려니와

시 2:7 내가 여호와의 명령을 전하노라 여호와께서 내게 이르시되 너는 내 아들이라 오늘 내가 너를 낳았도다

들을 아는 자가 없고 아들과 또 아들의 소원대로 계시를 받는 자 외에는 아버지를 아는 자가 없느니라"(11:25-27).

예수는 아버지 하나님과 함께 앎과 베풂과 활동을 같이하는 독특한 관계를 누린다. 하지만 그 관계는 독특하면서도 또한 공유되는 것이다. 예수는 열한 번이나 '하늘에 계신 너희 아버지'라고 언급한다. 마태는 예수를 따르면서 새롭게 얻게 된 하나님과의 친밀한 교제를 매우 기뻐한다. 하나님은 더 이상 두려워해야 할 심판자가 아니라 신뢰할 수 있는 아버지였다.

4. 예수는 선생이자 그리스도이다

마태는 23장 10절에서 이 두 호칭을 연결시킨다. 앞서 살펴봤듯이 선생으로서의 예수는 마태에게 매우 독특한 중요성을 지닌다. 그리고 예수의 위대한 설교 다섯 편의 주제들을 종합해 보면, 마태는 분명 기독교 신앙과 제자도에 대해 포괄적으로 설명하고자 했다. 예컨대 교회의 징계와 같은 까다로운 문제에 대한 가르침을 기록한 이는 마태뿐이다(18:15-35). 사실 오직 마태만이 예수께서 '교회'라는 용어를 사용하신 것을 기록하고 있다(16:18; 18:17). 마태복음과 마가복음에서 우리는 예수께서 한 번도 교회를 세우고자 한 적이 없었다는 인상을 받을지도 모른다. 그러나 마태는 그런 생각을 허용치 않는다. 분명 마태는 주제를 선별하고 정리하면서 당시 교회의 필요를 염두에 두고 있었다.

마 23:10 또한 지도자라 칭함을 받지 말라 너희의 지도자는 한 분이시니 곧 그리스도시니라
마 16:18 또 내가 네게 이르노니 너는 베드로라 내가 이 반석 위에 내 교회를 세우리니 음부의 권세가 이기지 못하리라
마 18:17 만일 그들의 말도 듣지 않거든 교회에 말하고 교회의 말도 듣지 않거든 이방인과 세리와 같이 여기라

5. 예수는 인자이자 구원자이다

다른 복음서 저자와 마찬가지로 마태 역시 예수의 고난과 죽음을 대단히 강조한다. 예수는 그저 구약을 재해석하고 새로운 하나님의 가르침을 전하기 위해 오신 것이 아니다. 결코 그렇지 않다. 마태는 마가에게 매우 중요했던 언급을 포함한다. "너희 중에 누구든지 으뜸이 되고자 하는 자는 너희의 종이 되어야 하리라 인자가 온 것은 섬김을 받으려 함이 아니라 도리어 섬기려 하고 자기 목숨을 많은 사람의 대속물로 주려 함이니라"(20:27-28). 마태는 또한 최후의 만찬에서 예수께서 하신 말씀을 기록하면서 그분의 죽음을 미리 해석한다. "이것은 죄 사함을 얻게 하려고 많은 사람을 위하여 흘리는바 나의 피 곧 언약의 피니라"(26:28). 예수는 자신이 죽음으로 하나님과 그분의 백성 사이에 전혀 새로운 언약을 맺게 하며, 천사가 요셉에게 약속했듯이 그들의 죄를 사해 주신다. "그가 자기 백성을 그들의 죄에서 구원할 자이심이라"(1:21).

이러한 중점 사항들은 우리가 앞서 간략히 언급한 '연약한 자들을 향한 긍휼'이라는 독특한 주제와 연결된다. 마태복음은 매우 부드럽고 다정한 복음서다.

- 다음과 같은 예수의 위대한 말씀을 기록한 이는 오직 마태뿐이다. "수고하고 무거운 짐 진 자들아 다 내게로 오라 내가 너희를 쉬게 하리라 나는 마음이 온유하고 겸손하니 나의 멍에를 메고 내게 배우라 그리하면 너희 마음이 쉼을 얻으리니 이는 내 멍에는 쉽고 내 짐은 가벼움이라 하시니라"(11:28-30).
- 마태는 보통 마가복음의 이야기를 축약해 기록한다. 그러나 손 마른 사람의 치유 이야기의 경우에는 예수의 또 다른 유명한 말씀을 덧붙인다. "너희 중에 어떤 사람이 양 한 마리가 있어 안식일에 구덩이에 빠졌으면 끌어내

지 않겠느냐 사람이 양보다 얼마나 더 귀하냐 그러므로 안식일에 선을 행하는 것이 옳으니라"(12:11-12).

- 무엇보다 마태는 양과 염소의 비유로 마지막 가르침의 절정을 장식한다(이 비유 역시 마태만 기록하고 있다). 모든 민족을 그 앞에 모으고 각각 구분하여 그들의 운명을 결정하시는 왕이신 인자는, 스스로 주리시며, 목마르고, 소외되며, 헐벗고, 병들고, 거절당하심으로 그 모든 것들을 '형제'들과 함께 체험하셨다. 고난당하는 제자는 그 누구도 예수로부터 멀어지지 않으며, 예수께서 또한 그 모든 것을 아시고 담당해 주신다.

마태복음은 확실히 우리가 이 장 초반부에 설명한 것처럼 통치하시는 왕에 관한 복음서다. 그러나 이 왕은 다른 모든 왕과 구별된다. 그분은 우리와 동떨어져서 권위로만 다스리거나, 완전히 분리되어 화려함 속에 있지 않으신다. 그분은 보좌에 앉아 모든 민족을 심판하신다(25:31-32). 그러나 그것은 오직 "우리의 연약한 것을 친히 담당하시고 병을 짊어지시기" 위함이다(8:17; 사 53:4 인용). 그분은 권력이 아닌 긍휼로, 자기보호가 아닌 전적인 자기희생으로 종으로서 우리를 다스리신다. 이는 마태복음 메시지의 심장이자 핵심이다. 마태 자신을 탐욕과 이기주의에서 끌어내어 이 참된 왕을 섬기는 삶으로 인도해 준 메시지다.

마 25:31-32 인자가 자기 영광으로 모든 천사와 함께 올 때에 자기 영광의 보좌에 앉으리니 모든 민족을 그 앞에 모으고 각각 구분하기를 목자가 양과 염소를 구분하는 것 같이 하여
사 53:4 그는 실로 우리의 질고를 지고 우리의 슬픔을 당하였거늘 우리는 생각하기를 그는 징벌을 받아 하나님께 맞으며 고난을 당한다 하였노라

3장

누 가 와
그 의 메 시 지

"또 이르시되 이같이 그리스도가 고난을 받고 제삼일에 죽은 자 가운데서 살아날 것과
또 그의 이름으로 죄 사함을 받게 하는 회개가 예루살렘에서 시작하여
모든 족속에게 전파될 것이 기록되었으니 너희는 이 모든 일의 증인이라" (눅 24:46-48)

「누가(St. Luke)」 프란스 할스. 1625년. 캔버스에 유화. 70x55cm. 오데사동서양미술관. 오데사.

누가복음은 여러 면에서 세 공관복음서 가운데 가장 독특하다. 또한 누가는 사도행전의 저자이기도 하기에 신약에 끼친 누가의 문학적 공헌은 다른 누구보다도 크다. (누가복음과 사도행전은 전체 신약 분량의 거의 4분의 1을 차지한다.) 누가복음과 사도행전은 두 권으로 된 하나의 작품을 구성하는데, 가장 우선시되는 주제는 하나님나라의 보편성이다. 그래서 누가는 세례 요한과 함께 장차 임할 하나님나라에서 시작해, 제국의 심장인 로마에서 그 하나님나라를 선포하는 것으로 이야기를 마무리한다. 시므온은 새로 태어난 아기 예수를 바라보며 하나님을 찬양한다. "내 눈이 주의 구원을 보았사오니 이는 만민 앞에 예비하신 것이요 이방을 비추는 빛이요…"(눅 2:30-32). 누가는 이 빛을 전파하는 이야기를 시작으로 해서, 이후 사도행전에서 바울의 선포로 결론을 맺는다. "그런즉 하나님의 이 구원이 이방인에게로 보내어진 줄 알라 그들은 그것을 들으리라"(행 28:28).

인간 누가

누가는 이 이야기를 전하는 데에 개인적으로 잘 준비된 사람이었다. 우리가 누가에 대해 알고 있는 것을 다음과 같이 요약할 수 있다.

1. 누가는 이방인이었다

사실 누가는 신약 저자 중 유일한 이방인이었다. '누가'는 헬라어 이름이다(루시우스*Lucius*의 축약형이다). 몇 가지 또 다른 요소들을 통해 누가가 이방인임을 짐작할 수 있다.

첫째, 바울이 골로새의 그리스도인들에게 안부 인사를 전할 때, 다음과 같이 자신의 동료 세 명의 이름을 언급한다. "그들은 할례파나 이들만은 하나님의 나라를 위하여 함께 역사하는 자들이니." 그리고 나서 바울은 또 다른 세 명의 안부를 전하는데 그들은 유대인이 아닌 것으로 보인다. 그들 가운데 "사랑을 받는 의사 누가"가 있었다(골 4:10-14).

둘째, 누가는 구약을 인용할 때마다 헬라어 번역본을 사용하고 히브리어본을 직접 번역하지 않았다. 누가는 '아람어'를 네 번 언급하는데, 이는 그가 아람어를 하지 못했다는 사실을 암시한다(행 1:19; 21:40; 22:2; 26:14).

행 1:19 이 일이 예루살렘에 사는 모든 사람에게 알리어져 그들의 말로는 그 밭을 아겔다마라 하니 이는 피밭이라는 뜻이라

행 21:40 천부장이 허락하거늘 바울이 층대 위에 서서 백성에게 손짓하여 매우 조용히 한 후에 히브리 말로 말하니라

행 22:2 그들이 그가 히브리 말로 말함을 듣고 더욱 조용한지라 이어 이르되

행 26:14 우리가 다 땅에 엎드러지매 내가 소리를 들으니 히브리 말로 이르되 사울아 사울아 네가 어찌하여 나를 박해하느냐 가시채를 뒷발질하기가 네게 고생이니라

「마리아를 그리는 누가(Saint Luke Drawing the Virgin)」 로히어르 판 데르 베이던. 1435-1440년. 오크 패널에 유화. 137.5x110.8cm. 보스턴미술관. 보스턴. 누가는 마리아의 초상화를 그렸다는 전승에 따라 많은 화가들에 의해 마리아를 그리는 누가의 모습이 묘사되었다.

셋째, 누가가 로마제국에서 가장 큰 도시 중 하나인 시리아의 안디옥 출신이라는 초대교회의 전통이 있다. 그것이 사실인지는 확신할 수 없지만 누가는 분명 안디옥 교회의 태동과 성장에 지대한 관심을 보이며(행 11:19-30), 그 교회가 사도 바울의 '모교회'임을 잊지 않도록 강조한다 (행 13:1-3; 14:26-28).

넷째, 누가가 그의 책 두 권을 후원자 데오빌로에게 바쳤다는 사실은 신약에서 매우 특이하다(눅 1:3; 행 1:1). 이는 그리스-로마 시대에는 매우 흔한 관례였고, 유대 민족에 관한 역사를 기록하면서 이방인 독자들도 끌어오기를 원했던 역사가 요세푸스 같은 일부 유대인 저자들이 선택한 방법이기도 했다. 그러나 요세푸스가 저술을 후원자 에바브로디도에게 헌정한 것은 누가가 단순하고 자연스럽게 자신의 후원자를 언급한 사실과 비교할 때 매우 부자연스러우면서도 가식적인 것이었다.

학자들은 데오빌로가 어떤 인물인지를 추측하기도 했다. 만일 일부 학자들이 생각한 것처럼 데오빌로가 부유한 귀족 계급의 로마인이었다면 누가도 그런 부류에 속했을 가능성이 크다. 아마도 안디옥에 있는 로마인 국외 거주자 공동체였을 것이다. 하지만 '데오빌로'라는 이름은 '하나님을 사랑하는 자'를 의미하는 것으로 보아 고넬료같이(행 10:1-2) 진정으로 진리

행 13:1-3 안디옥 교회에 선지자들과 교사들이 있으니 곧 바나바와 니게르라 하는 시므온과 구레네 사람 루기오와 분봉 왕 헤롯의 젖동생 마나엔과 및 사울이라 주를 섬겨 금식할 때에 성령이 이르시되 내가 불러 시키는 일을 위하여 바나바와 사울을 따로 세우라 하시니 이에 금식하며 기도하고 두 사람에게 안수하여 보내니라
행 14:26-28 거기서 배 타고 안디옥에 이르니 이 곳은 두 사도가 이룬 그 일을 위하여 전에 하나님의 은혜에 부탁하던 곳이라 그들이 이르러 교회를 모아 하나님이 함께 행하신 모든 일과 이방인들에게 믿음의 문을 여신 것을 보고하고 제자들과 함께 오래 있으니라
눅 1:3 그 모든 일을 근원부터 자세히 미루어 살핀 나도 데오빌로 각하에게 차례대로 써 보내는 것이 좋은 줄 알았노니
행 1:1 데오빌로여 내가 먼저 쓴 글에는 무릇 예수께서 행하시며 가르치시기를 시작하심부터
행 10:1-2 가이사랴에 고넬료라 하는 사람이 있으니 이달리야 부대라 하는 군대의 백부장이라 그가 경건하여 온 집안과 더불어 하나님을 경외하며 백성을 많이 구제하고 하나님께 항상 기도하더니

를 추구하는, 하나님을 경외하는 경건한 이방인을 지칭하는 가명일 수도 있다. 누가는 그런 사람들에게 어떻게 다가갈지, 그들에게 예수에 관한 진리의 '확실성'을 어떻게 확신시켜 주어야 할지 알았다(눅 1:4).

2. 누가는 고등교육을 받았다

누가는 의사로서 고등교육을 받았을 것이다. 한 연로한 학자는 누가가 바울의 고향이자 당시 학문의 중심지였던 다소에서 의학교육을 받았을 것이라고 추측한다. 그 당시 의학은 철학의 한 분과였고, 누가의 일반 소양이나 교육 수준이 그의 글에서 분명하게 드러난다.

예를 들어 누가는 풍부한 어휘를 사용한다. 누가복음과 사도행전에는 다른 신약성경 어디에도 나오지 않는 800여 개의 단어가 사용되었다. 누가의 헬라어 실력도 뛰어나다. 신약에서 가장 유려한 문체를 자랑하는 히브리서에 버금간다. 누가복음에는 융통성도 발견된다. 누가는 상당한 문학적 기교를 자랑하는데, 예를 들어 매우 고전적인 헬라어로 서문을 쓰고 나서(눅 1:1-4) 바로 이어지는 예수의 탄생과 어린 시절에 관한 이야기는 전혀 다른 문체인 구약의 헬라어 번역본 문체로 써나갔다. 그런 식으로 누가는 이방인 독자들에게 사실과 진실뿐만 아니라 시간과 장소의 느낌까지도 전달한다.

누가의 헬라어 문체 다음으로, 학자들은 최근에 이야기를 기술한 누가의 문학적 능력에 대해 상당히 관심을 기울였다. 누가는 자신의 저술을 "차례대로 써 보내는 것"이라고 소박하게 불렀으며(눅 1:3), 여기서 '차례'는 이야기가 전개되는 뛰어난 방식에서 명백하게 드러난다. 예컨대 예수의 죽음과 부활의 중요성을 강조할 때 누가복음 9장 51절을 필

눅 1:4   이는 각하가 알고 있는 바를 더 확실하게 하려 함이로라

두로 예수께서 예루살렘으로 가는 여정을 반복적으로 언급하는 기법을 사용한다. "예수께서 승천하실 기약이 차가매 예루살렘을 향하여 올라가기로 굳게 결심하시고." 이후부터 예수께서 길을 따라 걷는 것에 대한 단순한 언급조차 강력하고 극적인 힘을 갖게 된다(예. 9:57; 10:38; 11:53).

누가는 분명 최고의 문장가였다.

3. 누가는 역사가였다

1장 3절에 따르면 "차례대로 써 보내는 것"은 철저한 연구 조사에 근거한 것이다. "그 모든 일을 근원부터 자세히 미루어 살핀 나도…." 그러므로 누가의 문학적 기교와 정확성을 기한 노력은 누가복음의 신뢰성을 높여준다.

이러한 정확성은 20세기 초 윌리엄 램지 경의 연구를 통해 철저히 검증되었다. 학생 시절 램지 경은 2세기 무렵의 자료 대부분을 의도적으로 지어낸 어떤 저자가 누가복음을 기록했다는 당시의 많은 학자들의 관점을 받아들였다. 그러나 그는 바울이 1·2차 선교여행(행 13-18장)을 다녔던 지역들과 도시들을 연구한 결과 완전히 생각을 바꾸게 되었다. 누가는 지리와 민원행정 면에서 치밀한 정확성을 보여주었다. 실제로 검증할 수 있는 모든 세부사항들에 정확성을 기했다. 램지 경은 1915년 출간된 자신의 책「최근의 발견이 신약 성경의 신뢰성에 미친 영향」(*The Bearing of Recent Discovery on the Trustworthiness of the New Testament*)에서 다음

눅 9:57　길 가실 때에 어떤 사람이 여짜오되 어디로 가시든지 나는 따르리이다
눅 10:38　그들이 길 갈 때에 예수께서 한 마을에 들어가시매 마르다라 이름하는 한 여자가 자기 집으로 영접하더라
눅 11:53　거기서 나오실 때에 서기관과 바리새인들이 거세게 달려들어 여러 가지 일을 따져 묻고

과 같은 결론을 내렸다. "누가의 글에 다른 어떤 역사가보다 더 예리하고 엄격한 잣대를 들이댄다 해도 그의 글은 통과할 수 있다." 램지 경은 이런 명백한 정확성에 근거해, 누가의 저술 전체를 대하는 우리의 태도가 달라져야 한다고 주장했다. "어떤 면에서 정확하고 꼼꼼하다고 입증된 저자는 다른 면에서도 동일한 자질을 보여줄 것이라고 어느 정도 추정할 수 있다. 그저 우연히 또는 가끔 정확성을 보여주는 것으로 오류가 없는 저자라고 부를 수는 없다. 그가 정확한 것은 어떤 특별한 사고 습관

덕분이다."

확실히 누가는 그러한 사고방식을 지녔다. 오늘날 다른 여러 학자들도 기꺼이 이런 판단을 수용한다.

4. 누가는 여행가였다

누가복음 1장 3절에서 "자세히 미루어 살핀" 것을 설명하기 위해 누가가 사용한 단어를 보면 그가 조사를 위해 여러 지역을 돌아다녔음을 알 수 있다. 사도행전의 이른바 '우리-단락'은 누가가 최소한 세 번 정도 사도 바울과 함께 다녔음을 암시한다. ('우리-단락'은 사도행전의 이야기 가운데 '그들이'라는 부분이 '우리'로 대치된 지점들을 말하며, 이는 곧 누가의 현존을 나타낸다. 95쪽 박스글 참조)

사도행전 27장에서 배가 난파된 상황을 극적으로 묘사하면서 항해기술 용어를 매우 정확하게 사용한 것으로 볼 때, 누가가 바울과 함께 여행했음을 알 수 있다. 이러한 누가의 정확성은 이미 1848년경 스코틀랜드

줄지어 배열된 좌석 맨 위에서 바라본 에베소의 대형 극장. 아마도 이 극장에서 아르테미스 신전에 생계를 의존했던 사람들이 폭동을 일으켰던 것으로 보인다.

출신 영국학술회 회원인 제임스 스미스가 주목한 바 있다. 역사가이면서 요트를 즐겨 탔던 제임스는 「성 바울의 항해와 난파」(*The Voyage and Shipwreck of St. Paul*)라는 책에서 바람, 지형 그리고 배의 건조와 관련한 누가의 상세한 언급들이 모두 얼마나 정확했는지를 보여주었다.

여행에 대한 이러한 관심은 누가의 이야기 자체에도 반영되어 있다. 누가복음과 사도행전 모두 여행을 중심으로 기술되고 있다. 먼저는 앞에서 살펴봤듯이 예수께서 예루살렘으로 갔던 과정이고, 둘째는 바울이 로마로 간 여정(좀 더 정확하게 말하자면 복음이 로마로 건너간 여정)이다. 이 두 경우, 여행에 관한 설명이 여러 장에 걸쳐서 이어지며 수많은 사건들과 잠시 다른 곳으로 갔던 여행까지도 포함한다. 그러나 이 두 경우 모두 목적이 성취되는데, 그것이 바로 하나님의 계획이었기 때문이다.

성령께서는 바로 그런 사람을 신약성경의 4분의 1 이상을 쓰도록 준비하셨다. 그는 당시 그리스–로마가 지배하던 거대한 세계에 속한 사람이었다. 이방인으로 태어난 배경, 의사로서의 경험, 문학적이고 역사적인 재능과 해박한 지식, 바울과 함께 교제하고 여행했던 경험 등을 통해서 누가는 그 일을 위한 적임자가 될 수 있었다. 고통받는 사람들에 대한 타고난 사랑으로 인해 누가는 의사의 길로 들어섰다. 누가는 그런 폭넓은 경험을 통해 당시 세계 상황 속에서 복음을 바라볼 수 있었다. 그의 생각이 인종이나 특권에 관계없이 모든 이에게 값없이 주시는 구원의 메시지로 온통 채워진 데에는 바울의 영향이 가장 컸을 것이다. 누가는 복음의 보편성을 강조하기 위해 성령께서 선택한 가장 적합한 인물이었다.

이제 우리는 누가가 쓴 두 책을 간략히 살펴보기 전에 누가의 주요 관심사 및 주제들을 검토할 것이다.

"이 일이 있은 후에 바울이 마게도냐와 아가야를 거쳐 예루살렘에 가기로 작정하여 이르되 내가 거기 갔다가 후에 로마도 보아야 하리라 하고." 평범해 보이는 이 구절이 누가에게는 굉장히 중요하다. 누가복음 9장 51절이 예수께서 예루살렘으로 가는 긴 여정의 시작을 나타내는 것처럼, 이 구절 역시 바울의 기나긴 여정의 시작을 드러낸다. 먼저, 예수처럼 예루살렘을 향해, 그런 뒤 로마를 향해 떠나는 여정이다.

'작정하여'라는 표현을 좀 더 문자적으로 번역한다면 '마음속으로 결심하여' 또는 '성령 안에서 결심하여'라는 의미인데, 아마도 후자가 정확할 것이다.

에베소 사역에서 엄청난 성공을 거둔 매우 중요한 시점에, 성령은 바울에게 훨씬 더 큰 목표를 바라보도록 했다. 그러나 갑자기 거센 반대가 일어나면서 바로 차질이 생긴다. 이에 대해 누가가 전하는 메시지의 일부는 성령의 인도를 받을 때조차 교회의 생명이 혼란스럽고, 걸림돌도 있을 것이라는 것이다. "우리가 하나님의 나라에 들어가려면 많은 환난을 겪어야 할 것이기 때문이다"(행 14:22).

· · · · · · · · · · · · · · · · · · · ·
누 가 가 다 룬 특 별 한 주 제 들

누가가 다룬 주제들을 살펴보면, 우리는 복음의 보편적 적실성이라는 주제가 그 모든 것을 관통하고 있음을 보게 될 것이다.

1. 성령

학자들은 최근 누가에게 성령이라는 주제가 얼마나 중요했는지를 강조해 왔다. 다른 복음서들이 이 주제를 무시한 것은 아니지만, 누가는 예수의 잉태(1:35), 엘리사벳(1:41), 사가랴(1:67), 그리고 예수의 탄생에 관

눅 9:51   예수께서 승천하실 기약이 차가매 예루살렘을 향하여 올라가기로 굳게 결심하시고

한 예언의 말씀을 하는 시므온(2:25-27)에게 임한 영감에 이르기까지 성령의 역할을 강조하며 특별한 관심을 표현한다. 복음서들은 모두 예수께서 세례 받을 때의 성령 강림을 기록하지만, 누가는 더 나아가 성령께서 예수의 사역 시작부터 능력을 주셨음을 두 번이나 언급한다(4:1, 14). 이후 그는 예수 자신을 통해 이사야 61장 1절의 예언이 이루어졌다는 극적인 선포를 기록함으로써 앞의 언급들을 완성한다. "주의 성령이 내게 임하셨으니… 내게 기름을 부으시고"(눅 4:18).

따라서 누가가 우리 주님을 묘사할 때 독특하게 강조하는 것 하나는 예수의 사역이 성령의 능력으로 수행된다는 사실이다. 그리고 이는 또한 교회에 관한 누가의 메시지이기도 하다. 누가복음이 예수께서 세례 받으실 때 성령이 임한 사건에서 시작하듯이, 사도행전 역시 오순절 교회가 성령충만을 받게 된 유사한 일화로 시작한다. 그러고 나서 누가는 성령을 반복해서 언급하면서(총 59회) 복음이 널리 확산되는 이야기를 들려준다. 성령은 다음과 같은 역할을 했다. 설교에 영감을 더하심(행 4:8), 담대함을 주심(행 4:31), 선교 사역을 지시하심(행 13:2-4), 초자연적인

눅 1:35   천사가 대답하여 이르되 성령이 네게 임하시고 지극히 높으신 이의 능력이 너를 덮으시리니 이러므로 나실 바 거룩한 이는 하나님의 아들이라 일컬어지리라

눅 1:41   엘리사벳이 마리아가 문안함을 들으매 아이가 복중에서 뛰노는지라 엘리사벳이 성령의 충만함을 받아

눅 1:67   그 부친 사가랴가 성령의 충만함을 받아 예언하여 이르되

눅 2:25-27   예루살렘에 시므온이라 하는 사람이 있으니 이 사람은 의롭고 경건하여 이스라엘의 위로를 기다리는 자라 성령이 그 위에 계시더라 그가 주의 그리스도를 보기 전에는 죽지 아니하리라 하는 성령의 지시를 받았더니 성령의 감동으로 성전에 들어가매 마침 부모가 율법의 관례대로 행하고자 하여 그 아기 예수를 데리고 오는지라

눅 4:1   예수께서 성령의 충만함을 입어 요단 강에서 돌아오사 광야에서 사십 일 동안 성령에게 이끌리시며

눅 4:14   예수께서 성령의 능력으로 갈릴리에 돌아가시니 그 소문이 사방에 퍼졌고

사 61:1   주 여호와의 영이 내게 내리셨으니 이는 여호와께서 내게 기름을 부으사 가난한 자에게 아름다운 소식을 전하게 하려 하심이라 나를 보내사 마음이 상한 자를 고치며 포로된 자에게 자유를, 갇힌 자에게 놓임을 선포하며

행 4:8   이에 베드로가 성령이 충만하여 이르되 백성의 관리들과 장로들아

누가복음과 사도행전의 여성들

아래 목록이 보여주듯이 두 권의 이야기에서 여성은 눈에 띄는 역할을 한다. 다른 복음서 저자들은 족보 문제, 야이로의 딸, 베드로의 장모, 그리고 마리아의 향유 사건과 관련해서만 여성들의 이야기를 언급한다. 하지만 다음과 같은 이야기는 오직 누가만이 기록하고 있다.

- 선지자 안나(눅 2:36-38)
- 나인 성의 과부(눅 7:11-17)
- 죄를 지은 한 여자(눅 7:36-50)
- 섬기는 여인들(눅 8:2-3): 예수께서 당시 사회 통념을 깨셨음을 보여주는 놀라운 증거
- 마르다와 마리아(눅 10:38-42)
- 열여덟 해 동안 귀신 들려 있던 여자(눅 13:10-17)
- 슬피 우는 예루살렘의 딸들(눅 23:27-31)

사도행전에서도 비슷한 강조점을 발견할 수 있다.

- 누가는 새로 믿음을 갖게 된 이들 가운데 여자들이 있음을 수차례 강조한다(행 1:14; 5:14; 8:3; 17:4, 12, 34).
- 누가는 욥바에서 베드로가 다시 살린 다비다를 따뜻하게 묘사하고 있다(행 9:36-43).
- 누가는 로데라 하는 여자아이가 지나치게 흥분한 것을 애정 어린 문체로 묘사한다(행 12:13-14).
- 빌립보에서 맨 처음 회심한 자는 장사를 하는 루디아였다. 누가는 바울과 그의 동료들이(전부 유대인) 실제로 그녀의 집에서 머물렀음을 강조한다(행 16:13-15).
- 브리스길라는 남편 아굴라보다 대체로 먼저 언급되는데, 아볼로가 '하나님의 도'를 더 정확하게 이해하도록 온전히 돕는 역할을 한다(행 18:18-19, 26).
- 누가는 빌립의 딸 넷이 모두 예언을 했음을 부수적으로 자세히 언급하고 있다(행 21:9).

통찰을 주심(13:9-11), 결정을 인도하심(15:28; 16:6-7; 20:22), 미래를

행 4:31 빌기를 다하매 모인 곳이 진동하더니 무리가 다 성령이 충만하여 담대히 하나님의 말씀을 전하니라

행 13:2-4 주를 섬겨 금식할 때에 성령이 이르시되 내가 불러 시키는 일을 위하여 바나바와 사울을 따로 세우라 하시니 이에 금식하며 기도하고 두 사람에게 안수하여 보내니라 두 사람이 성령의 보내심을 받아 실루기아에 내려가 거기서 배 타고 구브로에 가서

눅 2:36-38 또 아셀 지파 바누엘의 딸 안나라 하는 선지자가 있어 나이가 매우 많았더라 그가 결혼한 후 일곱 해 동안 남편과 함께 살다가 과부가 되고 팔십사 세가 되었더라 이 사람이 성전을 떠나지 아니하고 주야로 금식하며 기도함으로 섬기더니 마침 이 때에 나아와서 하나님께 감사하고 예루살렘의 속량을 바라는 모든 사람에게 그에 대하여 말하니라

눅 8:2-3 또한 악귀를 쫓아내심과 병 고침을 받은 어떤 여자들 곧 일곱 귀신이 나간 자 막달라인이라 하는 마리아와 헤롯의 청지기 구사의 아내 요안나와 수산나와 다른 여러 여자가 함께 하여 자기들의 소유로 그들을 섬기더라

행 1:14 여자들과 예수의 어머니 마리아와 예수의 아우들과 더불어 마음을 같이하여 오로지 기도에 힘쓰더라

행 5:14 믿고 주께로 나아오는 자가 더 많으니 남녀의 큰 무리더라

행 8:3 사울이 교회를 잔멸할새 각 집에 들어가 남녀를 끌어다가 옥에 넘기니라

행 17:4 그 중의 어떤 사람 곧 경건한 헬라인의 큰 무리와 적지 않은 귀부인도 권함을 받고 바울과 실라를 따르나

행 17:12 그 중에 믿는 사람이 많고 또 헬라의 귀부인과 남자가 적지 아니하나

행 17:34 몇 사람이 그를 가까이하여 믿으니 그 중에는 아레오바고 관리 디오누시오와 다마리라 하는 여자와 또 다른 사람들도 있었더라

행 12:13-14 베드로가 대문을 두드린대 로데라 하는 여자 아이가 영접하러 나왔다가 베드로의 음성인 줄 알고 기뻐하여 문을 미처 열지 못하고 달려 들어가 말하되 베드로가 대문 밖에 섰더라 하니

행 16:13-15 안식일에 우리가 기도할 곳이 있을까 하여 문 밖 강가에 나가 거기 앉아서 모인 여자들에게 말하는데 두아디라 시에 있는 자색 옷감 장사로서 하나님을 섬기는 루디아라 하는 한 여자가 말을 듣고 있을 때 주께서 그 마음을 열어 바울의 말을 따르게 하신지라 그와 그 집이 다 세례를 받고 우리에게 청하여 이르되 만일 나를 주 믿는 자로 알거든 내 집에 들어와 유하라 하고 강권하여 머물게 하니라

행 18:18-19 바울은 더 여러 날 머물다가 형제들과 작별하고 배 타고 수리아로 떠나갈새 브리스길라와 아굴라도 함께 하더라 바울이 일찍이 서원이 있었으므로 겐그레아에서 머리를 깎았더라 에베소에 와서 그들을 거기 머물게 하고 자기는 회당에 들어가서 유대인들과 변론하니

행 18:26 그가 회당에서 담대히 말하기 시작하거늘 브리스길라와 아굴라가 듣고 데려다가 하나님의 도를 더 정확하게 풀어 이르더라

행 21:9 그에게 딸 넷이 있으니 처녀로 예언하는 자라

행 13:9-11 바울이라고 하는 사울이 성령이 충만하여 그를 주목하고 이르되 모든 거짓과 악행이 가득한 자요 마귀의 자식이요 모든 의의 원수여 주의 바른 길을 굽게 하기를 그치지 아니하겠느냐 보라 이제 주의 손이 네 위에 있으니 네가 맹인이 되어 얼마 동안 해를 보지 못하리라 하니 즉시 안개와 어둠이 그를 덮어 인도할 사람을 두루 구하는지라

행 15:28 성령과 우리는 이 요긴한 것들 외에는 아무 짐도 너희에게 지우지 아니하는 것이 옳은 줄

계시하심(20:23: 21:11), 교회에 격려(9:31)와 기쁨(13:52)을 주심 등이다. 그래서 그동안 많은 학자들이 사도행전을 '성령행전'으로 부르는 것이 더 나을지도 모른다고 언급했을 정도다.

그러나 이는 정확한 명칭은 아니다. 놀랍게도 누가는 성령을 하나님이 아닌 그리스도의 은사로 묘사한다. 오순절 설교에서 베드로는 예수에 대해 다음과 같이 말한다. "하나님이 오른손으로 예수를 높이시매 그가 약속하신 성령을 아버지께 받아서 너희가 보고 듣는 이것을 부어주셨느니라"(행 2:33). 이는 사도행전의 첫대목에 누가가 데오빌로에게 드린 문구와 들어맞는다. "데오빌로여 내가 먼저 쓴 글에는 무릇 예수께서 행하시며 가르치시기를 시작하심부터… 승천하신 날까지의 일을 기록하였노라"(행 1:1-2). 이것은 사도행전이 예수의 행함과 가르침에 관한 설명을 계속할 것을 의미한다. 그러므로 누가가 성령을 교회를 인도하고 능력을 주시는 분으로 묘사할 때, 성령의 행하심을 승천하신 그리스도와 밀접하게 연결하지 않는다면 우리는 누가의 의도를 오해하게 된다. 성령은 교회의 주인을 대신해 행하시는 "예수의 영"이다(행 16:7).

성령은 믿는 모든 자에게 차별 없이 주어진다. 오순절에 성취된 예언, 즉 "내가 내 영을 만민에게 부어주리니"(욜 2:28)라는 예언은 예수 사역

알았노니

행 16:6-7 성령이 아시아에서 말씀을 전하지 못하게 하시거늘 그들이 브루기아와 갈라디아 땅으로 다녀가 무시아 앞에 이르러 비두니아로 가고자 애쓰되 예수의 영이 허락하지 아니하시는지라

행 20:22 보라 이제 나는 성령에 매여 예루살렘으로 가는데 거기서 무슨 일을 당할는지 알지 못하노라

행 20:23 오직 성령이 각 성에서 내게 증언하여 결박과 환난이 나를 기다린다 하시나

행 21:11 우리에게 와서 바울의 띠를 가져다가 자기 수족을 잡아매고 말하기를 성령이 말씀하시되 예루살렘에서 유대인들이 이같이 이 띠 임자를 결박하여 이방인의 손에 넘겨 주리라 하거늘

행 9:31 그리하여 온 유대와 갈릴리와 사마리아 교회가 평안하여 든든히 서 가고 주를 경외함과 성령의 위로로 진행하여 수가 더 많아지니라

행 13:52 제자들은 기쁨과 성령이 충만하니라

의 시작과 함께 갱신되었고 반복되었다. "모든 육체가 하나님의 구원하심을 보리라"(눅 3:6). 구원의 대상에 '만민'과 '모든 육체'를 포함한다는 이러한 언급들은 누가가 쓴 각 책의 시작 부분에서 이정표 역할을 한다.

당시 유대인들은 성령의 선물을 보기 드문 특별한 것으로 생각했다. 그러므로 유대인과 이방인 모두에게 성령이 보편적으로 임한다는 것은 놀랍고도 극적인 소식이었다. 실제로 그것은 역사의 전환점이며 세계가 창조된 이후 처음 있는 일이었다. 지혜롭게도 누가는 복음서 앞부분에서 예수의 족보를 길게 기록해 이 점을 강조한다(눅 3:23-38). 예수의 혈통은 단지 유대 민족의 아버지 아브라함이 아니라(마태복음처럼) 인류의 조상인 아담에게까지 거슬러 올라간다.

2. 소외된 사람들에 대한 관심

누가는 사회에서 소외되어 하찮거나 부정하다고 취급되는 다양한 직업과 부류의 사람들이 예수의 관심 대상이었음을 보여주고 싶어 한다. 복음을 통해 하나님의 사랑이 그러한 사람들에게까지 도달한다. 이에 속

이스라엘 북쪽에 있는 헤르몬산은 예수의 변화를 보여주었던 장소로 여겨진다.

하는 네 부류의 집단을 짚고 넘어가자.

여성

로마제국에서 여성은 사회적 지위가 거의 없었고, 당시 유대인들도 여성들을 한 단계 낮은 부류로 취급했다. 랍비의 일상적인 감사기도 중에는 "나를 노예나 이방인이나 여자로 태어나게 하지 않으신 주 하나님을 송축하나이다"라는 표현까지 있었다. 서기관과 바리새인들은 공적인 장소에서 여자들과 말을 주고받는 것을 피했고, 그들은 대부분 여성은 성경을 정확하게 공부할 능력이 없다고 생각했다.

그에 비해 기독교의 입장은 완전히 달랐다. 이미 갈라디아 교인들에게 보낸 편지에서 바울은 엄청난 선언을 했다. "…남자나 여자나 다 그리스도 예수 안에서 하나이니라"(갈 3:28). 누가가 바울에게 영향을 받았을지도 모르지만, 누가의 관점은 확실히 여성 대한 예수의 태도에 의해 형성되었다. 누가복음은 여성 복음이다. 누가복음은 예수께서 여성을 인정하고 환영하는 태도를 보인 것과, 자신의 사역에서 여성들의 입지를 허락하신 사실에 대해 다른 어느 복음서보다 더욱 분명히 묘사하고 있다.

누가는 예수 탄생 기사에서 여성들의 등장을 눈에 띄게 묘사하면서 나름대로 여성의 위치를 강조한다. 예수의 잉태와 탄생의 기적 이야기를 좀 더 섬세하고 신중하게 전하는 사람이 누가다. 예수의 어머니 마리아와 세례 요한의 어머니 엘리사벳은 서로 친척이었고, 예수의 탄생 이야기도 직간접으로 마리아에게서 유래했음이 분명하다. 정확히 말하면, 성령께서 한 여인에게 영감을 주어 예언하게 하면서 인간 세상에 자신의 존재를 다시 드러내신 것이다(1:41-42).

병자

예수의 치유 사역은 모든 복음서 저자들이 비중을 두고 강조할 정도로 그분의 사역 가운데 가장 두드러진 특징이었는데, 누가의 경우는 다른 저자들보다 특히 더 강조했다. 여기에 의사로서 누가의 전문 지식과 관심이 반영되어 있다. 분명 이 인정 많은 사람은 고통받는 인간을 향한 예수의 연민을 공감했을 것이다. 누가복음만이 기록하고 있는 치유의 기적들은 다음과 같다.

- 나인 성에서 죽은 과부의 아들을 살리신다(7:11-17).
- 안식일에 회당에서 열여덟 해 동안 귀신 들리고 꼬부라져 조금도 펴지 못하는 한 여자를 치유하신다(13:10-17).
- 수종병 든 사람을 고쳐주신다(14:1-4).
- 나병환자 열 명을 깨끗하게 하신다(17:11-19).
- 베드로가 휘두른 칼에 잘려나간 대제사장의 종 말고의 오른쪽 귀를 만져 낫게 하신다(눅 22:50-51).

사도행전에서 예수의 치유 사역이 사도들을 통해 계속 이어진다.

- 베드로와 요한은 성전 미문의 앉은뱅이를 '나사렛 예수 그리스도의 이름으로' 일으킨다(행 3:1-4:22).
- 빌립은 사마리아에서 고통받는 많은 자들을 치유함으로 그 성에 큰 기쁨을 가져다준다(행 8:4-8).
- 베드로는 룻다에서 다음과 같이 확신에 찬 말로 애니아의 병을 고쳐준다. "애니아야 예수 그리스도께서 너를 낫게 하시니 일어나 네 자리를 정돈하

눅 1:41-42 엘리사벳이 마리아가 문안함을 들으매 아이가 복중에서 뛰노는지라 엘리사벳이 성령의 충만함을 받아 큰 소리로 불러 이르되 여자 중에 네가 복이 있으며 네 태중의 아이도 복이 있도다

눅 22:50-51 그 중의 한 사람이 대제사장의 종을 쳐 그 오른쪽 귀를 떨어뜨린지라 예수께서 일러 이르시되 이것까지 참으라 하시고 그 귀를 만져 낫게 하시더라

라"(행 9:32-35). 그러고 나서 욥바에서 죽었던 다비다를 다시 살렸다(행 9:36-42).

주님의 치유의 은혜가 아주 왕성해서 심지어 예루살렘에서는 베드로의 그림자(행 5:15-16) 그리고 에베소에서는 바울의 손수건이나 앞치마를 통해서도 치유의 은혜가 나타났다(행 19:11-12). 덧붙여 개별적인 치유가 바울을 통해 계속 일어났다.

- 루스드라에서 바울은 나면서부터 걸어본 적이 없는 가난한 앉은뱅이를 치유한다(행 14:8-10).
- 빌립보에서 귀신 들린 여종 하나를 해방시켜 준다(행 16:16-18).
- 드로아에서 바울은 자신의 설교를 듣다가 떨어져 죽은 유두고를 되살린다(행 20:7-12).
- 멜리데 섬에서 바울은 보블리오의 부친을 낫게 해주고 그 외 다른 많은 병자들을 고쳐준다(행 28:1-10).

누가에게 그러한 치유 사건들은 분명 복음 선포의 일부분이었다. 그러

행 5:15-16 심지어 병든 사람을 메고 거리에 나가 침대와 요 위에 누이고 베드로가 지날 때에 혹 그의 그림자라도 누구에게 덮일까 바라고 예루살렘 부근의 수많은 사람들도 모여 병든 사람과 더러운 귀신에게 괴로움 받는 사람을 데리고 와서 다 나음을 얻으니라

행 19:11-12 하나님이 바울의 손으로 놀라운 능력을 행하게 하시니 심지어 사람들이 바울의 몸에서 손수건이나 앞치마를 가져다가 병든 사람에게 얹으면 그 병이 떠나고 악귀도 나가더라

행 14:8-10 루스드라에 발을 쓰지 못하는 한 사람이 앉아 있는데 나면서 걷지 못하게 되어 걸어 본 적이 없는 자라 바울이 말하는 것을 듣거늘 바울이 주목하여 구원 받을 만한 믿음이 그에게 있는 것을 보고 큰 소리로 이르되 네 발로 바로 일어서라 하니 그 사람이 일어나 걷는지라

행 16:16-18 우리가 기도하는 곳에 가다가 점치는 귀신 들린 여종 하나를 만나니 점으로 그 주인들에게 큰 이익을 주는 자라 그가 바울과 우리를 따라와 소리 질러 이르되 이 사람들은 지극히 높은 하나님의 종으로서 구원의 길을 너희에게 전하는 자라 하며 이같이 여러 날을 하는지라 바울이 심히 괴로워하여 돌이켜 그 귀신에게 이르되 예수 그리스도의 이름으로 내가 네게 명하노니 그에게서 나오라 하니 귀신이 즉시 나오니라

나 누가복음 이야기에서 치유가 차지하는 역할을 주목할 필요가 있다. 종종 치유는 단지 사람들을 모으는 역할을 하는데 거기서 사람들은 복음을 듣게 된다. 이것은 누가복음에서 예수의 사역 초반에 인용한 이사야 61장 1-2절의 '사명선언문'을 반영한다. 여기에 "가난한 자에게 복음을 전하게 하는" 것 그리고 "눈먼 자에게 다시 보게 함을 전파하는" 것이 나란히 놓여 있다(눅 4:18). 치유의 기적은 그 자체가 목적은 아니지만 사람들이 복음을 듣고 믿게 하는 더 큰 목적을 수행한다.

부정한 자들

누가는 '죄인' 또는 '부정한 자들'로 간주된 사람들을 향해 예수께서 경계를 허물고 사역하신 것을 매우 기뻐한다. 일반적으로 유대인들은 부정하게 되지 않기 위해 의식적으로 그런 사람들을 거리를 두고 대했다. 그러나 예수는 그들에게 다가가 그들을 용서하고 수용했다.

나병환자들이 그 대표적인 예다. 누가는 나병환자들에게 특별한 동정심을 보인다. 심지어 한 랍비는 나병환자들을 멀리하기 위해 그들에게 돌을 던지기도 했다. 그러나 예수는 "손을 내밀어 그에게 대시며" 고쳐 주셨다(눅 5:13). 나병환자의 부정함이 옮겨지는 것 대신 오히려 예수는 권위 있는 말씀으로 "깨끗함을 받으라!"고 선포하셨다.

오직 누가만이 "온몸에 나병 들린" 사람을 언급하고 있다(눅 5:12). 게다가 누가만 나병환자 열 명을 고친 사건을 기록하고 있다. 그 가운데 한 명은 사마리아인으로 나병 말고도 부정한 요인이 또 있었다(눅 17:11-19).

사 61:1-2 주 여호와의 영이 내게 내리셨으니 이는 여호와께서 내게 기름을 부으사 가난한 자에게 아름다운 소식을 전하게 하려 하심이라 나를 보내사 마음이 상한 자를 고치며 포로된 자에게 자유를, 갇힌 자에게 놓임을 선포하며 여호와의 은혜의 해와 우리 하나님의 보복의 날을 선포하여 모든 슬픈 자를 위로하되

가난과 부유함에 대한 누가의 관점

빈부에 관한 누가의 관심은 누가만이 기록한 마리아의 노래에 처음부터 암시되어 있다. "그의 여종의 비천함을 돌보셨음이라… 주리는 자를 좋은 것으로 배불리셨으며 부자는 빈손으로 보내셨도다"(1:48, 53). 마리아는 가난한 사람이었다. 마리아는 정결예식 때, 어린 양을 바칠 수가 없어서 "산비둘기 한 쌍이나 혹은 어린 집비둘기 둘로" 제사를 지낼 수밖에 없었다(눅 2:22-24; 레 12:6-8). 그런 가난 속에서, 구세주 자신도 말구유에서 태어나셨고 목자들의 경배를 받았다.

누가복음에는 이 주제와 관련해 다른 복음서 저자들과 일치하는 내용이 있다. 예컨대 날마다 우리의 필요를 공급하시는 하나님 아버지에 대한 예수의 가르침(마 6:25-33; 눅 12:22-34), 씨 뿌리는 자의 비유를 통해 재물의 유혹을 예수께서 경고하신 것 등이다(마 13:22; 막 4:19; 눅 8:14). 그러나 누가 자신의 복음서에서만 볼 수 있는 자료들도 많이 있다.

- 회개한 세리들과 군인들에게 세례 요한이 가르친 실제적인 명령. "부과된 것 외에는 거두지 말라… 사람에게서 강탈하지 말며 거짓으로 고발하지 말고 받는 급료를 족한 줄로 알라"(3:13-14).
- 마태복음에서 예수는 "심령이 가난한 자는 복이 있나니"(마 5:3)라고 말한 반면, 누가는 이 말씀이 땅에서 갖는 의미를 이끌어 낸다. "너희 가난한 자는 복이 있나니 하나님의 나라가 너희 것임이요"(6:20). 이후 누가는 가난한 자에게 임하는 복에 대한 약속을 부자들에게 임하게 될 화들과 비교한다(6:24-26).
- 누가는 몇몇 부유한 여인들이 자기들의 소유로 예수와 제자들을 섬긴 사실을 기록하고 있다(8:2-3).
- 누가는 "너희 소유를 팔아 구제하라"(12:33)는 예수의 말씀을 기록하고 있다. 이는 누가복음에서 제자들에게 전하는 가장 핵심적인 권면이다(11:41; 19:8과 비교하라).
- 저녁 식사나 잔치를 베푸는 부자는 벗이나 형제나 친척이나 부한 이웃을 청하지 말고 차라리 "가난한 자들과 몸 불편한 자들과 저는 자들과 맹인들을" 청하라고 한다. 사실 이들은 모두 갚을 것이 없는 자들이다(14:12-14).
- 가난과 부유함의 주제에 대해 세 가지 비유를 기록한 것도 오직 누가뿐이다. 어리석은 부자(12:13-21), 불의한 청지기(16:1-13) 그리고 부자와 나사로(16:19-31).

- 예수의 다음과 같은 단호한 말씀도 누가복음에만 나온다. "너희 중의 누구
든지 자기의 모든 소유를 버리지 아니하면 능히 내 제자가 되지 못하리라"
(14:33).

사도행전에서도 이 주제에 대한 누가의 관심이 계속 이어지고 있다.

- 초기 신자들은 기꺼이 모든 사유 재산을 포기하고 공동으로 그것을 나눠 썼다.
- 누가는 아나니아와 삽비라의 비극적인 이야기(행 5:1-11)를 전하면서 부유함
속에 숨어 있는 치명적인 덫을 극적으로 강조한다. 그들은 "너희는 하나님과
재물을 겸하여 섬길 수 없느니라"는 예수의 엄중한 경고에 귀 기울지 않았다
(눅 16:13).
- 누가는 초대교회가 가난한 자들에게 공평하게 음식이 분배되도록 하는 데 심
혈을 기울였음을 강조한다(행 6:1-7).
- 하나님이 고넬료를 "기억하신 바" 되고 그에게 복음을 전하도록 베드로를 보
내신 것은 바로 그의 기도와 구제 때문이었다(행 10:4).
- 누가는 안디옥 교회의 영적 건강의 증거를, 흉년이 들었을 때 그들이 유대에
사는 형제들을 위해 기꺼이 부조를 보낸 것에서 찾는다(행 11:28-30).
- 누가는 "주는 것이 받는 것보다 복이 있다"는 예수의 말씀을 기록하고 있는데
이는 다른 복음서에는 나오지 않는다(행 20:35).

따라서 이 모든 것을 볼 때, 누가는 가난과 부의 문제에 상당한 관심을 갖고 있음
을 알 수 있다. 누가는 우리를 유혹하는 돈의 힘에 대한 경고와 함께, 하나님나라
를 위해 친구를 얻도록 우리가 가진 것을 희생적으로 쓰도록 권면한다(눅 16:9).

눅 2:22-24 모세의 법대로 정결예식의 날이 차매 아기를 데리고 예루살렘에 올라가니 이는 주의 율
법에 쓴 바 첫 태에 처음 난 남자마다 주의 거룩한 자라 하리라 한 대로 아기를 주께 드리
고 또 주의 율법에 말씀하신 대로 산비둘기 한 쌍이나 혹은 어린 집비둘기 둘로 제사하려
함이더라
레 12:6-8 아들이나 딸이나 정결하게 되는 기한이 차면 그 여인은 번제를 위하여 일 년 된 어린 양을 가
져가고 속죄제를 위하여 집비둘기 새끼나 산비둘기를 회막 문 제사장에게로 가져갈 것이요
제사장은 그것을 여호와 앞에 드려서 그 여인을 위하여 속죄할지니 그리하면 산혈이 깨끗하
리라 이는 아들이나 딸을 생산한 여인에 대한 규례니라 그 여인이 어린 양을 바치기에 힘
이 미치지 못하면 산비둘기 두 마리나 집비둘기 새끼 두 마리를 가져다가 하나는 번제물로,
하나는 속죄제물로 삼을 것이요 제사장은 그를 위하여 속죄할지니 그가 정결하리라

실제로 사마리아인들은 이 범주에서 볼 때, 누가의 또 다른 특별 관심 대상이었다. 선한 사마리아인의 비유를 기록한 저자도 누가뿐이었다(눅 10:25-37). 이 비유의 요점은 단지 어려움에 처한 사람들을 도와야 한다는 기본적인 교훈이 아니다. 그것을 뛰어넘어 깨끗한 것과 부정한 것에 대한 극적인 교훈을 가르치고 있다. 강도를 만나 죽게 된 자를 제사장과 레위인이 만지려고도 하지 않은 것은 혹시라도 시체의 부정함이 옮을까 봐 두려웠기 때문이다. 오직 사마리아인만이 그러한 의례적인 문제를 상관하지 않았기에 영생이 약속되는 사랑의 법을 실천할 수 있었다.

예수께서 사마리아인들의 관습적인 적대감에 용서로 응대하신 것을 기록한 이도 누가뿐이다(눅 9:52-56). 또 사도행전에서 누가는 사마리아에도 복음이 전파된 것을 강조하고 있으며, 사도들이 '부정한' 그러나 믿

마 13:22 가시떨기에 뿌려졌다는 것은 말씀을 들으나 세상의 염려와 재물의 유혹에 말씀이 막혀 결실하지 못하는 자요

막 4:19 세상의 염려와 재물의 유혹과 기타 욕심이 들어와 말씀을 막아 결실하지 못하게 되는 자요

눅 8:14 가시떨기에 떨어졌다는 것은 말씀을 들은 자이나 지내는 중 이생의 염려와 재물과 향락에 기운이 막혀 온전히 결실하지 못하는 자요

눅 6:24-26 그러나 화 있을진저 너희 부요한 자여 너희는 너희의 위로를 이미 받았도다 화 있을진저 너희 지금 배부른 자여 너희는 주리리로다 화 있을진저 너희 지금 웃는 자여 너희가 애통하며 울리로다 모든 사람이 너희를 칭찬하면 화가 있도다 그들의 조상들이 거짓 선지자들에게 이와 같이 하였느니라

눅 8:2-3 또한 악귀를 쫓아내심과 병 고침을 받은 어떤 여자들 곧 일곱 귀신이 나간 자 막달라인이라 하는 마리아와 헤롯의 청지기 구사의 아내 요안나와 수산나와 다른 여러 여자가 함께 하여 자기들의 소유로 그들을 섬기더라

눅 11:41 그러나 그 안에 있는 것으로 구제하라 그리하면 모든 것이 너희에게 깨끗하리라

눅 19:8 삭개오가 서서 주께 여짜오되 주여 보시옵소서 내 소유의 절반을 가난한 자들에게 주겠사오며 만일 누구의 것을 속여 빼앗은 일이 있으면 네 갑절이나 갚겠나이다

행 10:4 고넬료가 주목하여 보고 두려워 이르되 주여 무슨 일이니이까 천사가 이르되 네 기도와 구제가 하나님 앞에 상달되어 기억하신 바가 되었으니

행 11:28-30 그 중에 아가보라 하는 한 사람이 일어나 성령으로 말하되 천하에 큰 흉년이 들리라 하더니 글라우디오 때에 그렇게 되니라 제자들이 각각 그 힘대로 유대에 사는 형제들에게 부조를 보내기로 작정하고 이를 실행하여 바나바와 사울의 손으로 장로들에게 보내니라

눅 16:9 내가 너희에게 말하노니 불의의 재물로 친구를 사귀라 그리하면 그 재물이 없어질 때에 그들이 너희를 영주할 처소로 영접하리라

음이 있는 사마리아인들에게 안수했을 때 그들이 성령을 받았다고 기록한다(행 8:14-17).

"모든 세리와 죄인들이 말씀을 들으러 가까이 나아오니 바리새인과 서기관들이 수군거려 이르되 이 사람이 죄인을 영접하고 음식을 같이 먹는다 하더라"(눅 15:1-2). 잃어버린 자에 대한 세 가지 비유가 들어 있는 그 유명한 장은 이렇게 시작한다. 이 가운데 두 편(잃어버린 동전과 아들 비유)은 누가복음에만 기록되어 있다. 이 세 일화를 통해 하나님께서 잃어버린 자들, 즉 예수 주위에 모여든, 사회적 평판이 나쁜 이들에게 예수께서 직접 다가가셨다고 주장한다.

잃어버린 양의 비유에서 누가는 하나님을 목자에 비유했다. 이 비유는 예수의 행동에 대해 불평을 일삼는 엄격한 '바리새인들과 율법 선생들'이 목자를 율법을 무시하는 사람으로 여겼기에 더욱 극적이다.

목자들은 양 떼를 지키기 위해 안식일에도 일을 해야 하는 유목민의

누가는 부귀의 유혹에 대해 경고했다. 이 은 세겔은 도자기로 된 기름등 안에서 발견되었으며, 서기 66-70년경 만들어진 것으로 보여진다.

눅 9:52-56 사자들을 앞서 보내시매 그들이 가서 예수를 위하여 준비하려고 사마리아인의 한 마을에 들어갔더니 예수께서 예루살렘을 향하여 가시기 때문에 그들이 받아들이지 아니 하는지라 제자 야고보와 요한이 이를 보고 이르되 주여 우리가 불을 명하여 하늘로부터 내려 저들을 멸하라 하기를 원하시나이까 예수께서 돌아보시며 꾸짖으시고 함께 다른 마을로 가시니라

행 8:14-17 예루살렘에 있는 사도들이 사마리아도 하나님의 말씀을 받았다 함을 듣고 베드로와 요한을 보내매 그들이 내려가서 그들을 위하여 성령 받기를 기도하니 이는 아직 한 사람에게도 성령 내리신 일이 없고 오직 주 예수의 이름으로 세례만 받을 뿐이더라 이에 두 사도가 그들에게 안수하매 성령을 받는지라

생활방식 때문에 구제불능의 '죄인'들로 분류되었다. 그러나 누가는 이미 구세주의 탄생을 처음으로 알리는 천사들의 찬송소리를 사회적으로 소외되었던 목자들이 먼저 들었음을 기록하고 있다(눅 2:10-14). "오늘 다윗의 동네에 너희를 위하여 구주가 나셨으니 곧 그리스도 주시니라…" 이제 예수는 사역의 초점이 그러한 사람들을 다시 회개케 하고 믿음으로 하나님께 인도하는 것임을 계시한다.

그러한 '죄인' 대부분은 가난한 사람들이었지만, 경제적으로 부유한 '세리'들도 섞여 있었다. 세리들은 부를 쌓았지만 여전히 사회적으로 소외된 사람들이었다. 세리는 유대인이 혐오하는 로마인에게 직간접으로 고용된 세무 공무원이었고, 따라서 유대인들은 대부분 이방인과 접촉하는 세리를 '부정하다'고 여겼다. 아울러 같은 동족인 유대인을 희생양으로 삼아 착취한 세금으로 부유한 생활을 누리는 세리이기에 유대인들은 그들을 증오하고 두려워했다.

그래도 하나님은 그들을 사랑하신다. 이것이 바로 누가의 메시지다. 세례 요한은 세리들에게 설교한다(3:12-13). 예수는 세리 한 사람을 자신의 제자로 삼으셨다(눅 5:27-28). 예수는 새로운 제자 세리 레위와 그 동료들과 식사하는 것을 비판하는 소리를 들었을 때, 다음과 같이 유명한 말씀으로 대응하셨다. "건강한 자에게는 의사가 쓸 데 없고 병든 자에게라야 쓸 데 있느니라"(5:27-32).

그리고 또 다른 세리 난장이 삭개오의 이야기 역시 누가복음에만 기록되어 있다. 예수를 진심으로 영접하고 자기 집에 초대한 삭개오는 바로 그 자리에서 예수로부터 "오늘 구원이 이 집에 이르렀으니… 인자가

눅 3:12-13 세리들도 세례를 받고자 하여 와서 이르되 선생이여 우리는 무엇을 하리이까 하매 이르되 부과된 것 외에는 거두지 말라 하고
눅 5:27-28 그 후에 예수께서 나가사 레위라 하는 세리가 세관에 앉아 있는 것을 보시고 나를 따르라 하시니 그가 모든 것을 버리고 일어나 따르니라

누가복음과 사도행전에 나오는 "…하여야 하리니"의 예

- 눅 4:43: "예수께서 이르시되 내가 다른 동네들에서도 하나님의 나라 복음을 전하여야 하리니 나는 이 일을 위해 보내심을 받았노라 하시고."
- 눅 9:22: "이르시되 인자가 많은 고난을 받고 장로들과 대제사장들과 서기관들에게 버린 바 되어 죽임을 당하고 제삼일에 살아나야 하리라 하시고."(17:25; 24:7; 행 17:3과 비교하라).
- 눅 13:33: "그러나 오늘과 내일과 모레는 내가 갈 길을 가야 하리니 선지자가 예루살렘 밖에서는 죽는 법이 없느니라."
- 눅 22:37: "내가 너희에게 말하노니 기록된 바 그는 불법자의 동류로 여김을 받았다 한 말이 내게 이루어져야 하리니 내게 관한 일이 이루어져 감이니라."
- 행 3:21: "하나님이 영원 전부터 거룩한 선지자들의 입을 통하여 말씀하신 바 만물을 회복하실 때까지는 하늘이 마땅히 그를 받아두리라."
- 행 9:6, 16: "너는 일어나 시내로 들어가라 네가 행할 것을 네게 이를 자가 있느니라 하시니… 그가 내 이름을 위하여 얼마나 고난을 받아야 할 것을 내가 그에게 보이리라 하시니."
- 행 14:22: "…우리가 하나님의 나라에 들어가려면 많은 환난을 겪어야 할 것이라."
- 행 19:21: 바울은 마게도냐와 아가야를 거쳐 예루살렘에 가기로 작정했다. "…내가 거기 갔다가 후에 로마도 보아야 하리라 하고"(23:11; 27:24과 비교하라).

온 것은 잃어버린 자를 찾아 구원하려 함이니라"라는 응답을 받는다(눅 19:9-10).

눅 17:25 그러나 그가 먼저 많은 고난을 받으며 이 세대에게 버린 바 되어야 할지니라
눅 24:7 이르시기를 인자가 죄인의 손에 넘겨져 십자가에 못 박히고 제삼일에 다시 살아나야 하리라 하셨느니라 한대
행 17:3 뜻을 풀어 그리스도가 해를 받고 죽은 자 가운데서 다시 살아나야 할 것을 증언하고 이르되 내가 너희에게 전하는 이 예수가 곧 그리스도라 하니
행 23:11 그 날 밤에 주께서 바울 곁에 서서 이르시되 담대하라 네가 예루살렘에서 나의 일을 증언한 것 같이 로마에서도 증언하여야 하리라 하시니라
행 27:24 바울아 두려워하지 말라 네가 가이사 앞에 서야 하겠고 또 하나님께서 너와 함께 항해하는 자를 다 네게 주셨다 하였으니

마찬가지로 누가만 유일하게 기도하러 성전에 올라간 바리새인과 세리에 관한 비유를 기록한다(18:9-14). 바리새인이 아니라 오히려 세리가 "의롭다 하심을 받고 그의 집으로 내려갔느니라"라는 결론은 예수의 이야기를 듣는 사람들에게 엄청난 충격이었을 것이다.

어떤 주인이 자신이 베푼 잔치에 먼저 초대를 받고도 감사할 줄 모르고 거절했던 손님들은 배제하고 다시 종들을 보내 "가난한 자들과 몸 불편한 자들과 맹인들과 저는 자들을" 데려왔던 것처럼, 천국에 초대받은 자들은 바로 이렇게 환영받지 못했던 죄인들이다(눅 14:15-24).

누가복음에만 기록된 두 편의 일화가 더 있는데, 이는 모두 죄인들에게 베푸시는 하나님의 은혜에 대한 누가의 지속적인 관심을 잘 보여준다. 첫째는 바리새인 시몬의 집에서 식사하시던 예수의 뒤로 조용히 다가갔던 한 여인(창녀)의 이야기다. 이 여인은 예수의 발 곁에 서서 눈물로 발을 적시고 자신의 머리털로 닦는다. 반면 집주인은 씻을 물도 주지 않았다. 여인은 예수의 발에 향유를 붓고 입 맞추기를 그치지 않았고, 예수는 그런 여인을 피하지 않으신다. 여인은 용서받았고 그에 대한 보답으로, 시몬과는 달리 예수를 지극히 사랑한다(7:36-50).

누가복음 끝부분에 또 다른 사건이 나온다. 마태와 마가는 예수께서 십자가에 못 박히실 때 그의 양 옆에 두 행악자가 함께 십자가에 달렸으며, 그들 또한 서기관과 장로들이 예수께 던지는 비방에 동조했다는 기본적인 정보만 제공하지만, 누가는 그중 한 명과 예수께서 나눈 대화를 덧붙인다. 그가 했던 비방에도 불구하고 그 죄인은 예수께서 왕이신 것을 희미하게나마 믿게 되었고, 이로써 "오늘 네가 나와 함께 낙원에 있으리라"라는 약속을 받게 된다(눅 23:39-43).

부유한 자와 가난한 자
누가는 경제수준의 양극단에 있는 사람들에 대해 동일한 관심을 보인다. 실제로 돈의 문제, 그리고 제자도와 관련해서 돈이 일으킬 수 있는 문제들이 누가복음과 사도행전의 두드러진 관심사다.

예수의 일부 제자들과(예. 삭개오와 아리마대 요셉), 바울의 선교를 도운 사람 가운데 몇몇(예. 루디아)은 부유했지만 대부분은 가난했다. 예수는 나사렛 회당에서 읽은 예언을 성취하셨다. 가난한 자들에게 복음을 전하며(눅 4:18; 7:22) 하나님나라를 약속하신다(눅 6:20). 예수는 제자들에게 자신을 따르려면 "모든 소유를 버리라"고 말씀하신다(눅 14:33). 그리고 이 말씀이 실현되는 모습을 사도행전에서 보게 되는데, 예수를 처음 믿게 된 수많은 신자들이 소유를 함께 모아 통용하고 그들 중의 가난한 자들을 돌본다(행 2:44-45; 4:34-35).

마태와 마가와 마찬가지로 누가 역시 부자가 하나님나라에 들어가는 것이 불가능하지는 않더라도 극히 어렵다고 생각했다(마 19:24; 막 10:25; 눅 18:25). 그러나 누가는 다른 복음서 저자들보다 부자의 위험성이라는 주제를 더 발전시킨다(108-109쪽 박스글 참조).

눅 4:18 주의 성령이 내게 임하셨으니 이는 가난한 자에게 복음을 전하게 하시려고 내게 기름을 부으시고 나를 보내사 포로 된 자에게 자유를, 눈 먼 자에게 다시 보게 함을 전파하며 눌린 자를 자유롭게 하고

눅 7:22 예수께서 대답하여 이르시되 너희가 가서 보고 들은 것을 요한에게 알리되 맹인이 보며 못 걷는 사람이 걸으며 나병환자가 깨끗함을 받으며 귀먹은 사람이 들으며 죽은 자가 살아나며 가난한 자에게 복음이 전파된다 하라

눅 6:20 예수께서 눈을 들어 제자들을 보시고 이르시되 너희 가난한 자는 복이 있나니 하나님의 나라가 너희 것임이요

눅 14:33 이와 같이 너희 중의 누구든지 자기의 모든 소유를 버리지 아니하면 능히 내 제자가 되지 못하리라

행 2:44-45 믿는 사람이 다 함께 있어 모든 물건을 서로 통용하고 또 재산과 소유를 팔아 각 사람의 필요를 따라 나눠 주며

행 4:34-35 그 중에 가난한 사람이 없으니 이는 밭과 집 있는 자는 팔아 그 판 것의 값을 가져다가 사도들의 발 앞에 두매 그들이 각 사람의 필요를 따라 나누어 줌이라

마 19:24 다시 너희에게 말하노니 낙타가 바늘귀로 들어가는 것이 부자가 하나님의 나라에 들어가는 것보다 쉬우니라 하시니

막 10:25 낙타가 바늘귀로 나가는 것이 부자가 하나님의 나라에 들어가는 것보다 쉬우니라 하시니

눅 18:25 낙타가 바늘귀로 들어가는 것이 부자가 하나님의 나라에 들어가는 것보다 쉬우니라 하시니

3. 기도

기도에 대한 누가의 특별한 관심은 누가복음과 사도행전에 두드러지게 나타난다. 분명 누가는 깊이 기도하는 사람이었으며, 이는 기도에 관한 누가의 반복된 언급에서 드러난다. 누가는 예수의 삶의 특징이자 초대교회의 선교와 성장을 위한 중요한 요소로서 기도를 강조했다.

마태·마가복음과 비교했을 때 누가복음에는 누가 자신이 기도에 관한 언급을 추가한 부분이 열한 번이나 나온다.

- 3:21: 예수께서 세례 받고 기도하실 때 성령께서 임하셨다.
- 5:16: 예수는 한적한 곳으로 가서 기도하셨다.
- 6:12: 예수는 열두 제자를 부르기 전에 밤이 새도록 기도하셨다.
- 9:18: 예수는 장차 닥칠 죽음과 부활을 처음으로 예언하기 전에 따로 기도하셨다.
- 9:28-29: 예수께서 기도하러 산에 올라가셨고, 용모가 변화되었을 때 실제로 기도하고 계셨다.
- 11:1: 제자들이 "주여… 기도를… 우리에게도 가르쳐 주옵소서"라고 요청하고, 예수께서 그들에게 주기도를 가르쳐 주신 계기는 예수의 기도하는 모습이었다.

눅 3:21 백성이 다 세례를 받을새 예수도 세례를 받으시고 기도하실 때에 하늘이 열리며
눅 5:16 예수는 물러가사 한적한 곳에서 기도하시니라
눅 6:12 이 때에 예수께서 기도하시러 산으로 가사 밤이 새도록 하나님께 기도하시고
눅 9:18 예수께서 따로 기도하실 때에 제자들이 주와 함께 있더니 물어 이르시되 무리가 나를 누구라고 하느냐
눅 9:28-29 이 말씀을 하신 후 팔 일쯤 되어 예수께서 베드로와 요한과 야고보를 데리고 기도하시러 산에 올라가사 기도하실 때에 용모가 변화되고 그 옷이 희어져 광채가 나더라
눅 11:1 예수께서 한 곳에서 기도하시고 마치시매 제자 중 하나가 여짜오되 주여 요한이 자기 제자들에게 기도를 가르친 것과 같이 우리에게도 가르쳐 주옵소서

- 22:32: 예수는 베드로가 자신을 부인하게 될 것을 예언하시면서, 그럼에도 베드로를 안심시킨다. "그러나 내가 너를 위하여 네 믿음이 떨어지지 않기를 기도하였노니."
- 22:40: 겟세마네 동산에서 예수는 제자들에게 "유혹에 빠지지 않게 기도하라"고 말씀하신다.
- 22:44-45: 누가는 예수께서 "힘쓰고 애써 더욱 간절히 기도했으며" 그리고 "기도 후에 일어나" 제자들에게 가셨다고 자세히 덧붙인다.
- 23:34: 누가만 유일하게 십자가 상에서의 예수의 기도를 기록하고 있다. "아버지 저들을 사하여 주옵소서 자기들이 하는 것을 알지 못함이니이다."
- 23:46: "아버지 내 영혼을 아버지 손에 부탁하나이다"라는 기도 역시 누가 복음에만 나온다.

이런 일련의 언급들을 눈여겨보면 우리는 누가의 생각을 통찰할 수 있다. 누가는 예수를 언제나 기도하는 분으로 묘사하며, 그분의 사역 전

감람산에서 바라본 성전산 | 기드론 계곡 동쪽에 있는 감람산에는 고대부터 언덕에서 올리브나무가 자란다. 또한 유대 전통에 따라 수천 개의 돌무덤이 언덕을 덮고 있다. 주님이 이곳에서 제자들에게 기도를 가르친 곳이기도 하다.

체가 아버지 하나님과의 깊은 내적 교제를 통해 형성되고 인도되었음을
보여주고 있다.

누가의 두 번째 책에서도 이 점을 강조한다. 기도는 교회의 생명을 지
탱하는 네 기둥 가운데 하나이며(행 2:42), 대적을 직면할 때에 능력과
담대함의 근원이 된다(행 4:23-31). 놀라운 일들이 기도할 때 일어난다
(반드시 기도에 대한 응답은 아니다. 3:1; 10:30; 12:5; 16:25). 여러 중요한 순
간에 구체적인 인도가 기도를 통해 이뤄진다(9:11; 10:9-16; 13:2-3). 그
리고 기도는 교회의 삶에서 주목할 만한 사건들의 전조가 되는데(14:23;
21:5), 특별히 치유 사건들이 그렇다(9:40; 28:8). 누가가 볼 때 기도하지
않는 교회는 진정한 교회가 아니다.

4. 하나님의 뜻과 계획

누가의 메시지의 매우 중요한 특징 하나는 자신이 전하는 이야기가

행 2:42   그들이 사도의 가르침을 받아 서로 교제하고 떡을 떼며 오로지 기도하기를 힘쓰니라

행 3:1   제 구 시 기도 시간에 베드로와 요한이 성전에 올라갈새

행 10:30   고넬료가 이르되 내가 나흘 전 이맘때까지 내 집에서 제 구 시 기도를 하는데 갑자기 한
          사람이 빛난 옷을 입고 내 앞에 서서

행 12:5   이에 베드로는 옥에 갇혔고 교회는 그를 위하여 간절히 하나님께 기도하더라

행 16:25   한밤중에 바울과 실라가 기도하고 하나님을 찬송하매 죄수들이 듣더라

행 9:11   주께서 이르시되 일어나 직가라 하는 거리로 가서 유다의 집에서 다소 사람 사울이라 하
          는 사람을 찾으라 그가 기도하는 중이니라

행 13:2-3 주를 섬겨 금식할 때에 성령이 이르시되 내가 불러 시키는 일을 위하여 바나바와 사울을
          따로 세우라 하시니 이에 금식하며 기도하고 두 사람에게 안수하여 보내니라

행 14:23   각 교회에서 장로들을 택하여 금식 기도 하며 그들이 믿는 주께 그들을 위탁하고

행 21:5   이 여러 날을 지낸 후 우리가 떠나갈새 그들이 다 그 처자와 함께 성문 밖까지 전송하거늘
          우리가 바닷가에서 무릎을 꿇어 기도하고

행 9:40   베드로가 사람을 다 내보내고 무릎을 꿇고 기도하고 돌이켜 시체를 향하여 이르되 다비
          다야 일어나라 하니 그가 눈을 떠 베드로를 보고 일어나 앉는지라

행 28:8   보블리오의 부친이 열병과 이질에 걸려 누워 있거늘 바울이 들어가서 기도하고 그에게
          안수하여 낫게 하매

그저 '우연히 일어난' 일이 아니라는 확고한 믿음이다. 누가복음은 하나님의 계획이 어떻게 이 세상에서 성취되고 있는지에 관한 이야기다. 물론 이 하나님의 계획 성취는 인간의 책임을 도외시하지 않는다. 예수는 "내 원대로 마시옵고 아버지의 원대로 되기를 원하나이다"라고 몸소 기도하셨으며, 그런 뒤에 하나님의 뜻을 행할 수 있는 힘을 받았다(22:42-43). 마찬가지로 바울 역시 사람들의 만류에도 불구하고 예루살렘에 죽을 각오로 들어갔고, 하나님의 뜻을 행하는 일에 단호하게 자신을 드렸다(행 21:12-14). 하나님을 거부하는 자들은 그분의 계획에 대적한다. 그러나 그 모든 반대에도 불구하고, 다양하고 복잡한 인간의 반응을 통해 하나님의 뜻은 반드시 이루어진다.

최근 존 스콰이어즈(John Squires)라는 학자는 누가복음에서 이 주제를 연구했다.(참고 도서에 이 책에 관한 정보가 있다.) 그는 누가가 이 주제를 다섯 가지 방식으로 강조했다고 한다.

하나님은 역사를 주관하신다

창조부터(눅 3:38) 마지막 심판에 이르기까지(행 17:31) 하나님이 다스리신다. 누가복음 2장 1절은 이 점을 넌지시 언급한다. 로마 황제의 마음이 움직여 칙령이 선포되고, 그

「빌라도 스톤 | 서기 26-36년에 새겨진 이 비문은 본디오 빌라도를 언급하는 것으로, 가이사랴의 폐허가 된 로마 극장에서 발견되었다. 원문을 번역해 보면 "유대 총독 본디오 빌라도가 신성한 아구스도에게 티베리움을 만들어 바치다"라는 말이다.

눅 3:38 그 위는 에노스요 그 위는 셋이요 그 위는 아담이요 그 위는 하나님이시니라
행 17:31 이는 정하신 사람으로 하여금 천하를 공의로 심판할 날을 작정하시고 이에 그를 죽은 자 가운데서 다시 살리신 것으로 모든 사람에게 믿을 만한 증거를 주셨음이니라 하나라

로 인해 한 시골 소녀가 나사렛을 떠나 베들레헴으로 간 결과 다윗의 성에서 다윗의 자손이 태어나게 된다.

하나님은 교회를 주관하신다

하나님은 예수와 교회가 밟을 사역의 길을 지도하신다. 누가는 종종 "하여야 하리니"로 번역되는 짧은 헬라어 단어를 반복해 사용함으로 슬며시 이를 강조한다. 누가는 이 어구를 누가복음과 사도행전에서 마흔두 번이나 사용한다. 만약 '하여야 하는' 이유를 묻는다면, 그 대답은 하나님의 계획 때문이라는 것이다.

하나님은 사건들을 인도하기 위해 직접 개입하신다

이는 여러 번 나오는데 특히 사도행전에 많이 나온다. 예컨대 천사가 바울에게 나타나는 일이 세 번 일어나는데, 그때마다 바울의 선교 사역의 다음 단계를 지시해 준다(행 16:9-10; 23:11; 27:23-24). 치유 사역 또한 복음 전파를 위해 하나님이 직접 행하시는 것이다.

말씀은 무엇보다 예수를 통해, 그리고 교회의 삶을 통해 성취되었다

누가는 항상 예언의 성취에 주목하게 한다. 이는 하나님의 계획이 완성되었음을 강조한다. 누가는 엠마오 도상에서 예수께서 나타나신 일화

행 16:9-10 밤에 환상이 바울에게 보이니 마게도냐 사람 하나가 서서 그에게 청하여 이르되 마게도냐로 건너와서 우리를 도우라 하거늘 바울이 그 환상을 보았을 때 우리가 곧 마게도냐로 떠나기를 힘쓰니 이는 하나님이 저 사람들에게 복음을 전하라고 우리를 부르신 줄로 인정함이러라

행 23:11 그 날 밤에 주께서 바울 곁에 서서 이르시되 담대하라 네가 예루살렘에서 나의 일을 증언한 것 같이 로마에서도 증언하여야 하리라 하시니라

행 27:23-24 내가 속한 바 곧 내가 섬기는 하나님의 사자가 어제 밤에 내 곁에 서서 말하되 바울아 두려워하지 말라 네가 가이사 앞에 서야 하겠고 또 하나님께서 너와 함께 항해하는 자를 다 네게 주셨다 하였으니

를 통해 이를 매우 강조한다(눅 24:13-35). 예수께서 직접 자신을 드러내셨다면 두 제자의 고통이 치유될 수도 있었지만, 예수는 그리스도의 죽음과 부활이 이미 성경에서 예언한 것임을 그들에게 설명할 때까지 일부러 늦추셨다(24:25-27, 46-47).

하나님은 중요한 사건들을 이미 예정하셨다

하나님이 예정하신 것은 어떠한 반대에 부딪혀도 반드시 이루어진다. 베드로는 오순절 설교에서 청중들에게 예수를 잔인하게 살해한 책임을 물으면서도 다음과 같은 언급을 덧붙인다. "그가 하나님께서 정하신 뜻과 미리 아신 대로 내준 바 되었거늘"(행 2:23). 마찬가지로, 박해에 처음 직면했을 때, 예루살렘 신자들은 기도하는 가운데 십자가 뒤에 있는 하나님의 계획을 보게 된다. "하나님의 권능과 뜻대로 이루려고 예정하신 그것을 행하려고 이 성에 모였나이다"(행 4:28).

하나님의 계획에 순종하는 사람과 대적하는 사람을 모두 포함해서 보더라도 하나님의 주권과 인간의 책임 사이의 관계를 정의하기는 쉽지 않다. 하지만 누가는 두 개념 사이에 갈등을 느끼지 않았던 것 같다. 따라서 분명한 확신이 생긴다. 교회가 어떤 문제에 휩싸여도, 우여곡절이 많은 사건이 닥치고 복음의 원수들이 아무리 힘이 있어 보여도, 하나님은 그분의 계획을 성취하실 것이다. 그래서 수많은 어려움을 뚫고 복음은 제국의 심장, 로마에 이른다. 그리고 그곳에서 공개적으로 복음이 선

눅 24:25-27 이르시되 미련하고 선지자들이 말한 모든 것을 마음에 더디 믿는 자들이여 그리스도가 이런 고난을 받고 자기의 영광에 들어가야 할 것이 아니냐 하시고 이에 모세와 모든 선지자의 글로 시작하여 모든 성경에 쓴 바 자기에 관한 것을 자세히 설명하시니라

눅 24:46-47 또 이르시되 이같이 그리스도가 고난을 받고 제삼일에 죽은 자 가운데서 살아날 것과 또 그의 이름으로 죄 사함을 받게 하는 회개가 예루살렘에서 시작하여 모든 족속에게 전파될 것이 기록되었으니

포되면서 대단원의 막이 내린다(행 28:30-31).

학자들은 사도행전의 결말에 대해 어리둥절해했다. 바울이 로마 황제에게 항소한 사건의 결말을 미처 알기도 전에 갑자기 이야기가 끝나버리고 만다. 누가가 사도행전의 기록을 마쳤을 때 아직 바울의 재판은 시작되지 않았을 것이다. 그러나 어쨌든, 돌연 이야기가 마무리되면서 사건이 아직 끝나지 않은 듯한 인상을 주며, 우리 자신의 경험을 사도들의 경험과 연결짓게 함으로써 우리가 어떠한 고난과 역경을 만나든 복음은 반드시 승리할 것이라는 동일한 확신을 갖게 해준다.

누가가 쓴 두 권의 책

마지막으로 누가복음과 사도행전에서, 누가가 이야기를 구성하고 메시지를 전달하는 몇 가지 방법들을 찾아볼 것이다.

1. 누가복음

탄생과 예비(1:1-4:13)

서문 이후 누가복음은 철저하게 유대적 배경에서 시작한다. 배경은 예루살렘 성전이며, 맨 처음 등장하는 인물은 아론의 자손과 결혼한 어느 제사장이다. 이 경건한 부부에게 약속된 아들은 태어나서부터 고대 나실인의 서약을 지켜야 하며(눅 1:15), 아이는 커서 "엘리야의 심령과 능력으로" 예언하는 선지자가 될 것이다(눅 1:17). 유대교적이며 구약적인

행 28:30-31 바울이 온 이태를 자기 셋집에 머물면서 자기에게 오는 사람을 다 영접하고 하나님의 나라를 전파하며 주 예수 그리스도에 관한 모든 것을 담대하게 거침없이 가르치더라
눅 1:15 이는 그가 주 앞에 큰 자가 되며 포도주나 독한 술을 마시지 아니하며 모태로부터 성령의 충만함을 받아

기류는 마리아에게서 메시아가 날 것에 대한 약속, 메시아의 탄생 이야기, 그리고 마리아, 사가랴와 시므온이 부르는 노래를 통해 계속 이어진다(눅 1:46-55, 67-69; 2:29-32). 이러한 상황은 우연히 만들어진 것이 아니다. 이방인 독자를 대상으로 기록하고 있지만, 누가는 기독교가 역사

바울은 2차 선교여행을 하던 중 지금의 그리스 위치에 고린도 교회를 세웠다. 이후 고린도 교회의 분열과 도덕적 타락을 염려하여 편지를 쓰는데, 이것이 고린도전후서다.

눅 1:46-55 마리아가 이르되 내 영혼이 주를 찬양하며 내 마음이 하나님 내 구주를 기뻐하였음은 그의 여종의 비천함을 돌보셨음이라 보라 이제 후로는 만세에 나를 복이 있다 일컬으리로다 능하신 이가 큰 일을 내게 행하셨으니 그 이름이 거룩하시며 긍휼하심이 두려워하는 자에게 대대로 이르는도다 그의 팔로 힘을 보이사 마음의 생각이 교만한 자들을 흩으셨고 권세 있는 자를 그 위에서 내리치셨으며 비천한 자를 높이셨고 주리는 자를 좋은 것으로 배불리셨으며 부자는 빈 손으로 보내셨도다 그 종 이스라엘을 도우사 긍휼히 여기시고 기억하시되 우리 조상에게 말씀하신 것과 같이 아브라함과 그 자손에게 영원히 하시리로다 하니라
눅 1:67-69 그 부친 사가랴가 성령의 충만함을 받아 예언하여 이르되 찬송하리로다 주 이스라엘의 하나님이여 그 백성을 돌보사 속량하시며 우리를 위하여 구원의 뿔을 그 종 다윗의 집에 일으키셨으니
눅 2:29-32 주재여 이제는 말씀하신 대로 종을 평안히 놓아 주시는도다 내 눈이 주의 구원을 보았사오니 이는 만민 앞에 예비하신 것이요 이방을 비추는 빛이요 주의 백성 이스라엘의 영광이니이다 하니

적 뿌리도 없는 전혀 새로운 종교가 아님을 암시한다. 지금까지 일어난 사건들은 모두 하나님이 아브라함과 맺으신 언약, 그리고 선지자들을 통해 말씀하신 약속들이 성취된 것이다(1:54-55, 70, 72-73). 하지만 언약과 약속의 성취는 기대한 것보다 훨씬 더 풍성하며, 우리는 그리스도가 다윗의 왕좌를 통해 이스라엘뿐만 아니라 온 세상을 통치하시는 모습을 보게 될 것이다.

이 같은 폭넓은 관점은 당시 세상의 왕좌를 차지하고 있던 가이사 아구스도에 대한 언급과 함께 2장 1절에 나타난다. 아구스도는 하나님이 어떤 계획을 세워서 자신의 제국 변방에서 몇몇 목자들의 지지를 받는 가운데 가난한 소농민 가정을 통해 어떤 일이 벌어질지 전혀 알지 못한다. 천사들의 노래(2:14)와 누가가 세례 요한의 사역을 소개하는 방식이 당시의 세계적 상황을 더욱 강조한다(눅 3:1-2). 이 구절들은 새로운 왕의 사역을 위해 예비된 부분을 다루고 있다. 즉 성장 과정 (2:41-52), 세례 요한의 설교(3:1-22), 세상 역사의 전환점이 되는 예수의 숨겨진 계보(3:23-38), 그리고 성령의 능력으로 사탄을 물리침 (4:1-13) 등이다.

갈릴리에서의 사역(4:14-9:50)

누가복음에서 제일 처음 나오는 이 중심 단락은 예수께서 나사렛을

눅 1:70   이것은 주께서 예로부터 거룩한 선지자의 입으로 말씀하신 바와 같이

눅 1:72-73   우리 조상을 긍휼히 여기시며 그 거룩한 언약을 기억하셨으니 곧 우리 조상 아브라함에게 하신 맹세라

눅 2:1   그 때에 가이사 아구스도가 영을 내려 천하로 다 호적하라 하였으니

눅 2:14   지극히 높은 곳에서는 하나님께 영광이요 땅에서는 하나님이 기뻐하신 사람들 중에 평화로다 하니라

눅 3:1-2   디베료 황제가 통치한 지 열다섯 해 곧 본디오 빌라도가 유대의 총독으로, 헤롯이 갈릴리의 분봉 왕으로, 그 동생 빌립이 이두래와 드라고닛 지방의 분봉 왕으로, 루사니아가 아빌레네의 분봉 왕으로, 안나스와 가야바가 대제사장으로 있을 때에 하나님의 말씀이 빈 들에서 사가랴의 아들 요한에게 임한지라

방문하신 놀라운 이야기로 시작한다(눅 4:16-30). 마태와 마가는 비슷한 사건을 갈릴리 사역의 마지막 부분에서 묘사한다(마 13:53-58; 막 6:1-6). 여기서 누가가 전혀 다른 방문에 대해 이야기하고 있는지, 아니면 예수의 사역에 관한 이 이야기를 강력하게 전개하기 위해 사건 순서를 의도적으로 바꿨는지는 분명하지 않다.

어쨌든 누가는 이 사건의 의미를 명확하게 알고 있다. 나사렛 방문은 예수의 사역을 세 가지 방식으로 소개한다. 첫째, 이사야 61장 1-2절을 인용한 것은 이야기 첫머리의 좌우명과 같은 역할을 한다. 우리는 예수께서 다음과 같은 것들을 행하심을 보게 된다. 복음 전파, 치유, 심지어 바라바의 석방을 선포하는 것까지(23:25). 바라바는 받을 자격이 없지만 예수를 통해 자유를 얻게 되는 모든 자들을 대표한다.

둘째, 이 사건은 마지막에 예수께서 유대 민족에게 배척당할 것을 예시한다. 그것은 정말 암울한 이야기다. 성령의 기름 부으심을 받았지만, 예수는 결국 자신의 백성에게 거부당한다.

셋째, 이 사건은 예수께서 시작하게 될 보편적 사명을 강조한다. 유대인과 동일한 곤경에 처해 있었지만 그들보다 먼저 하나님의 축복을 받은 두 이방인, 곧 나아만과 사렙다의 과부에 관한 예수의 언급에 유대인 청중은 격분한다(4:25-27). 다른 한편, 바울은 자신이 전하는 복음을 똑같이 거부하는 로마의 유대인들에게 동일한 부분을 지적한다. "그런즉 하나님의 이 구원이 이방인에게로 보내어진 줄 알라 그들은 그것을 들

눅 23:25 그들이 요구하는 자 곧 민란과 살인으로 말미암아 옥에 갇힌 자를 놓아 주고 예수는 넘겨
주어 그들의 뜻대로 하게 하니라

눅 4:25-27 내가 참으로 너희에게 이르노니 엘리야 시대에 하늘이 삼 년 육 개월간 닫히어 온 땅에 큰
흉년이 들었을 때에 이스라엘에 많은 과부가 있었으되 엘리야가 그 중 한 사람에게도 보
내심을 받지 않고 오직 시돈 땅에 있는 사렙다의 한 과부에게 뿐이었으며 또 선지자 엘리
사 때에 이스라엘에 많은 나병환자가 있었으되 그 중의 한 사람도 깨끗함을 얻지 못하고
오직 수리아 사람 나아만뿐이었느니라

으리라"(행 28:28). 비록 예수 자신은 이스라엘에 초점을 두었지만 그의 사역에 처음부터 이방인에 대한 선교가 수반되었다.

그러므로 갈릴리에서 사역하는 동안 예수는 특별히 이방인 거류민에 대한 사랑을 보여주신다. 로마 백부장의 종을 치유해 주시는데(7:1-10), 누가는 이 일화에 대해 마태보다 더 자세히 기술한다. "내가 주께 나아 가기도 감당하지 못할 줄을 알았나이다"(7:7)라고 고백한 백부장의 겸손에 대해 기록하며, 이 이방인에게 유대 장로들이 관심을 갖게 된 것 등을 설명하고 있다.

예루살렘으로 가시는 예수(9:51-19:40)

많은 학자들은 9장 51절을 누가복음의 전환점으로 여긴다. 이제 예수는 갈릴리를 떠나 예루살렘을 향한 여정을 시작한다. 데이비드 구딩 (David Gooding)은 누가복음 1장 1절에서 9장 50절을 예수께서 천국으로부터 세상으로 '오시는' 장면이라고 묘사하며, 변화산에서 그 영광이 드러남으로 절정에 이른다고 한다. 누가복음 후반부인 9장 51절 이후는 전반부와 상응하여 세상에서 다시 천국으로 '가시는' 장면으로서 승천의 영광에서 절정에 이르게 된다.

누가복음의 이 긴 단락은 마가복음에는 없는 거의 독보적인 내용으로 구성되어 있으며, 그 대부분이 오직 누가복음에만 있어서 누가의 '여행 이야기'로 불려왔다. 점차 예수는 예루살렘에서의 마지막 배척을 향해, 그리고 예수께서 지닌 사명의 핵심인 고난을 향해 가고 계시며, 매 사건마다 우리는 그분을 따른다는 것의 의미를 점점 더 이해하게 된다. 제자도는 그분과 함께 움직이는 것을 의미한다. 그것은 가정과 안정된 삶을 뒤로하고(9:57-62), 곤궁에 빠진 사람들에게 다가가며, 믿음과 기도와

눅 9:51   예수께서 승천하실 기약이 차가매 예루살렘을 향하여 올라가기로 굳게 결심하시고

순종과 희생의 삶을 사는 것을 말한다.

예루살렘에서의 예수(19:41-24:53)

이 마지막 부분의 첫대목에서 예수는 큰 슬픔을 지닌 채 예루살렘에 입성하신다. 예루살렘이 자신을 거부할 것과 자신이 끔찍한 재판을 받게 될 것을 미리 아셨기 때문이다(19:41-44). 이와 대조적으로, 이 부분은 제자들이 '큰 기쁨으로' 예루살렘에 입성하는 장면으로 끝난다(24:52). 이스라엘의 예수 배척은 곧 성경이 성취되고 성령의 선물이 약속되었으며, 열방이 회개와 용서의 복음을 듣게 될 것을 의미하기 때문이다 (24:45-49).

이 두 번의 '입성' 사이에서, 우리는 어떻게 하나의 사건(예수의 십자가 사건)이 전혀 다른 두 가지, 즉 끔찍한 배척이자 무시무시한 범죄인 동시에 세상의 구원을 위한 하나님 계획의 성취가 될 수 있는지를 발견하게 된다. 그것은 단지 그 사건을 바라보는 전혀 다른 관점의 차이에서 오는 문제일 뿐이다. 따라서 누가는 이방인 독자들에게 도전한다. 그들은 십자가 사건을 어떻게 바라볼 것인가? 빌라도처럼 중요하지 않은 사소한 종교적 다툼으로 볼 것인가? 아니면 제자들과 누가 자신처럼 온 인류를 위해 사망을 멸하시는 하나님 계획의 성취로 볼 것인가?

눅 19:41-44 가까이 오사 성을 보시고 우시며 이르시되 너도 오늘 평화에 관한 일을 알았더라면 좋을 뻔하였거니와 지금 네 눈에 숨겨졌도다 날이 이를지라 네 원수들이 토둔을 쌓고 너를 둘러 사면으로 가두고 또 너와 및 그 가운데 있는 네 자식들을 땅에 메어치며 돌 하나도 돌 위에 남기지 아니하리니 이는 네가 보살핌 받는 날을 알지 못함을 인함이니라 하시니라
눅 24:52　그들이 [그에게 경배하고] 큰 기쁨으로 예루살렘에 돌아가
눅 24:45-49 이에 그들의 마음을 열어 성경을 깨닫게 하시고 또 이르시되 이같이 그리스도가 고난을 받고 제삼일에 죽은 자 가운데서 살아날 것과 또 그의 이름으로 죄 사함을 받게 하는 회개가 예루살렘에서 시작하여 모든 족속에게 전파될 것이 기록되었으니 너희는 이 모든 일의 증인이라 볼지어다 내가 내 아버지께서 약속하신 것을 너희에게 보내리니 너희는 위로부터 능력으로 입혀질 때까지 이 성에 머물라 하시니라

2. 사도행전

사도행전은 정확하게 누가복음이 끝난 곳에서 시작한다. 제자들은 예루살렘에서 성령의 선물을 기다리고 있다(1:5). 도입 부분에서 간략하게 승천 이전의 기간을 요약한 뒤 다음 단계를 설명한다. "오직 성령이 너희에게 임하시면 너희가 권능을 받고 예루살렘과 온 유대와 사마리아와 땅 끝까지 이르러 내 증인이 되리라 하시니라"(1:8).

이러한 지리적 동심원 모양이 사도행전의 구조를 형성한다. 7장의 마지막까지는 예루살렘에서 일어난 일이 기록되어 있다. 그러나 스데반의 죽음으로 "…그날에 예루살렘에 있는 교회에 큰 박해가 있어 사도 외에는 다 유대와 사마리아 모든 땅으로 흩어진다"(8:1). 동심원이 점점 커진다.

유대와 사마리아 지역은 9장 31절까지의 배경이 되는데, 이 구절은 누가가 '지금까지의 이야기'를 짧게 요약한 글 가운데 하나다. "그리하여 온 유대와 갈릴리와 사마리아 교회가 평안하여 든든히 서 가고 주를 경외함과 성령의 위로로 진행하여 수가 더 많아지니라".

그러나 앞으로 전개될 일들의 씨앗은 이미 뿌려졌다. 우리는 수리아로 가서 다메섹에서 바울의 회심을 목격했으며(9:1-19), 아나니아를 통해 주님께서 바울에게 전하신 말씀을 들었다. "이 사람은 내 이름을 이방인과 임금들과 이스라엘 자손들에게 전하기 위하여 택한 나의 그릇이라"(9:15).

이제 이렇게 뿌려진 씨들이 싹트기 시작한다. 비록 이후 세 장에서는 지리적으로 그 활동이 유대와 사마리아 지역 내로 한정되지만, 10장에 나오는 고넬료의 회심에 관한 이야기는 13장 시작 부분에서 일어나는

눅 9:31   영광중에 나타나서 장차 예수께서 예루살렘에서 별세하실 것을 말할새

폭발에 대한 준비 단계에 해당한다. 여기서 바울과 바나바는 성령의 인도에 따라 이방 세계로 가게 되며 이후 연이은 세 번의 선교여행을 통해 복음이 점차 예루살렘에서 '땅 끝까지' 전파되는 모습을 보게 된다(1:8).

예루살렘의 기초(1:9-7:60)

오순절은 사도행전 1장 8절의 비전이 처음 성취되는 날이다. 방언의 은사를 받은 제자들은 예루살렘에 온 모든 이방인들의 모국어로 말하게 된다. 하워드 마샬(Howard Marshall) 교수가 지적하듯 사실 이 방언의 은사는 실제로 그 자리에 있던 사람들과 소통하기 위해 필요한 것은 아니었다. 분명 그 이방인들은 대부분 코이네 헬라어를 구사할 수 있었다. 따라서 그 사건의 의미는 그들이 '하나님의 큰 일'을 인접 국가의 유대인이 아닌 이교도인들이 사용하는 방언으로 들었다는 데 있다. 그들을 위해서도 이 메시지가 설계되었기 때문이다.

베드로는 그 사건에서 이러한 의미를 이끌어 낸다. 그는 그 사건을 통해 하나님께서 모든 육체에 성령을 부어주시기로 한 약속이 성취된 것이라고 설명한다(행 2:17-18). 즉 온 열방에 부어주신다고 하셨을 뿐만 아니라, 성별(모든 젊은이들에게, sons and daughters), 노소(너희의 젊은이들은… 너희의 늙은이들은) 그리고 사회계급(남종과 여종들에게)에 차별을 두지 않고 부어주시겠다고 구체적으로 말씀하셨다. 실제로 베드로는 계속해서 요엘의 말씀을 인용한다. "누구든지 주의 이름을 부르는 자는 구원을 받으리라 하였느니라"(2:21). 최후의 호소에서 베드로는 이 약속이 "너희와 너희 자녀"뿐만 아니라 "모든 먼 데 사람", 즉 이방인들에게도 해당한다고 분명히 밝힌다(2:39). 하나님은 아브라함과 맺은 언약, 즉 땅 위

행 2:17-18 하나님이 말씀하시기를 말세에 내가 내 영을 모든 육체에 부어 주리니 너희의 자녀들은 예언할 것이요 너희의 젊은이들은 환상을 보고 너희의 늙은이들은 꿈을 꾸리라 그 때에 내가 내 영을 내 남종과 여종들에게 부어 주리니 그들이 예언할 것이요

의 모든 족속이 아브라함의 씨로 말미암아 복을 받게 될 것이라고 한 약속을 지키셨다(행 3:25; 창 12:3).

3-7장은 예루살렘 교회가 세워지는 과정을 설명한다. 어떤 것도 하나님의 말씀을 막을 수 없다. 박해(4:1-31; 5:17-42), 위선(5:1-11), 분열(6:1-7)과 같이 문제들이 없진 않았다. 그러나 이 모든 것을 통해 "하나님의 말씀이 점점 왕성해"졌다(6:7). 2장 41절에서는 약 3천 명의 신자들이 언급된다. 4장 4절에서는 5천 명, 5장 14절에는 "믿고 주께로 나아오는 자가 더 많으니 남녀의 큰 무리"라고, 그리고 6장 7절에서는 "예루살렘에 있는 제자의 수가 더 심히 많아졌다"고 설명한다.

이 부분은 스데반의 변론과 순교로 절정에 이른다(6:8-8:1). 스데반은 모세를 모독했다는 비난을 받는다(6:11). "나사렛 예수가 이 곳을 헐고 또 모세가 우리에게 전하여 준 규례를 고치겠다"고 말했다는 이유였다(6:13-14). 그런 비난은 심각한 것이었다. 스데반의 유창하고 설득력 있는 변호는 사실 그동안 가르쳐 온 것들을 분명하게 설명한다. 그리고 누가는 스데반의 짧지 않은 설교를 기록하면서 독자들로 이야기의 다음 단계를 준비하도록 한다. 요컨대 스데반은 이전의 특수주의가 새로운 보편주의로 바뀌었다고 말한다. 하나님은 어떤 건물이나 한 국가에 매여 있는 분이 아니다. 하나님은 메소포타미아, 하란 그리고 팔레스타인에서 아브라함과 함께 계셨고, 애굽에서 요셉과, 미디안 광야에서 모세와, 광

눅 2:39　주의 율법을 따라 모든 일을 마치고 갈릴리로 돌아가 본 동네 나사렛에 이르니라

행 3:25　너희는 선지자들의 자손이요 또 하나님이 너희 조상과 더불어 세우신 언약의 자손이라 아브라함에게 이르시기를 땅 위의 모든 족속이 너의 씨로 말미암아 복을 받으리라 하셨으니

창 12:3　너를 축복하는 자에게는 내가 복을 내리고 너를 저주하는 자에게는 내가 저주하리니 땅의 모든 족속이 너로 말미암아 복을 얻을 것이라 하신지라

행 2:41　그 말을 받은 사람들은 세례를 받으매 이 날에 신도의 수가 삼천이나 더하더라

행 4:4　말씀을 들은 사람 중에 믿는 자가 많으니 남자의 수가 약 오천이나 되었더라

행 6:11　사람들을 매수하여 말하게 하되 이 사람이 모세와 하나님을 모독하는 말을 하는 것을 우리가 들었노라 하게 하고

야에서 이스라엘 민족과, 그리고 약속의 땅에서 여호수아의 지휘 아래 이스라엘 민족이 정착하는 동안 그와 함께 하셨다. 사실 솔로몬은 성전을 건축했지만, 선지자 이사야는 하늘이 하나님의 보좌이며 땅이 하나님의 발등상이라고 했다. 구약의 증거는 명확하다. "지극히 높으신 이는 손으로 지은 곳에 계시지 아니하신다"(행 7:48).

스데반의 간증과 죽음이 지닌 중요성은 세 가지로 볼 수 있다. 신학적으로 스데반 사건은 장차 이루어질 이방인 선교의 밑거름이 되었다. 개인적으로는 스데반을 죽이는 일에 동참했고 분명 스데반의 간증을 들었던 사울이 회심하는 결과로 이어졌다. 사울은 스데반이 전한 복음을 이어받은 대표적인 옹호자가 된다. 그리고 이미 우리가 관찰했듯이 지리적으로는 스데반의 죽음을 계기로 복음이 예루살렘에서 유대와 사마리아로 널리 퍼지게 된다(행 8:1).

압력의 증대(8:1-12:25)

이 부분은 온수 보일러의 압력이 점점 높아져 마침내 더는 고정된 못들이 버티지 못하고 결국 폭발하는 장면으로 비유할 수 있다. 그러한 폭발은 13장 초반에 일어나서 마침내 복음이 성령의 강력한 추동력 아래서 이방 세계로 퍼져 들어간다.

이 압박은 8장에서 복음이 사마리아로 퍼지면서 증가되며, 이 또한 성령의 특별한 역사하심이 그 특징이다. 여기에 사울의 회심이 더해지고, 베드로의 환상과 고넬료와의 만남이 두 차례나 기술되는 긴 에피소드가 그 과정을 가속화한다. 유대인과 이방인의 오랜 장벽을 허무시는 성령의 인도하심을 교회가 어찌 거부할 수 있겠는가? 안디옥에 다민족 교회가

행 8:1   사울은 그가 죽임 당함을 마땅히 여기더라 그 날에 예루살렘에 있는 교회에 큰 박해가 있어 사도 외에는 다 유대와 사마리아 모든 땅으로 흩어지니라

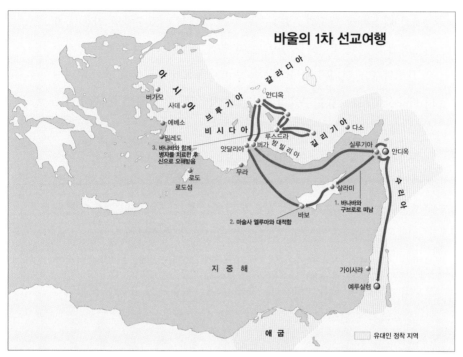

바울의 1차 선교여행

아시아
버가모
사데
에베소
밀레도
3. 바나바와 함께
병자를 치료한 후
신으로 오해받음
로도섬

브루기아
비시다아
안디옥
앗달리아
버가
밤빌리아
무라

갈라디아

길리기아
다소

루스드라
실루기아
안디옥

수리아

살라미
1. 바나바와
구브로로 떠남

바보
2. 마술사 엘루마와 대적함

지 중 해

가이사랴
예루살렘

애 굽

유대인 정착 지역

바울의 2차 선교여행

비두니아와 본도

5. 설교 후 회당에서
소동이 일어남

4. 루디아에게 세례를 베푼 후
바울과 실라가 감옥에 갇힘

3. 마게도냐에 대한
선교 비전

빌립보
데살로니가
네압볼리

아볼로니아
암비볼리
드로아
에게해

버가모
두아디라
에베소

사데

갈라디아
안디옥
루가오이아
이고니온

길리기아

다소

고린도
아덴

밀레도
로도

골로새

루스드라
버가
밤빌리아

더베

1. 실라와
함께 떠남

안디옥

수리아

7. 아굴라와
브리스길라와
동역

6. 아레오바고에서
철학자들과 논쟁

로도섬

2. 디모데가 함께함

살라미

아보

가이사랴
예루살렘

유대인 정착 지역

지 중 해

애 굽

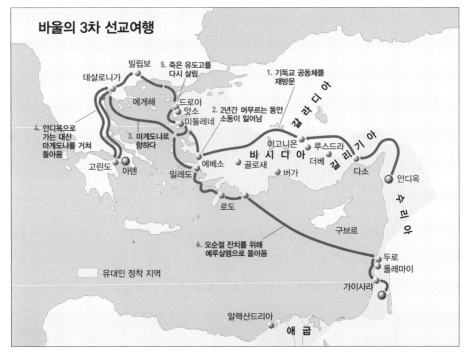

바울의 3차 선교여행

5. 죽은 유도고를 다시 살림

1. 기독교 공동체를 재방문

2. 2년간 머무르는 동안 소동이 일어남

4. 안디옥으로 가는 대신 마게도냐를 거쳐 돌아옴

3. 마게도냐로 향하다

6. 오순절 잔치를 위해 예루살렘으로 돌아옴

빌립보
데살로니가
에게해
드로아
앗소
미둘레네
갈라디아
이고니온
루스드라
더베
길리기아
다소
안디옥
비시디아
에베소
골로새
버가
고린도
아덴
밀레도
수리아
로도
구브로
두로
돌레마이
가이사랴
알렉산드리아
애굽

유대인 정착 지역

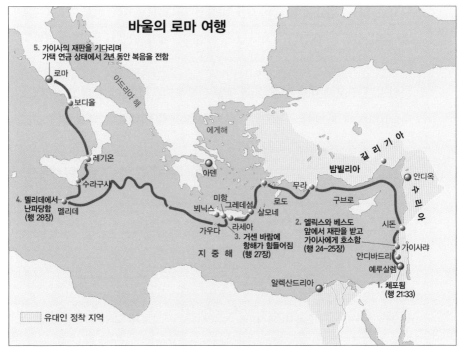

바울의 로마 여행

5. 가이사의 재판을 기다리며 가택 연금 상태에서 2년 동안 복음을 전함

로마
보디올
아드리아 해
에게해
레기온
길리기아
밤빌리아
안디옥
수라구사
아덴
무라
멜리데에서 난파당함 (행 28장)
멜리데
가우다
뵈닉스
미항
그레데섬
라세아
살모네
로도
구브로
시돈
4. 멜리데에서 난파당함 (행 28장)

3. 거센 바람에 항해가 힘들어짐 (행 27장)

2. 엘릭스와 베스도 앞에서 재판을 받고 가이사에게 호소함 (행 24-25장)

지 중 해
안디바드리
가이사랴
예루살렘
1. 체포됨 (행 21:33)

수리아
알렉산드리아

유대인 정착 지역

세워지지만 예루살렘 교회의 전적인 지지를 받지는 못한다(11:20-21). 12장에서 그 모든 것이 교착상태에 빠진 것처럼 보인다. 그러나 "하나님의 말씀은 흥왕하여 더했다"(12:24). 보일러가 터지기 전까지 얼마나 오랫동안 압력이 계속 증가할 수 있을까?

바울의 1차 선교여행(13:1-15:35)

또다시 성령께서 개입하셔서 교회를 이끌어 가신다. 오늘날 우리에게는 비유대인이 그리스도인이 될 수 있다는 것이 당연해 보이지만, 최초의 신자들에게는 결코 그렇게 자명한 사안이 아니었다. 1차 선교여행에서의 바울과 바나바처럼 그들은 유대인이 복음을 거절할 때에도 "이방인들이 듣고 기뻐하여 하나님의 말씀을 찬송하며 영생을 주시기로 작정된 자는 다 믿게 됨"을 경험으로 깨닫는다(13:48). 성령께서 이방인들에게 요구하시는 것은 오로지 주 예수를 믿는 것뿐이다. 유대인과 같이 될 필요는 없다. 선교여행 막바지에 바울과 바나바는 기쁜 마음으로 다음과 같이 결론을 내린다. "하나님이 이방인들에게 믿음의 문을 여셨다"(14:27).

하지만 일부에서는 성령의 역사를 신중하게 해석해야 한다고 생각한다. 안디옥에 도착한 사절들은 "너희가 모세의 법대로 할례를 받지 아니하면 능히 구원을 받지 못하리라"라고 주장한다(15:1). 따라서 누가가 사도행전 15장에서 기록하고 있는 상황은 이제 막 끝낸 선교여행에서 생긴 중요한 결과다. 바울과 바나바 그리고 몇 사람이 예루살렘으로 가서 '사도와 장로들'과 이 문제를 해결하도록 위임받는다(행 15:4). 구원

행 11:20-21 그 중에 구브로와 구레네 몇 사람이 안디옥에 이르러 헬라인에게도 말하여 주 예수를 전파하니 주의 손이 그들과 함께 하시매 수많은 사람들이 믿고 주께 돌아오더라

행 15:4 예루살렘에 이르러 교회와 사도와 장로들에게 영접을 받고 하나님이 자기들과 함께 계셔 행하신 모든 일을 말하매

을 받으려면 이방인들도 유대인이 되어야 하는가?

바로 이 무렵 바울은 선교여행에서 개척한 교회들에 회람용으로 보낼 갈라디아서를 썼을 확률이 높다. 갈라디아서는 예루살렘 공회에서 우세했던 의견을 열렬하게 옹호하는 편지다. 그것은 우리의 칭의, 즉 하나님께서 우리를 받아주시는 것은 우리가 율법을 순종하는지에 달려 있는 것이 아니라 오직 믿음으로 우리와 하나된 그리스도께 달려 있는 것이다.

이 중요한 문제가 해결됨으로써 아무 장애 없이 복음이 '땅 끝'까지 전파되기 위한 기초가 놓였다.

바울의 2차 선교여행(15:36-18:22)

2차 선교여행은 1차 선교여행을 통해 세워진 교회들을 다시 방문하려는 계획에서 시작한다(15:36). 그러나 또다시 성령께서 개입하셔서 그들을 더 멀리 인도한다. 오래지 않아 바울과 그 일행은 복음을 들고 그리스로 건너가기로 결정하고(16:10), 결국 빌립보, 데살로니가, 베뢰아, 아덴 그리고 고린도에서 연달아 사역하게 된다. 바울은 자신을 파송한 안디옥 교회에 돌아오기 전까지 고린도에서 일 년 반을 머문다.

바울의 3차 선교여행(18:23-21:16)

바울은 에베소를 고린도처럼 사역의 중심지로 삼을 생각이었던 것 같다(18:21). 이제 바울은 에베소에서 2년 넘게 머물면서 그 생각을 실행하

행 15:36 며칠 후에 바울이 바나바더러 말하되 우리가 주의 말씀을 전한 각 성으로 다시 가서 형제들이 어떠한가 방문하자 하고

행 16:10 바울이 그 환상을 보았을 때 우리가 곧 마게도냐로 떠나기를 힘쓰니 이는 하나님이 저 사람들에게 복음을 전하라고 우리를 부르신 줄로 인정함이러라

행 18:21 작별하여 이르되 만일 하나님의 뜻이면 너희에게 돌아오리라 하고 배를 타고 에베소를 떠나

려 한다. 안디옥과 마찬가지로 에베소는 당시 로마제국에서 가장 큰 도시 중 하나이자 넓은 주변 지역의 생활 중심지였다. 하지만 또다시 성령께서 개입하셔서 그 계획에 대한 바울의 생각을 바꾸신다. 이번에는 로마였다. 바울이 결정한 다소 복잡한 여정은 아마도 예루살렘 교회를 위한 헌금을 마련하는 과정에서 계획됐을 것이다(예. 롬 15:25-27). 바울은 헌금을 직접 전해주고자 했다.

바울은 분명 예루살렘 방문을 염려하고 있다. 바울은 로마 교인들에게 "나로 유대에서 순종하지 아니하는 자들로부터 건짐을 받게 하고 또 예루살렘에 대하여 내가 섬기는 일을 성도들이 받을 만하게 하도록" 기도를 요청한다(롬 15:31). 누가는 앞으로 감옥에 가게 될 것을 암시하는 예언적 메시지를 전하면서 이 불길한 예감을 강조한다(20:22-23; 21:10-14). 아니나 다를까, 이후 예루살렘에 도착했을 때, 바울은 율법에 얽매이지 않는 복음에 대해 강력히 거부하는 유대인과 유대 그리스도인들과 갈등에 빠진다.

로마로 가는 여정(21:17-28:31)

사도행전의 이 마지막 단락은 성경 전체에서 눈을 떼지 못할 정도로 가장 흥미로운 부분이다. 주목할 만한 사실은 사도행전 21장 30절에서 바울이 폭동을 일으키는 군중들에게 붙잡힌 뒤 다시는 풀려나지 못했다는 점이다. 사도행전 나머지 부분에서 바울은 계속 죄수 상태다. 분명 변

롬 15:25-27 그러나 이제는 내가 성도를 섬기는 일로 예루살렘에 가노니 이는 마게도냐와 아가야 사람들이 예루살렘 성도 중 가난한 자들을 위하여 기쁘게 얼마를 연보하였음이라 저희가 기뻐서 하였거니와 또한 저희는 그들에게 빚진 자니 만일 이방인들이 그들의 영적인 것을 나눠 가졌으면 육적인 것으로 그들을 섬기는 것이 마땅하니라

행 20:22-23 보라 이제 나는 성령에 매여 예루살렘으로 가는데 거기서 무슨 일을 당할는지 알지 못하노라 오직 성령이 각 성에서 내게 증언하여 결박과 환난이 나를 기다린다 하시나

행 21:30 온 성이 소동하여 백성이 달려와 모여 바울을 잡아 성전 밖으로 끌고 나가니 문들이 곧 닫히더라

덕스런 로마 사법 당국 앞에서 아무것도 할 수 없었을 것이다.

하지만 누가가 이야기를 전하는 방식은 전혀 다른 인상을 준다. 바울은 얽매여 있는 무력한 상태가 아니다. 하나님의 계획이 실현되고 있었다.

바울은 예루살렘의 수많은 군중들, 유대 산헤드린 공회, 두 로마 총독, 헤롯 왕과 그의 아내, 약 300명의 선원들에게, 멜리데 섬의 지도자와 그 섬의 원주민들에게, 그리고 로마에 있는 대규모 유대인 공동체의 지도자들에게, 마지막으로 바울의 설교를 듣고자 로마제국의 수도까지 모여든 모든 이들에게 복음을 전할 기회를 가졌다. 비록 바울은 죄수 상태였지만, 그가 나중에 디모데에게 말했듯이 "하나님의 말씀은 매이지 않았던" (딤후 2:9) 것이다.

그래서 누가의 메시지는 결국 고난당하는 연약한 교회에 큰 격려가 된다. 우리가 바울의 본을 따라 교회의 주님을 신뢰하고 그분이 주는 기회를 붙잡기만 한다면, 교회는 그 어떤 어려움에 봉착하여 아무리 무력하게 보인다 할지라도 언제나 "승리의 개선 행렬"에 참여하게 될 것이다 (고후 2:14).

딤후 2:9 복음으로 말미암아 내가 죄인과 같이 매이는 데까지 고난을 받았으나 하나님의 말씀은 매이지 아니하니라
고후 2:14 항상 우리를 그리스도 안에서 이기게 하시고 우리로 말미암아 각처에서 그리스도를 아는 냄새를 나타내시는 하나님께 감사하노라

4장

요　　한　　과
그　의　메　시　지

"예수께서 제자들 앞에서 이 책에 기록되지 아니한 다른 표적도 많이 행하셨으나
오직 이것을 기록함은 너희로 예수께서 하나님의 아들 그리스도이심을 믿게 하려 함이요
또 너희로 믿고 그 이름을 힘입어 생명을 얻게 하려 함이니라" (요 20:30-31)

「요한(Saint John)」 귀도 레니. 1621년. 76x55cm. 밥존스대학교. 그린빌.

신약에는 요한이 기록한 다섯 권의 책이 존재한다. 즉 자신의 이름이 들어간 요한복음서와 세 권의 서신서 그리고 계시록이다. 이 가운데 계시록은 동일한 저자가 기록했는지의 여부와 상관없이 주제가 전혀 다르기 때문에 별도로 다루어야 한다.

요한복음과 요한서신서들의 저자가 동일 인물이라는 사실은 대부분 인정하고 있다. 헬라어 문체가 매우 유사할 뿐만 아니라 비슷하게 눈에 띄는 신학적 문구들이 다수 등장한다. 예컨대 '진리의 영', '빛', '어둠', '세상에 속한', '하나님의 자녀', '하나님께로부터 난', '그리스도 안에 거함', '하나님의 계명을 지킴', '사랑', '증거', '생명' 그리고 '죽음' 등이다.

· · · · · · · · · ·
인간 요한

그렇다면 저자 요한은 누구일까? 매우 복잡하면서도 논란이 많은 질문이다. 세배대의 아들 사도 요한이 노년에 에베소에서 복음서와 그의 서신서들을 기록했다는 것이 전통적인 견해다. 이러한 견해는 178년부터 사망한 해인 195년까지 리옹의 주교를 역임한 이레나이우스에게로 거슬러 올라간다. 그는 자신의 스승이자 사도 요한의 제자였던 폴리카르포스(폴리캅)를 통해 요한이 저자임을 주장했다. 폴리카르포스는 서머나 교회의 주교였으며 156년에 86세의 일기로 순교한 것으로 알려져 있다. 교회사가 유세비우스가 보존하고 있던 유명한 서신 내용 중에 이레나이우스가 젊은 시절 폴리카르포스에게서 요한과 나눈 대화와 요한이 직접 가르친 것들에 대해 설명을 들은 일화를 이야기하는 장면이 나온다. 폴리카르포스가 요한의 이야기를 들을 수 있던 때가 스무 살 무렵이었고 당시 요한은 80대였으므로, 이레나이우스의 주장은 의심할 여지가 별로 없어 보인다.

그러므로 이레나이우스가 세베대의 아들 요한이 네 번째 복음서의 저자이며, 이름이 밝혀지지 않은 "예수의 제자 중 하나 곧 그가 사랑하시는 자" 그리고 최후의 만찬에서 "예수의 품에 의지하여 누워 있던 이"(요 13:23)가 바로 요한이라고 단언할 때, 우리는 그의 증언을 진지하게 여길 필요가 있다.

그러나 20세기 주요 학자들 가운데 단지 소수만이 그 증언을 수용했다는 점을 언급해야겠다. 그들이 주저한 이유는 다수의 학자들이 공유한 다음과 같은 견해 때문이다. 즉 요한복음은 본질적으로 역사 기록물이 전혀 아니라는 점이다. 오히려 오랜 신학적 발전 과정에 따른 산물이며 따라서 복음서 형식을 띤 후대의 사상을 반영한다는 것이다.

최근 학자들은 이러한 견해에 특이한 의견을 덧붙였는데, 요한복음이 예수와 제자들이 아니라 요한이 아닌 복음서 저자가 속한 어떤 교회의 경험과 역사를 반영한다는 것이다. 이 복음서 저자가 자신의 교회를 격려하기 위해 마치 그들과 같이 자신도 동일한 박해와 배척을 경험한 것처럼 예수에 관한 이야기를 기록했다는 것이다.

이처럼 역사로서의 요한복음의 신빙성이 존중받지 못하는 것은 요한복음의 세 가지 특징 때문인데, 이는 약간의 설명이 필요하다.

• 여러 면에서 요한복음은 다른 공관복음서와는 전혀 다른 예수의 모습을 제

시한다. 예컨대 요한복음에서 예수는 자신이 하나님의 아들임을 거침없이 공개적으로 주장한다(요 5:19-30).

- 요한복음에 있는 예수의 가르침과 저자 자신의 말이 문체 면에서 전혀 차이가 없다. 이는 예수의 말씀이 담긴 담론의 언어를 복음서 저자가 결정했음을 암시한다.

- 요한복음은 아름답게 구성되었다. 요한복음이 문학적으로 걸작품이라는 데는 학자들 사이에 이견이 없다. 그러나 대다수 학자들은 작품의 짜임새와 작문에 그토록 공을 들인 저자가 동시에 역사적 사실에도 큰 신경을 썼을 리가 없다고 생각한다.

모든 것을 종합해 볼 때, 다수의 학자들이 이 세 가지 사항을 주장한 것은 요한복음이 예수의 사역을 직접 목격한 사람에 의해 기록된 것일 수 없음을 보여주기 위해서다. 그러므로 초대 교부들이 대외적으로 요한복음을 세베대의 아들 요한의 작품이라고 주장한 것은 내부적인 근거 때문에 수용되지 않는다.

그러나 우리는 학자들의 그런 합의에 대해 진지하게 묻고 따져야 한다.

1. 요한복음과 공관복음

요한복음과 공관복음 사이에 분명한 차이가 있다고 해서 반드시 요한복음의 역사적 정확성이 부족한 것은 아니다. 그러한 차이는 초대교회에서도 인지되었고, 200년 알렉산드리아의 클레멘트도 다음과 같이 언급

요 5:19-20 그러므로 예수께서 그들에게 이르시되 내가 진실로 진실로 너희에게 이르노니 아들이 아버지께서 하시는 일을 보지 않고는 아무 것도 스스로 할 수 없나니 아버지께서 행하시는 그것을 아들도 그와 같이 행하느니라 아버지께서 아들을 사랑하사 자기가 행하시는 것을 다 아들에게 보이시고 또 그보다 더 큰 일을 보이사 너희로 놀랍게 여기게 하시리라

한 바 있다. "마지막으로 요한은 '육적인' 사실들이 다른 복음서들에서 이미 분명하게 밝혀졌음을 알고, 다른 제자들의 독려와 성령의 감동에 의해 '영적인' 복음서를 작성했다."

클레멘트가 요한복음을 '영적인' 복음서라고 묘사한 것은 요한이 역사에 그다지 관심을 기울이지 않았다는 견해를 지지하는 데 종종 인용되었다. 그러나 사실은 전혀 그렇지 않다. 클레멘트에 따르면 요한은 예수의 내적 본질, 즉 '육신' 안에 있는 '영'을 전달하는데 관심이 있었고, 따라서 공관복음과 동일하게 역사적으로 신뢰할 만한 설명을 제공하는 데 관심이 있었다.

게다가 요한의 설명이 공관복음서의 내용을 보충하고 있는 여러 부분들은 특기할 만하다. 이 부분들에 관해서는 레온 모리스 박사가 유명한 논문에서(참고 도서 참조) 이미 설명하고 논의했다. 요한이 공관복음의 전통에서 사용되지 않았던 전통과 기억들을 의도적으로 사용했을 가능성도 충분히 있다.

여러 면에서 요한은 공관복음의 그림을 더욱 상세히 묘사한다. 예컨대 공관복음에서는 예수께서 자신에 관해 '그리스도'라고 공개적으로 선언하지 않고 침묵하신 것을 강조하면서, 사람들이 예수를 믿지 않는 이유를 예수 본인의 탓으로 돌리게 할 수 있지만, 요한은 사람들이 예수를 믿지 못하도록 가로막는 장애물이 예수의 편에 있지 않다는 것을 분명하게 밝힌다. 조금 다른 관점에서 보면, 예수의 자기선언은 매우 분명하기 때문에 믿음을 거부한다면 그 책임은 전적으로 우리에게 있다.

2. 요한이 사용한 언어

요한복음에 기록된 예수의 말씀이 담긴 담론과 복음서 저자가 기록한 내러티브 사이에 문체적 차이가 없다는 것은 사실이다. 그러나 예수께서 헬라어로 가르치시지 않았다는 사실을 기억할 필요가 있다. 예수는 아람 어를 사용하셨으므로 그분의 가르침이 기록된 것은 모두 번역본이다. 역 자의 선택에 따라 번역문의 문체와 어휘가 달라질 수 있기 때문에 동일 한 원본에 대한 두 번역이 서로 많이 다를 수 있음은 분명하다.

요한의 헬라어 문체에는 히브리어와 아람어의 특색이 많이 포함되어 있으며 요한이 이중언어 사용자였다는 사실은 이미 알려진지 오래다. 이 에 덧붙여, 진정 요한이 예수의 가르침과 인격의 내적 본질을 전달하고 자 했다면, 예수의 담론에 사용된 언어가 요한 자신의 문체를 반영한다 해도 결코 놀랄 일이 아니다.

3. 요한복음의 구조

저자 자신이 요한복음을 신중하게 기록했다는 사실을 밝힌다. 요한 은 선택의 견지에서 그것을 설명한다. "예수께서 제자들 앞에서 이 책 에 기록되지 아니한 다른 표적도 많이 행하셨으나 오직 이것을 기록함 은 너희로 예수께서 하나님의 아들 그리스도이심을 믿게 하려 함이요" (20:30-31). 앞으로 살펴보게 되겠지만 요한복음의 구조와 메시지는 '표 적들', 즉 예수께서 행하신 기적의 행위에 초점을 두고 있다. 이 기적들 은 그 자체를 넘어 예수에 대한 진리를 가리킨다. 이 '표적들' 가운데 하 나를 제외하고는 오직 요한복음에만 나오는데, 특별한 목적을 위해 선별 되었다. 즉 독자들이 예수를 '그리스도'로 믿도록 설득하기 위해서다.

이는 그 표적들이 독자들의 특별한 필요를 염두에 두고 선택되었음을 의미한다. 저자는 예수의 사역이 독자의 필요와 관련이 있음을 보여주려 고 애썼다. 그러나 이것은 저자가 역사적 사실에는 아무런 관심이 없는 것을 의미하는 것이 아니다. 오히려 반대로 만약 예수께서 자신이 메시 아임을 보여주는 그러한 '표적들'을 실제로 행하지 않으셨다면, 그에게는 독자들을 믿게 할 어떠한 복음도 없었던 셈이다.

그러므로 이레나이우스가 제시한 강력한 증언을 거부하는 이유들은 거의 아무런 근거가 없다. 만일 요한복음과 요한서신서들의 저자가 사도 요한이라고 가정한다면 그는 어떤 사람이었을까?

요한은 목격자였다

요한이 저자일 것이라는 기존의 가설에 대해 학자들은 대개 반감을 가지면서도, 동일한 저자가 팔레스타인(예. 1:28; 4:5-6, 20)과 예루살렘(예. 5:2; 19:13)의 지리, 파괴되기 전의 예루살렘 성전(예. 2:20; 8:20; 10:23), 그리고 예수가 사셨던 당시 이스라엘의 일반적인 상황을 매우 깊이 알고 있었다는 사실은 인정하고 있다.

그 예로, 다른 누구보다 현대 신학자들의 공감대를 형성하는 데 기여한 루이스 마틴(J. Louis Martyn)은 유대인의 신앙과 삶에 대한 요한의 다양한 이야기들은 "신약성경 전체를 통틀어 유대 사상에 관해 가장 정확한 설명을 제공해 주고 있다"고 고백한다.

이러한 면에서 요한의 정확성은 요한이 예수의 사역과 관련된 사건들

요 1:28   이 일은 요한이 세례 베풀던 곳 요단 강 건너편 베다니에서 일어난 일이니라

요 4:5-6 사마리아에 있는 수가라 하는 동네에 이르시니 야곱이 그 아들 요셉에게 준 땅이 가깝고 거기 또 야곱의 우물이 있더라 예수께서 길 가시다가 피곤하여 우물 곁에 그대로 앉으시니 때가 여섯 시쯤 되었더라

요 4:20   우리 조상들은 이 산에서 예배하였는데 당신들의 말은 예배할 곳이 예루살렘에 있다 하더이다

요 5:2   예루살렘에 있는 양문 곁에 히브리 말로 베데스다라 하는 못이 있는데 거기 행각 다섯이 있고

요 19:13 빌라도가 이 말을 듣고 예수를 끌고 나가서 돌을 깐 뜰(히브리 말로 가바다)에 있는 재판석에 앉아 있더라

요 2:20   유대인들이 이르되 이 성전은 사십육 년 동안에 지었거늘 네가 삼 일 동안에 일으키겠느냐 하더라

요 8:20   이 말씀은 성전에서 가르치실 때에 헌금함 앞에서 하셨으나 잡는 사람이 없으니 이는 그의 때가 아직 이르지 아니하였음이러라

요 10:23 예수께서 성전 안 솔로몬 행각에서 거니시니

을 기록할 때 얼마나 신중을 기했는지를 암시한다. 분명 요한은 열두 제자 중 한 명으로서 그 사건들을 대부분 직접 목격했을 것이다. 요한의 설명에는 또 부차적인 다른 세부사항들은 물론 시간과 장소에 대한 암시들도 들어 있다. 그 모든 것은 무엇보다 복음서 저자 자신이 다루고 있는 소재들에 대해 속속들이 알고 있다는 암묵적인 주장을 강조하는 것이다(예. 1:39; 2:1; 3:23; 4:6, 40; 11:54; 18:10; 21:11).

요한은 예수를 친밀하게 알았다

21장 20절에서 복음서 저자의 정체가 드러나는데, 이름이 아니라 단지 "예수께서 사랑하시는 그 제자"로 밝히고 있다(21:24과 비교하라). 이 표현은 13장 23절, 19장 26절, 20장 2절 그리고 21장 7절에서도 언급

요 1:39   예수께서 이르시되 와서 보라 그러므로 그들이 가서 계신 데를 보고 그 날 함께 거하니 때가 열 시쯤 되었더라

요 2:1   사흘째 되던 날 갈릴리 가나에 혼례가 있어 예수의 어머니도 거기 계시고

요 3:23   요한도 살렘 가까운 애논에서 세례를 베푸니 거기 물이 많음이라 그러므로 사람들이 와서 세례를 받더라

요 4:6   거기 또 야곱의 우물이 있더라 예수께서 길 가시다가 피곤하여 우물 곁에 그대로 앉으시니 때가 여섯 시쯤 되었더라

요 4:40   사마리아인들이 예수께 와서 자기들과 함께 유하시기를 청하니 거기서 이틀을 유하시매

요 11:54   그러므로 예수께서 다시 유대인 가운데 드러나게 다니지 아니하시고 거기를 떠나 빈 들 가까운 곳인 에브라임이라는 동네에 가서 제자들과 함께 거기 머무르시니라

요 18:10   이에 시몬 베드로가 칼을 가졌는데 그것을 빼어 대제사장의 종을 쳐서 오른편 귀를 베어 버리니 그 종의 이름은 말고라

요 21:11   시몬 베드로가 올라가서 그물을 육지에 끌어 올리니 가득히 찬 큰 물고기가 백쉰세 마리라 이같이 많으나 그물이 찢어지지 아니하였더라

요 21:24   이 일들을 증언하고 이 일들을 기록한 제자가 이 사람이라 우리는 그의 증언이 참된 줄 아노라

요 13:23   예수의 제자 중 하나 곧 그가 사랑하시는 자가 예수의 품에 의지하여 누웠는지라

요 19:26   예수께서 자기의 어머니와 사랑하시는 제자가 곁에 서 있는 것을 보시고 자기 어머니께 말씀하시되 여자여 보소서 아들이니이다 하시고

요 20:2   시몬 베드로와 예수께서 사랑하시던 그 다른 제자에게 달려가서 말하되 사람들이 주님을 무덤에서 가져다가 어디 두었는지 우리가 알지 못하겠다 하니

요 21:7   예수께서 사랑하시는 그 제자가 베드로에게 이르되 주님이시라 하니 시몬 베드로가 벗고 있다가 주님이라 하는 말을 듣고 겉옷을 두른 후에 바다로 뛰어 내리더라

되고 있으며, 또한 여러 학자들은 18장 15-16절에 나오는 익명의 "또 다른 제자 한 사람" 역시 요한이라고 생각한다. 이 제자가 등장할 때마다 그와 예수의 친밀한 관계가 강조되고 있다.

맨 처음 그는 다락방에서 예수 품에 누워 있는 모습으로 나타난다. 예수께 기대어 속삭이는 소리가 다른 사람에게 들리지 않을 정도로 가까이 있었다(13:21-25; 21:20과 비교하라). 다음으로 예수께서 제자들이 모두 자기를 버릴 것을 예언했음에도(16:32), 이 특별한 제자는 대제사장의 뜰에까지 예수를 따라간다(18:15). 십자가 위에서 예수는 어머니 마리아를 요한에게 부탁한다(19:25-27). 또 막달라 마리아가 무덤이 비어 있다는 소식을 갖고 달려왔을 때 (이번에도 베드로와 함께) 그 소식을 직접 들은 사람이 바로 요한이었다(20:1-2). 마지막으로 갈릴리 바닷가에서 부활하신 주님을 제일 먼저 알아보고 "주님이시라"라고 베드로에게 외친 사람, 그리고 나서 아침 식사 후 주님께서 베드로와 나눈 사적인 대화에 함께한 사람 역시 예수께서 사랑하시는 이 제자였다(21:20-23).

"예수께서 사랑하시는 그 제자"가 요한이라면, 우리는 공관복음들을 바탕으로 그 친밀한 모습을 완성할 수 있다. 베드로, 야고보 그리고 요한은 열두 제자 가운데 핵심층을 형성했는데, 이는 예수께서 일부 중요한

요 13:23 예수의 제자 중 하나 곧 그가 사랑하시는 자가 예수의 품에 의지하여 누웠는지라

요 21:20 베드로가 돌이켜 예수께서 사랑하시는 그 제자가 따르는 것을 보니 그는 만찬석에서 예수의 품에 의지하여 주님 주님을 파는 자가 누구오니이까 묻던 자더라

요 16:32 보라 너희가 다 각각 제 곳으로 흩어지고 나를 혼자 둘 때가 오나니 벌써 왔도다 그러나 내가 혼자 있는 것이 아니라 아버지께서 나와 함께 계시느니라

요 18:15 시몬 베드로와 또 다른 제자 한 사람이 예수를 따르니 이 제자는 대제사장과 아는 사람이라 예수와 함께 대제사장의 집 뜰에 들어가고

요 19:27 또 그 제자에게 이르시되 보라 네 어머니라 하신대 그 때부터 그 제자가 자기 집에 모시니라

요 20:1-2 안식 후 첫날 일찍이 아직 어두울 때에 막달라 마리아가 무덤에 와서 돌이 무덤에서 옮겨진 것을 보고 시몬 베드로와 예수께서 사랑하시던 그 다른 제자에게 달려가서 말하되 사람들이 주님을 무덤에서 가져다가 어디 두었는지 우리가 알지 못하겠다 하니

사건들을 증언하기 위해 허락하신 것이다. 세 제자들은 모두 야이로의 딸을 다시 살리신 일을 목격했고(눅 8:51), 변화산에서 예수의 영광을 보았으며(막 9:2), 마지막 때에 관한 예수의 가르침을 들었고(막 13:3), 겟세마네 동산에서 고통스럽게 기도하시는 예수 곁에 있었다(막 14:33).

전체적으로, 요한은 예수와 가장 친밀한 관계를 누렸고 따라서 열두 제자 가운데 그 누구보다도 주님의 내면에 대해 이야기해 줄 만한 자격이 있었다. 그는 직접 눈으로 주님을 뵈었으며(요일 1:1-3; 요일 4:14; 요 1:14과 비교하라), 두 귀로 그분의 말씀을 들었고, 손으로 그분을 만졌다

(요일 1:1-3). 요한은 주님의 생각을 그대로 흡수했고, 그분의 자기계시의 핵심까지 침투했으며, 주님의 마음을 정확하게 포착했다.

1세기 부잣집의 방은 예루살렘에서 고고학 탐사 가운데 드러난 자료를 바탕으로 고증한 것이다.

요한은 예수로 인해 깊은 변화를 경험했다

예수께서 요한과 야고보에게 '보아너게' 곧 '우레의 아들'이란 별명을

눅 8:51   그 집에 이르러 베드로와 요한과 야고보와 아이의 부모 외에는 함께 들어가기를 허락하지 아니하시니라

막 9:2   엿새 후에 예수께서 베드로와 야고보와 요한을 데리시고 따로 높은 산에 올라가셨더니 그들 앞에서 변형되사

막 13:3   예수께서 감람 산에서 성전을 마주 대하여 앉으셨을 때에 베드로와 야고보와 요한과 안드레가 조용히 묻되

막 14:33   베드로와 야고보와 요한을 데리고 가실새 심히 놀라시며 슬퍼하사

요일 1:1-3 태초부터 있는 생명의 말씀에 관하여는 우리가 들은 바요 눈으로 본 바요 자세히 보고 우리의 손으로 만진 바라 이 생명이 나타내신 바 된지라 이 영원한 생명을 우리가 보았고 증언하여 너희에게 전하노니 이는 아버지와 함께 계시다가 우리에게 나타내신 바 된 이시니라 우리가 보고 들은 바를 너희에게도 전함은 너희로 우리와 사귐이 있게 하려 함이니 우리의 사귐은 아버지와 그의 아들 예수 그리스도와 더불어 누림이라

요일 4:14   아버지가 아들을 세상의 구주로 보내신 것을 우리가 보았고 또 증언하노니

요 1:14   말씀이 육신이 되어 우리 가운데 거하시매 우리가 그의 영광을 보니 아버지의 독생자의 영광이요 은혜와 진리가 충만하더라

붙여주신 이야기가 마가복음에 나온다(막 3:17). 요한복음의 내러티브에 나오는 여러 사건들은 요한과 야고보가 불같은 성격이었음을 보여준다. 열두 제자 외의 어떤 사람이 귀신을 내쫓는 사역을 하는 것을 보고 분개하며 금하게 한 자가 바로 요한이었다(눅 9:49-50). 그리고 예수께서 사마리아 마을로 들어가려 할 때 거부당하자, 마치 엘리야처럼 명하여 하늘로부터 불을 내려 마을 전체를 멸하자고 한 이들이 바로 요한과 야고보, 곧 우레의 아들들이었다(눅 9:51-56). 또 어머니와 함께 와서 천국에서 가장 좋은 자리에 앉게 해달라고 부탁한 이들도 바로 이 두 형제였다(막 10:35-45; 마 20:20-28).

당시 그들은 예수의 정신을 거의 이해하지 못한 것 같다! 예수는 "너희는 무슨 정신으로 말하는지 모르는구나"라고 형제를 꾸짖으셨다(눅 9:55 각주). 그리고 다시 말씀하신다. "너희는 너희가 구하는 것을 알지 못하는도다"(마 20:22; 막 10:38). 그러나 이 우레의 아들은 우리에게 '사랑의 사도'로 알려져 있다. 분명 주님의 사랑이라는 태양이 그를 둘러싼 두껍고 어두운 구름을 모두 증발시켜 버렸을 것이다.

이제 그는 열두 제자 이외의 다른 이들의 사역에 대해 누구보다도 열려 있다. 요한복음에서 가장 성공적인 복음 전도자는 사마리아 여인이다(4:39). 요한은 사마리아인들을 매우 따뜻한 관점에서 묘사한다. 예수께

막 3:17   또 세베대의 아들 야고보와 야고보의 형제 요한이니 이 둘에게는 보아너게 곧 우레의 아들이란 이름을 더하셨으며

눅 9:49-50 요한이 여짜오되 주여 어떤 사람이 주의 이름으로 귀신을 내쫓는 것을 우리가 보고 우리와 함께 따르지 아니하므로 금하였나이다 예수께서 이르시되 금하지 말라 너희를 반대하지 않는 자는 너희를 위하는 자니라 하시니라

눅 9:55 각주 어떤 고대 사본에는, 55절 끝에 다음 말이 있음. '이르시되 너희는 무슨 정신으로 말하는지 모르는구나 인자는 사람의 생명을 멸망시키러 온 것이 아니요 구원하러 왔노라 하시고'

요 4:39   여자의 말이 내가 행한 모든 것을 그가 내게 말하였다 증언하므로 그 동네 중에 많은 사마리아인이 예수를 믿는지라

믿음으로 반응하는 데에 사마리아인들은 유대인들을 능가한다(4:42). 그리고 예수께 자신들과 함께 머물러 달라고 '간청'한다(4:40). 요한은 이제 다른 이들의 인정이나 주님과 나란한 자리를 구하는 것이 아니라, 오히려 이야기 속에서 자신의 이름을 완전히 지워버리고 스스로 새로운 이름, 묘비명으로 남기 원하는 유일한 이름을 붙여준다. "다른 것은 모두 잊어버려라. 나는 예수께서 사랑하시는 제자였다!"

이렇게 요한은 주님의 마음을 전달하는 데 누구보다도 적합한 사람이었다. 요한은 자신이 직접 알고 사랑하게 된 예수를 소개하고자 했다. 그는 독자들도 그분과 친밀한 교제를 나누며(요일 1:3), 자신처럼 그러한 교제를 통해 인격이 변화되기를 기대했다.

실제로 요한은 자신이 글을 쓴 목적을 분명히 밝힌다. 그는 독자들이 예수께서 하나님의 아들 그리스도이심을 믿고 그 이름을 힘입어 생명을 얻게 하려고 기록했다고 말한다(요 20:31). 요한일서 역시 이미 믿음을 얻은 이들에게 영생이 있음을 알게 하려고 썼음을 밝히고 있다(요일 5:13). 요한의 신학은 심오하고 지성적이지만 그의 최종 목표는 실질적이다. 그는 자신의 독자들이 영생을 얻고 동시에 영생을 얻은 사실을 깨닫기 원했다.

먼저 영생을 얻기 위해서는 예수 그리스도를 신뢰해야 한다. 그분 안에 생명이 있기 때문이다(요 1:4). 그러므로 요한은 복음서에서 예수 그

요 4:42   그 여자에게 말하되 이제 우리가 믿는 것은 네 말로 인함이 아니니 이는 우리가 친히 듣고 그가 참으로 세상의 구주신 줄 앎이라 하였더라

요 4:40   사마리아인들이 예수께 와서 자기들과 함께 유하시기를 청하니 거기서 이틀을 유하시매

요일 1:3   우리가 보고 들은 바를 너희에게도 전함은 너희로 우리와 사귐이 있게 하려 함이니 우리의 사귐은 아버지와 그의 아들 예수 그리스도와 더불어 누림이라

요 20:31   오직 이것을 기록함은 너희로 예수께서 하나님의 아들 그리스도이심을 믿게 하려 함이요 또 너희로 믿고 그 이름을 힘입어 생명을 얻게 하려 함이니라

요일 5:13   내가 하나님의 아들의 이름을 믿는 너희에게 이것을 쓰는 것은 너희로 하여금 너희에게 영생이 있음을 알게 하려 함이라

요한복음 20장 30-31절과 요한복음의 목적

"예수께서 제자들 앞에서 이 책에 기록되지 아니한 다른 표적도 많이 행하셨으나 오직 이것을 기록함은 너희로 예수께서 하나님의 아들 그리스도이심을 믿게 하려 함이요 또 너희로 믿고 그 이름을 힘입어 생명을 얻게 하려 함이니라."

이 부분에서 요한복음의 헬라어 본문 원고는 약간 차이가 있다. 따라서 일부 학자들은 요한의 목적이 믿음이 생기게 하는 것이 아니라 이미 생긴 믿음을 지지하기 위한 것이라고 주장하기도 한다. 그 차이는 '믿게 하려'라고 번역된 동사의 시제와 관련이 있다. 일부 사본은 헬라어의 단순과거형 시제(*aorist tense*)를 사용하는데, 이것은 '믿음으로 나아오게 하려(may come to faith)'로 번역할 수 있다. 다른 사본은 현재형 시제를 사용하며 이 경우 '계속해서 믿도록'으로 번역된다. 이는 요한이 그리스도인을 염두에 두고 그들의 믿음이 더욱 굳건해지도록 돕기 위해 기록했음을 암시한다.

그러나 아무리 현재형 시제가 정확하다고 하더라도, 이 구절은 '믿게 하여 그 믿음을 유지하도록'으로 번역할 수 있다. 요한복음 6장 29절에도 그런 의미로 현재 시제가 사용되었는데, 여기서는 불신자들을 언급하고 있다.

의심할 여지없이 요한복음은 신자들의 믿음을 격려하고 강화하고 있다. 사실 이것이 요한복음을 기록한 목적의 일부다. 그러나 요한의 계획은 이보다 더 광범위하다. 20장 30-31절에 근거하여 요한의 목적에 대해 세 가지로 결론을 내릴 수 있다.

- '표적들'은 독자들이 믿음을 갖도록 설득하려는 그의 계획을 위해 매우 중요한 역할을 한다.
- 요한은 특별히 유대인을 염두에 두었다. 예수께서 '그리스도' 곧 메시아임을 그들이 알아야 하기 때문이다.
- 요한은 예수께서 그리스도임을 아는 지식적인 신앙에서 "그 이름을 힘입어 생명을 얻는" 체험적 신앙으로 믿음이 성숙하기를 원한다.

요 1:4   그 안에 생명이 있었으니 이 생명은 사람들의 빛이라
요 20:30-31 예수께서 제자들 앞에서 이 책에 기록되지 아니한 다른 표적도 많이 행하셨으나 오직 이것을 기록함은 너희로 예수께서 하나님의 아들 그리스도이심을 믿게 하려 함이요 또 너희로 믿고 그 이름을 힘입어 생명을 얻게 하려 함이니라

리스도를 모든 신적, 인간적 영광을 지닌 분으로 제시하면서 우리가 그 것을 보고 믿도록 한다. 특별히 요한은 독자 대상을 유대인으로 삼은 것 같은데, 그는 예수께서 유대교의 위대한 제도와 기관들, 즉 성전, 율법, 연례 축제(절기)를 단번에 대체하시고 완성하셨음을 강조한다. 성전과 그곳에서 드리는 예배는 70년경 로마인에 의해 무너지고 사라졌다. 그 사건 이후 슬픔에 잠겨 있다가 하나님께서 이미 예수를 통해 그 상실에 대한 대책을 마련해 주셨음을 깨닫고 기쁨을 되찾은 유대인들에게 요한 복음은 강력한 호소력을 갖게 되었다.

요한의 독자들은 자신들이 영생을 얻은 사실을 알기 위해서는 진정한 기독교의 필수적 특징을 분명히 이해해야 했다. 그러므로 요한의 편지 들, 특히 요한일서에서 요한은 그러한 특징을 잘 제시하고 있다.

· · · · · · · · · · · · · · · · · · · ·
요한의 메시지 — 복음서

1. 신앙의 기초

믿음은 생명에 이르는 길이다(3:14-16, 36; 6:47; 20:31). 그러면 그 믿 음의 기초는 무엇인가? 요한은 로마서 10장 17절에 기록된 바울의 답변 에 동의할 것이다. "그러므로 믿음은 들음에서 나며 들음은 그리스도의 말씀으로 말미암았느니라." 믿음은 절대로 고립된 것이 아니다. 믿음은

요 3:14-16 모세가 광야에서 뱀을 든 것 같이 인자도 들려야 하리니 이는 그를 믿는 자마다 영생을 얻 게 하려 하심이니라 하나님이 세상을 이처럼 사랑하사 독생자를 주셨으니 이는 그를 믿 는 자마다 멸망하지 않고 영생을 얻게 하려 하심이라

요 3:36 아들을 믿는 자에게는 영생이 있고 아들에게 순종하지 아니하는 자는 영생을 보지 못하 고 도리어 하나님의 진노가 그 위에 머물러 있느니라

요 6:47 진실로 진실로 너희에게 이르노니 믿는 자는 영생을 가졌나니

요 20:31 오직 이것을 기록함은 너희로 예수께서 하나님의 아들 그리스도이심을 믿게 하려 함이요 또 너희로 믿고 그 이름을 힘입어 생명을 얻게 하려 함이니라

언제나 하나님의 계획에 대한 응답이다. 특별히 하나님의 말씀 또는 요한의 말에 따르면 그분의 '증언'이 믿음을 불러일으킨다. 그리스도를 통해 주어진 하나님에 대한 증언을 믿는 것은 믿음으로 가기 위해 꼭 필요한 첫발을 내딛는 것이다. 그 믿음은 우리를 영생으로 인도할 것이다. 이것이 바로 요한복음의 메시지다.

오늘날은 요한이 믿음을 변론한 것이 아니라 그것을 전제로 했다고 주장하는 것이 학문적 경향이다. 따라서 다수 학자들은 요한복음이 복음적이지 않다고, 즉 불신자들을 그리스도 안에서 믿음으로 의롭게 되도록 하기 위한 기록이 아니라고 생각한다. 그러나 이러한 견해는 요한복음 자체가 보여주는 증거에 부합하지 않는다. 요한은 20장 31절에서 그의 책의 기록 목적이 복음전도임을 밝힌다(151쪽 박스글 참조). 그리고 요한복음에서 증언이라는 주제는 특별히 유대인 불신자들을 염두에 두고 전개된 것 같다. 요한은 어떤 증언을 했는가?

인간적 증언

요한일서와 요한계시록과 마찬가지로 요한복음의 시작 부분에서 요한은 제자로서 주 예수 그리스도에 대해 자신이 직접 목격한 것을 증언한다. "우리가 그의 영광을 보니"(1:14). 따라서 요한은 자신의 복음서를 증언이 아닌 선언으로 시작한다. 창세기의 도입 부분에서 "태초에 하나님이"라는 표현으로 하나님 아버지의 존재를 선포하듯 요한복음은 "태초에 말씀이 계시니라"로 시작하며, 아들이 이미 하나님과 함께 존재했음을 분명히 말한다.

이 영원한 진리는 인간의 추측이 아닌 신적 계시의 산물이다. 그러나 이제 그 진리는 그것을 확신하게 된 사람들의 증언을 통해 전파되고 있다. 요한복음은 이렇게 시작과 결말에서 사도적 증언을 언급한다(21:24과 비교하라). 그 둘 사이의 본문에는 예수를 만났고 그분을 증언하게 된 일련의 사람들이 등장한다.

- 세례 요한의 증언이 시작 부분에서 저자의 증언과 함께 소개되며(1:6-8), 가장 상세히 기술된다(1:19-36; 3:25-30; 10:40-42). 그것은 아마도 당시 유대인들이 세례 요한을 선지자로 폭넓게 인정하고 있었기 때문일 것이다.
- 일련의 제자들이 예수를 만나고 그분을 증언한다(1:37-51). 안드레는 형제 시몬을 납득시키고, 빌립은 나다나엘을 데려오는데, 나다나엘은 이후 놀라운 신앙고백을 한다(1:49).
- 4장에서 사마리아인들은 강력한 증언을 한다. 먼저 사마리아 여인은 예수께서 '메시아'임을 믿게 된다(4:29). 그런 다음 그녀의 동포들은 예수께서 '세상의 구주'임을 고백한다(4:42).
- 베드로(6:68-69), 예루살렘 군중(7:40-42), 날 때부터 맹인 된 사람(9:17), 마르다(11:27), 그리고 도마(20:28)는 제각기 예수를 직접 체험한 뒤 그분에 대해 증언한다. 도마의 고백은 전체 이야기에서 강력한 절정을

요 21:24   이 일들을 증언하고 이 일들을 기록한 제자가 이 사람이라 우리는 그의 증언이 참된 줄 아노라

요 1:6-8   하나님께로부터 보내심을 받은 사람이 있으니 그의 이름은 요한이라 그가 증언하러 왔으니 곧 빛에 대하여 증언하고 모든 사람이 자기로 말미암아 믿게 하려 함이라 그는 이 빛이 아니요 이 빛에 대하여 증언하러 온 자라

요 10:40-42   다시 요단 강 저편 요한이 처음으로 세례 베풀던 곳에 가사 거기 거하시니 많은 사람이 왔다가 말하되 요한은 아무 표적도 행하지 아니하였으나 요한이 이 사람을 가리켜 말한 것은 다 참이라 하더라 그리하여 거기서 많은 사람이 예수를 믿으니라

요 1:49   나다나엘이 대답하되 랍비여 당신은 하나님의 아들이시요 당신은 이스라엘의 임금이로소이다

요 4:29   내가 행한 모든 일을 내게 말한 사람을 와서 보라 이는 그리스도가 아니냐 하니

요 4:42   그 여자에게 말하되 이제 우리가 믿는 것은 네 말로 인함이 아니니 이는 우리가 친히 듣고 그가 참으로 세상의 구주신 줄 앎이라 하였더라

요 6:68-69   시몬 베드로가 대답하되 주여 영생의 말씀이 주께 있사오니 우리가 누구에게로 가오리이까 우리가 주는 하나님의 거룩하신 자이신 줄 믿고 알았사옵나이다

요 7:40-42   이 말씀을 들은 무리 중에서 어떤 사람은 이 사람이 참으로 그 선지자라 하며 어떤 사람은 그리스도라 하며 어떤 이들은 그리스도가 어찌 갈릴리에서 나오겠느냐 성경에 이르기를 그리스도는 다윗의 씨로 또 다윗이 살던 마을 베들레헴에서 나오리라 하지 아니하였느냐 하며

이룬다.

요한은 예수를 묘사하면서 그분에 대한 적대적인 증언도 주저하지 않고 기록하기에 독자는 어느 편에 서야 할지 선택해야 한다(예. 7:52; 8:52-53; 9:16; 10:20). 독자는 어느 쪽의 증언을 믿을 것인가?

이 문제를 결정하려면 증거가 제시되어야 하고 더 많은 증인들이 소환되어야 한다. 비록 사람들의 증언이 중요하기는 하지만 예수는 자신의 주장을 입증하는 데 그런 증언들에 의존하지 않으신다(5:34). 심지어 예

「사도 요한(St John the Evangelist)」 파올로 베로네세. 1555년. 캔버스에 유화. 85x240cm. 산세바스티아노성당. 로마.

요 9:17 이에 맹인되었던 자에게 다시 묻되 그 사람이 네 눈을 뜨게 하였으니 너는 그를 어떠한 사람이라 하느냐 대답하되 선지자니이다 하니
요 11:27 이르되 주여 그러하외다 주는 그리스도시요 세상에 오시는 하나님의 아들이신 줄 내가 믿나이다
요 20:28 도마가 대답하여 이르되 나의 주님이시요 나의 하나님이시니이다
요 7:52 그들이 대답하여 이르되 너도 갈릴리에서 왔느냐 찾아 보라 갈릴리에서는 선지자가 나지 못하느니라 하였더라
요 8:52-53 유대인들이 이르되 지금 네가 귀신 들린 줄을 아노라 아브라함과 선지자들도 죽었거늘 네 말은 사람이 내 말을 지키면 영원히 죽음을 맛보지 아니하리라 하니 너는 이미 죽은 우리 조상 아브라함보다 크냐 또 선지자들도 죽었거늘 너는 너를 누구라 하느냐
요 9:16 바리새인 중에 어떤 사람은 말하되 이 사람이 안식일을 지키지 아니하니 하나님께로부터 온 자가 아니라 하며 어떤 사람은 말하되 죄인으로서 어떻게 이러한 표적을 행하겠느냐 하여 그들 중에 분쟁이 있었더니
요 10:20 그 중에 많은 사람이 말하되 그가 귀신 들려 미쳤거늘 어찌하여 그 말을 듣느냐 하며
요 5:34 그러나 나는 사람에게서 증언을 취하지 아니하노라 다만 이 말을 하는 것은 너희로 구원을 받게 하려 함이니라

수는 법률적인 원칙도 수용하신다. "내가 만일 나를 위하여 증언하면 내 증언은 참되지 아니하되"(요 5:31). 유대 법정에서는 어떠한 증언도 복수의 증인에 의해 확증된 것이 아니면 인정하지 않는다. 바리새인들은 8장 13절에서 예수께 이 사항을 들이밀었다. "바리새인들이 이르되 네가 너를 위하여 증언하니 네 증언은 참되지 아니하도다." 그러나 예수는 이 점도 수용하고 이렇게 응답하신다. "너희 율법에도 두 사람의 증언이 참되다 기록되었으니 내가 나를 위하여 증언하는 자가 되고 나를 보내신 아버지도 나를 위하여 증언하시느니라"(8:17-18). 그래서 두 번째 증인이 소환된다.

신적 증언

하비(A. E. Harvey) 박사는 5장 37절과 8장 18절에서 예수께서 하나님을 증인이라고 말한 것의 의미를 조명했다(8:50; 10:32과 비교하라). 유대법정에서 단독 증언은 피고인이 엄숙하게 하나님 앞에서 그의 증언이 진실이라고 선언할 때만 받아들여졌다. 이는 매우 중차대한 절차다. 만에 하나 사실상 그가 거짓 증언을 한 것이라면, 피고인은 하나님의 심판 앞에 자신을 내놓은 것으로 간주되기 때문이다. 반대로 고소인은 고소를 반복하기 전에 누차 재고해야 했다. 그들 역시 하나님을 대적하고 스스로 하나님의 심판을 초래할 수도 있기 때문이다.

이것이 바로 예수께서 자신을 위해 하나님을 증인으로 세웠던 엄숙한

요 5:37　또한 나를 보내신 아버지께서 친히 나를 위하여 증언하셨느니라 너희는 아무 때에도 그 음성을 듣지 못하였고 그 형상을 보지 못하였으며

요 8:18　내가 나를 위하여 증언하는 자가 되고 나를 보내신 아버지도 나를 위하여 증언하시느니라

요 8:50　나는 내 영광을 구하지 아니하나 구하고 판단하시는 이가 계시니라

요 10:32　예수께서 대답하시되 내가 아버지로 말미암아 여러 가지 선한 일로 너희에게 보였거늘 그 중에 어떤 일로 나를 돌로 치려 하느냐

마음 자세였다. 어쨌든 예수의 주장은 오직 하나님만이 증명하고 지지할 수 있는 성격의 것이다. 즉 예수께서 하나님의 아들이며, 영생을 주고 심판을 내릴 수 있는 권한을 가진 유일한 존재라는 주장이다. 이러한 권한은 오로지 하나님께만 있는 특권이다(5:19-23).

그러므로 예수께서 자신을 위한 증인으로 하나님을 거론한 것은 담대한 조치였을 뿐만 아니라 자신의 진술을 위해서도 매우 필요한 것이었다.

하비 박사가 그의 저서 「예수 재판」(Jesus on Trial)에서 재판정의 이미지가 어떻게 요한복음 전체에 스며들어 있는지를 잘 설명했다. 요한은 마치 예수께서 후반부의 대제사장 앞에서뿐만 아니라 줄곧 재판을 받고 있는 것처럼 예수의 사역에 관해 설명하고 있다. 사실 요한복음에는 예수께서 공식적으로 재판을 받으신 모습이 전혀 나타나지 않는다. 심지어 대제사장 앞에 불려갔을 때 예수께서 증인을 요청했음에도 그분은 정당한 법의 절차 없이 사형을 당하셨다(18:21). 요한복음 내내 재판은 이렇게 비공식적으로 일어난다. 따라서 요한의 독자들은 직접 그 상황에 처한 것을 상상하며, 스스로 판단을 내리지 않을 수 없게 된다.

예수를 반대하던 자들처럼, 독자들은 하나님께서 어떻게 자기 아들을 위해 증언하셨는지 물을 것이다(예. 8:19). 요한은 그러한 신적 증언이 세 가지로 나타난다고 대답한다.

첫째, 하나님 아버지께서 예수의 입술을 통해 증언하신다. 예수는 거듭해서 자신이 스스로의 권위로 말하는 것이 아님을 단언한다. 예수의 권위는 태초에 그 말씀을 지으신 하나님 아버지께로부터 온 것이다. 예

요 18:21 어찌하여 내게 묻느냐 내가 무슨 말을 하였는지 들은 자들에게 물어 보라 그들이 내가 하던 말을 아느니라

요 8:19 이에 그들이 묻되 네 아버지가 어디 있느냐 예수께서 대답하시되 너희는 나를 알지 못하고 내 아버지도 알지 못하는도다 나를 알았더라면 내 아버지도 알았으리라

수 자신이야말로 성육한 하나님의 말씀이 아닌가?(1:1, 14) 그렇다면 그의 말씀 또한 하나님의 말씀인 것이다(3:34):

- "내 교훈은 내 것이 아니요 나를 보내신 이의 것이니라"(7:16).
- "내가 스스로 아무것도 하지 아니하고 오직 아버지께서 가르치신 대로 이런 것을 말하는 줄도 알리라"(8:28).
- "내가 내 자의로 말한 것이 아니요 나를 보내신 아버지께서 내가 말할 것과 이를 것을 친히 명령하여 주셨으니… 그러므로 내가 이르는 것은 내 아버지께서 내게 말씀하신 그대로니라 하시니라"(12:49-50).
- "나는 아버지께서 내게 주신 말씀들을 그들에게 주었사오며 그들은 이것을 받고… 내가 아버지의 말씀을 그들에게 주었사오매"(17:8, 14).

예수는 모든 사람이 자신의 말을 듣고 믿기를 원했다. 그것이 하나님의 말씀이기 때문이다. 이 엄준한 주장을 하시면서 신명기 18장 18절에서 모세가 받았던 유명한 약속을 의도적으로 암시한다. "내가 그들의 형제 중에서 너와 같은 선지자 하나를 그들을 위하여 일으키고 내 말을 그 입에 두리니 내가 그에게 명령하는 것을 그가 무리에게 다 말하리라."

물론 요한은 예수께서 하나님의 말씀으로 말하심을 믿는다. 그것은 예수께서 사람들이 기대하고 있는 '모세와 같은 선지자'(1:21과 비교하라)이기 때문이 아니라, 선지자를 훨씬 뛰어넘는 인물, 곧 '하나님의 말씀' 그

요 1:1   태초에 말씀이 계시니라 이 말씀이 하나님과 함께 계셨으니 이 말씀은 곧 하나님이시니라

요 1:14   말씀이 육신이 되어 우리 가운데 거하시매 우리가 그의 영광을 보니 아버지의 독생자의 영광이요 은혜와 진리가 충만하더라

요 3:34   하나님이 보내신 이는 하나님의 말씀을 하나니 이는 하나님이 성령을 한량 없이 주심이니라

요 1:21   또 묻되 그러면 누구냐 네가 엘리야냐 이르되 나는 아니라 또 묻되 네가 그 선지자냐 대답하되 아니라

자체이기 때문이다. 하지만 그렇게 예수께서 신명기 18장의 예언을 완성하시는 그 현장에 요한의 독자들이 서게 된다면, 그들은 과연 예수의 말씀에 귀를 기울일 것인가?

이와 관련해, 요한복음에서 놀랍게도 하나님을 '나를 보내신 이'로(서른여섯 번), 또 그에 따라 예수를 '보내심을 받은 자'로 새롭게 지칭한 것은 특기할 만하다. 이렇게 '아버지'와 '아들'의 이름을 다르게 표현한 경우는 대부분 아들의 권위가 도전을 받거나 아버지의 권위가 요구되는 상황에 등장한다. '보내신 이'는 '보내심을 받은 자'의 권위를 입증한다.

- "하나님이 보내신 이는 하나님의 말씀을 하나니"(3:34).
- "나를 보내신 이가 참되시매 내가 그에게 들은 그것을 세상에 말하노라"(8:26).
- "예수께서 성전에서 가르치시며 외쳐 이르시되… 내가 스스로 온 것이 아니니라 나를 보내신 이는 참되시니 너희는 그를 알지 못하나 나는 아노니 이는 내가 그에게서 났고 그가 나를 보내셨음이라"(7:28-29).

예수께서 하신 증언이 타당한 것은 그가 하늘로부터 내려오셨기 때문이다(3:11-13).

둘째, 하나님께서 예수의 사역을 통해 자신의 증언을 극적으로 보여주신다. 예수께서 행하신 '일들'은 그의 '말씀'처럼 하나님이 주신 것이다. 따라서 실제로 그것은 하나님이 행하신 일이며, 예수께서 하나님의 특별한 아들임을 극적으로 증언하는 것이다. 예수께서 "내 교훈은 내 것이

요 3:11-13 진실로 진실로 네게 이르노니 우리는 아는 것을 말하고 본 것을 증언하노라 그러나 너희가 우리의 증언을 받지 아니하는도다 내가 땅의 일을 말하여도 너희가 믿지 아니하거든 하물며 하늘의 일을 말하면 어떻게 믿겠느냐 하늘에서 내려온 자 곧 인자 외에는 하늘에 올라간 자가 없느니라

아니요 나를 보내신 이의 것이니라"라고 말씀하신 것처럼(7:16), 그분은 "아버지께서 내게 주사 이루게 하시는 역사"에 대해 말씀하실 수 있다(5:36; 5:19-30; 10:31-39과 비교하라). 그러므로 아들은 "아버지로 말미암아" 행하며(10:32) 아버지는 "아들 안에서" 일하신다(10:38; 14:10). 비록 아들을 통해 수행되더라도 그것은 아버지께서 행하신 일이다. 이런 말씀과 사역이라는 이중적 증거는 믿음을 불러일으키는 데 적합했을 것이며(14:11), 실제로 많은 소박한 사람들이 예수께서 행하신 표적을 보고(6:14) 그분의 말씀을 들은 뒤에(7:40-41) 믿음을 갖게 되었다(11:45).

하지만 어떻게 예수의 사역이 실제로 그분에 대한 메시지를 전할 수 있을까? 예수의 기적에 대해 요한이 특징적으로 사용한 단어는 '표적(sign)'이다. 표적은 믿음으로 분별할 수 있는 메시지를 담고 있기 때문이다.

유대의 전통인 마을 우물. 예수가 사마리아 여인을 만났을 때에도 이런 우물이 있었을 것이다.

요 10:38 내가 행하거든 나를 믿지 아니할지라도 그 일은 믿으라 그러면 너희가 아버지께서 내 안에 계시고 내가 아버지 안에 있음을 깨달아 알리라 하시니

요 14:10 내가 아버지 안에 거하고 아버지는 내 안에 계신 것을 네가 믿지 아니하느냐 내가 너희에게 이르는 말은 스스로 하는 것이 아니라 아버지께서 내 안에 계셔서 그의 일을 하시는 것이라

요 14:11 내가 아버지 안에 거하고 아버지께서 내 안에 계심을 믿으라 그렇지 못하겠거든 행하는 그 일로 말미암아 나를 믿으라

요 6:14 그 사람들이 예수께서 행하신 이 표적을 보고 말하되 이는 참으로 세상에 오실 그 선지자라 하더라

요 7:40-41 이 말씀을 들은 무리 중에서 어떤 사람은 이 사람이 참으로 그 선지자라 하며 어떤 사람은 그리스도라 하며 어떤 이들은 그리스도가 어찌 갈릴리에서 나오겠느냐

요 11:45 마리아에게 와서 예수께서 하신 일을 본 많은 유대인이 그를 믿었으나

예수께서 그러한 '표적'을 행하실 수 있는 것이 오로지 하나님이 그분과 함께 계시기 때문이라는 니고데모의 선언은 지극히 당연하다. "우리가 당신은 하나님께로부터 오신 선생인 줄 아나이다"(3:2). 하지만 그러한 표적들은 예수에 대해 그런 기본적인 통찰 이상의 것을 암시하는 것일까? 니고데모는 어리둥절해한다. 예루살렘 군중 가운데 일부는 그 표적들이 예수께서 그리스도임을 증명한다고 생각한다(7:31). 그러나 다른 사람들은 동의하지 않는다. 예컨대 예수의 형제들은 표적을 봤으면서도 그것을 대수롭게 여기지 않는다(7:3-5). 심지어 사람들이 "그의 행하시는 표적을 보고 그의 이름을 믿었을" 때도 예수는 그들의 믿음에 대해 매우 조심스러운 태도를 취했다(2:23-25).

사실 표적은 해석되었을 때만 의미가 있는데, 그것이 바로 요한이 하려던 일이었다. 예컨대 5장 1-9절에서 절름발이를 치유한 사건은 단지 예수의 놀라운 권능과 자비를 보여주는 것뿐만이 아니다. 오히려 그것은 하나님의 백성에게 안식일에 무엇을 해도 되는지를 말할 수 있는 권위가 예수께 있음을 보여주는 것이며, 더 나아가 그분과 하나님 아버지의 독특한 관계를 계시한다. 예수는 하나님이 행하신 그 '일'을 직접 행하시며 우리에게 보여주시기 때문이다(5:9-20). 그렇다면 마찬가지로 5천 명을 먹이신 사건(6:1-14)은 뒤이어 나오는 긴 대화를 통해 해석할 수 있다. 여기서 예수는 자신이 '생명의 떡'임을 선포한다(6:25-59). 요한이 복음서에 포함시키려고 특정한 표적들을 선별한 것은(20:30-31) 각각의

요 7:31   무리 중의 많은 사람이 예수를 믿고 말하되 그리스도께서 오실지라도 그 행하실 표적이
           이 사람이 행한 것보다 더 많으랴 하니
요 7:3-5   그 형제들이 예수께 이르되 당신이 행하는 일을 제자들도 보게 여기를 떠나 유대로 가소
           서 스스로 나타나기를 구하면서 묻혀서 일하는 사람이 없나니 이 일을 행하려 하거든 자
           신을 세상에 나타내소서 하니 이는 그 형제들까지도 예수를 믿지 아니함이러라
요 20:30-31 예수께서 제자들 앞에서 이 책에 기록되지 아니한 다른 표적도 많이 행하셨으나 오직 이
           것을 기록함은 너희로 예수께서 하나님의 아들 그리스도이심을 믿게 하려 함이요 또 너
           희로 믿고 그 이름을 힘입어 생명을 얻게 하려 함이니라

표적에서 이끌어 내려 했던 축적된 메시지 때문이었다. 우리는 뒤에서 이에 대해 고찰할 것이다.

그런데 요한은 그의 독자들에게 자신이 예수의 표적을 올바로 해석했다고 어떻게 설득할 수 있었을까? 결국에는 그러한 확신 역시 성령의 역사에 기인한다(16:8-11를 보라). 하지만 여기서 한 가지 중요한 요소는, 특별히 유대인 독자에게는, 바로 구약이었다.

셋째, 하나님 아버지께서 구약성경을 통해 자신의 증언을 기록하신다.

• "너희가 성경에서 영생을 얻는 줄 생각하고 성경을 연구하거니와 이 성경이 곧 내게 대하여 증언하는 것이니라 그러나 너희가 영생을 얻기 위하여 내게 오기를 원하지 아니하는도다"(5:39-40).

「나사로를 다시 살리심(St John the Evangelist)」 세바스티아노 델 피옴보. 1517-1519년. 캔버스에 유화. 381x289.6cm. 내셔널갤러리. 런던.

• "모세를 믿었더라면 또 나를 믿었으리니 이는 그가 내게 대하여 기록하였음이라 그러나 그의 글도 믿지 아니하거든 어찌 내 말을 믿겠느냐"(5:46-47).

마지막으로, 이 두 구절의 극적인 주장처럼 아버지께서 자기 아들을 증언하신 것은 성경에 기록되어 있다. 이러한 주장을 전개하면서 요한은 복음서 전반에 걸쳐 구약 본문을 직접 인용하거나(예. 2:17; 12:37-41; 19:36-

---

요 16:8-11 그가 와서 죄에 대하여, 의에 대하여, 심판에 대하여 세상을 책망하시리라 죄에 대하여라 함은 그들이 나를 믿지 아니함이요 의에 대하여라 함은 내가 아버지께로 가니 너희가 다시 나를 보지 못함이요 심판에 대하여라 함은 이 세상 임금이 심판을 받았음이라

37) 본문이나 주제를 빈번히 암시하면서 구약성경을 활용한다. 처음부터 끝까지 요한의 목적은 오로지 예수께서 구약의 의미를 이해하셨음을 보여주는 것이다.

예컨대 "그가 내게 대하여 기록하였다"는 5장 46절의 주장은 6장으로 이어지는데, 여기서 이스라엘을 출애굽시킨 구원자로서의 모세의 역할이 현재 예수의 사역과 대조된다. 출애굽을 기념하는 유월절이 가까워지자 큰 무리가 예루살렘으로 향하고 있다(6:4). 모세가 출애굽 당시 그랬던 것처럼 예수께서 기적을 행하셔서 군중을 먹이신다. 일부 군중은 비슷한 점을 발견하고 예수께서 '모세와 같은 선지자'일지 모른다고 결론 내린다(6:14). 그러자 예수는 그들에게 다음과 같이 말씀하신다(6:25-59).

- 이스라엘을 먹이신 분은 모세가 아니라 하나님이셨다(6:32).
- 만나는 오로지 물질적인 양식이었기에, 죄와 사망이라는 끔찍한 원수로부터 이스라엘을 구원하는 데 아무런 역할도 하지 못했다(6:49). 최고의 입법자 모세 역시 인간의 가장 깊은 필요를 채워주지 못했다.
- 이제 하나님은 '영생'을 주는, 그래서 궁극적으로 인간의 필요를 채워주는 양식, 즉 예수 자신을 주셨다(6:35).

요 2:17   제자들이 성경 말씀에 주의 전을 사모하는 열심이 나를 삼키리라 한 것을 기억하더라

요 19:36-37 이 일이 일어난 것은 그 뼈가 하나도 꺾이지 아니하리라 한 성경을 응하게 하려 함이라 또 다른 성경에 그들이 그 찌른 자를 보리라 하였느니라

요 6:4   마침 유대인의 명절인 유월절이 가까운지라

요 6:14 그 사람들이 예수께서 행하신 이 표적을 보고 말하되 이는 참으로 세상에 오실 그 선지자라 하더라

요 6:32 예수께서 이르시되 내가 진실로 진실로 너희에게 이르노니 모세가 너희에게 하늘로부터 떡을 준 것이 아니라 내 아버지께서 너희에게 하늘로부터 참 떡을 주시나니

요 6:49 너희 조상들은 광야에서 만나를 먹었어도 죽었거니와

요 6:35 예수께서 이르시되 나는 생명의 떡이니 내게 오는 자는 결코 주리지 아니할 터이요 나를 믿는 자는 영원히 목마르지 아니하리라

• 구약 자체는 모세가 제공해 준 것 이상의 필요를 인정한다. 선지자들은 "그들이 다 하나님의 가르치심을 받는" 그날을 고대하고 있기 때문이다(6:45; 사 54:13). 그때가 이제 임했다!

요한이 독자들에게 도전한 것은 할례의 의미를 토론하고 있는 7장 24절에서 예수께서 바리새인들에게 던진 도전과 동일하다. "외모로 판단하지 말고 공의롭게 판단하라." 만약 바리새인들이 성경에 대한 자신들의 이해를 재평가한다면, 어떻게 예수께서 성경을 성취하시는지를 깨닫게 될 것이다.

2. 요한복음에 대한 고찰

요한복음의 구조는 복잡하기 때문에 간략하게 분석하기가 어렵다. 하지만 우리는 요한의 안내를 따라 앞서 요약한 '표적들'에 초점을 둘 것이다.

물을 포도주로 변화시킴 - 새로운 질서를 부여하신 예수

첫 장은 예수를 새로운 방식으로 선포된 하나님의 말씀으로 소개한다. 이전에 하나님은 세례 요한과 같은 선지자를 통해서 말씀하셨다. 그러나 이제 하나님의 말씀은 "육신이 되었다"(1:14). 이는 하나님의 세상 통치가 전혀 새로운 단계로 진입했음을 의미한다. "율법은 모세로 말미암아 주어진 것이요 은혜와 진리는 예수 그리스도로 말미암아 온 것이라"(1:17).

요 6:45 선지자의 글에 그들이 다 하나님의 가르치심을 받으리라 기록되었은즉 아버지께 듣고 배운 사람마다 내게로 오느니라

사 54:13 네 모든 자녀는 여호와의 교훈을 받을 것이니 네 자녀에게는 큰 평안이 있을 것이며

물이 포도주로 변한 첫 번째 표적이 이 '새로운 질서'의 상징이다(2:1-11). 예수는 유대교에서 정결 예식에 사용되는 수단을 취해 사람들의 진정한 필요를 채우셨다(2:6). 그런데 이 메시지는 이후에 계속 이어진다. 먼저 예수는 '옛 질서' 종교의 핵심인 성전 건물을 정화한 후 자기 육체인 새 성전에 대해 말씀하신다(2:21). 그런 다음 유대교에서 학문을 깊이 공부한 "이스라엘의 선생"(3:10) 니고데모에게 성령으로 완전히 새롭게 거듭나야 할 것을 말씀하신다. 이후 예수께서 한 여인을 통해 사마리아인들에게 야곱의 우물물보다 훨씬 더 귀한 "영생하도록 솟아나는 샘물"(4:14)에 대해 말씀하실 때에도 동일한 메시지를 전하셨다.

두 번의 치유 – 새 생명, 새로운 심판

4장 46-54절과 5장 1-9절에 나오는 두 가지 표적은 이후 5장 19-47절의 위대한 담론을 통해 해석된다. 이 담론에서 예수는 가장 담대한 주

요한은 에베소 교회와 많은 관련이 있었고, 여기에서 죽은 것으로 전해진다. 이 유적들은 6세기 유스티니아누스 1세에 의해 지어진 것으로 요한에게 바쳐진 것이다.

요 2:6　거기에 유대인의 정결 예식을 따라 두세 통 드는 돌항아리 여섯이 놓였는지라
요 2:21　그러나 예수는 성전된 자기 육체를 가리켜 말씀하신 것이라

요한과 케린투스

우리는 앞에서 요한으로부터 시작해 폴리카르포스를 거쳐 이레나이우스에 이르는 놀라운 기억의 흔적을 언급했다. 물론 여기에는 오류가 있을 수 있다. 하지만 전통적으로 전해오는 사실이 하나 있다. 에베소에서 말년에 요한이 케린투스를 반대했다는 사실이다.

이레나이우스는 폴리카르포스에게 직접 들은 특정한 사건을 전한다. 요한은 공중목욕탕에서 "우리 자신을 구하자! 공중목욕탕이 무너질지도 모른다. 그 안에 진리를 대적하는 원수인 케린투스가 있다"라고 소리치며 달려나왔다. 세부사항들이 실제로 일어났을 가능성은 없어 보이지만, 적어도 이 이야기는 요한의 서신들의 특징인 진리에 대한 뜨거운 관심을 증언한다.

이레나이우스는 케린투스의 가르침에 관해 꽤 자세히 요약해 주는데, 우리는 이를 요한의 편지들이 보여주는 증거와 비교하여, 요한이 반대하는 이 이단에 관해 어느 정도 설명할 수 있다.

장을 펴신다. 즉 죽은 자들을 살리고(5:21) 심판을 선고함으로써(5:22) 하나님의 아들로서 스스로 하나님의 특권을 행사하신다는 것이다. 여기서 문맥상 '심판'은 단순히 정죄함이 아니라 왕의 결정과 칙령이라는 뜻이다. 아들이신 예수에게는 심판자로서 모든 이의 생사를 결정할 수 있는 권위가 있다(5:25-30).

이 두 가지 특권은 예수의 주장에 앞선 두 가지 행동에서 이미 '암시' 되었다. 예수는 생명을 주시는 말씀을 하신다. "가라 네 아들이 살아 있다"(4:50). 그리고 아이는 살아났다. 그러고 나서 예수는 병자에게 심판에 대해 말씀하시는데, 그에게 일어나라고 하셨을 뿐만 아니라 안식일임에도 자리를 들고 걸어가라고 명하신 다음 "더 심한 것이 생기지 않게

요 5:21   아버지께서 죽은 자들을 일으켜 살리심 같이 아들도 자기가 원하는 자들을 살리느니라
요 5:22   아버지께서 아무도 심판하지 아니하시고 심판을 다 아들에게 맡기셨으니

다시는 죄를 범하지 말라"고 충고하셨다"(5:14).

5천 명을 먹이심 – 생명의 양식이신 예수

예수는 출애굽을 영적으로 재연한 것을 설명하면서 스스로 '생명의 떡'임을 세 번 주장하신다(6:35, 48, 51). 예수께서 떡을 나눠서 5천 명을 먹이신 것은(네 복음서 저자가 모두 기록한 유일한 기적) "세상의 생명을 위해" 자신의 살을 선물로 주시는 것을 상징한다(6:51).

예수는 분명 자신의 십자가를 언급하고 계셨다. '참된 양식'인 찢겨진 살과 '참된 음료'인 그분의 피가 그것이다(6:55). 오직 그분의 죽음으로 말미암아 우리가 생명을 얻게 되었다. 먹고 마시는 것은 믿음에 대한 물리적인 비유다. 즉 그리스도를 개인적으로 영접하고 그분의 생명을 우리 자신의 것으로 취하는 것이다(6:57). 6장 47절과 6장 54절을 비교하면 '믿는 것'이 '먹고 마시는 것'과 동일함을 분명히 알 수 있다.

설사 이 담론이 역사적 사실이라도 그것이 성만찬을 직접 언급한 것일 가능성은 거의 없다. 성만찬이 아직 제정되기 전이었기 때문이다. 하지만 많은 학자들은 요한이 교회의 예배를 배경으로 복음서를 기록했으며 그가 이 담론을 성만찬을 지칭하는 것으로 해석했다고 생각한다. 우리가 성만찬을 기념하기 위해 모였을 때 이 본문이 말하는 믿음을 고백하는 것도 아주 타당하다.

요 6:35 예수께서 이르시되 나는 생명의 떡이니 내게 오는 자는 결코 주리지 아니할 터이요 나를 믿는 자는 영원히 목마르지 아니하리라

요 6:48 내가 곧 생명의 떡이니라

요 6:51 나는 하늘에서 내려온 살아 있는 떡이니 사람이 이 떡을 먹으면 영생하리라 내가 줄 떡은 곧 세상의 생명을 위한 내 살이니라 하시니라

요 6:55 내 살은 참된 양식이요 내 피는 참된 음료로다

요 6:57 살아 계신 아버지께서 나를 보내시매 내가 아버지로 말미암아 사는 것 같이 나를 먹는 그 사람도 나로 말미암아 살리라

요 6:47 진실로 진실로 너희에게 이르노니 믿는 자는 영생을 가졌나니

요 6:54 내 살을 먹고 내 피를 마시는 자는 영생을 가졌고 마지막 날에 내가 그를 다시 살리리니

맹인을 치유하심 – 세상의 빛이신 예수

6장에서 예수께서 유월절을 대신한다고 선포하는 것처럼, 7-10장에서는 유대교 최대 명절인 초막절과 관련해 동일한 선포를 하신다. 이 단락의 핵심은 날 때부터 맹인 된 사람의 치유 사건이다(9장).

여기서 또 한 번 물리적 행위가 영적 진리를 상징한다. 이 단락에서 예수는 두 차례 다음과 같이 말씀하신다. "나는 세상의 빛이니"(8:12; 9:5). 이는 초막절에 행하는 유명한 빛의 축제를 지칭하는데, 성전 안의 커다란 횃불은 광야를 지날 때 이스라엘 민족을 인도하던 '불기둥'을 상징한다. 이제 예수는 이렇게 말씀하신다. "나는 세상의 빛이니 나를 따르는 자는 어둠에 다니지 아니하고 생명의 빛을 얻으리라"(8:12).

70년 이후에는 더 이상 예루살렘 성전에서 초막절을 지낼 수 없었기 때문에, 예수의 주장은 당시 많은 유대인들이 느꼈던 필요를 다룬 것이다. 유대인들 역시 회당에서 쫓겨난 맹인처럼(9:34) 예배드릴 장소를 빼앗겼기 때문이다. 그러나 예수는 맹인을 만나주시고 그에게 물리적인 시력과 더불어 영적인 시력을 주심으로써 그의 예배를 회복시켜 주신다. 그러므로 맹인이 인자 앞에서 엎드려 절할 때(9:35-38), 그는 그와 같은 회복이 필요한 모든 이들에게 희망의 메시지를 전한다. 세상의 빛이신 인자를 예배하라. 그러면 당신은 진정으로 초막절을 기념하게 될 것이다!

나사로를 다시 살리심 – 부활과 생명이신 예수

나사로를 일으킨 사건(11장)은 예수께서 돌아가시기 전 마지막으로 공개적으로 행하신 엄청난 기적이었다. 이를 위해 요한은 10장의 '선한

요 9:34 그들이 대답하여 이르되 네가 온전히 죄 가운데서 나서 우리를 가르치느냐 하고 이에 쫓아내어 보내니라

목자 담론'으로 독자들을 준비시킨다. 여기서 우리는 예수께서 9장의 맹인의 경우처럼 '양'들에게 다가가 보살피려면 그 대가는 바로 예수 자신의 생명이라는 것을 알게 된다. 선한 목자는 양들을 위해 자신의 목숨을 내어준다(10:11, 14-15).

11장에서 그러한 예수의 자기희생이 극적으로 표현된다. 예수는 예루살렘의 폭력적이고 적대적인 환경에서 벗어나 안전한 곳을 찾아 요단강을 건너셨다(10:31, 39-40). 도마는 예루살렘으로 돌아가는 것이 자살행위임을 잘 알고 있었다. 그럼에도 예수는 예루살렘으로 가신다. 오직 예수만이 나사로를 다시 살리실 수 있기 때문이다. 나사로를 일으킨 사건은 "나는 부활이요 생명이니"라는 예수의 선포와 함께 공명한다(11:25). 그러나 예수는 오직 자신의 생명을 대가로 치러야만 나사로에게 '부활과 생명'이 될 수 있다. 그러므로 유대인들이 산헤드린 공회에 모여 나사로의 소생 사건에 대해 뭔가 손을 써야겠다고 결론 내린 것도 당연하다. 만약 예수께서 그런 기적을 계속 일으키셨더라면 그 결과는 이루 헤아릴 수 없었을 것이다. 예수는 죽으실 수밖에 없었다(11:47-53).

그래서 예수의 죽음과 부활 모두 10장과 11장에 이미 예시되어 있다.

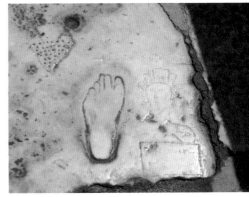

요한은 성도들을 미혹케 하는 시험이 많은 그곳에서 흠이 없고 순전한 삶을 살도록 권면했다. 고대 에베소의 유적 가운데 돌로 새겨진 이 표지판은 이곳이 사창가였음을 암시한다.

요 10:11 　나는 선한 목자라 선한 목자는 양들을 위하여 목숨을 버리거니와

요 10:14-15 나는 선한 목자라 나는 내 양을 알고 양도 나를 아는 것이 아버지께서 나를 아시고 내가 아버지를 아는 것 같으니 나는 양을 위하여 목숨을 버리노라

요 10:31 　유대인들이 다시 돌을 들어 치려 하거늘

요 10:39-40 그들이 다시 예수를 잡고자 하였으나 그 손에서 벗어나 나가시니라 다시 요단 강 저편 요한이 처음으로 세례 베풀던 곳에 가사 거기 거하시니

10장에서는 예수를 양 떼를 위해 목숨을 바치는 선한 목자로, 11장에서는 죽은 자들에게 생명을 주시는 부활로 묘사한다. 이 지점부터 이야기는 불가피한 과정을 밟기 시작한다. 예수께서 떠나실 때가 곧 닥친다(13:1). 예수는 제자들과 함께 한적한 곳으로 가서서 제자들을 준비시킨다. 그동안 예수께서 육체적으로 곁에 계신 것을 누려온 제자들의 삶은 이제 예수와 영적인 연합을 누리게 될 것이다(14-16장). 그리고 예수께서 잡히고, 죽고, 부활하신 실제 사건들이 이어진다(18-21장).

이처럼 설득력 있는 설명을 통해, 요한은 독자들이 예수 그리스도를 따르고, 믿음을 나누며, 제자의 공동체에 동참하게 되기를 소망한다.

· ·
요한의 메시지 - 서신서들

요한의 편지들은 복음서의 내용을 보충한다. 서신들이 복음서보다 먼저 기록되었는지 나중에 기록되었는지는 분명하지 않다. 학자들의 의견은 다양하다. 하지만 요한이 독자들을 습관적으로 '자녀들'로(8회), 자신을 '장로'로 지칭한 것(요이 1:1; 요삼 1:1)은 요한이 노년에 기록한 것임을 암시한다. 그러나 기록 시기야 어떻든 서신들의 메시지는 요한복음의 메시지를 더욱 발전시킨다. 우리가 선물을 소유하고 있음을 알지 못하면 그 선물을 누릴 수 없는 법이다. 믿음에는 확신이 필요하다. 그러므로 만약 우리가 영생을 얻고 누리는 것이 하나님의 뜻이라면(요 6:40), 실제로 우리가

요 13:1　유월절 전에 예수께서 자기가 세상을 떠나 아버지께로 돌아가실 때가 이른 줄 아시고 세상에 있는 자기 사람들을 사랑하시되 끝까지 사랑하시니라

요이 1:1　장로인 나는 택하심을 받은 부녀와 그의 자녀들에게 편지하노니 내가 참으로 사랑하는 자요 나뿐 아니라 진리를 아는 모든 자도 그리하는 것은

요삼 1:1　장로인 나는 사랑하는 가이오 곧 내가 참으로 사랑하는 자에게 편지하노라

요 6:40　내 아버지의 뜻은 아들을 보고 믿는 자마다 영생을 얻는 이것이니 마지막 날에 내가 이를 다시 살리리라 하시니라

영생을 받은 사실을 아는 것이 매우 중요하다. 그러므로 요한은 첫 번째 편지에 이렇게 썼다. "내가 하나님의 아들의 이름을 믿는 너희에게 이것을 쓰는 것은 너희로 하여금 너희에게 영생이 있음을 알게 하려 함이라"(요일 5:13).

요한은 자신의 교회가 처한 상황 때문에 그렇게 편지를 쓰지 않을 수 없었다. 만약 요한이 노년에 이 편지를 썼다면, 이레나이우스의 증언에 따라, 요한이 에베소 교회에서 장로로 활동했다고 추측해 볼 수 있다. 에베소는 주요 도시였고 광범위한 주변 지역의 경제와 문화 중심지였다. 요한의 편지 세 편 모두 이 연로한 사도의 목회적 돌봄과 감독을 받던 '광범위한 에베소 지역'의 교인들을 대상으로 쓴 것 같다.

분명 에베소 교회는 어떤 위험한 거짓 가르침이 들어와 혼란을 겪고 있었다. 이 이단 교사들은 "적그리스도"(요일 2:18)요, "거짓말하는 자"(요일 2:22)요, "미혹하는 자"(요일 2:26; 요이 1:7)이자 "거짓 선지자"들이다(요일 4:1). 요한은 그들의 위선을 폭로하는 동시에 참된 신자들의 믿음을 확증해 주길 원했다. 이 이단은 에베소에서 요한을 대적하던 케린투스주의자의 가르침과 동일하지는 않더라도 매우 유사한 일종의 초기 영지주의였을 것이다.

이 해로운 가르침에는 세 가지 오류가 나타난다.

1. 기독론적 오류

요한은 이 이단을 "하나님은 믿으나 그 아들은 부인하는 자들"이라고 비난한다(2:22-23; 요이 1:9과 비교하라). 이 비난을 이해하려면 이레나이우

요 2:22-23 죽은 자 가운데서 살아나신 후에야 제자들이 이 말씀하신 것을 기억하고 성경과 예수께서 하신 말씀을 믿었더라 유월절에 예수께서 예루살렘에 계시니 많은 사람이 그의 행하시는 표적을 보고 그의 이름을 믿었으나

스의 설명이 필요하다. 그들은 아마도 나사렛 예수가 인간일 뿐이며 요셉과 마리아에게서 태어난 아이라고 가르쳤을 것이다. 그들이 성육신의 개념을 이해하는 것은 전혀 불가능했다. 물질은 본질적으로 악하다고 여겼기 때문이다. 그들은 인간 예수가 세례를 받을 때 '성령' 혹은 '그리스도'께서 그에게 임했다가, 결국 그가 십자가에 못 박히자 그에게서 떠나 천국으로 다시 올라갔다고 믿었다. 따라서 요한이 그들을 "예수께서 그리스도이심을 부인하는 자"라고 했을 때(2:22), 이는 그들이 예수와 그리스도가 한분이며 동일함을 부인한다는 의미이다. 나중에 요한은 그들의 관점이 "예수 그리스도께서 육체로 오심"을 부인한다고 설명한다(요이 1:7; 요일 4:2과 비교하라), 그리고 이는 인간 '예수'와 '그리스도'의 구별을 반영하는 것 같다.

요한에게 성육신과 속죄를 부인하는 것은 말도 안 되는 헛소리다. 그런 관점은 그리스도의 인격에서 신성을, 그의 가르침에서 권위를, 그리고 그의 죽음에서 효력을 제거하는 것이다. 요한은 매우 강력하게 아들을 부인하는 자에게는 아버지가 있을 수 없다고 단언한다(2:23-24). 예수 그리스도, 하나님의 아들은 "물과 피로 임하신 이시다"(5:6). 이는 모호한 표현이지만 당연히 그의 세례와 십자가를 의미한다. 요한은 이단의 가르침에 맞서 그 두 가지 모두 신인(神人)이신 나사렛 예수가 경험하신 것이라고 선언한다.

요이 1:9   지나쳐 그리스도의 교훈 안에 거하지 아니하는 자는 다 하나님을 모시지 못하되 교훈 안에 거하는 그 사람은 아버지와 아들을 모시느니라

요이 1:7   미혹하는 자가 세상에 많이 나왔나니 이는 예수 그리스도께서 육체로 오심을 부인하는 자라 이런 자가 미혹하는 자요 적그리스도니

요일 4:2   이로써 너희가 하나님의 영을 알지니 곧 예수 그리스도께서 육체로 오신 것을 시인하는 영마다 하나님께 속한 것이요

요 2:23-24 유월절에 예수께서 예루살렘에 계시니 많은 사람이 그의 행하시는 표적을 보고 그의 이름을 믿었으나 예수는 그의 몸을 그들에게 의탁하지 아니하셨으니 이는 친히 모든 사람을 아심이요

2. 윤리적 자기기만

이단들은 교리뿐만 아니라 윤리 문제에서도 오류에 빠졌는데, 아마도 동일한 이유 때문이었을 것이다. 물질이 본질적으로 악하다면, 성육신이 불가능할 뿐만 아니라 인간의 육체는 단지 영혼의 껍데기에 불과하며, 윤리 문제에는 무관심하게 될 수밖에 없다. 육체적인 어떤 행동도 그 내부의 영혼에 해를 입힐 수 없기 때문이다. 그들의 주장인즉, '의로운 행함'이 없이도 '의로울' 수 있고, 의로운 삶이 없이도 하나님과 올바른 관계를 맺을 수 있다는 것이었다.

이 두 번째 오류를 요한은 완강히 부정한다.

- "그를 아노라 하고 그의 계명을 지키지 아니하는 자는 거짓말하는 자요" (요일 2:4).
- "자녀들아 아무도 너희를 미혹하지 못하게 하라 의를 행하는 자는 그의 의로우심과 같이 의롭고"(요일 3:7).
- "악한 것을 본받지 말고 선한 것을 본받으라 선을 행하는 자는 하나님께 속하고 악을 행하는 자는 하나님을 뵈옵지 못하였느니라"(요삼 1:11).
- "만일 우리가 죄가 없다고 말하면 스스로 속이고 또 진리가 우리 속에 있지 아니할 것이요"(요일 1:8).

따라서 하나님의 자녀는 "그의 깨끗하심과 같이 자기를 깨끗하게" 해야 한다(요일 3:3). 요한은 이 점을 결코 타협하지 않는다.

- "죄를 짓는 자는 마귀에게 속하나니 마귀는 처음부터 범죄함이라 하나님의 아들이 나타나신 것은 마귀의 일을 멸하려 하심이라 하나님께로부터 난 자마다 죄를 짓지 아니하나니 이는 하나님의 씨가 그의 속에 거함이요 그

도 범죄하지 못하는 것은 하나님께로부터 났음이라"(요일 3:8-9).

요한은 죄를 짓는 일이 전혀 불가능하다고 가르치고 있는 것이 아니다. 요한일서 2장 1절에서 요한은 "누가 죄를 범하여도" 값없는 용서가 있다고 명시했기 때문이다. 오히려 요한은 하나님에 의해 새롭게 거듭난 자에게는 죄를 짓는 것이 전혀 어울리지 않음을 가르치고 있다. 이를 강조하는 데에 요한은 자신의 주인 예수와 동일한 입장을 취한다. 예수는 사마리아 여인의 부도덕한 삶을 드러냈고(요 4:16-18), 심지어 의로운 니고데모에게도 거듭나야 한다고 말했으며(3:1-15), 다리 저는 자를 치유한 뒤 그에게 더 이상 죄를 범하지 말라고 경고했고, 바리새인들에게는 그들이 단지 죄의 종일뿐이라고 지적했으며(8:34), 제자들에게는 계명을 지킬 것을 당부했고(14:15, 21-24; 15:14), 아버지께서 그들을 진리로 거룩하게 하며 지켜주시길 기도했다(17:17). 이 예수는 내면의 진실도 요구했던 거룩한 분이었다. 요한이 그들에게 남긴 마지막 말은 "자녀들아, 너희 자신을 지켜 우상에게서 멀리하라"(요일 5:21)였다.

3. 영적 자만

사도 요한이 비난하는 이 이단 체계의 셋째 양상은 다른 이들에 대한 우월적인 태도였다. 그들은 자신들에게만 주어진 특별한 계시가 있다고

요 4:16-18 이르시되 가서 네 남편을 불러 오라 여자가 대답하여 이르되 나는 남편이 없나이다 예수
께서 이르시되 네가 남편이 없다 하는 말이 옳도다 너에게 남편 다섯이 있었고 지금 있는
자도 네 남편이 아니니 네 말이 참되도다
요 8:34　　예수께서 대답하시되 진실로 진실로 너희에게 이르노니 죄를 범하는 자마다 죄의 종이라
요 14:15　　너희가 나를 사랑하면 나의 계명을 지키리라
요 15:14　　너희는 내가 명하는 대로 행하면 곧 나의 친구라
요 17:17　　그들을 진리로 거룩하게 하옵소서 아버지의 말씀은 진리니이다

주장하는 종교적 우월 의식에 빠져 있었다(요일 4:1-3). 그들은 '영적인' 자들이자 계몽된 귀족 계층인 동시에 종교적 엘리트였다. 그들은 다른 이들을 경멸했다.

요한은 그들의 주장을 단호히 반박한다. 요한은 온 교회를 향해 편지를 쓰면서 이렇게 말한다. "너희는 거룩하신 자에게서 기름 부음을 받고 모든 것을 아느니라… 기름 부음이 너희 안에 거하나니 아무도 너희를 가르칠 필요가 없고"(요일 2:20, 27). 이것은 소수만 이해하는 난해한 계시가 아니다. 사도 요한의 가르침은(그리고 성령께서 주신 진리에 대한 깊은 내적 확신은) 온 교회에 속한 것이었다.

또한 교회의 구성원들은 서로 사랑해야 한다. 이들은 형제자매다. 제자들이 하나가 되도록 주님은 마지막까지 기도하셨다(요 17:20-23). 따라서 누구든지 자기 형제를 미워하면 "빛 가운데" 거할 수 없다(요일 2:9-11). 사실 우리는 예수의 본을 따라 기꺼이 "형제들을 위하여 목숨을 버릴" 준비가 되어 있어야 한다(요일 3:16). 그러한 사랑이 절대적으로 필

요일 4:1-3 사랑하는 자들아 영을 다 믿지 말고 오직 영들이 하나님께 속하였나 분별하라 많은 거짓 선지자가 세상에 나왔음이라 이로써 너희가 하나님의 영을 알지니 곧 예수 그리스도께서 육체로 오신 것을 시인하는 영마다 하나님께 속한 것이요 예수를 시인하지 아니하는 영마다 하나님께 속한 것이 아니니 이것이 곧 적그리스도의 영이니라 오리라 한 말을 너희가 들었거니와 지금 벌써 세상에 있느니라

요 17:20-23 내가 비옵는 것은 이 사람들만 위함이 아니요 또 그들의 말로 말미암아 나를 믿는 사람들도 위함이니 아버지여, 아버지께서 내 안에, 내가 아버지 안에 있는 것 같이 그들도 다 하나가 되어 우리 안에 있게 하사 세상으로 아버지께서 나를 보내신 것을 믿게 하옵소서 내게 주신 영광을 내가 그들에게 주었사오니 이는 우리가 하나가 된 것 같이 그들도 하나가 되게 하려 함이니이다 곧 내가 그들 안에 있고 아버지께서 내 안에 계시어 그들로 온전함을 이루어 하나가 되게 하려 함은 아버지께서 나를 보내신 것과 또 나를 사랑하심 같이 그들도 사랑하신 것을 세상으로 알게 하려 함이로소이다

요일 2:9-11 빛 가운데 있다 하면서 그 형제를 미워하는 자는 지금까지 어둠에 있는 자요 그의 형제를 사랑하는 자는 빛 가운데 거하여 자기 속에 거리낌이 없으나 그의 형제를 미워하는 자는 어둠에 있고 또 어둠에 행하며 갈 곳을 알지 못하나니 이는 그 어둠이 그의 눈을 멀게 하였음이라

요일 3:16 그가 우리를 위하여 목숨을 버리셨으니 우리가 이로써 사랑을 알고 우리도 형제들을 위하여 목숨을 버리는 것이 마땅하니라

요하다. "사랑하지 아니하는 자는 하나님을 알지 못하나니 이는 하나님은 사랑이심이라"(4:8).

하지만 이단을 따르는 자들은 그러한 사랑을 근본적으로 부인한다. 교회와의 교제를 단절함으로써 자신들의 정체를 드러냈다. "그들이 우리에게서 나갔으나 우리에게 속하지 아니하였나니 만일 우리에게 속하였더라면 우리와 함께 거하였으려니와 그들이 나간 것은 다 우리에게 속하지 아니함을 나타내려 함이니라"(2:19). 하나님을 사랑한다고 주장하면서 하나님의 자녀를 미워할 수 없는 법이다(4:20-21).

요한은 케린투스 이단의 세 가지 오류를 진정한 기독교의 시금석으로 삼는다. 요한은 가짜 그리스도인들의 잘못된 신념의 기반을 무너뜨리는 동시에 참그리스도인들에게 필요한 올바른 신념에 힘을 실어준다. 야고보처럼 요한은 사람들의 주장과 그들의 실제 모습을 대조한다. 요한은 종종 "이로써 우리가(너희가)… 인 줄 알리라(알지니)"와 같은 구절을 사용해 믿음을 검증해 보도록 하는데, 이러한 검증의 시금석이 바로 이단의 오류들과 잘 들어맞는다.

- "이로써 너희가 하나님의 영을 알지니 곧 예수 그리스도께서 육체로 오신 것을 시인하는 영마다 하나님께 속한 것이요"(4:2). 이는 기독론적 시금석이다.
- "이러므로 하나님의 자녀들과 마귀의 자녀들이 드러나나니 무릇 의를 행하지 아니하는 자나 또는 그 형제를 사랑하지 아니하는 자는 하나님께 속하지 아니하니라"(3:10). 이는 윤리적인 시금석이다.
- "우리는 형제를 사랑함으로 사망에서 옮겨 생명으로 들어간 줄을 알거니

요 4:20-21 우리 조상들은 이 산에서 예배하였는데 당신들의 말은 예배할 곳이 예루살렘에 있다 하더이다 예수께서 이르시되 여자여 내 말을 믿으라 이 산에서도 말고 예루살렘에서도 말고 너희가 아버지께 예배할 때가 이르리라

와"(3:14). "우리에게 주신 성령으로 말미암아 그가 우리 안에 거하시는 줄을 우리가 아느니라"(3:24). 이는 영적인 시금석이다.

요한은 동일한 주장들을 부정적으로도 표현한다.

- "거짓말하는 자가 누구냐 예수께서 그리스도이심을 부인하는 자가 아니냐"(2:22).
- "만일 우리가 하나님과 사귐이 있다 하고 어둠에 행하면 거짓말을 하고 진리를 행하지 아니함이거니와"(1:6).
- "누구든지 하나님을 사랑하노라 하고 그 형제를 미워하면 이는 거짓말하는 자니"(4:20).

이 세 가지는 진정한 기독교를 입증해 준다. 요한은 이 세 가지를 한데 묶어 5장 초반에 정리한다.

- "예수께서 그리스도이심을 믿는 자마다 하나님께로부터 난 자니 또한 낳으신 이를 사랑하는 자마다 그에게서 난 자를 사랑하느니라 우리가 하나님을 사랑하고 그의 계명들을 지킬 때에 이로써 우리가 하나님의 자녀를 사랑하는 줄을 아느니라"(5:1-2).

어떤 그리스도인에게 올바른 믿음, 경건한 순종 그리고 형제애가 없다면 그는 진짜가 아니다. 그는 거듭난 자일 수가 없다. "하나님께로부터 난 자"는 믿고(5:1) 순종하며(3:9) 사랑하기(4:7) 때문이다.

요 5:1   그 후에 유대인의 명절이 되어 예수께서 예루살렘에 올라가시니라
요 3:9   니고데모가 대답하여 이르되 어찌 그러한 일이 있을 수 있나이까
요 4:7   사마리아 여자 한 사람이 물을 길으러 왔으매 예수께서 물을 좀 달라 하시니

요한서신들의 언어는 단순하지만 그 메시지는 심오하다. 마틴 루터는 요한일서에 대해 이렇게 말했다. "나는 이제껏 요한일서보다 더 단순한 언어로 쓴 책을 읽어본 적이 없다. 그럼에도 그 글은 이루 말할 수 없이 심오하다." 요한서신들을 통해 요한은 평생에 걸친 제자의 삶에서 정수를 가려낸다. 마지막으로, 요한은 우리의 전 존재가 달려 있는 결정과 진리에 대해 이렇게 설명한다. "또 증거는 이것이니 하나님이 우리에게 영생을 주신 것과 이 생명이 그의 아들 안에 있는 그것이니라 아들이 있는 자에게는 생명이 있고 하나님의 아들이 없는 자에게는 생명이 없느니라"(5:11-12).

5장

바　　울　　과
그　의　　메　시　지

"내가 그리스도와 함께 십자가에 못 박혔나니 그런즉 이제는 내가 사는 것이 아니요
오직 내 안에 그리스도께서 사시는 것이라 이제 내가 육체 가운데 사는 것은 나를 사랑하사
나를 위하여 자기 자신을 버리신 하나님의 아들을 믿는 믿음 안에서 사는 것이라" (갈 2:20)

「사도 바울(Apostle Paul)」얀 리번스. 1627-1629년경. 캔버스에 유화. 스웨덴국립미술관. 스톡홀름.

바울이 기록한 열세 편의 서신서는 신약성경 중 거의 4분의 1을 차지한다. 게다가 교회사를 통틀어 모든 신약성경 저자 가운데 가장 큰 영향력을 끼친 사람은 바로 바울이라고 말할 수 있다. 예컨대 로마가톨릭 내의 대격변을 촉발해 오늘날의 개신교회를 탄생시킨 신학적 혁명인 16세기 종교개혁은 바울 신학의 재발견이 도화선이 되었다.

바울은 또한 다른 신약성경 저자보다 우리에게 더 잘 알려져 있다는 점에서도 특이할 만하다. 누가는 사도행전의 반 이상을 할애해 바울의 선교 사역을 이야기하며, 바울의 서신서를 통해서도 우리는 바울에 관해 많은 것을 알 수 있다.

••••••••••
인간 바울

바울은 오늘날 터키 남부 해안에 자리 잡은 길리기아의 주요 도시인 다소에서 태어났다(행 9:11; 21:39; 22:3). 바울 자신은 사도행전 21장 39

행 9:11   주께서 이르시되 일어나 직가라 하는 거리로 가서 유다의 집에서 다소 사람 사울이라 하는 사람을 찾으라 그가 기도하는 중이니라

행 21:39   바울이 이르되 나는 유대인이라 소읍이 아닌 길리기아 다소 시의 시민이니 청컨대 백성에게 말하기를 허락하라 하니

절에서 다소를 "소읍이 아닌" 도시라고 칭했다. 다소는 상업의 중심지였고, 아테네와 알렉산드리아에 버금가는 대학이 있었다. 아마도 바울은 그 대학에서 공부하지는 않았을 것이다. 예루살렘에서 대부분의 교육을 받았기 때문이다(행 22:3). 그러나 분명 바울은 다소의 문화와 헬라적 분위기를 흡수했으며 헬라어를 유창하게 구사할 줄 알았다. 바울은 아라토스(행 17:28), 메난드로스(고전 15:33), 에피메니데스(딛 1:12) 등 적어도 세 명의 그리스 시인들의 글을 인용한다. 헬라 문화에 이미 익숙했던 바울의 배경은 그가 선교사가 되는 데 큰 도움이 되었다.

바울은 나면서부터 시민권을 얻었는데, 이는 보기 드문 특징이다(행 22:28). 그것은 바울의 가족이 다소에서 매우 걸출한 가문임을 암시한다. 분명 바울의 아버지나 할아버지가 다소에 기여한 것에 대한 보상으로 공식적인 시민권을 얻었을 것이다. 이는 그가 히브리 이름 '사울'뿐만 아니라 로마 이름 '바울'도 동시에 갖고 있었다는 사실이 뒷받침해 준다(행 13:9).

그러나 '사울'은 바울이 젊었을 때 사용한 이름이었다. 바울의 가족은 철저하게 헬라 문화에 뿌리박은 집안이었지만, 젊은 사울이 전심으로 헌신한 것은 조상들이 믿어온 종교였다. 특히 사울을 사로잡았던 것은 그 종교를 특정하게 해석한 관점이었다. "나는 바리새인이요"라고 사울

행 22:3 나는 유대인으로 길리기아 다소에서 났고 이 성에서 자라 가말리엘의 문하에서 우리 조상들의 율법의 엄한 교훈을 받았고 오늘 너희 모든 사람처럼 하나님께 대하여 열심이 있는 자라

행 17:28 우리가 그를 힘입어 살며 기동하며 존재하느니라 너희 시인 중 어떤 사람들의 말과 같이 우리가 그의 소생이라 하니

고전 15:33 속지 말라 악한 동무들은 선한 행실을 더럽히나니

딛 1:12 그레데인 중의 어떤 선지자가 말하되 그레데인들은 항상 거짓말쟁이며 악한 짐승이며 배만 위하는 게으름뱅이라 하니

행 22:28 천부장이 대답하되 나는 돈을 많이 들여 이 시민권을 얻었노라 바울이 이르되 나는 나면서부터라 하니

행 13:9 바울이라고 하는 사울이 성령이 충만하여 그를 주목하고

은 열정을 품고 주장했다(행 23:6; 빌 3:5과 비교하라).

바리새주의는 유대교 내의 독특한 운동으로서, 예루살렘 성전과 관련된 각종 절기와 의식들을 철저하게 준수하는 것을 포함해 세부적인 율법까지 순종하기로 강조한 운동이었다. 이러한 이유로 바리새주의는 유대 지역에서만 부흥했고, 그 외 지역에서는 바리새인들을 거의 찾아볼수 없었다. 그러나 어쨌든 바울은 이 운동의 영향을 받았고, 어린 나이에 바리새파 스승들 밑에서 공부하기 위해 예루살렘으로 갔는데, 가말리엘이 그의 첫 스승이었다(행 22:3). 가말리엘은 바리새주의 운동의 창시자격인 유명한 랍비 힐렐의 손자였다.

다소에서 어린 사울은 바리새파의 전통과 법규를 암기하고 지키는 일에 전념했다. 사울은 스스로 "우리 조상들의 율법의 엄한 교훈을 받았고"(행 22:3), "내가 내 동족 중 여러 연갑자보다 유대교를 지나치게 믿어 내 조상의 전통에 대하여 더욱 열심이 있었다"고 말한다(갈 1:14). 그는 심지어 율법을 준수하는 면에서 자신은 "흠이 없는 자"라고까지 주장했다(빌 3:6). 조상들의 신앙에 대한 그의 열정을 보여주는 마지막 증거는 그가 교회를 야만적으로 박해한 사실이다(행 9:1-2; 22:4-5; 갈 1:13; 빌 3:6; 딤전

「베드로와 바울(Saint Peter and Saint Paul)」 후세페 데 리베라. 1735년경. 캔버스에 유화. 63x48cm. 스트라스부르 장식미술박물관. 스트라스부르.

빌 3:5   나는 팔일 만에 할례를 받고 이스라엘 족속이요 베냐민 지파요 히브리인 중의 히브리인이요 율법으로는 바리새인이요

행 9:1-2   사울이 주의 제자들에 대하여 여전히 위협과 살기가 등등하여 대제사장에게 가서 다메섹 여러 회당에 가져갈 공문을 청하니 이는 만일 그 도를 따르는 사람을 만나면 남녀를 막론하고 결박하여 예루살렘으로 잡아오려 함이라

바울은 왜 교회를 박해했을까?

기독교 복음이 이 젊은 바리새인에게 그토록 거슬렸던 이유는 무엇이었을까? 베드로의 오순절 설교는 다음과 같은 위대한 선포로 절정에 이른다. "너희가 십자가에 못 박은 이 예수를 하나님이 주와 그리스도가 되게 하셨느니라"(행 2:36). 바울이 불쾌하게 여긴 것은 아마도 십자가의 죽음과 메시아 직분 사이의 이러한 연계성 때문이었을 것이다. "나무에 달린 자는 하나님께 저주를 받았다"는 구절은 신명기 21장 23절의 가르침이다. 따라서 십자가의 죽음은 기독교의 주장을 곤경에 빠뜨린다. 그런데도 그리스도인들은 십자가를 자랑하는 것처럼 보였다. 신명기 21장 23절이 바울이 교회를 증오하게 된 주요 동기가 되었음을 다음 두 가지 요소가 암시한다.

1. 100년 후 또 다른 유대인이 기독교 변증가 유스티누스와 나눈 유명한 대화에서 기독교 신앙을 반박할 때 바로 이 주장을 했다. 유대인 트리포는 다음과 같이 주장한다. "메시아께서 과연 그렇게 치욕스럽게 십자가에 못 박힐 수 있었는지 우리는 믿을 수 없습니다. 율법은 나무에 달린 자는 하나님께 저주를 받은 것이라고 말합니다. 이 점에 대해 당신은 나를 설득할 수 없을 것입니다."
   그러나 유스티누스는 변증을 시도한다. "사실 이 말씀은 십자가에 달리신 메시아를 향한 우리의 소망을 더 공고히 합니다. 그가 하나님께 저주를 받은 것이 아닙니다. 오히려 하나님은 당신, 그리고 당신과 같은 모든 이들이 그분께 퍼부을 저주를 예견하셨습니다"(유스티누스, 「트리포와의 대화」 89:2; 96:1).
2. 바울은 갈라디아서에서 이 구절을 언급하는데, 이는 자신이 체험한 사고의 혁명적 전환을 암시한다. "그리스도께서 우리를 위하여 저주를 받은 바 되사 율법의 저주에서 우리를 속량하셨으니 기록된 바 나무에 달린 자마다 저주 아래에 있는 자라 하였음이라"(갈 3:13). 바울은 예수께서 하나님께 저주를 받은 것이 아니라, 우리를 위해 저주를 대신 감당하셨으며, 그래서 우리를 그 저주에서 해방되도록 하셨다고 설명한다. 신명기 21장 23절의 기독교적 의미에 대한 바울의 통찰은 유스티누스의 그것보다 훨씬 더 심오하다.

신 21:23 그 시체를 나무 위에 밤새도록 두지 말고 그 날에 장사하여 네 하나님 여호와께서 네게 기업으로 주시는 땅을 더럽히지 말라 나무에 달린 자는 하나님께 저주를 받았음이니라

1:13).

다메섹 도상에서의 사울의 회심은 매우 갑작스럽고 극적인 사건이
었다. 사울이 이 고약한 '도'를 추종하는 자들을 근절시키기 위해 기나
긴 여정을 마다하지 않은 것은 그의 열정을 잘 보여준다(행 9:2). 그러
나 급작스럽게 밝은 빛이 하늘에서 비추어 사울의 눈을 멀게 했고 보이
지 않는 손이 그를 고꾸라뜨려 사울은 "잡힌 바" 되었다(빌 3:12). 사울
의 이름을 부르는 소리가 들렸을 때 그는 예수를 만났다. 그것이 부활하
신 그리스도를 "하늘에서 보이신 것"이라는 데에는 의심의 여지가 없다
(행 26:19). 그것은 결코 환상이 아니었다. 바울은 이에 대해 매우 분명
한 입장을 보인다. 그것은 부활하신 예수께서 마지막으로 보이신 사건이
다. "맨 나중에 만삭되지 못하여 난 자 같은 내게도 보이셨느니라"(고전
15:8). 사흘 후 바울은 다메섹 회당에서 "예수가 하나님의 아들"(행 9:20)
이라는 복음을 전한다.

어떤 사람은, 기독교에 대한 바울의 폭력적인 박해는 그런 마음의 변
화를 이미 준비시키고 있던 의문들을 억누르기 위해서였다고 말한다. 자
신을 돌로 쳐 죽이려는 사람들을 위해 기도하며 삶을 '주 예수'의 손에
의탁했던 스데반의 순교가 바울에게 어떤 인상을 남겼을까?(행 7:59-60)

행 22:4-5　내가 이 도를 박해하여 사람을 죽이기까지 하고 남녀를 결박하여 옥에 넘겼노니 이에 대제
　　　　사장과 모든 장로들이 내 증인이라 또 내가 그들에게서 다메섹 형제들에게 가는 공문을 받
　　　　아 가지고 거기 있는 자들도 결박하여 예루살렘으로 끌어다가 형벌 받게 하려고 가더니

갈 1:13　내가 이전에 유대교에 있을 때에 행한 일을 너희가 들었거니와 하나님의 교회를 심히 박
　　　　해하여 멸하고

빌 3:6　열심으로는 교회를 박해하고 율법의 의로는 흠이 없는 자라

딤전 1:13　내가 전에는 비방자요 박해자요 폭행자였으나 도리어 긍휼을 입은 것은 내가 믿지 아니
　　　　할 때에 알지 못하고 행하였음이라

행 9:2　다메섹 여러 회당에 가져갈 공문을 청하니 이는 만일 그 도를 따르는 사람을 만나면 남녀
　　　　를 막론하고 결박하여 예루살렘으로 잡아오려 함이라

행 7:59-60　그들이 돌로 스데반을 치니 스데반이 부르짖어 이르되 주 예수여 내 영혼을 받으시옵소
　　　　서 하고 무릎을 꿇고 크게 불러 이르되 주여 이 죄를 그들에게 돌리지 마옵소서 이 말을
　　　　하고 자니라

가시채를 뒷발질하기

사도행전에는 바울의 회심에 대한 기록이 세 번 나온다. 누가의 기록(9:1-19)과 두 번에 걸친 바울 자신의 설명이다(22:4-16; 26:12-18). 이 가운데 세 번째 설명에서 예수께서 바울에게 하신 말씀이 좀 더 온전한 형태로 나온다. "사울아 사울아 네가 어찌하여 나를 박해하느냐 가시채를 뒷발질하기가 네게 고생이니라"(행 26:14).

'가시채를 뒷발질하다'라는 표현은 헬라와 유대교 기록에 나오는 속담이다. 이는 기수의 명령을 듣지 않으려고 헛되이 반항하는 말이나, 농부의 몽둥이에 별 소용 없이 저항하는 밭 가는 소를 묘사한다. 이것이 바울에게는 어떤 의미였을까? 세 가지 해석이 가능하다.

- 바울이 본 환상 자체를 의미할 수 있다. 바울은 지금 자신 앞에 나타나신 주님의 압도적인 능력과 영광을 거부할 수 없다. 그는 순종할 수밖에 없다!
- 바울이 교회를 박해한 것을 의미할 수 있다. 교회를 박해했던 바울은 마치 진정한 자기 주인인 예수 그리스도를 대적해 싸우고 있는 황소와 같았다.
- 결국 그리스도인들이 옳을지도 모른다고 느끼지만 교회에 대한 박해를 계속하면서 억눌러 왔던 양심의 가책이나 의구심을 의미할 수 있다. 아마 그런 의심은 자신을 돌로 쳐서 죽이는 사람들을 위해 기도했던 스데반의 사랑과 용기를 목격한 이후 생겼을지도 모른다(행 7:60). 비록 바울은 다른 곳에서 그런 의심에 관해 언급하지는 않지만, 분명 주님께서는 바울의 양심과 마음 깊숙한 곳에서 움직이고 있는 무엇인가를 딱 끄집어 내셨을 것이다.

바울이 뒷발질하던 '가시채'는 무엇이었는가?(행 26:14) 자신이 박해했던 그리스도인들이 결국은 옳을지도 모른다는 불안한 심경이었을까?

마찬가지로 어떤 이는 로마서 7장 7-9절이 당시 바울의 심경에 대한 통찰을 제공한다고 말했다. "곧 율법이 탐내지 말라 하지 아니하였더라

행 26:14   우리가 다 땅에 엎드러지매 내가 소리를 들으니 히브리 말로 이르되 사울아 사울아 네가 어찌하여 나를 박해하느냐 가시채를 뒷발질하기가 네게 고생이니라

면 내가 탐심을 알지 못하였으리라 그러나 죄가 기회를 타서 계명으로 말미암아 내 속에서 온갖 탐심을 이루었나니… 전에 율법을 깨닫지 못했을 때에는 내가 살았더니 계명이 이르매 죄는 살아나고 나는 죽었도다." 이는 그가 율법에 순종하는 것이 그가 생각했던 것처럼 '흠이 없는' 것이 아니었음을 깨달았던 회심 이전의 자기 확신에 차 있던 시기를 설명하고 있는 것이 아닐까?

바울은 그런 의심으로 인해 갈등했을지도 모른다. 그러나 로마서 7장에 나오는 바울의 주장은 좀 복잡하다. 또 바울이 자신의 개인적 경험을 묘사하고 있는지도 불분명하다. 게다가 바울 자신이 직접 증언한 것에는 그런 의심에 대한 암시가 전혀 없다. 바울이 사도행전에서 자신의 회심 사건을 두 번 묘사하면서, 바울은 자신이 박해자로서의 거침없는 열심과 흔들리지 않는 확신이 있었다고 묘사하고 있다. 마찬가지로 갈라디아서 1장 13-16절과 빌립보서 3장 4-12절 두 곳에서 바울은 자신의 회심에 관해 기록하고 있는데, 바울은 '흠이 없는' 바리새인으로서 자신의 헌신과 자부심이 확실했다고 표현하고 있다. 다메섹 도상에서의 경험은 맑은 하늘에 날벼락처럼 느껴졌을 것이다.

이전에 조짐이 있었든 없었든, 바울의 회심 사건은 삶의 전환점이었다. 신학자 김세윤 박사는 바울의 회심 체험과 이후 바울이 그의 생애 동안 선포했던 복음 간의 밀접한 관계를 강조했다. 김세윤 박사는 부활하신 그리스도를 만난 그 순간, 바울은 그리스도인이 되었을 뿐만 아니라, 그가 나중에 '나의 복음'이라고 칭한 것과(예. 롬 2:16), 그 복음을 온 세상에 전하라는 명령을 동시에 받았다고 말한다. 이는 갈라디아서 1장

갈 1:13-16 내가 이전에 유대교에 있을 때에 행한 일을 너희가 들었거니와 하나님의 교회를 심히 박해하여 멸하고 내가 내 동족 중 여러 연갑자보다 유대교를 지나치게 믿어 내 조상의 전통에 대하여 더욱 열심이 있었으나 그러나 내 어머니의 태로부터 나를 택정하시고 그의 은혜로 나를 부르신 이가 그의 아들을 이방에 전하기 위하여 그를 내 속에 나타내시기를 기뻐하셨을 때에 내가 곧 혈육과 의논하지 아니하고

11-12절에 기록된 바울 자신의 증언과 분명히 일치한다. "형제들아 내가 너희에게 알게 하노니 내가 전한 복음은 사람의 뜻을 따라 된 것이 아니니라 이는 내가 사람에게서 받은 것도 아니요 배운 것도 아니요 오직 예수 그리스도의 계시로 말미암은 것이라." 여기서 바울은 문자 그대로, "예수 그리스도의 계시로 말미암은" 것이라고 기록하는데 이는 확실히 다메섹 도상에서의 예수의 계시를 지칭한다.

우리는 다음과 같은 질문으로 이 사실에 대해 좀 더 탐구해 볼 수 있다. 아나니아에게 안수를 받을 때까지 사흘 동안 어둠 속에서 혼자 사색하고 기도하면서 바울은 어떤 생각을 했을까? 바울서신서에 뚜렷하게 강조된 점들을 보면 그의 심경을 상상하는 데 도움이 된다.

1. 예수에 대한 바울의 생각이 완전히 변화되었다

십자가에 못 박히셨지만, 예수는 결국 메시아였다. 사람들은 그를 나무에 매달았지만, 하나님은 그를 죽은 자 가운데 다시 살리셨다. 바울은 주저하지 않고 그를 '주님'이라고 불렀다. 바울은 하늘로부터 온 환상을 체험했다는 것과, 예수께서 부활의 영광 중에 자기에게 말씀하셨다는 것을 알았다.

2. 율법에 대한 바울의 생각은 완전히 변화되었다

율법으로 인해 바울은 메시아를 박해했었다. 어떻게 그럴 수 있었을까? 특히 갈라디아서와 로마서에서 우리는 바울이 회심하자마자 씨름하

롬 2:16 곧 나의 복음에 이른 바와 같이 하나님이 예수 그리스도로 말미암아 사람들의 은밀한 것을 심판하시는 그 날이라

기 시작했을 법한 질문들에 답하고 있는 것을 발견한다. 바울은 바리새인으로서의 자신의 삶과 그가 지켜온 구약에 대한 이해에 대해 의문을 제기했다. 성경이 예수를 반박하는 것이 아니라 오히려 증언하고 있음을 볼 수 있게 될 때까지 말이다.

3. 구원에 대한 바울의 생각이 완전히 변화되었다

이는 바로 앞 부분과 이어진다. 이전에 바울에게는 구원이 바리새인으로서의 순종과 불가분의 관계가 있었다. 바울은 '조상의 전통'에 대한 자신의 열심 때문에라도 하나님나라에서 자신이 차지하게 될 자리를 확신하고 있었다. 그러나 천국에 메시아를 박해한 자들을 위한 자리는 있을 수 없다. 그것은 상상이 가능한 최악의 죄였다.

그럼에도 하나님은 바울을 정죄하고 거절하는 대신 자신의 아들을 그에게 계시해 주셨고, 그에게 특별한 사역을 명령하셨다. 어떻게 이런 일이 가능한가? 바울은 자신의 칭의 교리를 직접 체험했다. 바울은 담대하게 이 메시지를 소아시아를 거쳐 그리스를 지나 결국에는 로마에까지 전했다. 하나님은 아무런 조건 없이 그저 바울을 받아들이셨고, 그의 죄를 용서해 주셨다. 그것은 바울이 성전에서 올바른 제사를 철저하게 드렸기 때문이 아니라, 예수께서 바울을 위해 자신을 희생하셨기 때문에 가능한 것이었다.

4. 교회에 대한 바울의 생각이 변화되었다

부활하신 예수께서 물으셨다. "네가 어찌하여 나를 박해하느냐?" 이 질문에서 교회에 대한 바울의 이해가 싹트기 시작했음을 어렵지 않게 추측해 볼 수 있다. 주님과 교회는 밀접하게 연합되어 있기에 어느 하나를 공격하는 것은 다른 하나를 공격하는 것이나 마찬가지다. 결국 바울은 교회를 그 안에 내주하시고 생명을 주시는 성령에 의해 그리스도와 연합한 '그리스도의 몸'으로 여기게 되었다. 이전에 바울은 그리스도인들이 성령으로 충만하여 예수를 그리스도시며 주라고 고백했기 때문에 그들을 증오했었다. 바울이 그리스도인들을 박해한 것을 평생 부끄러워한 것도 당연하다.

5. 이방인에 대한 바울의 생각이 변화되었다

바울이 정확히 언제 이방인을 위한 사도로 사명을 받았는지는 분명하지 않다. 바울의 회심 기사 한 곳에서 아나니아는 바울에게 하나님이 그를 택하셔서 "모든 사람 앞에서 네가 보고 들은 것에 증인이 되리라"고 하셨다고 전했으며, 이후 곧바로 바울은 성전에서 하나님이 자신을 이방인들에게 보내시는 환상을 봤다(행 22:15, 21). 다른 두 편의 기사에서는 부활하신 예수께서 직접 다메섹 도상에 나타나셔서 이방인들에게 복음을 전하라고 바울에게 명령하신다(행 26:16-18).

이 두 이야기 간에는 아무런 모순이 없다. 갈라디아서 1장 15-16절에서 바울은 "그러나 내 어머니의 태로부터 나를 택정하시고 그의 은혜로 나를 부르신 이가 그의 아들을 이방에 전하기 위하여 그를 내 속에 나타내시기를 기뻐하셨을 때"에 대해 기록한다. 그 부르심은 회심 과정의 일부였다. 하나님이 바울을 수용하신 것처럼 아무런 대가 없이 사람들을 받아주시고 '의롭게' 하신 것은 온 인류를 위한 복음 때문이다. 예수는

행 22:21　나더러 또 이르시되 떠나가라 내가 너를 멀리 이방인에게로 보내리라 하셨느니라
행 26:16-18　일어나 너의 발로 서라 내가 네게 나타난 것은 곧 네가 나를 본 일과 장차 내가 네게 나타날 일에 너로 종과 증인을 삼으려 함이니 이스라엘과 이방인들에게서 내가 너를 구원하여 그들에게 보내어 그 눈을 뜨게 하여 어둠에서 빛으로, 사탄의 권세에서 하나님께로 돌아오게 하고 죄 사함과 나를 믿어 거룩하게 된 무리 가운데서 기업을 얻게 하리라 하더이다

유대인뿐만 아니라 온 세상을 위한 메시아였다.

이전에 바리새인 사울은 이스라엘과 이방인 간의 엄청난 차별성 위에 자신의 삶을 구축했었다. 이방인들도 구원을 얻을 수는 있었지만 오직 힘든 과정을 거쳐야만 했다. 그들은 할례를 받고 직접 '율법의 멍에'를 져야만 했다. 이방인들이 구원을 받으려면 반드시 유대인이 되어야 했다. 그러나 사울은 이제 두 가지를 깨달았다. 경악스럽게도 사울은 율법이(그가 이해한 바로는) 자신을 잘못된 길로 인도했음을 알았다. 또한 그는 놀랍게도 지금껏 율법을 남용했음에도 아무런 대가 없이 하나님께서 은혜로 자신을 받아주셨음을 깨달았다. 이 두 가지를 종합하면 이스라엘과 이방인의 차별성이 폐지됨을 의미했다. "할례자도 믿음으로 말미암아 또한 무할례자도 믿음으로 말미암아 의롭다 하실 하나님은 한 분이시기" 때문이다(롬 3:30).

이제 필요한 것은 예수를 만나게 된 것에 대한 반응으로 그의 마음에서 우러나는 믿음뿐이었다. 어찌 그것을 거부할 수 있단 말인가? 사실 바울은 더 이상 가시채를 뒷발질하고 싶지 않았다.

바울은 감옥에서 디모데에게 가죽 종이에 쓴 책을 가져다 달라고 부탁했다(딤후 4:13). 쿰란에서 발견된 이 잉크병은 로마 시대부터 사용하기 시작한 것으로 바울도 당시에 이러한 것을 사용했을 것이다.

서신서 저자 바울

바울의 메시지를 요약하기 전에 서신서 저자로서의 바울의 경력과 서신서들의 내용을 살펴보는 것이 도움이 될 것이다. 191쪽 표는 바울의 생애에 대한 보편적인 견해를 보여준다. 물론 시기나 서신서 순서에 관해서는

추정 연대	바울의 생애	서신서	중심 메시지
5	다소에서 출생		
35	다메섹 도상에서 회심		
35-38	아라비아와 다메섹에서 사역 (갈 1:17)		
38	회심 후 예루살렘 방문 (행 9:26; 갈 1:18)		
38-43	수리아와 고향 다소에서의 사역 (행 11:25; 갈 1:21)		
43-46	안디옥에서 바나바와 함께 사역 예루살렘으로의 여정(행 11:26; 12)		
47-49	1차 선교여행, 예루살렘 공회 방문 (행 13-15)		
50	1차 선교여행 이후(행 13-15)	갈라디아서	자유케 하신 그리스도: 율법으로부터의 자유
50-52	2차 선교여행 기간 아마도 고린도부터(행 18:11)	데살로니가전 후서	심판자이자 구원자로 오시는 그리스도
52-55	3차 선교여행 기간 에베소에서부터(행 19:8-10)	고린도전후서	몸된 교회의 입법자 되시는 그리스도
55-56	고린도에서부터(행 20:3)	로마서	그리스도: 유대인과 이방인 모두를 위한 하나님의 구원 방법
56	예루살렘으로의 여정. 체포됨 (행 21:27-28)		
56-59	거라사에서 투옥됨, 로마로의 여정(행 24-28)		
59-61	로마에서의 사역과 투옥 (행 28:30-31)	에베소서 빌립보서 골로새서 빌레몬서	만유와 교회의 주인 되신 그리스도(에베소서, 골로새서), 고난 가운데 기쁨을 주시는 그리스도 (빌레몬서)
61	감옥에서 풀려남 (빌 1:25; 몬 1:22)		
61-65	소아시아와 그리스에서의 사역	디모데전서 디도서 디모데후서	그리스도의 교회 안에서의 삶과 사역 말씀과 본으로 믿음을 지킴
65	로마에서 다시 체포되어 재판을 받고 순교함		

갈 1:17 또 나보다 먼저 사도 된 자들을 만나려고 예루살렘으로 가지 아니하고 아라비아로 갔다가 다시 다메섹으로 돌아갔노라

여전히 학자들 간에 견해가 엇갈린다. 특히 많은 학자들은 디모데전후서와 디도서 등 소위 목회서신의 저자가 바울이라는 설에 반박하며, 그 서신서들이 반영하는 이후의 사역 시기에 대해 의문을 던진다. 그러나 표에서는 바울이 목회서신의 저자임을 전제했다.

여러 학자들은 서신서들을 통해 바울 사상의 발전 과정을 추적하려고 노력했다. 그의 사상적 발전이 있었던 것은 확실하지만, 다음 사항들을 염두에 두어야 한다. 첫째, 앞서 살펴봤듯이 바울 자신이 다메섹 도상에서 이미 완성된 복음을 받았다. 둘째, 모든 서신서들은 바울 사역의 전반기가 아닌 후반기에 쓰였다. 셋째, 바울의 서신서들은 모두 특정한 문제나 사건을 계기로 기록되었다. 따라서 각 서신서들의 강조점은 주로 서

행 9:26   사울이 예루살렘에 가서 제자들을 사귀고자 하나 다 두려워하여 그가 제자 됨을 믿지 아니하니

갈 1:18   그 후 삼 년 만에 내가 게바를 방문하려고 예루살렘에 올라가서 그와 함께 십오 일을 머무는 동안

행 11:25   바나바가 사울을 찾으러 다소에 가서

갈 1:21   그 후에 내가 수리아와 길리기아 지방에 이르렀으나

행 11:26   만나매 안디옥에 데리고 와서 둘이 교회에 일 년간 모여 있어 큰 무리를 가르쳤고 제자들이 안디옥에서 비로소 그리스도인이라 일컬음을 받게 되었더라

행 18:11   일 년 육 개월을 머물며 그들 가운데서 하나님의 말씀을 가르치니라

행 19:8-10   바울이 회당에 들어가 석 달 동안 담대히 하나님 나라에 관하여 강론하며 권면하되 어떤 사람들은 마음이 굳어 순종하지 않고 무리 앞에서 이 도를 비방하거늘 바울이 그들을 떠나 제자들을 따로 세우고 두란노 서원에서 날마다 강론하니라 두 해 동안 이같이 하니 아시아에 사는 자는 유대인이나 헬라인이나 다 주의 말씀을 듣더라

행 20:3   거기 석 달 동안 있다가 배 타고 수리아로 가고자 할 그 때에 유대인들이 자기를 해하려고 공모하므로 마게도냐를 거쳐 돌아가기로 작정하니

행 21:27-28   그 이레가 거의 차매 아시아로부터 온 유대인들이 성전에서 바울을 보고 모든 무리를 충동하여 그를 붙들고 외치되 이스라엘 사람들아 도우라 이 사람은 각처에서 우리 백성과 율법과 이 곳을 비방하여 모든 사람을 가르치는 그 자인데 또 헬라인을 데리고 성전에 들어가서 이 거룩한 곳을 더럽혔다 하니

행 28:30-31   바울이 온 이태를 자기 셋집에 머물면서 자기에게 오는 사람을 다 영접하고 하나님의 나라를 전파하며 주 예수 그리스도에 관한 모든 것을 담대하게 거침없이 가르치더라

빌 1:25   내가 살 것과 너희 믿음의 진보와 기쁨을 위하여 너희 무리와 함께 거할 이것을 확실히 아노니

몬 1:22   오직 너는 나를 위하여 숙소를 마련하라 너희 기도로 내가 너희에게 나아갈 수 있기를 바라노라

신서를 읽는 독자들의 필요에 따라 정해졌다. 그러므로 모든 서신서들을 연계해서 일률적으로 바울의 사상을 요약하는 것은 적절치 않다.

바울의 메시지

한마디로 말하자면, 바울의 메시지는 그리스도 안에서 하나님의 은혜로 얻는 구원이다. '은혜'는 바울 사상의 핵심용어다. 은혜라는 단어는 바울의 글에 86회나 등장한다. 바울에게 '은혜'는 '율법'과 대비되는 개념이다(예. 롬 6:15; 5:20; 갈 2:21). 이것이 바울이 체험한 은혜였다. 우리가 삶의 세세한 규칙까지 꼼꼼하게 준수하는 것을 하나님이 원하신다고 믿었던 바울은 '율법적인' 삶을 살았다. 그러나 나중에 바울은 그러한 삶이 자신을 하나님에게서 멀어지게 했으며, 오히려 하나님이 직접 개입하셔서 예수 안에서 바울 자신을 아무 조건 없이 수용하셨음을 깨달았다. 이는 그리스도를 모독하고 박해했던 자에게 베풀어 주신 과분한 사랑이자 용서이며 순전한 '은혜'였다.

바울에게 하나님의 은혜는 하나님의 태도일 뿐만 아니라(바울을 사랑으로 바라보심), 하나님의 행위기도 하다(그리스도를 통해 바울을 잡아 주시고 구원해 주심). 하나님의 행위는 두 가지 사건을 통해 볼 수 있다. 그리스도라는 선물을 통해 "모든 사람에게 구원을 주시는 하나님의 은혜가 나타난" 사건과(딛 2:11), 또 성령을 선물로 주심으로 하나님의 은혜가 각 사람에게 효과를 발휘하게 하는 사건이다. 디도서 3장 5-7절에서 바울은 다음

롬 6:15   그런즉 어찌하리요 우리가 법 아래에 있지 아니하고 은혜 아래에 있으니 죄를 지으리요 그럴 수 없느니라

롬 5:20   율법이 들어온 것은 범죄를 더하게 하려 함이라 그러나 죄가 더한 곳에 은혜가 더욱 넘쳤나니

갈 2:21   내가 하나님의 은혜를 폐하지 아니하노니 만일 의롭게 되는 것이 율법으로 말미암으면 그리스도께서 헛되이 죽으셨느니라

과 같이 말했다. "우리를 구원하시되 우리가 행한 바 의로운 행위로 말미암지 아니하고 오직 그의 긍휼하심을 따라 중생의 씻음과 성령의 새롭게 하심으로 하셨나니 우리 구주 예수 그리스도로 말미암아 우리에게 그 성령을 풍성히 부어주사 우리로 그의 은혜를 힘입어 의롭다 하심을 얻어 영생의 소망을 따라 상속자가 되게 하려 하심이라."

　바울의 위대한 신학적 표현인 하나님의 은혜에 관한 바울의 메시지를 다음 네 가지로 요약해 볼 수 있다.

고대 아테네의 아고나라 큰 시장에서 바울은 아마도 아탈루스의 스토아처럼 회랑의 줄기둥이 늘어서 있는 곳에서 매일 에피쿠로스 및 스토아 철학자들과 토론을 벌였을 것이다. 바울이 예수와 부활에 대한 자신의 주장을 변호했던 재판정은 왕실 회랑과 연결된다.

1. 칭의 – 하나님은 우리를 의롭게 하신다

칭의는 갈라디아서와 로마서의 기본 주제다. '의롭게 됨'은 인간의 법정 또는 온 인류의 심판자 되시는 하나님 앞에 무혐의 또는 무죄로 풀려나는 것을 의미한다. 칭의는 구약에서 사용된 표현으로, 재판관은 "재판하여 의인은 의롭다 하고 악인은 정죄할 것"을 명령받았다(신 25:1). 또한 하나님은 스스로에 대해 이렇게 말씀하신다. "나는 악인을 의롭다 하지 아니하겠노라"(출 23:7).

회심하기 전, 바울은 이 사안에 대해 아무런 문제의식을 느끼지 않았다. 바리새인으로서 바울은 하나님 앞에서 죄의식을 느낄 필요가 전혀 없다고 생각했다. 하나님은 인간을 죄로부터 보호하시기 위해 율법이라는 자세한 지침을 주셨기 때문이다. 그 율법은 우연히 짓게 되는 죄들을 속죄하는 방법까지 포함한다. 그러나 이제 그리스도인이 된 바울은 하나님을 "경건하지 아니한 자를 의롭다 하시는 이"로 설명함으로써 독자들에게 충격을 준다(롬 4:5). 바울은 직접 그것을 경험했다. 하지만 이는 구약과 모순되어 보인다. 어떻게 이것이 가능할 수 있을까?

로마서와 갈라디아서에서 한 줄기 빛을 발견할 수 있다. 바울은 시편한 구절을 언급하는데, 아마도 바리새인이었을 당시에는 간과했던 구절이었을 것이다. "주의 종에게 심판을 행하지 마소서 주의 눈 앞에는 의로운 인생이 하나도 없나이다"(시 143:2, 롬 3:20과 갈 2:16에서 인용). 로마서에서 이 인용은 긴 단락의 절정을 이루는데(롬 1:18-3:20), 여기서 바울은 유대인이나 이방인이나 동일하게 온 인류가 모두 "죄 아래" 있다고 선언한다(롬 3:9). 율법의 효력에 대한 바울의 평가는 밑바닥을 쳤다! 율법이 성취한 것이라고는 우리를 "하나님의 심판 아래에 있게" 하는 것과

롬 3:20   그러므로 율법의 행위로 그의 앞에 의롭다 하심을 얻을 육체가 없나니 율법으로는 죄를 깨달음이니라

"죄를 깨닫게 하는 것"(롬 3:19, 20), 즉 "저주 아래에" 있게 하는 것뿐이다(갈 3:10). 따라서 하나님이 우리를 의롭게 하시려면, 그분은 반드시 '악인을 의롭다'고 하셔야 한다. 다른 대안은 없다.

그리고 그것이 가능한 것은 예수 때문이다. 갈라디아서 2장 17절에서 바울은 이렇게 기록했다. "만일 우리가 그리스도 안에서 의롭게 되려 하다가." '그리스도 안에서'라는 표현은 바울의 서신서에 상당히 자주 등장하는데, 그리스도와의 연합, 곧 그분과 불가분의 관계를 맺는 것을 의미한다. '그리스도 안에서' 악인도 의롭게 될 수 있다. 그러나 단지 죄 없으신 하나님의 아들과 '한 몸으로 연합되어' 죄 없음을 덧입었기 때문만이 아니다. 바울의 사상은 그보다 더 심오하다. 바울은 예수와 우리 사이의 상호교환에 대해 생각한다. "하나님이 죄를 알지도 못하신 이를 우리를 대신하여 죄로 삼으신 것은 우리로 하여금 그 안에서 하나님의 의가 되게 하려 하심이라"(고후 5:21).

바로 여기에서 십자가가 등장한다. 예수께서 우리를 대신하여 십자가 상에서 '죄로 여기심을 받으셨다.' 이 구절은 '죄에 대한 희생제물이 되셔서'로 번역이 가능하며 이것이 바울이 생각한 의미였을 것이다. 바울은 이것을 갈라디아서 3장 13절에서도 언급한다. "그리스도께서 우리를 위하여 저주를 받은 바 되사 율법의 저주에서 우리를 속량하셨으니 기록된 바 나무에 달린 자마다 저주 아래에 있는 자라 하였음이라." 예수께서 우리를 대신해 죄인이 되시고, 우리 대신 저주를 받으심으로 우리가 죄와 저주로부터 구원받도록 하셨다.

어떻게 그리스도께서 그의 죽으심으로 우리 대신 죄가 되시고 저주

갈 2:16   사람이 의롭게 되는 것은 율법의 행위로 말미암음이 아니요 오직 예수 그리스도를 믿음으로 말미암는 줄 알므로 우리도 그리스도 예수를 믿나니 이는 우리가 율법의 행위로써가 아니고 그리스도를 믿음으로써 의롭다 함을 얻으려 함이라 율법의 행위로써는 의롭다 함을 얻을 육체가 없느니라

를 담당하실 수 있는지를 바울에게 묻는다면, 그는 다음과 같이 대답할 것이다. '율법의 저주'와 '죄의 삯'은 사망이기 때문이다(롬 6:23). 궁극적으로 죽음은 죄로 인한 하나님과의 분리다. 이 죽음을 그리스도께서 우리 대신 담당하셨다. 예수께서 우리 대신 죽으셨다. 따라서 우리가 그리스도와 연합하면, '내가 그리스도 안에서 죽었다'는 말은 '그리스도께서 나를 위해 죽으셨다'라는 말과 같은 의미로 진리가 되는 것이다. 그리스도께서 나의 죽음을 대신해 죽으셨고, 내가 그분 안에 거하기 때문에, 하나님은 마치 내가 죽은 것처럼 여기신다. 그리스도와 함께 죽었다가 부활함으로써 율법의 요구가 충족되었고, 이제 나는 율법의 굴레에서 해방되었다. 다음의 성경 구절은 이를 바울 자신의 말로 표현한 것이다.

- "내가 그리스도와 함께 십자가에 못 박혔나니 그런즉 이제는 내가 사는 것이 아니요 오직 내 안에 그리스도께서 사시는 것이라 이제 내가 육체 가운데 사는 것은 나를 사랑하사 나를 위하여 자기 자신을 버리신 하나님의 아들을 믿는 믿음 안에서 사는 것이라"(갈 2:20).
- "예수는 우리가 범죄한 것 때문에 내줌이 되고 또한 우리를 의롭다 하시기 위하여 살아나셨느니라"(롬

「유적지에서 설교하는 바울(Ruins with Saint Paul preaching)」 조반니 파올로 파니니. 1616년경. 캔버스에 유화. 119x108cm. 프라도 국립미술관. 마드리드.

롬 6:23   죄의 삯은 사망이요 하나님의 은사는 그리스도 예수 우리 주 안에 있는 영생이니라

4:25).

• "그리스도의 사랑이 우리를 강권하시는도다 우리가 생각하건대 한 사람이 모든 사람을 대신하여 죽었은즉 모든 사람이 죽은 것이라 그가 모든 사람을 대신하여 죽으심은 살아 있는 자들로 하여금 다시는 그들 자신을 위하여 살지 않고 오직 그들을 대신하여 죽었다가 다시 살아나신 이를 위하여 살게 하려 함이라"(고후 5:14-15).

• "그가 죽으심은 죄에 대하여 단번에 죽으심이요 그가 살아 계심은 하나님께 대하여 살아 계심이니 이와 같이 너희도 너희 자신을 죄에 대하여는 죽은 자요 그리스도 예수 안에서 하나님께 대하여는 살아 있는 자로 여길지어다"(롬 6:10-11).

일부 다른 유대 그리스도인들은 바울의 칭의 교리를 공격했다. 실제로 바울이 세 가지 비판에 대응한 내용이 로마서의 바울의 주장에 반영되어 있다.

은혜로 말미암아 오직 그리스도를 믿는 믿음으로 구원을 얻는다면 율법의 목적은 무엇인가?

바울의 동료 유대인들은 대부분 바울이 회심 전에 했을 법한 반응을 보였다. 바울이 세 번째 선교여행을 마친 뒤 예루살렘에 도착했을 때, 그는 자신에게 의심의 눈초리를 보내는 수천 명의 유대인 그리스도인들을 마주했다. 야고보가 설명했듯이 "네가 이방에 있는 모든 유대인을 가르치되 모세를 배반하고 아들들에게 할례를 행하지 말고 또 관습을 지키지 말라 한다 함을 그들이 들었도다"(행 21:21). 이 보고에는 약간 과장된 점이 있다. 바울은 유대인들이 계속해서 율법을 준수하는 것에 대해 아무런 문제를 제기하지 않았다(롬 14:3-4). 그러나 바울은 확실히 율법을 지키는 것이 구원받기 위해 꼭 필요한 것은 아니라고 생각했다. 이는

그리스도와의 연합에서 세례의 역할

"무릇 그리스도 예수와 합하여 세례를 받은 우리는 그의 죽으심과 합하여 세례를 받은 줄을 알지 못하느냐 그러므로 우리가 그의 죽으심과 합하여 세례를 받음으로 그와 함께 장사되었나니 이는 아버지의 영광으로 말미암아 그리스도를 죽은 자 가운데서 살리심과 같이 우리로 또한 새 생명 가운데서 행하게 하려 함이라"(롬 6:3-4, 갈 3:26-27; 골 2:12과 비교하라).

여기서 바울은 어떤 의미로 '말미암아'라는 단어를 사용하는가? 어떤 학자들은 그리스도의 죽음과 부활에 연합하는 수단으로 세례의 중요한 역할을 바울이 강조했다고 결론 내렸다.

그러나 세례를 수단이 아니라 우리를 구원하신 그리스도와의 연합을 상징하는 특별한 의식으로 설명하는 것이 더 정확한 것 같다. 골로새서 2장 11-12절에서 바울이 세례와 할례를 비교한 것을 보면 이 점이 분명해진다. 바울은 확실히 세례와 할례가 동일한 기능을 한다고 생각했다. 이제 바울은 할례를 다음과 같이 정의한다. "그가 할례의 표를 받은 것은 무할례시에 믿음으로 된 의를 인친 것이니 이는 무할례자로서 믿는 모든 자의 조상이 되어 그들도 의로 여기심을 얻게 하려 하심이라"(롬 4:11).

먼저 아브라함은 믿음으로 말미암아 의롭다 하심을 얻었다. 그리고 칭의의 표시와 확인으로 할례를 받았다. 마찬가지로 우리는 그리스도와 믿음으로 연합하고 그로 말미암아 의롭게 되며, 그러고 나서 우리가 하나님께 받은 칭의의 표시로서 그리고 칭의가 진정 우리의 것임을 보장해 주는 확증으로서 세례를 받는다.

유명한 잉크병 사건에서 마르틴 루터는 세례에 대한 바울의 이해를 적용시켰다. 어느 날 책상에서 일을 하다가, 루터는 자신의 칭의를 의심하게 하는 유혹에 강하게 사로잡혔다. 그 유혹의 근원을 깨닫자마자, 루터는 잉크병을 집어 들어 마귀를 향해 던지면서 큰 소리로 이렇게 말했다.

"나는 이미 세례를 받았단 말이다!"

갈 3:26-27 너희가 다 믿음으로 말미암아 그리스도 예수 안에서 하나님의 아들이 되었으니 누구든지 그리스도와 합하기 위하여 세례를 받은 자는 그리스도로 옷 입었느니라

골 2:11-12 또 그 안에서 너희가 손으로 하지 아니한 할례를 받았으니 곧 육의 몸을 벗는 것이요 그리스도의 할례니라 너희가 세례로 그리스도와 함께 장사되고 또 죽은 자들 가운데서 그를 일으키신 하나님의 역사를 믿음으로 말미암아 그 안에서 함께 일으키심을 받았느니라

물론 그 자체만으로도 충분히 급진적이었다.

특히 바울은 로마서 7장 7-14절과 갈라디아서 3장 19-29절에서 이런 질문을 다룬다. 바울은 이미 담대하게 "그런즉 우리가 믿음으로 말미암아 율법을 파기하느냐?"라고 물었고, 동시에 분명하게 "그럴 수 없느니라 도리어 율법을 굳게 세우느니라"라고 대답했다(롬 3:31). 바울은 이 주장을 정당화하기 위해 다양한 방법을 사용했는데, 갈라디아서에서 바울은 그 모든 것을 요약하는 두 가지 이미지를 사용해 설명한다. "믿음이 오기 전에 우리는 율법 아래에 매인 바 되고 계시될 믿음의 때까지 갇혔느니라 이같이 율법이 우리를 그리스도께로 인도하는 초등교사가 되어 우리로 하여금 믿음으로 말미암아 의롭다 함을 얻게 하려 함이라"(갈 3:23-24).

여기서 바울은 율법을 먼저는 '간수(看守)'로, 그다음에는 '초등교사'로 묘사한다. 율법은 구원을 얻게 해주지 못하지만 사람들이 복음을 듣고 반응할 때까지 안전하게 보호해 줄 수 있다. 그리고 그리스도께서 구약의 약속을 성취하시고 율법이 줄 수 없었던 바로 그것을 주신 사실을 보여줌으로써 사람들을 그리스도께로 안내하고 인도할 수 있다. 사도행전에서 바울이 다음과 같이 설교한 바와 같다. "또 모세의 율법으로 너희가 의롭다 하심을 얻지 못하던 모든 일에도 이 사람을 힘입어 믿는 자마다 의롭다 하심을 얻는 이것이라"(행 13:39).

단지 은혜로 말미암아 믿음으로 구원을 얻는다면 "유대인의 나음이 무엇인가?"(롬 3:1)

바울은 영원히 이스라엘의 하나님이 되겠다고 하신 하나님의 약속(예.

롬 14:3-4 먹는 자는 먹지 않는 자를 업신여기지 말고 먹지 않는 자는 먹는 자를 비판하지 말라 이는 하나님이 그를 받으셨음이라 남의 하인을 비판하는 너는 누구냐 그가 서 있는 것이나 넘어지는 것이 자기 주인에게 있으매 그가 세움을 받으리니 이는 그를 세우시는 권능이 주께 있음이라

창 17:7), 즉 하나님이 선택하신 백성으로서 '언약'을 맺은 이스라엘의 특별한 위치를 평가절하 하는 것처럼 보였다.

분명 바울은 이제 유대인이나 이방인이나 동일하게 구원을 얻는 길은 그리스도를 믿는 믿음 한 가지뿐이라고 믿었다. 바울이 에베소서에 기록한 것처럼 예수께서는 "둘로 하나를 만드사 원수 된 것 곧 중간에 막힌 담을 자기 육체로 허시고 법조문으로 된 계명의 율법을 폐하셨다"(엡 2:14-15). 그러나 이는 하나님께서 이스라엘을 특별한 백성으로 부르신 약속을 폐하셨음을 의미하는가? 이 질문에 대답하는 것이 바울이 로마서에서 신중히 기한 주요 관심사 중 하나다. 바울 역시 이 부분이 분명히 문제라고 생각했기 때문이다.

로마서 3장 2-3절에서 바울은 유대인에게 대단한 특권이 있으며 이스라엘의 불신앙 때문에 하나님이 자신의 언약을 포기하시지는 않을 것이라고 주장한다. 그리고 나서 바울은 로마서 9-11장에서 이 문제를 다시 언급하며, 세 장에 걸쳐 철저하고 면밀하게 논증한다. 바울의 설득력 있는 주장을 202-203쪽의 박스글에 요약해 보았다.

구원이 은혜로 말미암은 믿음만으로 주어진다면 마음대로 죄를 지으며 살아도 되는 것인가?

바울은 로마서 6장 1절에서 이에 대해 반박한다. 그는 심지어 "그러면 선을 이루기 위하여 악을 행하자"라고 가르쳤다는 비판까지 받았을 것이 분명하다(롬 3:8). 유대 그리스도인들은 바울의 율법 거부가 결

창 17:7   내가 내 언약을 나와 너 및 네 대대 후손 사이에 세워서 영원한 언약을 삼고 너와 네 후손의 하나님이 되리라
롬 3:2-3   범사에 많으니 우선은 그들이 하나님의 말씀을 맡았음이니라 어떤 자들이 믿지 아니하였으면 어찌하리요 그 믿지 아니함이 하나님의 미쁘심을 폐하겠느냐
롬 6:1   그런즉 우리가 무슨 말을 하리요 은혜를 더하게 하려고 죄에 거하겠느냐

로마서 9-11장: 이스라엘을 향한 하나님의 계획

인간이 구원에 이르는 길은 오직 예수 그리스도를 믿는 믿음뿐이라는 것이 바울이 말하는 이신칭의 교리의 본질이다. 그러므로 이방인은 구원받기 위해 유대인이 될 필요가 없다. 오히려 유대인과 이방인 모두 이전의 종교를 포기하고 그리스도인이 되어야 한다.

이 사실에 많은 유대 그리스도인들은 충격을 받았다. 그들은 이스라엘의 특별한 언약적 위치 때문에 이스라엘의 메시아를 따르는 제자가 되기 위해 이방인들은 반드시 유대인이 되어야 한다고 생각했다.

그들은 바울이 다음과 같이 말하는 것은 이스라엘과 맺은 하나님의 언약을 부인하는 것이라고 비난했다. "유대인이나 헬라인이나 차별이 없음이라 한 분이신 주께서 모든 사람의 주가 되사 그를 부르는 모든 사람에게 부요하시도다"(롬 10:12). 로마서 9-11장은 이러한 비난에 대한 바울의 답변이다. 이 흥미로운 장들에 최근 학계는 큰 관심을 보이고 있다.

바울은 그의 반대자들이 그가 부인했다고 생각한 것을 오히려 긍정함으로써 말문을 연다. 물론 이스라엘은 여전히 하나님이 주신 특권의 정당한 상속자이며(9:3-5), 하나님이 이스라엘에게 주신 말씀은 폐할 수 없다. 그러나 바울은 하나님이 이스라엘과 했던 약속을 지키는 몇 가지 매우 중요한 방법을 언급한다.

- 하나님이 이스라엘과 한 약속을 지키는 것은 이스라엘의 죄와 반역에 대한 심판을 포함한다. 그것은 결코 총괄적인 구원의 약속이 아니었다(9:27-29; 11:8-10).
- 이스라엘과의 약속을 지키는 것이 모든 유대인을 구원하겠다는 다짐을 의미하지는 않는다. 단순히 아브라함의 후손이라고 해서 유대인이 천국에 갈 자격을 거저 얻는 것은 아니다. 하나님의 선택은 그보다 더 광범위하다(9:6-13). 물론 "온 이스라엘이 구원을 받을"것이다(11:26). 하지만 유대인 개개인이 그 구원에 포함될 것인지는 그가 복음에 응답할 것인지에 달려 있다.
- 하나님이 이스라엘과의 약속을 지키는 것은 이방인 구원에 대한 관심과 어깨를 나란히 한다. 사실 이 둘은 서로 조화를 이룬다. 첫째, 하나님은 이스라엘에게 주신 성경에서 이방인을 축복하시겠다고 약속하기 때문이다(9:25; 10:13, 20). 둘째, 이스라엘의 기초를 이룬 문서 가운데 하나인 신명기 32장에 등장하는 유명한 모세의 노래에서 이스라엘에게 구체적으로 경고하고 있기 때문이다. 만일 이스라엘이 죄 가운데 빠지면, 하나님은 이스라엘 대신 다른 민족을

축복하심으로써 응답하겠다고 말이다(10:19; 11:11-14). 이것이 바로 바울의 사역을 통해서 일어나는 것이다.

- 하나님이 이스라엘과의 약속을 지키신다는 것은 율법을 이스라엘이 완전히 이해했다는 것을 의미하지 않는다. 이스라엘은 율법에 대한 열정이 대단했다. 하지만 실제로 율법을 이해하지는 못했다. 특히 이스라엘은 독교 신앙이 율법의 완성임을 깨닫지 못했다. 이는 기독교 신자들은, 유대인과 이방인 모두, 율법이 언제나 갈망했지만 수포로 돌아갔던 마음의 변화를 보여주기 때문이다(10:1-13).
- 마지막으로 하나님이 이스라엘과 하신 약속을 지키신다는 것은 하나님이 인간 역사 전체를 통틀어 행하시는 일을 뜻한다. 때때로 하나님이 이스라엘을 포기하신 것처럼 보일 때가 있을지도 모른다. 그리고 바울이 말한 바 "이스라엘의 더러는 우둔하게 된 것"(11:25) 때문에 그 순간 그렇게 보일지도 모른다. 그러나 이스라엘이 그렇게 하나님의 계획에 대해 '우둔하여짐'으로써 복음이 이방 세계로 나아가게 되었다. 그로 인해 궁극적으로 이스라엘은 다시 '모든 사람'이 그리스도 안에서 하나님이 베푸신 긍휼을 기뻐하게 되는 놀라운 최고의 상태로 되돌아올 것이다(11:25-32).

간략히 요약한 이 내용이 신약성경에서 가장 뛰어난 자랑인 바울의 주장이 담고 있는 복잡성과 능력을 제대로 다 설명하지는 못한다.

롬 9:3-5 나의 형제 곧 골육의 친척을 위하여 내 자신이 저주를 받아 그리스도에게서 끊어질지라도 원하는 바로라 그들은 이스라엘 사람이라 그들에게는 양자 됨과 영광과 언약들과 율법을 세우신 것과 예배와 약속들이 있고 조상들도 그들의 것이요 육신으로 하면 그리스도가 그들에게서 나셨으니 그는 만물 위에 계셔서 세세에 찬양을 받으실 하나님이시니라 아멘

롬 9:27-29 또 이사야가 이스라엘에 관하여 외치되 이스라엘 자손들의 수가 비록 바다의 모래 같을지라도 남은 자만 구원을 받으리니 주께서 땅 위에서 그 말씀을 이루고 속히 시행하시리라 하셨느니라 또한 이사야가 미리 말한 바 만일 만군의 주께서 우리에게 씨를 남겨 두지 아니하셨더라면 우리가 소돔과 같이 되고 고모라와 같았으리로다 함과 같으니라

롬 11:8-10 기록된 바 하나님이 오늘까지 그들에게 혼미한 심령과 보지 못할 눈과 듣지 못할 귀를 주셨다 함과 같으니라 또 다윗이 이르되 그들의 밥상이 올무와 덫과 거치는 것과 보응이 되게 하시옵고 그들의 눈은 흐려 보지 못하고 그들의 등은 항상 굽게 하옵소서 하였느니라

롬 9:25 호세아의 글에도 이르기를 내가 내 백성 아닌 자를 내 백성이라, 사랑하지 아니한 자를 사랑한 자라 부르리라

롬 10:13 누구든지 주의 이름을 부르는 자는 구원을 받으리라

국 모든 윤리 규범의 훼손으로 이어질 것이라고 생각했다. 그리고 실제로 바울을 통해 회심한 일부 이방인들은 지나치게 도덕적으로 방만해서 악명이 높았다(예. 고전 5:1; 6:15). 이에 대해 바울은 어떻게 대답했는가? 바울의 이신칭의 교리에 대한 이 세 번째 반론은 바울 신학의 두 번째 위대한 주제와 연계된다.

2. 성화 – 하나님은 우리를 거룩하게 하신다

칭의는 즉각적으로 일어난다. 죄인이 죄에서 돌이켜 자기를 위해 죽으시고 부활하신 예수 그리스도께 자신을 위탁하는 순간 하나님은 그를 '의롭다'고 선언하신다. 죄인은 "믿음으로 의롭다 하심"을 받았고 "주 예수 그리스도로 말미암아 하나님과 화평을 누리게" 되었다(롬 5:1).

그러나 성화는 칭의 이후 시작되는 과정이다. 성화를 통해 죄인은 점점 그리스도의 형상으로 변화된다(고후 3:18). 칭의와 성화는 다른 한 쪽이 없으면 불가능하다. 그 이유를 바울은 빌립보서에서 설명하고 있다. "너희 안에서 착한 일을 시작하신 이가 그리스도 예수의 날까지 이루실

롬 10:20 이사야는 매우 담대하여 내가 나를 찾지 아니한 자들에게 찾은 바 되고 내게 묻지 아니한 자들에게 나타났노라 말하였고

롬 10:19 그러나 내가 말하노니 이스라엘이 알지 못하였느냐 먼저 모세가 이르되 내가 백성 아닌 자로써 너희를 시기하게 하며 미련한 백성으로써 너희를 노엽게 하리라 하였고

롬 11:11-14 그러므로 내가 말하노니 그들이 넘어지기까지 실족하였느냐 그럴 수 없느니라 그들이 넘어짐으로 구원이 이방인에게 이르러 이스라엘로 시기나게 함이니라 그들의 넘어짐이 세상의 풍성함이 되며 그들의 실패가 이방인의 풍성함이 되거든 하물며 그들의 충만함이리요 내가 이방인 너희에게 말하노라 내가 이방인의 사도인 만큼 내 직분을 영광스럽게 여기노니 이는 혹 내 골육을 아무쪼록 시기하게 하여 그들 중에서 얼마를 구원하려 함이라

고전 5:1 너희 중에 심지어 음행이 있다 함을 들으니 그런 음행은 이방인 중에서도 없는 것이라 누가 그 아버지의 아내를 취하였다 하는도다

고전 6:15 너희 몸이 그리스도의 지체인 줄을 알지 못하느냐 내가 그리스도의 지체를 가지고 창녀의 지체를 만들겠느냐 결코 그럴 수 없느니라

고후 3:18 우리가 다 수건을 벗은 얼굴로 거울을 보는 것 같이 주의 영광을 보매 그와 같은 형상으로 변화하여 영광에서 영광에 이르니 곧 주의 영으로 말미암음이니라

그리스도인의 삶에 대한 바울의 가르침

바울의 서신서에는 실천적인 교훈들이 가득하기 때문에 여기서 모든 내용을 다루는 것은 불가능하다. 다만 광범위한 주제들 가운데 몇 가지를 열거해 볼 수 있다.

- 가족생활: 남편과 아내의 관계(고전 7:1-5; 엡 5:22-33), 부모와 자녀의 관계(엡 6:1-4), 주인과 종의 관계(엡 6:5-9:1; 딤전 6:1-2).
- 성윤리(결혼관계 안팎으로): 특별히 바울은 당시 널리 퍼져 있던 동성애에 대해서 날카로운 표현을 일부 사용한다(롬 1:24-27; 고전 6:9-20; 7:25-40; 살전 4:3-8; 딤전 5:11-15).
- 시민권: 세상의 권위와 납세에 대한 기독교적 태도(롬 13:1-7; 고전 6:1-8).
- 언어: 바울은 그리스도인에게 적절한 언어, 부적절한 언어를 구별하여 적지 않은 언급을 했다(예. 롬 12:14; 엡 4:25-5:4).
- 생각: 바울은 특별히 우리가 무엇을 어떻게 생각하는지에 대해 강조하는데, 그것이 우리의 전 인격을 형성하기 때문이다(롬 8:5-8; 12:1-3; 빌 4:8; 엡 4:17-24).
- 일: 노동은 그리스도인의 의무다. 바울은 데살로니가 교인들에게 생계를 위해 일하고 게으르지 말라고 말한다(살전 4:9-12; 살후 3:6-13).
- 복수: 복수를 허용하는 것이 당연한 세상에서 바울은 그리스도인들이 원수 갚는 일을 하나님께 맡기며 오히려 원수를 사랑해야 한다고 공언한다(롬 12:17-21).
- 성품 형성: 바울이 가장 강조하는 부분이 바로 이것이다. 성화란 첫째는 성품의 문제이고, 둘째는 행함의 문제이기 때문이다. 따라서 바울이 강권하는 것은 겸손과 이타심(빌 2:1-11), 기쁨, 기도 그리고 자족(빌 4:4-13)이며, "육의 열매" 대신 "성령의 열매"(갈 5:19-26) 그리고 무엇보다 믿음, 소망, 사랑이라는 세 가지 최고의 덕목(살전 1:3; 엡 4:1-6; 고전 13:1-13)이다. 특별히 그중에 제일인 사랑을 강조한다(롬 13:8-10; 갈 5:6, 13-15).

줄을 우리는 확신하노라"(빌 1:6). 만일 하나님이 진정으로 누군가를 의롭다고 하셨다면, 하나님은 또한 그를 성화하도록 하실 것이다.

그러므로 어떠한 신자도 "우리가 법 아래에 있지 아니하고 은혜 아래에 있으니 죄를 지어도 되는가?"라고 말할 수 없다(롬 6:15). 칭의는 율법의 거부가 아니라 구약의 약속이 성취되어 그리스도를 믿는 모든 이들의 마음에 율법이 새겨짐을 의미한다(겔 36:26-27).

만일 우리가 의롭다 하심을 입었다면 "우리에게 주신 성령으로 말미암아 하나님의 사랑이 우리 마음에 부은 바" 된 것이다(롬 5:5). 그리스도와 함께 죽는다는 의미의 전체 요점은 우리가 또한 그리스도와 함께 부활해 전혀 새로운 성격의 생명, 즉 율법만 신뢰하는 이들에게는 도저히 불가능한 생명을 얻게 된다는 것이다(롬 6:4-7).

그러나 이는 우리의 행함 없이 자동적으로 일어나는 것은 아니다. 성화를 위해 우리의 노력이 필요하다. 이에 대해 바울은 빌립보서에 분명하게 기록했다. "그러므로 나의 사랑하는 자들아… 항상 복종하여 두렵고 떨림으로 너희 구원을 이루라 너희 안에서 행하시는 이는 하나님이시니 자기의 기쁘신 뜻을 위하여 너희에게 소원을 두고 행하게 하시나니"(빌 2:12-13). 하나님은 우리 안에서 역사하신다. 그러나 이는 우리가 손을 놓고 그분께서 모든 것을 하시도록 방관함을 의미하지 않는다. 우리는 "두렵고 떨림으로 우리의 구원을 이루어야" 한다. 마치 구원이 우리의 노력에 달려 있는 것처럼 말이다.

바울의 서신서는 그리스도인의 삶과 행동을 위한 실제적인 교훈들로 가득하다. 그 가운데 몇 가지는 확실하게 두 부분으로 나뉠 수 있는데, 전반부는 기독교 신앙 그리고 후반부는 그리스도인의 삶과 관련된 내용이다. 예컨대 로마서 1-11장과 12-16장, 갈라디아서 1-4장과 5-6장, 에

겔 36:26-27 또 새 영을 너희 속에 두고 새 마음을 너희에게 주되 너희 육신에서 굳은 마음을 제거하고 부드러운 마음을 줄 것이며 또 내 영을 너희 속에 두어 너희로 내 율례를 행하게 하리니 너희가 내 규례를 지켜 행할지라

롬 6:4-7 그러므로 우리가 그의 죽으심과 합하여 세례를 받음으로 그와 함께 장사되었나니 이는 아버지의 영광으로 말미암아 그리스도를 죽은 자 가운데서 살리심과 같이 우리로 또한 새 생명 가운데서 행하게 하려 함이라 만일 우리가 그의 죽으심과 같은 모양으로 연합한 자가 되었으면 또한 그의 부활과 같은 모양으로 연합한 자도 되리라 우리가 알거니와 우리의 옛 사람이 예수와 함께 십자가에 못 박힌 것은 죄의 몸이 죽어 다시는 우리가 죄에게 종 노릇 하지 아니하려 함이니 이는 죽은 자가 죄에서 벗어나 의롭다 하심을 얻었음이라

베소서 1-3장과 4-6장, 마지막으로 골로새서 1-2장과 3-4장, 이렇게 크게 두 부분으로 나눌 수 있다. 바울의 기도는 특히 의미심장하다. 바울은 회심자의 삶이 진리와 사랑으로, 의와 인내로 그리고 기쁨과 감사로 풍성해지길 염원한다(특별히 엡 1:15-23; 3:14-19; 빌 1:3-11; 골 1:9-14을 보라). 205쪽 박스글의 내용은 바울의 실제적인 가르침을 보여준다.

성화에 대한 바울의 가르침에서 두 가지 면을 더 언급할 필요가 있다. 바로 수단과 동기이다.

성화의 수단

성화를 방해하는 것은 무엇인가? 바울이 말하는 성화의 수단은 성화를 가로막는 장애물과 맞물려 있다.

첫째, 마귀. 그러므로 우리는 "하나님의 전신 갑주"를 입어야 한다(엡 6:11). 바울은 "우리의 씨름은 혈과 육을 상대하는 것이 아니요 통치자들

바울은 고린도 교회에 그리스도인의 삶을 어떻게 살아야 할지에 대해 다소 길게 서술했다. 이 인상적인 기둥들은 고린도의 아고라 옆 고대 아폴로 신전의 한 부분이다.

과 권세들과 이 어둠의 세상 주관자들과 하늘에 있는 악의 영들을 상대한다"고 믿었다(엡 6:12). 분명 바울은 (누군가의 말처럼) 위치마다 우리가 싸워야 할 각각의 악이 존재함을 설명하려고 악의 권세들의 모든 계보를 묘사한 것은 아닐 것이다. 그럼에도 바울은 확실히 이 악한 영적 세력들이 우리와 전쟁 중임을 강조한다. 우리가 그것들을 무시하면 위험에 처하게 될 것이다.

따라서 우리는 하나님이 주신 여섯 가지 무기가 필요하며(엡 6:14-17), 우리가 "모든 기도와 간구를 하되 항상 성령 안에서 기도할 때" 그 무기들을 효과적으로 사용할 수 있게 될 것이다(엡 6:18). 항상 기도하는 삶은 승리하는 그리스도인의 특징이다.

둘째, 육체(flesh). 그러므로 우리는 "성령을 따라" 살아야 한다. (갈 5:16). '육체'는 바울에게 매우 중요한 표현이다. NIV 성경에서는 이것을 보통 '죄성(sinful nature)'으로 번역했다(개역개정성경은 '육체의 소욕'으로 번역했다.-옮긴이). 예컨대 갈라디아서 5장 17절은 "육체의 소욕은 성령을 거스르고 성령은 육체를 거스르나니 이 둘이 서로 대적함으로 너희가 원하는 것을 하지 못하게 하려 함이니라"고 말한다. '육체'는 심지어 그리스도인에게도 끊임없이 존재하는 죄와 사망이다. 죄와 사망은 더는 우리를 다스리지 못하지만 여전히 우리 안에 존재한다.

이는 내적 전투를 의미한다. '육체'는 성령의 능력으로 싸워야 한다. 그것은 사느냐 죽느냐의 문제다. "너희가 육신대로 살면 반드시 죽을 것이로되 영으로써 몸의 행실을 죽이면 살리니 무릇 하나님의 영으로 인도함을 받는 사람은 곧 하나님의 아들이라"(롬 8:13-14). '육체의 열매'가 아니라 '성령의 열매'를 맺으려면 우리는 "육체와 함께 그 정욕과 탐심

엡 6:14-17 그런즉 서서 진리로 너희 허리 띠를 띠고 의의 호심경을 붙이고 평안의 복음이 준비한 것으로 신을 신고 모든 것 위에 믿음의 방패를 가지고 이로써 능히 악한 자의 모든 불화살을 소멸하고 구원의 투구와 성령의 검 곧 하나님의 말씀을 가지라

을 십자가에 못 박아야" 하며 "성령으로 살아야" 한다(갈 5:24-25).

이는 매우 중요한 문제다. 고린도 교인들에 대한 바울의 깊은 염려는 그들이 '영적'이지 않고 '육적'(NIV 성경에서는 '세상적'으로 번역)이라는 데 있었다(고전 3:1).

이는 21세기 교회에도 동일한 시대적 요청일 것이다. 그 어떤 선교 전략이나 교육 프로그램보다 더 중요하고, 새로운 계획이나 모험보다 더 영향력 있으며, 다른 어떤 필요보다 더 긴급한 것은 바로 거룩한 삶으로의 부르심이다. "너희는 성령을 따라 행하라 그리하면 육체의 욕심을 이루지 아니하리라"(갈 5:16).

성화의 동기

바울은 거룩을 권면할 때 반드시 그 동기에 대해 언급한다. 성화의 동기는 무엇인가?

첫째, 때로 그리스도께서 보여주신다. 예컨대 바울은 다음과 같이 권면한다.

- 그리스도께서 "자기를 비워 종의 형체를" 가지신 것처럼 자신을 낮추라(빌 2:5-7).
- "그리스도께서 너희를 사랑하신 것같이 너희도 사랑 가운데서 행하라 그는 우리를 위하여 자신을 버리사 향기로운 제물과 희생제물로 하나님께 드리셨느니라"(엡 5:2).
- "그리스도께서 우리를 받아 하나님께 영광을 돌리심과 같이 너희도 서로 받으라"(롬 15:7).

고전 3:1 형제들아 내가 신령한 자들을 대함과 같이 너희에게 말할 수 없어서 육신에 속한 자 곧 그리스도 안에서 어린 아이들을 대함과 같이 하노라

둘째, 때로 성화의 동기는 그리스도의 임재다.

- "그리스도를 경외함으로 피차 복종하라"(엡 5:21).
- "하나님을 두려워하는 가운데서 거룩함을 온전히 이루어 육과 영의 온갖 더러운 것에서 자신을 깨끗하게 하자"(고후 7:1).

고린도후서 7장 1절의 "두려워하는 가운데서"는 문자 그대로 '경외함'을 의미한다. 위 구절들에서 볼 때, 성화의 동기는 우리가 하나님의 임재 안에 거하며 그분을 슬프게 해드리고 싶지 않은 사랑하는 마음에서 생기는 두려움이다. 우리는 고린도전서 11장 29절(성찬에 참여할 때의 경건함)과 에베소서 4장 29-31절(성령께서 내주하시는 사람들을 함부로 대해서 성령을 근심하게 하지 말 것)에서 이와 동일한 동기를 발견한다.

셋째, 대체로 성화의 동기는 우리를 위해 그리고 우리 안에서 일하시는 그리스도의 역사다. 세 가지를 예로 들 수 있다.

- 우리는 그리스도와 함께 죽었다가 부활했다. 그러므로 "죄에 대하여는 죽은 자요 그리스도 예수 안에서 하나님께 대하여는 살아 있는 자로 여길지어다"(롬 6:11). 그리고 "위의 것을 찾으라 거기는 그리스도께서 하나님 우편에 앉아 계시느니라"(골 3:1).
- 우리는 "옛사람과 그 행위를 벗어버리고 새사람을 입었으니 이는 자기를 창조하신 이의 형상을 따라 지식에까지 새롭게 하심을 입은 자니라"(골 3:9-10). 그러므로 우리는 분노와 거짓의 옷을 벗어버리고 "긍휼과 자비와

고전 11:29 주의 몸을 분별하지 못하고 먹고 마시는 자는 자기의 죄를 먹고 마시는 것이니라
엡 4:29-31 무릇 더러운 말은 너희 입 밖에도 내지 말고 오직 덕을 세우는 데 소용되는 대로 선한 말을 하여 듣는 자들에게 은혜를 끼치게 하라 하나님의 성령을 근심하게 하지 말라 그 안에서 너희가 구원의 날까지 인치심을 받았느니라 너희는 모든 악독과 노함과 분냄과 떠드는 것과 비방하는 것을 모든 악의와 함께 버리고

겸손과 온유와 오래 참음을 옷입어야" 한다(골 3:12).

- 성령께서 우리 안에 계시기에 우리의 몸은 "그리스도의 지체"다(고전 6:15). 즉 우리는 그리스도의 손과 발이다. 그러므로 우리는 우리의 몸으로 그리스도께 영광을 돌려야 한다. "너희는 너희 자신의 것이 아니기" 때문이다(고전 6:19).

넷째, 종종 그리스도께서 오실 것이라는 사실이 성화의 동기가 된다. 바울은 늘 주 예수께서 이 땅에 다시 오실 '그날'을 고대하며 일하고 기도했으며 회심자들이 준비되어 있기를 갈망했다.

- "주께서 너희를 우리 주 예수 그리스도의 날에 책망할 것이 없는 자로 끝까지 견고하게 하시리라"(고전 1:8).
- "밤이 깊고 낮이 가까웠으니 그러므로 우리가 어둠의 일을 벗고 빛의 갑옷을 입자"(롬 13:12).
- "내가 기도하노라 너희 사랑을 지식과 모든 총명으로 점점 더 풍성하게 하사 너희로 지극히 선한 것을 분별하며 또 진실하여 허물없이 그리스도의 날까지 이르고 예수 그리스도로 말미암아 의의 열매가 가득하여 하나님의 영광과 찬송이 되기를 원하노라"(빌 1:9-11).

3. 덕 – 교회를 세우시는 분은 하나님이시다

칭의와 성화는 얼핏 보면 하나님이 오직 신자 개개인에게만 역사하시는 문제로 보이기 쉽다. 그러나 이것들에는 매우 중요한 공동체적 측면도 존재한다. 예컨대 '성령의 열매'는 아홉 가지의 성질로 구성되는데, 그중 어느 한 가지도 타인과 분리되어 실천하거나 표현할 수 없다. "오직 성령의 열매는 사랑과 희락과 화평과 오래 참음과 자비와 양선과 충성과 온유와 절제니"(갈 5:22-23). 이 항목들은 모두 관계가 전제되어 있다. 심지어 '희락'마저도 고립되어 있는 상태에서는 표현할 수 없다. '화평'은 다른 사람들과 평화롭게 지내는 개념을 의미하고, '절제'는 인간 사회 안에서 자주 발생하는 유혹과 도전을 전제로 한다.

칭의는 바울에게 매우 중요한 개인적 측면의 부분이었다. 바울은 다메섹 도상에서 '홀로' 주님을 직면함으로써 칭의를 경험했기 때문이다. 그러나 그 체험은 공동체적 합의를 지니고 있었다. 바울에게 나타난 주님은 바울이 박해한 희생자들과 자신을 동일시한다. 그리고 바울은 세례를 받고 음식을 먹은 후 "다메섹에 있는 제자들과 함께 며칠"을 보냈다(행 9:19). 바울은 회심 후 새로운 공동체 안으로 들어갔다.

그리고 바울은 '이신칭의'가 사회적 배경이나 지위와 상관없이 그리스도께 속한 모든 이들로 구성된 새로운 몸의 창조를 의미한다는 사실을 곧 깨달았다.

- "너희는 유대인이나 헬라인이나 종이나 자유인이나 남자나 여자나 다 그리스도 예수 안에서 하나이니라"(갈 3:28).
- "거기에는 헬라인이나 유대인이나 할례파나 무할례파나 야만인이나 스구디아인이나 종이나 자유인이 차별이 있을 수 없나니 오직 그리스도는 만유시요 만유 안에 계시니라"(골 3:11).

위 두 구절은 바울의 기본 사상을 잘 보여준다. 이전의 종교, 인종, 사회, 심지어 성별 간의 장벽조차 그리스도와 연합한 교회로 인해 모두 허물어졌다. 모두 그리스도 '안에서' 하나가 되었으며, 그리스도께서도 그들 모두의 '안에' 거하신다. 이렇게 그리스도와의 연합이 이루어지는 것은 무엇 때문인가? 바울의 대답은 간명하다. 성령께서 역사하시기 때문이다. 우리는 각 신자 안에 각각 내주하시는 성령의 개념에 익숙해 있으며, 이는 바울의 가르침에서 매우 중요한 요소다. 그러나 또한 바울은 교회 전체 안에 내주하시는 성령에 대해서도 언급한다. "너희는 너희가 하나님의 성전인 것과 하나님의 성령이 너희 안에 계시는 것을 알지 못하느냐"(고전 3:16). 고린도 교회는 단지 성도들의 자발적 연합에 그치지 않고 다 함께 성령께서 거하시는 성전이기도 하다.

앞으로 이 점에 대해 더 자세히 살펴볼 것이다. 바울은 교회를 "그리스도의 몸"(고전 12:27; 엡 4:12) 또는 그리스도 안에서 "한 몸"(롬 12:5)이라고 한다. 우리는 성령의 인도하심으로 이 몸 안으로 들어간다. "우리가 유대인이나 헬라인이나 종이나 자유인이나 다 한 성령으로 세례를 받아 한 몸이 되었고 또 다 한 성령을 마시게 하셨느니라"(고전 12:13). 바울이 성령을 "그리스도의 영"이라고 할 때(롬 8:9), 논리적 순환이 완성된다. 성령은 그리스도의 몸에 거하시는 그리스도의 영이며, 그리스도의 영이 거하는 모든 이들을 부르셔서 그들 간에 서로 연합하게 하며, 그리고 부활하고 승천하신 주 예수와 영적 연합을 이루게 하신다.

바울은 이 몸을 정적으로 그리지 않았다. 인간의 몸처럼 교회라는 몸도 성장한다. 바울이 교회 성장에 대해 기록할 때, 이는 대부분 수적 성장이 아니라 친밀감의 발전을 의미했다. "오직 사랑 안에서 참된 것을 하여 범사에 그에게까지 자랄지라 그는 머리니 곧 그리스도라 그에게서 온몸이 각 마디를 통하여 도움을 받음으로 연결되고 결합되어 각 지체의 분량대로 역사하여 그 몸을 자라게 하며 사랑 안에서 스스로 세우느니라"(엡 4:15-16). 이 성장은 바울이 고린도 교회의 방언 문제를 다룬 고

고전 12:27 너희는 그리스도의 몸이요 지체의 각 부분이라
엡 4:12 이는 성도를 온전하게 하여 봉사의 일을 하게 하며 그리스도의 몸을 세우려 하심이라
롬 12:5 이와 같이 우리 많은 사람이 그리스도 안에서 한 몸이 되어 서로 지체가 되었느니라
롬 8:9 만일 너희 속에 하나님의 영이 거하시면 너희가 육신에 있지 아니하고 영에 있나니 누구든지 그리스도의 영이 없으면 그리스도의 사람이 아니라

린도전서 14장에서 말한 '덕'이다. 이 방언의 문제를 어떻게 규제해야 하는가? 바울이 이에 대한 답변을 제시했던 것은 바로 덕의 원칙이다. 지식을 확장하고, 예배의 깊이를 더하며, 사랑을 강화하는 등의 교회를 세우는 것이면 장려해야 하지만 그렇지 않은 것이라면 버려야 한다.

덕을 세우는 실천적 수단은 무엇인가? 바울은 두 가지를 제시한다.

교제

교회의 연합은 창출되는 것이 아니다. 그것은 이미 존재하는 것이기에 보존되어야 하는 것이다. 바울은 에베소 교인들을 격려한다. "평안의 매는 줄로 성령이 하나 되게 하신 것을 힘써 지키라"(엡 4:3). 또한 바울은 헬라어 '코이노니아(koinonia)'를 사용해 "성령이 하나 되게 하신 것"을 "성령의 교제"(빌 2:1), 또는 "성령의 교통하심"(고후 13:14)이라고 표현했다. 이 단어는 우리가 서로에게 속해 있다는 사실, 즉 우리 모두에게 동일한 구원자가 계시며, 우리에게 서로 돌보고 필요를 채워줄 책임이 있음을 강조한다.

- "내가 너희 무리를 위하여 이와 같이 생각하는 것이 마땅하니 이는 너희가 내 마음에 있음이며 나의 매임과 복음을 변명함과 확정함에 너희가 다 나와 함께 은혜에 참여한 자가 됨이라"(빌 1:7).
- "우리가 축복하는 바 축복의 잔은 그리스도의 피에 참여함이 아니며 우리가 떼는 떡은 그리스도의 몸에 참여함이 아니냐 떡이 하나요 많은 우리가 한 몸이니 이는 우리가 다 한 떡에 참여함이라"(고전 10:16-17). 성찬식은 우리가 서로 간에 그리고 그리스도와 함께 누리는 코이노니아를 생생하게 드러낸다.
- 바울은 유대 지역의 가난한 교회들을 위해 연보를 마련할 때 마게도냐 교회가 열심으로 동참한 것에 대해 기록한다. "이 은혜와 성도 섬기는 일에

참여함에 대하여 우리에게 간절히 구하니"(고후 8:4).

- "이로써 네 믿음의 교제가 우리 가운데 있는 선을 알게 하고 그리스도께 이르도록 역사하느니라"(몬 1:16). 이는 바울이 도망갔다 돌아온 노예 오네시모를 "사랑받는 형제로"(몬 1:16) 받아주라고 말하기 직전에 빌레몬에게 한 말이다. 그리스도 안에서 누리는 코이노니아로 인해 이전의 주인과 노예의 관계는 허물어지고 용서가 가장 중요한 요소가 된다.

사역

바울은 에베소서 4장 1-16절에서 '덕을 세우는' 과정을 설명한다. 그 핵심이 되는 것은 그리스도께서 교회에 역사하시는 은사다. "그가 어떤 사람은 사도로, 어떤 사람은 선지자로, 어떤 사람은 복음 전하는 자로, 어떤 사람은 목사와 교사로 삼으셨으니 이는 성도를 온전하게 하여 봉사의 일을 하게 하며 그리스도의 몸을 세우려 하심이라 우리가 다 하나님의 아들을 믿는 것과 아는 일에 하나가 되어 온전한 사람을 이루어 그리스도의 장성한 분량이 충만한 데까지 이르리니"(엡 4:11-13). 여기서 한 가지 주목할 점은 교회 안의 '직분자'들이 '섬기는 일'을 담당하지 않았다는 것이다. 오히려 그들의 역할은 나머지 교인들이 '섬기는 일'을 맡도록 준비시키는 일이다. 이와 같은 방법으로 교회가 함께 일할 때, 교회는 덕을 세우게 된다. 즉 그리스도를 점점 닮아가는 것이다.

고린도전서 12장에서 바울은 이와 동일한 과정을 다른 방식으로 묘사한다. 바울은 먼저 '몸'으로서 교회의 모습을 살펴본다. 몸의 각 부분은 다른 모든 부분에 속해 있으며 동시에 몸 전체에 각각 특정한 역할을 한다. 각 부분은 다른 모든 부분을 필요로 하며, 각각의 독특한 기능에 서로 의존한다. 그리고 각 부분은 다른 부분이 고통(또는 기쁨)을 느낄 때, 자신의 것인 양 그것을 함께 겪는다. 바울은 이 모든 생각을 교회에 적용시킨다. 모든 성도에게는 성령께서 주신 각각의 독특한 사역이 있다(고전 12:7). 교회의 생명과 온전함은 바로 거기에 달려 있다.

이를 강조하는 것은 안수받거나 임명받은 '성직자'가 있어야 한다는 생각과 상충되지는 않는다. 바울 자신이 "택함을 받은 장로"였고(행 14:23) 장로와 집사의 자격, 행실, 사역 등과 관련해 디모데와 디도에게 다양한 조언을 했다. 그러나 이는 확실히 '성직자'와 '평신도'를 뚜렷하게 구분 짓는 것과는 모순된다. 게다가 바울은 분명 교회의 리더십을 단수가 아니라 복수로 여기라고 권면할 것이다. 성령의 감독 아래, 어떤 부분은 다른 부분보다 몸을 지도하고 통솔하는 일에 더 공헌하겠지만, 모든 부분은 제각기 무엇인가를 기여할 것이다.

마지막으로 가장 중요한 요소는 사랑이다. 이 사랑은 "가장 좋은 길"(고전 12:31), 벽돌 사이의 접합제, 나무의 수액, 관절의 기름, 예수의 생명이 그의 교회 각 지체에 흘러들도록 하는 피다!

4. 영화 – 하나님은 우리를 본향으로 인도하신다

교회의 성장에 대한 바울의 가르침은 성장이 지향해야 하는 목표를 제시한다. 바울은 "온전한 사람을 이루어 그리스도의 장성한 분량이 충만한 데까지 이르는" 것을 비전으로 삼는다(엡 4:13). 여기서 바울 신학의 가장 중요한 요소를 발견하게 된다. 이는 그가 다소에서 어렸을 때부터 공부해 왔던 다양한 이교 철학, 그리고 오늘날 세계 문화를 주도하는 물질주의와 바울이 전한 복음을 뚜렷하게 구별시킨다.

미래는 현재에 영향을 주며, 이 세상은 분명한 운명이 주어졌고, 시간

고전 12:7 각 사람에게 성령을 나타내심은 유익하게 하려 하심이라
행 14:23 각 교회에서 장로들을 택하여 금식 기도 하며 그들이 믿는 주께 그들을 위탁하고
고전 12:31 너희는 더욱 큰 은사를 사모하라 내가 또한 가장 좋은 길을 너희에게 보이리라

과 역사는 종말을 맞을 것이며, 언젠가 하나님은 "만유의 주로서 만유 안에 계실" 것이다(고전 15:28).

그리스도인들에게 이것은 "하나님의 영광을 바라고 즐거워함"을 의미한다(롬 5:2). 즉 우리가 마침내 온전히 죄와 사망으로부터 구원받아 하나님의 임재 안에 직접 들어가고, 궁극적으로 하나님의 자녀로서 아버지와 연합해 친밀한 천국 가족의 사랑을 완전하게 누리게 될 날을 기대하는 것이다.

여기서 또한 성령의 역할이 매우 중요하다. 성령은 단지 우리 안에 열매만 맺고(성화), 우리를 세워주는(덕) 교제만을 이루는 것이 아니라 영화라는 마지막 단계까지 보증하신다.

- "그뿐 아니라 또한 우리 곧 성령의 처음 익은 열매를 받은 우리까지도 속으로 탄식하여 양자 될 것 곧 우리 몸의 속량을 기다리느니라"(롬 8:23). 여기서 성령은 추수의 '첫 열매', 즉 추수가 어떠할지 우리에게 보여주며 나머지가 곧 올 것이라는 확신을 주는 분이다.
- "참으로 이 장막에 있는 우리가 짐진 것같이 탄식하는 것은 벗고자 함이 아니요 오히려 덧입고자 함이니 죽을 것이 생명에 삼킨 바 되게 하려 함이라 곧 이것을 우리에게 이루게 하시고 보증으로 성령을 우리에게 주신 이는 하나님이시니라"(고후 5:4-5). 여기서 성령은 '보증', 즉 우리를 기다리는 천국의 삶에 대한 보장이다.
- "그 안에서 또한 믿어 약속의 성령으로 인치심을 받았으니 이는 우리 기업의 보증이 되사 그 얻으신 것을 속량하시고…"(엡 1:13-14). 여기서 성령은 '인치심', 즉 하나님이 우리를 '속량'하실 순간에 우리를 구별하여 소유하셨음을 보여주는 하나님의 표시다.

다음은 다가올 미래에 대해 바울이 가르친 세 가지 측면이다.

- "우리가 주의 말씀으로 너희에게 이것을 말하노니… 주께서 호령과 천사장의 소리와 하나님의 나팔 소리로 친히 하늘로부터 강림하시리니"(살전 4:15-16). 당시 바울은 주님께서 다시 오셨을 때, 자신이 여전히 살아 있을 것임을 기대했다. "그 후에 우리 살아남은 자들도 그들과 함께 구름 속으로 끌어올려 공중에서 주를 영접하게 하시리니"(살전 4:17).

- 그리고 약 10년이 지난 뒤에도 바울은 여전히 그런 소망을 품고 있었던 것 같다. "그러나 우리의 시민권은 하늘에 있는지라 거기로부터 구원하는 자 곧 주 예수 그리스도를 기다리노니 그는 만물을 자기에게 복종하게 하실 수 있는 자의 역사로 우리의 낮은 몸을 자기 영광의 몸의 형체와 같이 변하게 하시리라"(빌 3:20-21).

- 그러나 데살로니가 서신을 쓸 당시에도 바울은 주님이 오시기 전에 일어나게 될 일들을 기대했다. "먼저 배교하는 일이 있고 저 불법의 사람 곧 멸망의 아들이 나타나기 전에는 그날이 이르지 아니하리니"(살후 2:3).

- 그리고 그의 생의 마지막이 다가오기 직전, 디모데후서를 쓸 무렵, 바울은 주님이 다시 오시기 전에 자신이 죽을 것임을 확신하게 되었다. "전제와 같이 내가 벌써 부어지고 나의 떠날 시각이 가까웠도다 나는 선한 싸움을 싸우고 나의 달려갈 길을 마치고 믿음을 지켰으니 이제 후로는 나를 위하여 의의 면류관이 예비되었으므로 주 곧 의로우신 재판장이 그날에 내게 주실 것이며 내게만 아니라 주의 나타나심을 사모하는 모든 자에게도니라"(딤후 4:6-8).

어떤 사람들은 시간이 지나면서 바울이 그리스도의 다시 오실 날에 대한 생각을 수정했다고 주장한다. 하지만 그럴 가능성은 없어 보인다. 사실 바울은 분명 우리에게 나이와 상관없이 그리스도의 재림을 기대해야 하는 태도를 보여준 것이다. 우리는 모두 "주의 나타나심을 사모"해야 한다. 우리는 그런 관점에서 간절한 마음으로 살아야 한다. 또한 우리가 살아 있는 동안 주님의 재림이 일어나지 않을 것이란 점은 오직 우리가 죽는 순간에 가서야 확신할 수 있을 뿐이다.

죽은 자들의 부활

바울은 그리스도께서 다시 오실 때 부활이 일어날 것을 기대했다. "주께서 호령과 천사장의 소리와 하나님의 나팔 소리로 친히 하늘로부터 강림하시리니 그리스도 안에서 죽은 자들이 먼저 일어나고"(살전 4:16). 이는 심판의 때가 될 것이다. "이는 우리가 다 반드시 그리스도의 심판대 앞에 나타나게 되어 각각 선악 간에 그 몸으로 행한 것을 따라 받으려 함이라"(고후 5:10).

또한 그때는 우리가 천국의 삶에 적합하도록 변화되는 순간이다. "나팔 소리가 나매 죽은 자들이 썩지 아니할 것으로 다시 살아나고 우리도 변화되리라 이 썩을 것이 반드시 썩지 아니할 것을 입겠고 이 죽을 것이 죽지 아니함을 입으리로다"(고전 15:52-53). 바울은 "썩지 아니할 것을 입겠고"라는 부분을 매우 신중하게 설명한다. 죽은 자의 부활은 시체가 다시 부활한다는 의미가 아니다. 바울은 이를 싹이 트는 과정과 비교한다. 씨앗이 식물로 자라면서 썩어 없어지듯이 우리의 육신도 썩어 없어질 것이다. 그러나 하나님은 씨앗처럼 육신을 썩지 아니하고 영광스러우며 완전히 새로운 '신령한 몸'으로 거듭나게 하실 것이다(고전 15:35-44).

이 과정에서 저절로 되는 것은 아무것도 없다. 거기에는 우리를 육신의 운명인 사망에서 일으켜 주님이 주신 영적 선물인 생명으로 옮기시는 하나님의 은혜가 있다. 그때 "우리가 항상 주와 함께 있을 것"이며(살전 4:17), 그분을 "얼굴과 얼굴을 대하여 볼 것"이다(고전 13:12).

'그리스도 안에서 죽은 자들'은 부활이 있기 전에 어떤 상태로 존재하는가? 바울은 이에 대한 언급을 거의 하지 않지만, 그 대답은 그의 질문

자체에 내포되어 있다. 바울이 자신이 죽을 가능성을 생각하면서 빌립보서 1장 23절에 표현한 것처럼, 그들은 '그리스도 안에' 또는 '그리스도와 함께' 있다. 우리는 그 이상 알 필요가 없다. "예수께서 우리를 위하여 죽으사 우리로 하여금 깨어 있든지 자든지 자기와 함께 살게 하려 하셨느니라"(살전 5:10).

심판과 회복

바울은 그리스도께서 재림하실 때 하나님의 심판이 세상에 임할 것을 기대했다. 하나님은 우리에게 회개할 기회와 시간을 허락하시기 위해 지금 잠시 심판을 보류하고 계신다(롬 2:4-5). 그러나 "하나님의 의로우신 심판이 나타나는 그날"이 임할 것이며, 그때 "하나님께서 각 사람에게 그 행한 대로 보응하실" 것이다(롬 2:5-6). 바울의 말은 음울하다.

• "[그리스도께서 오실 때] 하나님을 모르는 자들과 우리 주 예수의 복음에 복종하지 않는 자들에게 형벌을 내리시리니 이런 자들은 주의 얼굴과 그의 힘의 영광을 떠나 영원한 멸망의 형벌을 받으리로다 그날에 그가 강림하사 그의 성도들에게서 영광을 받으시고…"(살후 1:8-10).

오늘날 교회는 전반적으로 이 가르침과 이것이 바울의 사역에 끼친 절박감을 회복할 필요가 있다. 그러나 이 동전의 뒷면은 만물의 회복이다. 바울은 하나님의 계획에 대한 우주적 비전을 품고 있었다. 하나님은 그리스도로 말미암아 그리고 그리스도를 위하여 '만물'을 창조하셨다

빌 1:23   내가 그 둘 사이에 끼었으니 차라리 세상을 떠나서 그리스도와 함께 있는 것이 훨씬 더 좋은 일이라 그렇게 하고 싶으나

롬 2:4-5   혹 네가 하나님의 인자하심이 너를 인도하여 회개하게 하심을 알지 못하여 그의 인자하심과 용납하심과 길이 참으심이 풍성함을 멸시하느냐

(골 1:16). 이제 하나님은 그리스도 안에서 '만물'을 조화롭게 하신다(골 1:17). 마침내 하나님은 "하늘에 있는 것이나 땅에 있는 것이 다 그리스도 안에서 통일되게" 하신다(엡 1:10). 그러므로 그리스도의 재림은 단지 그분께 속한 이들의 구원뿐만 아니라 온 우주의 해방을 의미한다.

- "피조물이 고대하는 바는 하나님의 아들들이 나타나는 것이니… 그 바라는 것은 피조물도 썩어짐의 종 노릇 한 데서 해방되어 하나님의 자녀들의 영광의 자유에 이르는 것이니라"(롬 8:19-21).

그리스도 안에서 하나님의 은혜가 역사하는 것이기에, 우리는 대단한 결과를 기대할 수 있다.

이는 하나님이 다메섹 도상에서 그날 바울에게 전하신 복음이다. 은혜를 체험한 바울은 은혜의 신학을 얻었다. "내가 나 된 것은 하나님의 은혜로 된 것이니…"(고전 15:10). 사역 기간 내내 여러 고난과 위험 그리고 불확실성에 직면하면서도 바울은 하나님이 항상 자신을 "그리스도 안에서 이기게 하실" 것을 확신했다(고후 2:14). 그리스도께서 바울을 용납하게 하고, 그리스도의 몸과 교제하는 가운데 죄의 능력에서 그를 해방시켜 준 이 크나큰 은혜가 분명 바울은 물론 우리도 끝까지 지켜줄 것이기 때문이다.

골 1:16   만물이 그에게서 창조되되 하늘과 땅에서 보이는 것들과 보이지 않는 것들과 혹은 왕권들이나 주권들이나 통치자들이나 권세들이나 만물이 다 그로 말미암고 그를 위하여 창조되었고
골 1:17   또한 그가 만물보다 먼저 계시고 만물이 그 안에 함께 섰느니라

6장

히 브 리 서 의
메 시 지

"오직 그리스도는 죄를 위하여 한 영원한 제사를 드리시고 하나님 우편에 앉으사
그 후에 자기 원수들을 자기 발등상이 되게 하실 때까지 기다리시나니
그가 거룩하게 된 자들을 한 번의 제사로 영원히 온전하게 하셨느니라" (히 10:12-14)

「바울(Saint Paul)」 디에고 벨라스케스. 1619년경. 캔버스에 유화. 99.5x80cm. 국립카탈루냐박물관. 바르셀로나.

히브리서의 가장 큰 주제는 예수 그리스도의 궁극성이다. 예수는 세상에 주시는 마지막 하나님의 말씀이며 구약의 모든 예언을 성취하셨다. 따라서 더 이상 뒤따라올 것은 없다. 히브리서 저자는 다양한 구약 본문과 개념을 통해 이 주제를 설명함으로써 오늘날 독자들도 자신의 주장을 따르도록 요구한다. 그러나 기본적인 메시지는 분명하다. 영원한 제사장이신 예수께서 단번에 희생제사를 드림으로써 우리가 '영원한 구원'을 얻게 되었다는 것이다(히 5:9). 우리는 "새 언약의 중보자이신 예수와 및 아벨의 피"에 이르게 되었다(히 12:22-24). 이것은 영원히 사라지지 않을 것이다. 그리스도는 "이 모든 날 마지막"(히 1:2)과 "세상 끝"(히 9:26)을 여셨고, 이제 우리는 마지막 날에 그분이 다시 오셔서 구원과 심판을 완성하시기를 기다리기만 하면 된다(히 9:28).

언제나 그렇듯, 본문이 언급하는 역사적 상황을 파악해야 메시지를 이

해할 수 있다. 히브리서는 '히브리인들'을 대상으로 쓴 서신서다. '히브리서'라는 제목이 원제목은 아니지만 거의 정확하다. 두드러지게 구약 본문을 사용한 것은 이 서신서의 저자와 독자 모두 유대인임을 암시한다. 히브리서는 서신서처럼 시작하지는 않지만 끝부분은 저자가 알고 있는 어느 특정 그룹(히 13:19, 23)을 지칭하면서 서신서 형식으로 마무리한다. 아마도 그들은 로마에 있는 사람들이었을 것이다.

이 사람들은 그리스도인이 된 후 박해를 받고(히 10:32-34), 희생적으로 섬긴 것으로 평판이 나 있었다(히 6:10). 그러나 이제 저자는 그들에 대해 깊이 염려한다. 히브리서 저자는 그들을 "게으르고 듣는 것이 둔하다"고 말하며(히 5:11; 6:12), 그들에게 "살아 계신 하나님에게서 떨어지지 말며"(히 3:12), "완전한 데로 나아갈" 것을 여러 차례 강권한다(히 6:2).

어떤 학자들은 이 유대 그리스도인들이 신앙을 버리고 유대교로 돌아가려는 유혹을 받았다는 이론으로 그 권면을 설명한다. 또 다른 이들은 저자가 그들의 제자도에 영적 성장이 결핍된 것을 보고 염려하는 것이라고 말한다. 어느 쪽이든 그 해결책은 분명하다. 만약 유대 그리스도인들이 예수께서 궁극적인 최고의 제사장이며, 희생제사이자 언약이심을

히 13:19   내가 더 속히 너희에게 돌아가기 위하여 너희가 기도하기를 더욱 원하노라

히 13:23   우리 형제 디모데가 놓인 것을 너희가 알라 그가 속히 오면 내가 그와 함께 가서 너희를 보리라

히 10:32-34   전날에 너희가 빛을 받은 후에 고난의 큰 싸움을 견디어 낸 것을 생각하라 혹은 비방과 환난으로써 사람에게 구경거리가 되고 혹은 이런 형편에 있는 자들과 사귀는 자가 되었으니 너희가 갇힌 자를 동정하고 너희 소유를 빼앗기는 것도 기쁘게 당한 것은 더 낫고 영구한 소유가 있는 줄 앎이라

히 6:10   하나님은 불의하지 아니하사 너희 행위와 그의 이름을 위하여 나타낸 사랑으로 이미 성도를 섬긴 것과 이제도 섬기고 있는 것을 잊어버리지 아니하시느니라

히 5:11   멜기세덱에 관하여는 우리가 할 말이 많으나 너희가 듣는 것이 둔하므로 설명하기 어려우니라

히 6:12   게으르지 아니하고 믿음과 오래 참음으로 말미암아 약속들을 기업으로 받는 자들을 본받는 자 되게 하려는 것이니라

분명하게 보게 된다면 그들의 신앙과 열심은 다시 불붙게 될 것이다.

히브리서의 저자는 누구인가? 초대 교부 오리게네스는 "오직 하나님만 아신다"라고 비꼬는 듯 언급했다. 초대교회 때부터 바울을 대체로 히브리서 저자로 여겼다. 히브리서 주석을 열일곱 권이나 쓴 영국 청교도 신학자 존 오웬은 바울이 저자임을 증명하는 데 책 한 권 전체를 할애했다. 그는 마치 서신서 표지에 사도 바울의 서명이라도 있는 것처럼 저자에 대해 의심을 품지 않았다. 존 오웬이 히브리서의 저자가 바울임을 증명하고자 노력한 것은, 분명 개혁주의 신학자 존 칼빈이 히브리서의 저자를 누가나 1세기 로마 주교 클레멘트라고 주장한 사실에 영향을 받았을 것이다. 히브리서 2장 3-4절의 내용을 보면, 저자가 바울일 가능성이 배제되는 것 같아 보인다. 여기서 저자가 스스로 자신을 2세대 그리스도인으로 밝히고 있기 때문이다.

어쩌면 아볼로가 저자라고 주장한 루터의 추측이 최선일지도 모른다. 사도행전 18장 24절에서 아볼로를 "언변이 좋고 성경에 능통한 자"로 묘사한 것을 보면 딱 들어맞는다. 그리고 그가 알렉산드리아 출신이라는 사실은 학자들이 발견한 연결성, 즉 히브리서와 특히 알렉산드리아와 연관된 헬라파 유대교의 일부 관념과의 연계성을 설명해 준다.

히브리서 저자에 대해 우리가 알 수 있는 것이라고는 히브리서에서 얻을 수 있는 정보가 전부다. 가볍게 읽어 보아도 저자가 구약과 예수 그리스도 양쪽에 대해 철저히 파악하고 있으며, 이 둘이 하나로 묶여 있어서 둘 중 하나가 없이는 어느 쪽도 이해할 수 없다는 것을 증명하려 했음을 분명하게 알 수 있다. 226쪽 박스글 '히브리서에 담긴 구약'은 이 "짧막한 편지"(히 13:22)가 얼마나 광범위하게 구약을 사용했는지를 잘

히 2:3-4 우리가 이같이 큰 구원을 등한히 여기면 어찌 그 보응을 피하리요 이 구원은 처음에 주로 말씀하신 바요 들은 자들이 우리에게 확증한 바니 하나님도 표적들과 기사들과 여러 가지 능력과 및 자기의 뜻을 따라 성령이 나누어 주신 것으로써 그들과 함께 증언하셨느니라

히브리서에 담긴 구약

이 목록은 완벽하지 않다. 단지 히브리서라는 짧은 책에서 구약을 얼마나 광범위하게 사용하고 있는지를 보여준다.

인용	등장 인물	사건	제도와 절기
창세기(4:4)	가인과 아벨	창조(11:3; 4:4)	장막(9:1-5)
출애굽기(8:5)	(11:4; 12:24)	타락(6:8)	속죄일(9:7)
레위기(9:7)	하나님과 동행한	애굽의 모세	제사장
민수기(3:5)	에녹(11:5-6)	(11:24-27)	(5:1-3; 10:11)
신명기(10:30)	노아(11:7)	유월절(11:28)	희생제사(7:27; 8:3)
사무엘하(1:5)	세 명의 족장	출애굽(3:16; 11:29)	정결의식(9:13)
시편(11편)	아브라함	시내산 사건	율법(7:28; 8:4)
잠언(12:5-6)	(7:1-10; 11:8-19)	(9:18-21; 12:18-	언약(9:15-20)
이사야(2:13)	이삭(11:21)	21)	
예레미아(8:8-12)	야곱(11:21)	약속의 땅에 들어감	
에스겔(13:20)	에서(12:16)	(3:18-19; 11:30)	
호세아(13:15)	요셉(11:22)		
하박국(10:37-38)	모세		
학개(12:26)	(3:1-6; 11:23-24)		
스가랴(13:20)	아론(5:4; 9:4)		
	라합(11:31)		
	사사들과 선지자들		
	(11:32-38)		

보여주고 있다. 그러나 그는 구약을 다루면서 병행구를 사용하지 않았다. 그는 예수 그리스도를 통해 구약을 바라보았기 때문이다. 그렇게 함으로 예수 그리스도의 인격과 사역에 대한 이해를 바탕으로, 과거 유대교를 통해 배운 성경 해석을 완전히 뒤집어 버렸다.

마찬가지로 그는 예수에 대해 깊이 인식하고 있음을 보여준다. 이 예수의 성육신(히 2:14), 순종(히 10:5-7), 고난(히5:7-8), 죽음(히 2:9), 부활

히 2:14   자녀들은 혈과 육에 속하였으매 그도 또한 같은 모양으로 혈과 육을 함께 지니심은 죽음을 통하여 죽음의 세력을 잡은 자 곧 마귀를 멸하시며

(히 13:20), 승천(히 4:14), 영화(히 1:3) 그리고 재림(히 2:9) 등에서 인간을 괴롭히는 죄와 사망을 해결하는 하나님의 수단을 통찰하는 영적 깨달음이다.

그러나 그는 단순히 예수에 대한 지식을 구약에 억지로 적용하지 않는다. 그는 구약을 통해 하나님이 자신의 아들을 통해 주신 구원을 이해하는 방법을 저절로 배울 수 있도록 했다. 그러므로 히브리서 저자는 우리가 구약을 이해하도록 돕는 측면에서 최고의 자격을 갖췄다. 실제로 낡은 부대에 부어진 새 포도주가 한 일을 우리에게 잘 보여준다.

히브리서의 메시지는 다음 네 가지 제목으로 요약할 수 있다.

예수의 우월성

저자의 가장 큰 관심은 하나님이 보시기에 예수가 다른 모든 이들보다

히 10:5-7 그러므로 주께서 세상에 임하실 때에 이르시되 하나님이 제사와 예물을 원하지 아니하시고 오직 나를 위하여 한 몸을 예비하셨도다 번제와 속죄제는 기뻐하지 아니하시나니 이에 내가 말하기를 하나님이여 보시옵소서 두루마리 책에 나를 가리켜 기록된 것과 같이 하나님의 뜻을 행하러 왔나이다 하셨느니라

히 5:7-8 그는 육체에 계실 때에 자기를 죽음에서 능히 구원하실 이에게 심한 통곡과 눈물로 간구와 소원을 올렸고 그의 경건하심으로 말미암아 들으심을 얻었느니라 그가 아들이시면서도 받으신 고난으로 순종함을 배워서

히 2:9 오직 우리가 천사들보다 잠시 동안 못하게 하심을 입은 자 곧 죽음의 고난 받으심으로 말미암아 영광과 존귀로 관을 쓰신 예수를 보니 이를 행하심은 하나님의 은혜로 말미암아 모든 사람을 위하여 죽음을 맛보려 하심이라

히 13:20 양들의 큰 목자이신 우리 주 예수를 영원한 언약의 피로 죽은 자 가운데서 이끌어 내신 평강의 하나님이

히 4:14 그러므로 우리에게 큰 대제사장이 계시니 승천하신 이 곧 하나님의 아들 예수시라 우리가 믿는 도리를 굳게 잡을지어다

히 1:3 이는 하나님의 영광의 광채요 그 본체의 형상이시라 그의 능력의 말씀으로 만물을 붙드시며 죄를 정결하게 하는 일을 하시고 높은 곳에 계신 지극히 크신 이의 우편에 앉으셨느니라

히 2:9 오직 우리가 천사들보다 잠시 동안 못하게 하심을 입은 자 곧 죽음의 고난 받으심으로 말미암아 영광과 존귀로 관을 쓰신 예수를 보니 이를 행하심은 하나님의 은혜로 말미암아 모든 사람을 위하여 죽음을 맛보려 하심이라

더 위대함을 보여주는 데 있다. 히브리서의 유려한 서문에서 이를 강조한다(히 1:1-4). 여기서 저자는 예수가 가장 위대한 계시자임을 선포한다. 그는 구약에 대한 애정에도 불구하고, 하나님이 이제 자기의 아들을 통해 계시하신 것과 비교하면 구약은 "여러 부분과 여러 모양"에 지나지 않는다(히 1:1-2)고 담대하게 말한다. 그 아들은 단지 다른 선지자들과 같은 하나님의 대변자가 아니다. 그는 "하나님의 영광의 광채"(아버지의 성품을 공유하는 것에 대한 보증)이자 "그 본체의 형상"(아버지와는 구별된 인격을 갖는 것에 대한 보증)이다. 만물의 상속자, 창조의 주체, 우주를 운행하는 자, 죄를 정화시키는 자가 이제 "높은 곳에 계신 지극히 크신 이의 우편에 앉으셨다"(1:2-3). 이렇게 높임을 받은 아들, 인격과 업적에서 견줄 자가 없는 분을 통해 최종적인 계시가 주어진 것이다.

이런 분명한 소개에 이어 저자는 구약의 위대한 인물들과 비교해 예수의 우월성을 설명하고자 한다. 히브리서 저자는 예수를 천사(1:4-2:18), 모세(3:1-4:13) 그리고 아론(4:14-10:39)보다 뛰어난 분으로 선포한다. 이들은 각각 하나님의 계획 안에서 그들이 대변하는 것으로 인해 택함을 받았다. 즉 천사는 보통 '하나님의 아들들'로 알려졌는데, 이는 그들을 통해 율법이 주어졌기 때문이다(히 2:2). 모세의 경우는 하나님이 이스라엘을 탄생시키고, 그들에게 율법을 전하는 통로로 사용한 위대한 종(히 3:5)이었기 때문이고, 아론은 죄 사함을 중재하는 일을 담당한 대제사장이었기 때문이었다.

히 1:1-4   옛적에 선지자들을 통하여 여러 부분과 여러 모양으로 우리 조상들에게 말씀하신 하나님이 이 모든 날 마지막에는 아들을 통하여 우리에게 말씀하셨으니 이 아들을 만유의 상속자로 세우시고 또 그로 말미암아 모든 세계를 지으셨느니라 이는 하나님의 영광의 광채시요 그 본체의 형상이시라 그의 능력의 말씀으로 만물을 붙드시며 죄를 정결하게 하는 일을 하시고 높은 곳에 계신 지극히 크신 이의 우편에 앉으셨느니라 그가 천사보다 훨씬 뛰어남은 그들보다 더욱 아름다운 이름을 기업으로 얻으심이니

히 3:5   또한 모세는 장래에 말할 것을 증언하기 위하여 하나님의 온 집에서 종으로서 신실하였고

1. 예수는 천사보다 뛰어나다(1:4-2:18)

하늘과 땅의 다른 어떤 존재보다 예수가 높은 위치에 계심을 증명하기 위해 인용한 구약은 대부분 시편 구절들이다(1:5-14). 저자가 이렇게 시편을 인용한 것은 히브리서 2장 5-9절에서 시편 8편을 인용한 것에서 잘 드러난다. 이 구절은 하나님이 사람을 "잠시 동안 천사보다 못하게" 만들었으며, 그 목적은 그에게 "영광과 존귀로 관"을 씌우시고, "만물을 그 발 아래에 복종하게" 하려는 것이다. 이는 현재의 인간을 지칭하는 것이 아니라고 저자는 주장한다. 아직 만물이 그에게 복종하지 않았기 때문이다. 따라서 분명 그것은 인간의 몸을 입으신 예수 그리스도를 가리킨다. 실제로 현재 우리는 "영광과 존귀로 관"을 쓴 그분을 보기 때문이다(2:9).

저자가 시편 8편의 "천사보다 조금 못하게 하시고"라는 표현을 이런 식으로 해석한 결과, 여기서 성육신에 대한 언급을 발견할 수 있다. 하나님은 또한 많은 "아들들"을 이끌어 영광에 들어가게 하려고 계획하셨다

「그리스도의 변화(The Transfiguration of Christ)」 루벤스. 1605년. 캔버스에 유화. 407x670cm. 낭시미술박물관. 낭시.

(2:10). 하나님은 예수를 우리의 맏형이 되게 하시면서 이 계획을 성취하셨다(2:11). 이 맏형은 우리의 살과 피 그리고 실제로 우리의 죽음을 공유했고, 따라서 우리를 사망의 종이 되게 한 마귀를 멸하셨다(2:14). 예수님은 천사보다 못한 존재가 됨으로써 그와 동일한 위치에 있는 다른 모든 이들을 위한 "구원의 창시자"(2:10)가 되셨다. 예수는 고난에도 불구하고가 아니라 바로 그 고난 때문에 영광을 받으셨다.

2. 예수는 모세보다 뛰어나다(3:1-4:13)

3장 1절에서 저자는 우리에게 "우리가 믿는 도리의 사도이시며 대제사장이신 예수를 깊이 생각하라"고 권면한다. "대제사장이신 예수"라는 주제는 2장 17절에 처음으로 등장했다. 여기서 예수님을 "하나님의 일에 자비하고 신실한 대제사장"으로 묘사하고 있다. 흥미로운 사실은 예수의 신실함이라는 주제는 모세와 비교하면서 언급한 반면, 예수의 자비라는 주제는 다음 단락에서 아론과 비교하면서 다루고 있다는 것이다(4:14-16을 보라).

모세는 "하나님의 온 집에서 한 것과 같이" 신실했으며(3:2), 예수께서도 그러하셨다. 그러나 모세는 비록 중요하긴 했지만 단지 집의 일

히 2:10 그러므로 만물이 그를 위하고 또한 그로 말미암은 이가 많은 아들들을 이끌어 영광에 들어가게 하시는 일에 그들의 구원의 창시자를 고난을 통하여 온전하게 하심이 합당하도다

히 2:11 거룩하게 하시는 이와 거룩하게 함을 입은 자들이 다 한 근원에서 난지라 그러므로 형제라 부르시기를 부끄러워하지 아니하시고

히 2:14 자녀들은 혈과 육에 속하였으매 그도 또한 같은 모양으로 혈과 육을 함께 지니심은 죽음을 통하여 죽음의 세력을 잡은 자 곧 마귀를 멸하시며

히 4:14-16 그러므로 우리에게 큰 대제사장이 계시니 승천하신 이 곧 하나님의 아들 예수시라 우리가 믿는 도리를 굳게 잡을지어다 우리에게 있는 대제사장은 우리의 연약함을 동정하지 못하실 이가 아니요 모든 일에 우리와 똑같이 시험을 받으신 이로되 죄는 없으시니라 그러므로 우리는 긍휼하심을 받고 때를 따라 돕는 은혜를 얻기 위하여 은혜의 보좌 앞에 담대히 나아갈 것이니라

부에 불과했던 반면, 예수님은 "만물을 지으신 이"를 대표한다(3:3-4). 다시 말하면, 모세의 신실함은 종으로서의 신실함이다. 그러나 예수의 신실함은 아들이 갖는 신실함이다. 또 모세의 사역은 앞날을 기대하는 것인 반면, 예수님의 사역이 주는 혜택은 지금 우리가 누릴 수 있는 것이다(3:5-6).

이렇게 대조한 후 저자는 장문으로 진심 어리게 호소한다. 만약 모세의 시대에 반항했던 자들에게 섬뜩한 형벌이 내려진다면 우리는 모세보다 크신 예수께 마음을 강퍅하게 해서는 안 된다. "그들과 같이 우리도 복음 전함을 받은 자"이다(히 4:2). 그들이 불신앙 때문에 하나님의 안식에 들어가지 못했다면, 우리는 "안식에 들어가기를 힘쓸지니 이는 누구든지 저 순종하지 아니하는 본에 빠지지 않아야" 한다(히 4:11). 저자는 하나님께 그렇게도 많이 받았으면서도 그 모든 것을 잃어버린 출애굽 세대가 주는 경고를 깊이 통감하며, 거리낌 없이 독자들에게 그들도 동일한 위험에 처해 있음을 말하고 있다.

3. 예수는 아론보다 크다(4:14-10:39)

이제 우리는 히브리서 저자가 펼친 주장의 핵심에 접근하고 있다. 이 기나긴 부분은 도입 단락 이후 강력한 권면으로 시작하고 끝맺는데, 그 속에는 저자가 강조하는 경고문이 들어 있다(5:11-6:12; 10:19-39). 이

히 3:3-4   그는 모세보다 더욱 영광을 받을 만한 것이 마치 집 지은 자가 그 집보다 더욱 존귀함 같으니라 집마다 지은 이가 있으니 만물을 지으신 이는 하나님이시라
히 3:5-6   또한 모세는 장래에 말할 것을 증언하기 위하여 하나님의 온 집에서 종으로서 신실하였고 그리스도는 하나님의 집을 맡은 아들로서 그와 같이 하셨으니 우리가 소망의 확신과 자랑을 끝까지 굳게 잡고 있으면 우리는 그의 집이라
히 5:6   또한 이와 같이 다른 데서 말씀하시되 네가 영원히 멜기세덱의 반차를 따르는 제사장이라 하셨으니

두 경고 사이에 긴 본문 두 가지가 들어가는데 여기서 저자는 대제사장인 예수의 인격(6:13-7:28)에 이어서 그분의 사역을 다루고 있다(8:1-10:18).

도입 단락(4:14-5:10)은 이 부분에서 중요한 한 인물을 처음으로 언급한다. 구약은 멜기세덱을 거의 언급하지 않는다. 히브리서 5장 6절에 인용된 시편 110편 4절과 히브리서 7장 1-10절에서 언급하는 창세기 14장 17-24절의 이야기에서만 나온다. 그러나 히브리서 저자는 두 가지 이유를 들어 그를 가장 중요한 인물로 꼽는다.

구약에 나타난 멜기세덱의 존재다

그는 아론과는 전혀 다른 제사장직을 수행하는데, 이는 구약 자체가 아론과 그의 아들들의 제사장직이 불완전함을 인식하고 있었음을 보여 준다. "레위 계통의 제사 직분으로 말미암아 온전함을 얻을 수 있었으면… 어찌하여 아론의 반차를 따르지 않고 멜기세덱의 반차를 따르는 다른 한 제사장을 세울 필요가 있느냐"(7:11).

멜기세덱이라는 실제 인물은 그를 묘사하는 두 본문이 보여주듯, 다양한 방식으로 예수의 인격을 예시한다

첫째, 멜기세덱은 "살렘(즉 예루살렘)의 왕"으로서 왕 같은 제사장이었다. 그는 또한 "지극히 높으신 하나님의 제사장"이었다(7:1). 히브리서 첫 장부터 여러 편의 제왕 시편을 예수께 적용함으로써, 저자는 예수를 다윗의 보좌에 앉으신 이로, 하나님으로 부를 수도 있는(예. 히 1:8), 구약의 기대를 성취하신 왕으로 생각하도록 우리를 준비시켜 준다. 이제 저

시 110:4　여호와는 맹세하고 변하지 아니하시리라 이르시기를 너는 멜기세덱의 서열을 따라 영원한 제사장이라 하셨도다

히 1:8　아들에 관하여는 하나님이여 주의 보좌는 영영하며 주의 나라의 규는 공평한 규이니이다

자는 예루살렘 왕이 하는 사역의 제사장적인 측면을 설명한다. 다윗과 그 후계자들이 실제로 왕의 직무의 일부로 제사장직을 수행했다는 사실은 매우 흥미롭다(예. 삼하 24:25; 왕상 9:25).

둘째, 멜기세덱은 창세기에서 아무런 사전 소개 없이 갑자기 등장한다. 멜기세덱의 족보나 부모, 그의 탄생이나 죽음에 관한 그 어떤 사실도 알려진 바 없다. 여기에서 히브리서 저자는 멜기세덱이 하나님의 아들이 지닌 '불멸의 생명'을 상징한다고 결론을 내린다(7:3, 16).

셋째, 아론은 레위 족속의 후손이며, 레위 족속의 조상은 아브라함이다. 그러므로 멜기세덱이 아브라함을 축복하고, 아브라함이 멜기세덱에게 십일조를 바쳤으므로, '레위 제사장 직분'은 그 조상을 통해 멜기세덱의 권위에 복종하는 것이다. 레위인은 다른 이스라엘 지파에게서 십일조를 거둬 그것으로 자신들의 십일조를 하나님께 드려야 했다(민 18:26). 히브리서 저자는 이 헌물이 창세기 14장에서 이미 예시되었다고 주장하며 동시에 거룩한 영예를 받아야 마땅한 멜기세덱의 지위를 강조한다(7:4-10).

넷째, 따라서 멜기세덱은 레위 제사장 가문에 속하지 않았으며, 다윗처럼 유다 족속에서 난 제사장 예수 그리스도를 예시한다(7:13-14).

삼하 24:25 그 곳에서 여호와를 위하여 제단을 쌓고 번제와 화목제를 드렸더니 이에 여호와께서 그 땅을 위한 기도를 들으시매 이스라엘에게 내리는 재앙이 그쳤더라

왕상 9:25 솔로몬이 여호와를 위하여 쌓은 제단 위에 해마다 세 번씩 번제와 감사의 제물을 드리고 또 여호와 앞에 있는 제단에 분향하니라 이에 성전 짓는 일을 마치니라

히 7:3 아버지도 없고 어머니도 없고 족보도 없고 시작한 날도 없고 생명의 끝도 없어 하나님의 아들과 닮아서 항상 제사장으로 있느니라

히 7:16 그는 육신에 속한 한 계명의 법을 따르지 아니하고 오직 불멸의 생명의 능력을 따라 되었으니

민 18:26 너는 레위인에게 말하여 그에게 이르라 내가 이스라엘 자손에게 받아 너희에게 기업으로 준 십일조를 너희가 그들에게서 받을 때에 그 십일조의 십일조를 거제로 여호와께 드릴 것이라

히 7:13-14 이것은 한 사람도 제단 일을 받들지 않는 다른 지파에 속한 자를 가리켜 말한 것이라 우리 주께서는 유다로부터 나신 것이 분명하도다 이 지파에는 모세가 제사장들에 관하여 말한 것이 하나도 없고

다섯째, 시편 110편에 따르면 레위 제사장과 달리 멜기세덱은 신적 맹세에 의해 임명되었다. "여호와는 맹세하고 변하지 아니하시리라 이르시기를 너는 멜기세덱의 서열을 따라 영원한 제사장이라 하셨도다"(7:21). 이 맹세는 레위 제사장에게는 적용되지 않았다. 그들의 직분은 '영원히' 지속되지 않기 때문이다. 그들은 "죽음으로 말미암아 항상 있지 못한다"(7:23). 그러나 멜기세덱과 마찬가지로 예수께서는 제사장직을 영원히 수행하신다. 예수님은 영원히 살기 때문이다. 결과적으로 예수님은 "자기를 힘입어 하나님께 나아가는 자들을 온전히 구원하실 수 있으니 이는 그가 항상 살아 계셔서 그들을 위하여 간구하시기" 때문이다(7:25).

히브리서 저자는 구약에서 구약의 관점에서는 설명할 수 없는 어떤 사실, 즉 멜기세덱의 존재와 그의 제사장직을 발견함으로써 자기 주장을 펼쳐간다. 그런 다음 그는 그것을 장차 오실 예수를 가리키는 신약의 관점으로 설명한다.

8장 1절에서 저자는 자신의 새로운 주장으로 넘어간다. "대제사장마다 예물과 제사 드림을 위하여 세운 자니 그러므로 그도 무엇인가 드릴 것이 있어야 할지니라"(8:3). 그는 이제 제사장으로부터 그가 드리는 제사의 성격으로 넘어가는데, 이 또한 알고 보면 매우 독특하다.

히브리서의 이 새로운 부분은 '동심원적' 구조를 지니는데, 235쪽 박스 글에서 그 개요를 볼 수 있다.

이 구조는 히브리서를 기록하는 데 있어서 저자의 신중함, 그리고 저자의 주된 사상의 기조를 잘 보여준다. 저자는 여기서 세 가지를 대비시킨다. 즉 세상과 천국의 '장막' 또는 '성소'(사역의 장소), 옛 언약과 새 언약(사역의 기초), 그리고 옛 제사와 새 제사(사역의 기능)이다. 옛 대제사장은 일 년에 한 번 속죄일에 희생제물의 피를 뿌리고 성막 안의 지성소에 들어간 반면, 예수는 직접 흘리신 자신의 피로, 이제 하나님이 계신 천국의 성소에 들어가셨다. 이는 더 이상 제사를 반복할 필요가 없으며, 단번에 죄를 제하셨다는 증거다(9:26). 그 결과 전혀 '새로운 언약'이 등장했다. 즉 하나님과 그분의 백성과의 관계가 이전과는 완전히 다른 기초 위에 세워진 것이다. 이 본문을 통틀어 저자는 레위기 16장에 묘사한 속죄일의 의식을 인용하면서 어떻게 그리스도의 완전한 제사가 속죄일의 불완전한 예표를 완성했는지를 조목조목 보여주려고 노력한다.

여기서 예수의 죽음에 대한 이해에 집중하면서 우리는 예수께서 '첫 언약'의 한계를 극복하신 네 가지 방식을 짚어보겠다.

1. 제사의 영역

제사는 의식이 아니라 윤리의 문제다. 히브리서 저자는 이 점을 어느 정도 강조한다. 옛 제사들은 '부정한 것(ceremonially unclean)'을 정결케

히 9:26   그리하면 그가 세상을 창조한 때부터 자주 고난을 받았어야 할 것이로되 이제 자기를 단번에 제물로 드려 죄를 없이 하시려고 세상 끝에 나타나셨느니라

해주었다. 문자 그대로 옛 제사는 "육체를 정결하게 하여 거룩하게" 했다(9:13). 그것은 단지 "육체의 예법일 뿐이며 개혁할 때까지 맡겨둔 것"이다(9:10). 그러나 필요한 것은 "섬기는 자를 그 양심상 온전하게" 할 수 있는 제사다(9:9). 즉 진정으로 인격적, 내적 변화를 가져올 수 있는 제사를 의미한다. 옛 제사는 지속적으로 반복해야 했다. 그것은 예배자들이 자신의 죄에 대한 죄책감으로부터 온전하게 해방되지 못했기 때문이다(10:2).

그러나 이제 '그리스도의 피'는 "양심을 죽은 행실에서 깨끗하게 하고 살아 계신 하나님을 섬기게" 하는 제사가 된다(9:14). 히브리서 저자가 독자들이 그리스도인으로서 성장하지 못하는 것에 대해 그토록 염려한 것은 바로 그런 이유에서다. 새로운 언약이 주는 용서를 아직 온전히 체

예루살렘의 헤롯 성전의 재건 모델. 거대하고 웅장한 성전 건물은 지성소를 포함하고 있다.

히 10:2 그렇지 아니하면 섬기는 자들이 단번에 정결하게 되어 다시 죄를 깨닫는 일이 없으리니 어찌 제사 드리는 일을 그치지 아니하였으리요

험해 보지 않은 것 같았기 때문이다.

2. 제사의 성격

제사는 세상적인 것이 아니라 천국의 것과 관련이 있다. 예수께서는 이 땅에서 생을 마치셨지만 사실 "영원하신 성령으로 말미암아 흠 없는 자기를 하나님께 드렸다"(9:14). 이 제사에 대해 히브리서는 몇 가지 중요한 사실을 언급한다.

그 제사는 완벽했다

"황소와 염소의 피가 능히 죄를 없이 하지 못하는" 반면(10:4), 예수는 진실로 "흠이 없으셨으며" 또한 "자기를 단번에 제물로 드려 죄를 없이 하는" 것이 가능했다(9:26).

그 제사는 영적이었다

"영원하신 성령으로 말미암아"(9:14)라는 구절은 분명 예수께서 하나님과 완벽한 영적 조화를 이룬 상태에서 자신을 드렸으며, 그것은 예수께서 죄와 사망을 이겨내고 성령의 기름 부으심을 받으셨음을 의미한다.

이는 곧 예수께서는 자신의 제사로 하늘의 성소를 '정결케' 할 수 있었음을 의미한다(9:23). 즉 예수는 우리 같은 죄인들이 하나님이 거하시는 지성소를 더럽히지 않고서도 하나님께 가까이 갈 수 있도록 길을 여셨다.

히 9:23 그러므로 하늘에 있는 것들의 모형은 이런 것들로써 정결하게 할 필요가 있었으나 하늘에 있는 그것들은 이런 것들보다 더 좋은 제물로 할지니라

'단번에' – 예수의 유일무이한 제사

- "염소와 송아지의 피로 하지 아니하고 오직 자기의 피로 영원한 속죄를 이루사 단번에 성소에 들어가셨느니라"(9:12).
- "이제 자기를 단번에 제물로 드려 죄를 없이 하시려고 세상 끝에 나타나셨느니라"(9:26).
- "이와 같이 그리스도도 많은 사람의 죄를 담당하시려고 단번에 드리신 바 되셨고 구원에 이르게 하기 위하여 죄와 상관없이 자기를 바라는 자들에게 두 번째 나타나시리라"(9:28).
- "이 뜻을 따라 예수 그리스도의 몸을 단번에 드리심으로 말미암아 우리가 거룩함을 얻었노라"(10:10).

그 제사는 대속적이었다

이는 가장 근본적인 요점이다. 예수께서는 유혹과 시험, 죄와 사망을 모두 겪으면서도 전혀 흠 없이 하나님과 영적 조화를 누리셨다. 그로 인해 "많은 사람의 죄를 담당하는" 것이 가능했다(9:28). 히브리서는 그리스도의 죽음이 정확하게 어떤 방식으로 예수를 모든 자를 위한 "영원한 구원의 근원"이 되게 했는지 밝히지 않는다(5:9). 그러나 9장 28절은 예수의 죽음을 모든 이들의 죄를 담당하고 대신해서 제사를 드리는 것으로 분명하게 묘사한다. 이는 이사야 53장(특히 11절을 보라)에 나오는 주의 종에 대한 예언, 아마도 속죄일의 '희생양' 의식을 인용한 것으로 보인다. 나중에 제사장은 이스라엘의 죄를 고백하면서 자기 손을 양의 머리에 얹고 "그들의 모든 불의를 지도록" 그 동물을 광야에 풀어놓았다

히 9:28　이와 같이 그리스도도 많은 사람의 죄를 담당하시려고 단번에 드리신 바 되셨고 구원에 이르게 하기 위하여 죄와 상관 없이 자기를 바라는 자들에게 두 번째 나타나시리라

사 53:11　그가 자기 영혼의 수고한 것을 보고 만족하게 여길 것이라 나의 의로운 종이 자기 지식으로 많은 사람을 의롭게 하며 또 그들의 죄악을 친히 담당하리로다

(레 16:22).

3. 그 제사의 유일무이성

예수가 드린 제사는 단 한 번이며 반복되지 않는다. 9장 11절에서 10장 14절까지 그리스도의 죽음 및 그 결과와 관련하여 '단번' 또는 '단 한 번'이라는 표현이 네 번이나 등장한다(239쪽 박스글 참조). 이는 반복할 수 없는 단 한 번의 유일한 그리스도의 제사와, 성전에서 매일 그리고 속죄일에 반복해서 드리는 제사를 서로 대조시킨다. 히브리서 저자는 반복해서 제사를 드린다는 사실 자체가 그것이 효과가 없음을 분명히 보여준다고 주장한다.

4. 그 제사가 이룩한 성취

그 제사의 효과는 일시적이지 않고 영원하다. 옛 제사가 일시적, 외적, 의식적 정결을 제공한 반면, 예수의 제사는 우리가 그분을 좇아 바로 성소 안으로 들어가도록 준비시켜 준다. 예수는 우리를 대표하실 뿐만 아니라 우리보다 앞서 가신 분이다(6:20). 이제 우리도 "마음에 뿌림을 받아 악한 양심으로부터 벗어나고 몸은 맑은 물로 씻음을 받았으니… 하나님께 나아갈" 수 있게 되었다(10:22). 여기서 히브리서 저자는 극적 효과를 위해 출애굽기 29장 21절과 레위기 16장 4절에서 대제사장을 안수

레 16:22　염소가 그들의 모든 불의를 지고 접근하기 어려운 땅에 이르거든 그는 그 염소를 광야에 놓을지니라

히 6:20　그리로 앞서 가신 예수께서 멜기세덱의 반차를 따라 영원히 대제사장이 되어 우리를 위하여 들어 가셨느니라

출 29:21　제단 위의 피와 관유를 가져다가 아론과 그의 옷과 그의 아들들과 그의 아들들의 옷에 뿌리라 그와 그의 옷과 그의 아들들과 그의 아들들의 옷이 거룩하리라

할 때 사용되던 표현을 '우리'에게 적용한다. 아론이 매년 지성소에 들어가기 전에 준비했듯이, 우리 또한 휘장을 넘어 '우리의 큰 제사장'을 따르려고 할 때, 준비된 상태에서, 지성소에 들어가기 위해 문지방에 서서, '날'이 밝아오기를 기다려야 한다(10:19-25).

희생제사를 통한 그리스도의 성취라는 개념은 세 번째 주제, 곧 히브리서 사상에서 매우 중요한 역할을 하는 주제로 이어진다.

예수 안에서의 새 언약

히브리서 8장 8-12절에 나오는 예레미야 31장 31-34절의 인용구는 신약에서 인용한 구약 중 가장 긴 단일구이다. 그것은 유명한 '새 언약'에 관한 본문인데, 여기에서 예레미야는 이스라엘을 멸망으로 이끈 마음의 부패함을 통탄하고 하나님의 은혜로운 삼중 약속을 선포한다. 즉 하

레 16:4   거룩한 세마포 속옷을 입으며 세마포 속바지를 몸에 입고 세마포 띠를 띠며 세마포 관을 쓸지니 이것들은 거룩한 옷이라 물로 그의 몸을 씻고 입을 것이며

히 8:8-12   그들의 잘못을 지적하여 말씀하시되 주께서 이르시되 볼지어다 날이 이르리니 내가 이스라엘 집과 유다 집과 더불어 새 언약을 맺으리라 또 주께서 이르시기를 이 언약은 내가 그들의 열조의 손을 잡고 애굽 땅에서 인도하여 내던 날에 그들과 맺은 언약과 같지 아니하도다 그들은 내 언약 안에 머물러 있지 아니하므로 내가 그들을 돌보지 아니하였노라 또 주께서 이르시되 그 날 후에 내가 이스라엘 집과 맺을 언약은 이것이니 내 법을 그들의 생각에 두고 그들의 마음에 이것을 기록하리라 나는 그들에게 하나님이 되고 그들은 내게 백성이 되리라 또 각각 자기 나라 사람과 각각 자기 형제를 가르쳐 이르기를 주를 알라 하지 아니할 것은 그들이 작은 자로부터 큰 자까지 다 나를 앎이라 내가 그들의 불의를 긍휼히 여기고 그들의 죄를 다시 기억하지 아니하리라 하셨느니라

렘 31:31-34 여호와의 말씀이니라 보라 날이 이르리니 내가 이스라엘 집과 유다 집에 새 언약을 맺으리라 이 언약은 내가 그들의 조상들의 손을 잡고 애굽 땅에서 인도하여 내던 날에 맺은 것과 같지 아니할 것은 내가 그들의 남편이 되었어도 그들이 내 언약을 깨뜨렸음이라 여호와의 말씀이니라 그러나 그 날 후에 내가 이스라엘 집과 맺을 언약은 이러하니 곧 내가 나의 법을 그들의 속에 두며 그들의 마음에 기록하여 나는 그들의 하나님이 되고 그들은 내 백성이 될 것이라 여호와의 말씀이니라 그들이 다시는 각기 이웃과 형제를 가르쳐 이르기를 너는 여호와를 알라 하지 아니하리니 이는 작은 자로부터 큰 자까지 다 나를 알기 때문이라 내가 그들의 악행을 사하고 다시는 그 죄를 기억하지 아니하리라 여호와의 말씀이니라

나님이 자기 백성의 생각과 마음속에 자신의 언약을 쓰실 것이고, 각 사람에게 개별적으로 자신을 계시하시며, 그들의 죄를 용서하실 것이라는 약속이다. 히브리서 저자는 내적인 거룩함, 인격적 지식 그리고 온전한 용서에 대한 이 약속이 예수의 희생제사를 통해 성취되었다고 믿는다.

그러므로 예수는 "새 언약의 중보자"이다(9:15). 그리고 이 새 언약은 옛 언약보다 "더 좋은 약속으로 세우신 더 좋은 언약"이다(8:6). 새 언약은 진정한 마음의 혁신을 약속한다. 옛 언약은 한마디로 효력이 없었다. "저 첫 언약이 무흠하였더라면 둘째 것을 요구할 일이 없었으려니와… 새 언약이라 말씀하셨으매 첫 것은 낡아지게 하신 것이니 낡아지고 쇠하는 것은 없어져 가는 것이니라"(8:7, 13).

히브리서 저자는 세 가지 논증으로 자신의 입장을 뒷받침한다. 첫째, 인간적 예화다. '언약'에 해당하는 헬라어와 히브리어는 '유언'이나 '증언'을 의미하기도 한다. 따라서 유언은 유언 작성자가 죽은 후에야 효력이 생기듯, 새 언약 또한 예수께서 죽으심으로 효력이 발생했다(9:15-17).

둘째, 저자는 성경적 유추를 활용한다. 그는 첫 언약이 피 흘림이 있어야 성립되었듯이 새 언약도 예수의 피, 즉 '언약의 피'로써 시작됨을 선언한다(9:18-21; 10:29; 13:20; 마 26:28과 비교하라).

히 9:15-17 이로 말미암아 그는 새 언약의 중보자시니 이는 첫 언약 때에 범한 죄에서 속량하려고 죽으사 부르심을 입은 자로 하여금 영원한 기업의 약속을 얻게 하려 하심이라 유언은 유언한 자가 죽어야 되나니 유언은 그 사람이 죽은 후에야 유효한즉 유언한 자가 살아 있는 동안에는 효력이 없느니라

히 9:18-21 이러므로 첫 언약도 피 없이 세운 것이 아니니 모세가 율법대로 모든 계명을 온 백성에게 말한 후에 송아지와 염소의 피 및 물과 붉은 양털과 우슬초를 취하여 그 두루마리와 온 백성에게 뿌리며 이르되 이는 하나님이 너희에게 명하신 언약의 피라 하고 또한 이와 같이 피를 장막과 섬기는 일에 쓰는 모든 그릇에 뿌렸느니라

히 10:29 하물며 하나님의 아들을 짓밟고 자기를 거룩하게 한 언약의 피를 부정한 것으로 여기고 은혜의 성령을 욕되게 하는 자가 당연히 받을 형벌은 얼마나 더 무겁겠느냐 너희는 생각하라

성 막

히브리서 저자는 독자들이 이미 성막의 구조를 잘 알고 있다고 전제했다. 성막은 두 개의 구획으로 나뉜다. 첫째, 좀 더 큰 방은 '성소'다. 안으로 더 들어가면 좀 더 작은 내부 성소인 '지성소'가 있다. 여기에 언약궤와 금으로 된 덮개가 있고, 속죄소가 있었다. 이곳에서 하나님의 임재의 가시적 상징인 '쉐키나' 영광이 나타났다. 두 장소는 두꺼운 천으로 만든 휘장으로 나뉘어 있었다. 이렇게 설계함으로써, 이스라엘의 거룩하신 자는 그분의 백성에게 그들과 함께 있는 자신의 임재와 그러면서도 자신에게 함부로 접근할 수 없음을 가르쳤다. 하나님은 가까이에 계시면서 동시에 멀리 계신 존재다. 죄인들은 성막에 가까이 다가갈 수 있지만 휘장 넘어 지성소로 들어갈 수는 없었다. 하나님께 나아가는 일은 9장 7절에 나오는 목록의 네 가지 제약이 따랐다. 오직 대제사장만이 지성소 안으로 들어갈 수 있었고, 그것도 일 년에 단 한 차례 (속죄일에만) 동물을 바쳐 제사를 드리고 그 피를 취해 속죄소에 뿌리고 나서야 몇 가지 죄에 대해서만 죄를 면제받았다 (예. 모르고 짓는 죄들).

히브리서 저자에게 이러한 제약 사항들은 "성소에 들어가는 길이 아직 나타나지 아니한 것이었다"(9:8). 다시 한 번 구약은 그 자체로서의 불완전함 그리고 예수가 필요함을 보여준다. 옛 대제사장과 달리 예수는 "오직 자기의 피로 영원한 속죄를 이루사 단번에 성소에 들어가셨다"(9:12).

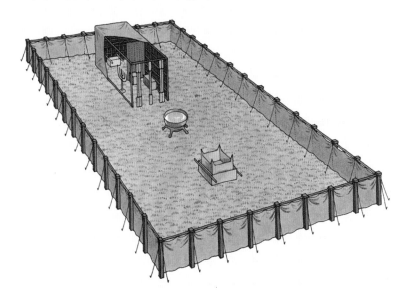

그리고 셋째, 저자는 경험적 논증을 활용한다. "그가 거룩하게 된 자들을 한 번의 제사로 영원히 온전하게 하셨느니라"(10:14). 실제로 용서를 받고 체험한 뒤에는 더 이상 제사를 드릴 필요가 없다(10:17-18). 이제 새 언약이 효력을 발한 것이다.

새 언약의 궁극성이란 주제는 히브리서 저자에게 매우 중요한 항목이었다. 그는 목소리를 높여 외치며 이 편지를 시작한다. "우리가 이같이 큰 구원을 등한히 여기면 어찌 그 보응을 피하리요?"(2:3). 그는 자신의 독자들이 그러한 행동, 즉 하나님이 그리스도를 통해 세상에 행하신 일들을 무시하거나, (좀 더 문자적으로는) 상관하지 않는 것에 대해 염려했다. 유대 그리스도인으로서 그들은 예수께서 자신들의 종교를 위해 행하신 것이 그다지 중요하지 않다고 생각하고 싶었을 것이다. 저자는 이에 대해 강력히 반박한다. 예수는 유일무이하신 분이다. 마침내 하나님은 예수 그리스도의 인격, 사역 그리고 언약을 통해 말씀하고 행하셨다.

제사적 의미에서 다른 '제사장들'이란 없다. 우리의 크신 대제사장이 다른 중재자 없이도 우리가 직접 하나님께 나아갈 수 있도록 길을 여셨기 때문이다. 우리의 제사는 "죄를 위하여 드리는 제사"(10:18)가 아니라 '찬송의 제사'다. 새 언약은 마지막 언약이며 절대 대체될 수 있는 것이 아니다. 그것은 "영원한 언약"이다(13:20). 이 언약은 하나님의 백성에게 "영원한 구원"(5:9), "영원한 속죄"(9:12) 그리고 "영원한 기업"(9:15)을 가져다준다.

히 13:20 양들의 큰 목자이신 우리 주 예수를 영원한 언약의 피로 죽은 자 가운데서 이끌어 내신 평강의 하나님이

마 26:28 이것은 죄 사함을 얻게 하려고 많은 사람을 위하여 흘리는 바 나의 피 곧 언약의 피니라

히 9:7 오직 둘째 장막은 대제사장이 홀로 일 년에 한 번 들어가되 자기와 백성의 허물을 위하여 드리는 피 없이는 아니하나니

히 10:17-18 또 그들의 죄와 그들의 불법을 내가 다시 기억하지 아니하리라 하셨으니 이것들을 사하셨은즉 다시 죄를 위하여 제사 드릴 것이 없느니라

히브리서의 메시지는 단호하다. 하나님께 나아가는 여러 길이 있으며 기독교는 단지 여러 종교 가운데 하나라고 말하고 싶어 하는 세상과 교회를 향해 히브리서 저자는 날카로운 반론을 제기한다. 그런 다원주의적 관점을 수용하는 것은 하나님이 그리스도를 통해 세상에 행하신 모든 일을 부인하는 것이다. 어떠한 대가를 치르더라도, 심지어 자신의 피를 흘리기까지(12:4), 저자는 독자들에게 그리스도의 유일성과 궁극성을 붙잡으라고 촉구한다. 그분께서는 몸소 수치와 죽음을 겪으시고 하나님의 우편에 앉으셨다. 오늘날 우리는 그분의 말씀에 귀 기울여야 한다.

예수의 훈련

10장 19절에서 "그러므로 형제들아"라는 말로 저자는 예수 그리스도에 대한 설명에 따른 실제적인 결론을 내리기 시작한다. 10장 19-39절 단락은 5장 11절에서 6장 12절로 되돌아가 그 단락에 나온 권면들과 균형을 맞춘다. 여기서 우리는 힘찬 격려와 엄숙한 경고를 모두 만나게 된다. 이는 "하나님의 집 다스리는 큰 제사장"(10:21), 예수를 따르는 자들의 특징인 믿음(10:22), 소망(10:23) 그리고 사랑(10:24)을 놓치지 말라는 격려와 우리가 예수를 소홀히 여기고 "진리를 아는 지식을 받은 후 짐짓 죄를 범할" 때 만나게 될 끔찍한 결과에 대한 경고다(10:26). 죄에 대해서는 단 하나의 제사가 있을 뿐이다. 그러므로 우리가 그 제사를 멸시하면, "다시 속죄하는 제사가 없고 오직 무서운 마음으로 심판을 기다리는

히 12:4 너희가 죄와 싸우되 아직 피흘리기까지는 대항하지 아니하고
히 10:22 우리가 마음에 뿌림을 받아 악한 양심으로부터 벗어나고 몸은 맑은 물로 씻음을 받았으니 참 마음과 온전한 믿음으로 하나님께 나아가자
히 10:23 또 약속하신 이는 미쁘시니 우리가 믿는 도리의 소망을 움직이지 말며 굳게 잡고
히 10:24 서로 돌아보아 사랑과 선행을 격려하며

것"만이 남게 된다(10:26-27). 분명 히브리서 저자는 그의 독자들이 구원을 잃고 하나님의 심판 아래 떨어질 수도 있음을 믿었다.

그의 권면은 히브리서를 마무리하는 웅장한 마지막 세 장까지 이어진다. 이 장들은 10장 22-24절에서 소개한 세 가지 주제를 발전시킨 것 같다. 즉 11장에서는 믿음을, 12장은 소망을 그리고 마지막 13장은 사랑을 강조한다.

믿음은 "바라는 것들의 실상이요 보이지 않는 것들의 증거"다(11:1). 지성소의 입구에 서서 대제사장이 다시 오실 날을 기다리는(9:28) 우리는 보이지 않는 것에 의지해 살 수밖에 없다. 그러므로 우리는 "뒤로 물러가서"는 안 되며 오직 "구원함에 이르는 믿음을 가져야" 한다(10:39). "보이지 아니하는 자를 보았기" 때문에 믿음으로 살았던 구약의 영웅들처럼 말이다(11:27). 이 영웅들에게는 믿음뿐만 아니라 소망도 있었다.

그들은 살아 있는 동안 믿음으로 하나님의 약속을 유업으로 받았지만 또 다른 의미에서 그들은 "약속된 것을 받지 못하였다"(11:39). 그들이 받은 세상적인 축복은 그들이 받지 못한 영적인 축복을 상징했다. 그들은 소망 가운데 그러한 영적 축복을 기쁨과 확신으로 기대하며 기다렸다. 그러므로 그들은 깊은 고난 앞에서도 믿음으로 하나님께 매달렸다.

우리도 그렇게 행동해야 한다. "구름같이 둘러싼 허다한 증인들이 있으니" 우리는 또한 "모든 무거운 것과 얽매이기 쉬운 죄를 벗어버리고", "인내로써 우리 앞에 당한 경주를 하며", "믿음의 주요 또 온전하게 하시는 이인 예수를 바라보아야" 한다. 그분 역시 구약의 믿음의 영웅들처럼 "그 앞에 있는 기쁨을 위하여 십자가를 참았으므로", 우리 또한 "참으신 이를 생각해야" 한다. 우리가 "피곤하여 낙심하지 않도

히 9:28   이와 같이 그리스도도 많은 사람의 죄를 담당하시려고 단번에 드리신 바 되었고 구원에 이르게 하기 위하여 죄와 상관 없이 자기를 바라는 자들에게 두 번째 나타나시리라

록" 말이다(12:1-3).

이 감동적인 권면 이후 12장은 우리에게 영감을 주는 희망의 빛에 비추어 훈련과 인내의 주제를 힘 있게 발전시킨다. 즉 "하늘의 예루살렘"에 들어가 마침내 "새 언약의 중보자이신 예수"께 나아가는 희망의 빛이다(12:22-24).

마지막 장은 "형제 사랑하기"(히 13:1)의 다양한 측면들을 간략히 언급한다. 우리는 그날이 오기까지 형제를 사랑하며 살아가야 한다. 손님을 대접하며(13:2), 갇힌 자를 생각하고(13:3), 결혼을 귀히 여기고(13:4), 탐심 대신 자족을 배우며(13:5), 교회 지도자들을 존경해야 한다(13:7-9, 17, 24). 하나님을 예배하는 사람들과 함께 우리는 예수

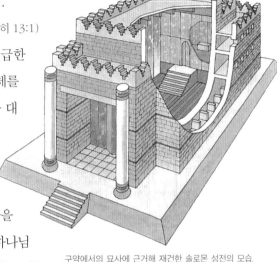

구약에서의 묘사에 근거해 재건한 솔로몬 성전의 모습.
성전 안에는 지성소와 언약궤가 보인다.

히 13:2 　손님 대접하기를 잊지 말라 이로써 부지중에 천사들을 대접한 이들이 있었느니라

히 13:3 　너희도 함께 갇힌 것 같이 갇힌 자를 생각하고 너희도 몸을 가졌은즉 학대 받는 자를 생각하라

히 13:4 　모든 사람은 결혼을 귀히 여기고 침소를 더럽히지 않게 하라 음행하는 자들과 간음하는 자들을 하나님이 심판하시리라

히 13:5 　돈을 사랑하지 말고 있는 바를 족한 줄로 알라 그가 친히 말씀하시기를 내가 결코 너희를 버리지 아니하고 너희를 떠나지 아니하리라 하셨느니라

히 13:7-9 　하나님의 말씀을 너희에게 일러 주고 너희를 인도하던 자들을 생각하며 그들의 행실의 결말을 주의하여 보고 그들의 믿음을 본받으라 예수 그리스도는 어제나 오늘이나 영원토록 동일하시니라 여러 가지 다른 교훈에 끌리지 말라 마음은 은혜로써 굳게 함이 아름답고 음식으로써 할 것이 아니니 음식으로 말미암아 행한 자는 유익을 얻지 못하였느니라

히 13:17 　너희를 인도하는 자들에게 순종하고 복종하라 그들은 너희 영혼을 위하여 경성하기를 자신들이 청산할 자인 것 같이 하느니라 그들로 하여금 즐거움으로 이것을 하게 하고 근심으로 하게 하지 말라 그렇지 않으면 너희에게 유익이 없느니라

히 13:24 　너희를 인도하는 자들과 및 모든 성도들에게 문안하라 이달리야에서 온 자들도 너희에게 문안하느니라

를 위해 "치욕을 짊어지고", 그분이 고난을 받으신 "영문 밖으로" 나아가 그분과 합류한다. 그것은 세상적인 안정을 추구하는 세상의 기준과 가치를 버리는 것을 의미한다. 우리는 "여기에는 영구한 도성이 없으므로 장차 올 것을 찾기" 때문이다(13:13-14).

그때까지 우리는 하나님에 대한 찬양으로 우리의 삶을 채우고(13:15), 선을 행하고, 곤궁에 처한 이들과 우리의 소유를 나누며(13:16), 서로를 위해 기도하고(13:18-19), 하나님의 뜻을 행하며 그분을 기쁘게 하는 일을 하도록 우리에게 능력을 주시는 하나님을 바라보며 살아야 한다(13:20-21).

히브리서는 생각과 훈련에 '게으른 자들'을 도전한다(5:11; 6:12). 히브리서는 만물을 상속받은 하나님의 아들이면서도 고난을 통해 순종을 배우고, 대제사장으로서 용서를 확보한 그리스도에 대한 확대된 비전으로 지성을 도전한다. 동시에 고난과 죽음을 통해 하나님 우편에 앉으신 그분의 발자국을 다 함께 따라가라는 강력한 권면으로 훈련을 촉구한다.

히 13:15 그러므로 우리는 예수로 말미암아 항상 찬송의 제사를 하나님께 드리자 이는 그 이름을 증언하는 입술의 열매니라

히 13:16 오직 선을 행함과 서로 나누어 주기를 잊지 말라 하나님은 이같은 제사를 기뻐하시느니라

히 13:18-19 우리를 위하여 기도하라 우리가 모든 일에 선하게 행하려 하므로 우리에게 선한 양심이 있는 줄을 확신하노니 내가 더 속히 너희에게 돌아가기 위하여 너희가 기도하기를 더욱 원하노라

히 13:20-21 양들의 큰 목자이신 우리 주 예수를 영원한 언약의 피로 죽은 자 가운데서 이끌어 내신 평강의 하나님이 모든 선한 일에 너희를 온전하게 하사 자기 뜻을 행하게 하시고 그 앞에 즐거운 것을 예수 그리스도로 말미암아 우리 가운데서 이루시기를 원하노라 영광이 그에게 세세무궁토록 있을지어다 아멘

히 5:11 멜기세덱에 관하여는 우리가 할 말이 많으나 너희가 듣는 것이 둔하므로 설명하기 어려우니라

히 6:12 게으르지 아니하고 믿음과 오래 참음으로 말미암아 약속들을 기업으로 받는 자들을 본받는 자 되게 하려는 것이니라

7장

야 고 보 와
그 의   메 시 지

"영혼 없는 몸이 죽은 것같이
행함이 없는 믿음은 죽은 것이니라" (약 2:26)

「가족들과 함께 집에서의 그리스도(Christ in the House of His Parents)」 존 에버렛 밀레이. 1849-1850년. 캔버스에 유화. 86.4x139.7cm. 테이트브리튼미술관. 런던

야고보의 편지는 '일반 서신서'의 첫 번째 서신이다. 그렇게 불리는 이유는 특정 교회나 교인을 대상으로 쓴 것이 아니라 불특정 다수에게 발송되는 회람용 편지로서 "흩어져 있는 열두 지파"(1:1)에게 쓴 것이기 때문이다. 이는 도처의 모든 유대 그리스도인들에게 쓴 편지임을 의미한다. 이 편지는 활기차고 세련된 헬라어 문체로 쓰였고, 많은 이미지를 사용한 면에서 독특하다. 마르틴 루터는 야고보서 2장 14-26절의 내용이 이신칭의에 대한 바울의 가르침과 모순되어 보이기 때문에 야고보서를 '지푸라기 서신'이라며 폄하했지만, 오랫동안 그리스도인들은 실천적 순종을 강조한다는 측면에서 야고보서를 중요하게 여겨왔다. 우리는 나중에 이 문제를 고려해 볼 것이다.

인간 야고보

신약에는 '야고보'라는 이름을 가진 사람이 최소한 세 명 등장한다. 먼저 세배대의 아들이며 요한과 형제인, 열두 제자 가운데 한 사람인 야고보가 있다. 그는 헤롯 아그립바 1세의 명령으로 참수형을 당했다(행 12:1-2). 따라서 그가 야고보서의 저자일 가능성은 없다. 둘째, 열두 제자 가운데 야고보란 이름을 가진 또 다른 제자가 있다. 그는 알패오의 아들로서(예. 막 3:18) '작은' 또는 '어린' 야고보라고 불렸던 것 같다. 예컨대 마가복음 15장 40절에서 그의 이름을 언급하고 있지만, 그에 관해 알려진 바는 거의 없다. 그렇게 잘 알려지지 않은 사람이 초대교회 불특정 다수를 향해 편지를 쓰면서 자신에 관해 특별한 설명 없이 "하나님과 주 예수 그리스도의 종 야고보"(1:1)라고 간략하게 자신을 소개했을 리가 없다.

따라서 마지막으로 예수 그리스도의 동생인 야고보가 남는다(마 13:55-56; 막 6:3). '야고보, 요셉, 시몬 그리고 유다'의 나열에서 가장 먼저 나오는 것으로 보아 그는 남동생들 가운데 첫째였을 것이다. 그는 확실히 가족 중에 예수님 다음으로 가장 저명한 인사가 되었다. 늦어도 2세기 말부터 이 서신서의 저자는 야고보로 알려졌고 정경으로 인용되었다. 그리고 아직까지는 이 야고보가 최고의 저자 후보로 보인다. 우리는 그에 대해 얼마나 알고 있는가?

예수의 공생애 사역이 시작되었을 때, 야고보와 형제들은 그를 믿지 않았다(요 7:5; 막 3:21과 비교하라). 아마도 그들이 보기에 예수가 신성한 율법의 일부 계명을 무시하는 것처럼 보였기 때문일 수도 있다. 예수의 형제들은 모두 율법을 사랑하고 존중하도록 교육받았기 때문이다. 그들

행 12:1-2 그 때에 헤롯 왕이 손을 들어 교회 중에서 몇 사람을 해하려 하여 요한의 형제 야고보를 칼로 죽이니

막 3:18 또 안드레와 빌립과 바돌로매와 마태와 도마와 알패오의 아들 야고보와 및 다대오와 가나나인 시몬이며

막 15:40 멀리서 바라보는 여자들도 있었는데 그 중에 막달라 마리아와 또 작은 야고보와 요세의 어머니 마리아와 또 살로메가 있었으니

마 13:55-56 이는 그 목수의 아들이 아니냐 그 어머니는 마리아, 그 형제들은 야고보, 요셉, 시몬, 유다라 하지 않느냐 그 누이들은 다 우리와 함께 있지 아니하냐 그런즉 이 사람의 이 모든 것이 어디서 났느냐 하고

막 6:3 이 사람이 마리아의 아들 목수가 아니냐 야고보와 요셉과 유다와 시몬의 형제가 아니냐 그 누이들이 우리와 함께 여기 있지 아니하냐 하고 예수를 배척한지라

요 7:5 이는 그 형제들까지도 예수를 믿지 아니함이러라

막 3:21 예수의 친족들이 듣고 그를 붙들러 나오니 이는 그가 미쳤다 함일러라

은 분명 공생애 기간 동안 갈릴리(요 2:12)와 예루살렘(요 7:1-10)에서 예수와 함께 있었던 것이 분명하지만 예수께 헌신하지는 않았다.

그러므로 예수의 승천과 오순절 사건 사이의 열흘 동안, 누가의 기록에 특별히 예수의 형제들이 다른 그리스도인들과 함께 성령의 임재를 기다리며 기도하고 있는 모습이 언급된 것은 주목할 만하다(행 1:14). 적어도 야고보의 경우는 그 실마리를 바울에게서 찾을 수 있다. 바울은 부활하신 주님을 목격한 사람들을 열거하면서 "그 후에 야고보에게 보이셨으며"라고 언급한다(고전 15:7). 그에게 보이신 상황에 대해서는 어떠한 기록도 남아 있지 않지만 야고보가 어떻게 신자가 되었는지를 설명하는 데 도움이 된다.

야고보는 매우 빠른 시간 안에 다른 신자들의 신임을 얻은 것 같다. 그리고 단기간에 예루살렘 교회의 지도자로 세워졌다(행 12:17). 바울은 야고보를 '사도'라고 부르며 자신이 회심한 지 3년이 안 되어 예루살렘을 처음 방문했을 때 베드로와 함께 보름 정도 묵으며 그 기간 동안 그를 만났다고 기록한다(갈 1:18-19).

갈라디아서 2장 1-10절에서 바울은 두 번째 예루살렘 방문에 대해 설명하는데, 이때 다시 야고보와 조우한다. 이 만남이 사도행전 11장 30절의 상황인지 15장 2절의 상황인지는 분명치 않다. 두 번 모두 갈라디아서 2장 1절에 나오듯이 바울이 바나바와 동행했기 때문이다. 그러나 사

요 2:12   그 후에 예수께서 그 어머니와 형제들과 제자들과 함께 가버나움으로 내려가셨으나 거기에 여러 날 계시지는 아니하시니라

행 1:14   여자들과 예수의 어머니 마리아와 예수의 아우들과 더불어 마음을 같이하여 오로지 기도에 힘쓰더라

행 12:17   베드로가 그들에게 손짓하여 조용하게 하고 주께서 자기를 이끌어 옥에서 나오게 하던 일을 말하고 또 야고보와 형제들에게 이 말을 전하라 하고 떠나 다른 곳으로 가니라

갈 1:18-19   그 후 삼 년 만에 내가 게바를 방문하려고 예루살렘에 올라가서 그와 함께 십오 일을 머무는 동안 주의 형제 야고보 외에 다른 사도들을 보지 못하였노라

행 11:30   이를 실행하여 바나바와 사울의 손으로 장로들에게 보내니라

도행전 15장에는 갈라디아서 2장에 묘사된 것과 유사하게 바울과 야고보의 중요한 만남이 기록되었다. 거기서 바울은 자신과 바나바가 이방인 회심자들의 할례 문제에 대해 사도들의 의견을 구하러 갔다고 설명한다. 바울은 자신의 회심자들에게 할례를 종용하지 않았다. 그러나 "너희가 모세의 법대로 할례를 받지 아니하면 능히 구원을 받지 못하리라"고 주장하는 유대파 그리스도인들의 강한 압력이 있었다(행 15:1). 바울은 이 만남에 대해 다음과 같이 결론을 내린다. "야고보와 게바와 요한도 내게 주신 은혜를 알므로 나와 바나바에게 친교의 악수를 하였으니 우리는 이방인에게로, 그들은 할례자에게로 가게 하려 함이라"(갈 2:9).

사도행전 15장의 만남에서는 바로 이 문제를 토론했다. 야고보는 직

예루살렘에 있는 지역 회당. 야고보는 예루살렘에 있을 때 예수가 아직 메시아임을 확신하지 못한 유대 그리스도인들과 함께 예배를 드렸다.

행 15:2 　바울 및 바나바와 그들 사이에 적지 아니한 다툼과 변론이 일어난지라 형제들이 이 문제에 대하여 바울과 바나바와 및 그 중의 몇 사람을 예루살렘에 있는 사도와 장로들에게 보내기로 작정하니라

갈 2:1 　십사 년 후에 내가 바나바와 함께 디도를 데리고 다시 예루살렘에 올라갔나니

접 이 문제에 관여하고 자신의 경험과 성경에서 이끌어 낸 지혜로운 추론을 통해 이 공동회의에서 이방인 회심자들에게 할례가 필요 없다는 결론을 냈다(행 15:19). 그러나 당시의 편지에는 약간 타협한 듯한 내용도 있었는데, 회심한 이방인들에게 "우상의 제물과 피와 목매어 죽인 것과 음행을 멀리할지니라"고 단단히 요청한 것이다(행 15:29). 그러므로 율법에 따른 할례는 강제하지 않았던 반면, 율법 가운데 유대 문화와 관련된 일부 규정은 지켜줄 것을 당부했던 것이다.

야고보의 모순을 추궁하기 전에, 우리는 먼저 그러한 특정 규례를 선택한 이유를 물어야 한다. 분명 그런 요구를 한 것은 여전히 구약의 음식 규례들을 꼼꼼하게 지키는 유대 그리스도인들과 이방인 회심자들 사이에 식탁 교제가 가능하도록 하기 위함이었다. 성만찬 기념을 포함한 그런 식탁 교제는 참석한 이방인들이 '코셔' 음식을 먹는 데 동의해야만 가능한 일이었다. 이는 '믿음이 약한 자'의 양심을 위해 자신의 자유를 제한하라는 바울의 원칙(고전 8:4-13을 보라)과 전적으로 일치하는 것이므로, 야고보의 입장에서도 모순되는 것은 아니다.

그러나 야고보의 의도가 어떻게 곡해될지 추측하는 것은 어렵지 않다. 갈라디아서 2장 11-21절에서 바울은 예루살렘 공회 이전에 안디옥 교회에서 일어난 사건에 대해 설명한다. "야고보에게서 온 어떤 이들"을 의식해 심지어 베드로마저도 이방인들과의 식탁교제에서 물러났다. "할례자들을 두려워했기" 때문이다. 야고보와 베드로가 사소한 부분에서 유대인의 율법에 약간 양보한 것을 일부 사람들은 바울의 기본 원칙에 대한 정면 도전으로 간주한 것 같다. 바울은 이방인들에게 유대인이 될 것을 요구하지 말고 그들을 온전한 교제 안으로 받아들이라고 주장했다.

모세의 율법에 대한 이와 같은 열정이 묘사된 다른 본문은 야고보가

행 15:19 그러므로 내 의견에는 이방인 중에서 하나님께로 돌아오는 자들을 괴롭게 하지 말고

등장하는 사도행전 21장 17-26절밖에 없다. 수년이 흘러 바울이 첫 선교여행 이후 두 번째 선교여행을 마친 상태였다. 수백 명의 이방인들이 회심해서 교회 안으로 들어왔다. 그들은 세례를 받았지만 할례는 받지 않았다. 이제 바울이 예루살렘으로 돌아온 다음 날, 바울과 그와 함께한 선교사들은 야고보를 불러 이방인들 가운데 역사하시는 하나님에 대해 이야기했다. 야고보는 기뻐하며 하나님께 영광을 돌린다. 그러나 야고보는 한 가지 주의사항을 덧붙인다. 곧 "율법에 열성을 가진" 유대인 신자들이 수천 명이나 된다고 환기시킨다(20절). 그들은 바울이 자신들에게 모세를 버리라고 가르친다고 믿었다. 그래서 야고보는 바울에게 성전 안으로 들어가 공개적으로 모세의 율법이 정한 정결의식을 행할 것을 제안했다. 그것은 바울이 하나님이 주신 신성한 율법을 충실하게 지키고 있음을 보여주기 위해서였다.

바울은 선뜻 동의했다. 그러나 그와 야고보는 강조점이 서로 달랐다. 사도행전에서 야고보는 유대인 기독교 신자로 나온다. 야고보는 새로운 신앙을 수용했다고 해서 이전의 것들을 완전히 포기하는 것은 아니라고 생각했다. 예수의 복음은 모세의 율법을 완성한 것이지 폐한 것이 아니었기 때문이다.

그러므로 야고보가 '의로운 자'라는 별명을 얻은 것도 놀랄 일이 아니다. 4세기 교회 역사가 유세비우스는 다음과 같이 기록했다. "야고보가 자신의 삶을 통해 탁월하게 보여준 경건 철학은 그를 가장 의로운 자로 꼽게 되는 보편적 믿음의 근거가 되었다." 그는 계속해서 야고보가 나실인이었다고 말한 2세기 말 헤제시푸스의 말을 인용했다. "야고보는 홀로 성전에 들어가 무릎을 꿇고 이스라엘 민족을 위해 용서를 구하는 기도를 드리는 일이 습관적으로 잦았다. 하나님께 예배드리며 항상 그런 자세로 몸을 구부리고 이스라엘 백성의 용서를 위해 기도하는 동안 그의 무릎은 마치 낙타 무릎처럼 굳어졌다. 또한 그는 대단한 정의감 때문에

'의로운 자'라고 불리기도 했다."

유대인 역사가 요세푸스에 따르면, 야고보는 62년경 예루살렘에서 순교했다고 한다. 순교 당시의 정황은 야고보의 성품과 서신을 조명해 주는 면에서 무척 흥미롭다. 야고보는 예루살렘 사람들에게 매우 존경을 받았지만 그 도시를 지배하던 제사장 귀족계급들에게는 두려움과 증오의 대상이었다. 대제사장 안나스도 기회를 놓치지 않고 산헤드린 공회를 소집해 야고보를 재판하고 돌로 쳐 죽이는 형을 내렸다. (257쪽 박스글 참조). 요세푸스는 또 이 당시에 안나스가 속한 부유한 귀족들과 가난한 계층 사이에 많은 사회적 갈등이 있었다고 기록한다. 부자들이 가난한 사람들을 착취하는 것에 대해(예. 약 5:1-6) 야고보가 맹렬한 비난을 퍼붓는 구절을 읽다보면 야고보가 안나스 같은 사람들의 증오심을 자극했음을 충분히 이해할 수 있게 된다. 사람들에게 야고보가 본을 보여준 '정의'는 분명 하나님의 이름으로 경제적 착취에 대해 불같이 비판한 아모스의 정의처럼 보였을 것이다.

야고보의 서신

신약성경 가운데 가장 먼저 기록된 것으로 추정되는 야고보서의 저자는 그런 성품을 지닌 자였다. 많은 주석가들은 야고보서의 작성 시기를 늦어도 50년 이전으로 추정한다. 일부는 45년경까지 추측하기도 한다. 야고보서의 기록 시기를 추론할 때, 야고보서 2장 14-26절의 증언이 중요한 역할을 한다. 야고보가 의도했든 안 했든, 이 본문은 자칫하면 바울의 이신칭의 교리에 대한 공격으로 들릴 수 있다. 종교개혁가 루터는 그렇게 이해했다. 그러나 위에서 우리는 야고보가 바울과는 사역의 강조점이 달랐어도 기쁜 마음으로 "친교의 악수"를 나눴음을 볼 수 있다(갈 2:9). 그러므로 야고보서 2장 14-26절은 야고보의 말이 바울을 비판하는 소리로 들렸을 법한 후반기가 아니라, 이방인들에 대한 바울의 사역이 본격적으로 진행되기 전인 초기에 기록되었을 것으로 보인다.

이처럼 초창기 유대 그리스도인들은 대부분 여전히 지역 회당에서 예배를 드렸다. 실제로 야고보도 예루살렘에 있을 때 회당에서 예배를 드렸다. 그러므로 야고보가 2장 2절에서 언급한 '회당'은 문자 그대로 유대 그리스도인들이 아직 예수가 메시아임을 확신하지 못한 유대인들과 여전히 함께 예배를 드린 회당이었다. 그러므로 야고보는 그리스도인들에게 편지를 썼지만, 그리스도에 대한 헌신에 대해 타협하지 않았고, 또한 다른 유대인들도 자신의 서신을 읽기를 바랐을 수도 있다. 따라서 부분적으로 그들을 염두에 두고 작성했다고 추정할 수 있다. 철저하게 기독교적이면서도 유대적 정서가 깊이 배어 있는 야고보서의 내용이 그러

갈 2:9 　또 기둥 같이 여기는 야고보와 게바와 요한도 내게 주신 은혜를 알므로 나와 바나바에게 친교의 악수를 하였으니 우리는 이방인에게로, 그들은 할례자에게로 가게 하려 함이라

약 2:2 　만일 너희 회당에 금 가락지를 끼고 아름다운 옷을 입은 사람이 들어오고 또 남루한 옷을 입은 가난한 사람이 들어올 때에

한 가능성을 뒷받침해 주고 있다.

야 고 보 서 의 특 징

1. 실천적 순종에 대한 강조

야고보서의 가장 중요한 특징은 그리스도인이 실제로 의롭게 살아야 함을 강조한 것이다. 그것은 야고보 같은 사람에게서 당연히 기대할 만한 일이다. 야고보서의 정신은 구약의 선지자들을 연상시킨다. 그리고 신약의 저자들 중 유일하게 야고보는 '지혜'(3:13-18)를 눈에 띄게 언급하며 구약의 지혜서(특히 잠언과 욥기)의 주요 주제를 일부 인용한다.

야고보는 짧은 다섯 장 속에서 명령형 표현을 50번 넘게 사용하며, "사람이 성내는 것이 하나님의 의를 이루지 못함이라"(약 1:20), "누구든지 세상과 벗이 되고자 하는 자는 스스로 하나님과 원수 되는 것이니라"(약 4:4)와 같은 짤막한 경구를 즐겨 사용했다. 그는 야고보서 전체에서 생생한 은유와 그림 언어를 사용하는데, 이는 가르침을 기억하기 쉽게 해주고, 예수께서 비유를 사용하신 것을 떠올리게 한다.

야고보서 2장 14-26절에 제시된 난제의 핵심에는 실천을 강조하는 야고보의 견해가 있다. 루터를 추종하는 일부 학자들은 이 본문이 바울의 가르침을 날카롭게 반박하고 있다고 주장한다.

약 3:13-18 너희 중에 지혜와 총명이 있는 자가 누구냐 그는 선행으로 말미암아 지혜의 온유함으로 그 행함을 보일지니라 그러나 너희 마음 속에 독한 시기와 다툼이 있으면 자랑하지 말라 진리를 거슬러 거짓말하지 말라 이러한 지혜는 위로부터 내려온 것이 아니요 땅 위의 것이요 정욕의 것이요 귀신의 것이니 시기와 다툼이 있는 곳에는 혼란과 모든 악한 일이 있음이라 오직 위로부터 난 지혜는 첫째 성결하고 다음에 화평하고 관용하고 양순하며 긍휼과 선한 열매가 가득하고 편견과 거짓이 없나니 화평하게 하는 자들은 화평으로 심어 의의 열매를 거두느니라

바울: "사람이 의롭다 하심을 얻는 것은 율법의 행위에 있지 않고 믿음으로 되는 줄 우리가 인정하노라"(롬 3:28).

야고보: "이로 보건대 사람이 행함으로 의롭다 하심을 받고 믿음으로만은 아니니라"(약 2:24).

바울과 야고보 모두 정반대로 보이는 각자의 주장을 증명하기 위해 아브라함의 예를 사용한다(롬 4:1-5; 약 2:21-23).

그러나 이는 강조점의 차이지 메시지의 차이가 아니다. 그 이유는 쉽게 찾을 수 있다. 야고보와 바울은 각각 다른 거짓 교사들을 염두에 두고 있었다. 바울의 반대파는 유대 율법주의자들인 반면, 야고보가 상대한 이들은 안나스와 같은 유대 귀족들이었다. 율법주의자들에게 구원의 방법은 '행위'였다. 율법에 따른 윤리적, 의식적 행위를 구원의 방편으로 여겼다. 반면 귀족들에게 구원의 길은 '믿음'이었다. 즉 분명한 실천적

롬 4:1-5 그런즉 육신으로 우리 조상인 아브라함이 무엇을 얻었다 하리요 만일 아브라함이 행위로써 의롭다 하심을 받았으면 자랑할 것이 있으려니와 하나님 앞에서는 없느니라 성경이 무엇을 말하느냐 아브라함이 하나님을 믿으매 그것이 그에게 의로 여겨진 바 되었느니라 일하는 자에게는 그 삯이 은혜로 여겨지지 아니하고 보수로 여겨지거니와 일을 아니할지라도 경건하지 아니한 자를 의롭다 하시는 이를 믿는 자에게는 그의 믿음을 의로 여기시나니

약 2:21-23 우리 조상 아브라함이 그 아들 이삭을 제단에 바칠 때에 행함으로 의롭다 하심을 받은 것이 아니냐 네가 보거니와 믿음이 그의 행함과 함께 일하고 행함으로 믿음이 온전하게 되었느니라 이에 성경에 이른 바 아브라함이 하나님을 믿으니 이것을 의로 여기셨다는 말씀이 이루어졌고 그는 하나님의 벗이라 칭함을 받았나니

쿰란 동굴 | 주전 2세기에 유대교의 에세네파가 공동생활을 했던 곳으로, 1947년 사해문서가 발견되었다.

순종 없이 유대교를 신봉하는 것, 곧 정통 교리의 신봉을 구원의 수단으로 여겼다.

바울은 율법주의자들에게 선한 행위로써가 아니라 그리스도를 믿음으로써 의롭게 된다고 주장한다. 야고보는 귀족들에게 주장한다. 단지 교리에 대한 메마른 지식(그런 교리는 심지어 "귀신들도 믿고 떤다"[약 2:19])으로 의롭게 되는 것이 아니라, 행위, 특히 곤궁한 자들을 돌보는 행위로써 의롭게 된다고. 하지만 바울은 구원에 이르는 믿음은 결국 선한 행실(엡 2:8-10; 갈 5:6)을 낳는다고 재빨리 덧붙인다. 반면 야고보는 구원에 이르는 행위는 참믿음에서 자연스럽게 흘러나오며(약 2:15), 선한 행실의 부재는 곧 참믿음이 없음을 드러낸다고 분명하게 말한다(약 2:17).

사실 우리는 죽은 믿음(약 2:17)이나 죽은 행실(히 6:1; 9:14)이 아니라 오직 "사랑과 선행"(히 10:24)으로 이어지는 살아 있는 믿음으로 구원받는다. 우리는 행위만으로 구원받을 수 없지만, 그럼에도 행위 없이는 구원이 있을 수 없다. 행위는 구원을 획득하는 수단이 아니라 구원받았음을 보여주는 증거다. 우리 믿음의 실체는 우리가 살아내는 삶의 질에서 드러난다. 이 점에 대해 바울과 야고보는 완전히 의견이 일치했고, 하나

엡 2:8-10 너희는 그 은혜에 의하여 믿음으로 말미암아 구원을 받았으니 이것은 너희에게서 난 것이 아니요 하나님의 선물이라 행위에서 난 것이 아니니 이는 누구든지 자랑하지 못하게 함이라 우리는 그가 만드신 바라 그리스도 예수 안에서 선한 일을 위하여 지으심을 받은 자니 이 일은 하나님이 전에 예비하사 우리로 그 가운데서 행하게 하려 하심이니라

갈 5:6 그리스도 예수 안에서는 할례나 무할례나 효력이 없으되 사랑으로써 역사하는 믿음뿐이니라

약 2:15 만일 형제나 자매가 헐벗고 일용할 양식이 없는데

약 2:17 이와 같이 행함이 없는 믿음은 그 자체가 죽은 것이라

히 6:1 그러므로 우리가 그리스도의 도의 초보를 버리고 죽은 행실을 회개함과 하나님께 대한 신앙과

히 9:14 하물며 영원하신 성령으로 말미암아 흠 없는 자기를 하나님께 드린 그리스도의 피가 어찌 너희 양심을 죽은 행실에서 깨끗하게 하고 살아 계신 하나님을 섬기게 하지 못하겠느냐

히 10:24 서로 돌아보아 사랑과 선행을 격려하며

님의 약속을 신뢰했기에 그분의 명령에 기꺼이 순종했던 아브라함의 삶을 가리키고 있는 것이다.

2. 예수의 가르침에 대한 의존

야고보가 예수의 말씀을 여러 번 인용하고 있는 것을 볼 때, 야고보가 산상수훈을 비롯한 예수의 담론에 대해 잘 알고 있었다고 확신할 수 있다. 어느 고령의 주석가는 다음과 같이 언급했다. "요한이 예수의 품에 기대어 있었다면 야고보는 예수의 발밑에 앉았다." 이 주제는 매우 흥미롭고도 중요해서 예수의 가르침과 야고보의 가르침을 비교 설명할 때 큰 도움이 된다.

야고보는 윤리에 관해 무엇보다 예수의 가르침을 인용한다. 야고보는 다른 복음서들이 나오기 이전에 글을 썼기 때문에, 그의 서신은 예수의 가르침이 초대교회의 아주 중요한 부분이 되었음을 보여주는 증거들로 가득하다. 야고보가 공식적으로 예수의 말을 인용한 부분은 어디에도 나오지 않는다. 그가 주님의 가르침에 흠뻑 빠져 있어서 자신의 가르침 속에서 저절로 그것이 드러나게 되었을 정도였다.

3. 율법과 복음의 조화에 대한 인식

이는 앞의 내용에서 이어진다. 예수의 가르침에 대한 이런 암시적 의존과 함께 "성경에 기록된… 최고의 법"(2:8)에 대한 명시적 의존이 나란히 존재한다. 야고보는 의식(儀式)에 관한 율법이 아니라 도덕에 관한 율법을 특별히 고려한 것 같다. 그러나 이 도덕법은 항상 지켜야 한다. 그것은 "자유를 주는 율법"이며 그에 따라 우리가 심판받을 것이기 때문이다(2:12).

그리스도인의 삶에 대한 예수님과 야고보의 가르침

야고보가 예수의 가르침을 상기시키는 부분은 적어도 스무 가지 정도로 요약할 수 있다.

1. 의를 위해 시험을 당하는 그리스도인들에게 "복이 있다"(약 1:2; 마 5:10-12).
2. 하나님의 목적은 우리가 온전해지는 것이다(약 1:4; 마 5:48).
3. 하나님은 구하는 모든 자에게 후하게 주신다(약 1:5, 4:2; 마 7:7-8).
4. 하나님 아버지는 오직 좋은 선물만을 주신다(약 1:17; 마 7:9-11).
5. 오직 믿음이 있는 자에게만 주신다(약 1:6; 막 11:22-24).
6. 예수의 제자는 말씀을 들을 뿐 아니라 행해야 한다(약 1:22-25; 마 7:21-27).
7. 부에 대해 조심해야 한다. 하나님의 나라를 상속받는 것은 가난한 자들이기 때문이다(약 2:5; 마 5:3; 눅 6:20).
8. 그리스도인은 이웃 사랑하기를 자기 몸과 같이 해야 한다(약 2:8; 막 12:31).
9. 그리스도인은 지극히 작은 계명일지라도 버리지 말고 지켜야 한다(약 2:10; 마 5:19).
10. 긍휼히 여김을 받으려면 긍휼히 여겨야 한다(약 2:13; 마 5:7; 18:33-35).
11. 어떤 열매를 맺을 것인지는 나무에 달려 있음을 기억해야 한다(약 3:12; 마 7:15-20).
12. 화평하게 하는 자는 복이 있다(약 3:18; 마 5:9).
13. 한 사람이 두 주인을 섬기지 못한다. 각 사람은 하나님과 세상 혹은 돈 중에 양자택일을 해야 한다(약 4:4; 4:13-15; 마 6:24).
14. 자기를 낮추는 자는 높아질 것이다(약 4:5, 10; 눅 18:14; 약 1:9-10; 눅 1:52과 비교하라).
15. 그리스도인은 서로 비판하거나 정죄해서는 안 된다(약 4:12; 마 7:1).
16. 그리스도인은 이익을 얻기 위해 세상적인 야망이나 계획을 탐닉해서는 안 된다(약 4:13-17; 눅 12:16-21).
17. 재물은 영원하지 않다. 재물은 썩고, 옷은 좀먹으며, 금은 녹이 슨다(약 5:1-3; 마 6:19-21).
18. 부자에게 화가 있을 것이다!(약 5:1; 눅 6:24; 16:19-31)
19. 신자는 주께서 강림하실 때까지 길이 참고 준비를 갖추어야 한다. 주의 강림이 가깝고 심지어 문 밖에 서 계시기 때문이다(약 5:7-9; 눅 12:35-40; 막 13:29).

20. 마지막으로, 그리스도인은 하늘이나, 땅이나 또는 그 외에 어떤 것으로도, 절대 맹세하지 말아야 한다. 그들의 말은 신뢰성이 있어야 한다. 옳다면 옳고, 아니면 아니라고 말해야 한다(약 5:12; 마 5:33-37).

약 1:2	내 형제들아 너희가 여러 가지 시험을 당하거든 온전히 기쁘게 여기라
마 5:10-12	의를 위하여 박해를 받은 자는 복이 있나니 천국이 그들의 것임이라 나로 말미암아 너희를 욕하고 박해하고 거짓으로 너희를 거슬러 모든 악한 말을 할 때에는 너희에게 복이 있나니 기뻐하고 즐거워하라 하늘에서 너희의 상이 큼이라 너희 전에 있던 선지자들도 이같이 박해하였느니라
약 1:4	인내를 온전히 이루라 이는 너희로 온전하고 구비하여 조금도 부족함이 없게 하려 함이라
마 5:48	그러므로 하늘에 계신 너희 아버지의 온전하심과 같이 너희도 온전하라
약 1:5	너희 중에 누구든지 지혜가 부족하거든 모든 사람에게 후히 주시고 꾸짖지 아니하시는 하나님께 구하라 그리하면 주시리라
약 4:2	너희는 욕심을 내어도 얻지 못하여 살인하며 시기하여도 능히 취하지 못하므로 다투고 싸우는도다 너희가 얻지 못함은 구하지 아니하기 때문이요
마 7:7-8	구하라 그리하면 너희에게 주실 것이요 찾으라 그리하면 찾아낼 것이요 문을 두드리라 그리하면 너희에게 열릴 것이니 구하는 이마다 받을 것이요 찾는 이는 찾아낼 것이요 두드리는 이에게는 열릴 것이니라
약 1:17	온갖 좋은 은사와 온전한 선물이 다 위로부터 빛들의 아버지께로부터 내려오나니 그는 변함도 없으시고 회전하는 그림자도 없으시니라
마 7:9-11	너희 중에 누가 아들이 떡을 달라 하는데 돌을 주며 생선을 달라 하는데 뱀을 줄 사람이 있겠느냐 너희가 악한 자라도 좋은 것으로 자식에게 줄 줄 알거든 하물며 하늘에 계신 너희 아버지께서 구하는 자에게 좋은 것으로 주시지 않겠느냐
약 1:6	오직 믿음으로 구하고 조금도 의심하지 말라 의심하는 자는 마치 바람에 밀려 요동하는 바다 물결 같으니
막 11:22-24	예수께서 그들에게 대답하여 이르시되 하나님을 믿으라 내가 진실로 너희에게 이르노니 누구든지 이 산더러 들리어 바다에 던져지라 하며 그 말하는 것이 이루어질 줄 믿고 마음에 의심하지 아니하면 그대로 되리라 그러므로 내가 너희에게 말하노니 무엇이든지 기도하고 구하는 것은 받은 줄로 믿으라 그리하면 너희에게 그대로 되리라
약 2:5	내 사랑하는 형제들아 들을지어다 하나님이 세상에서 가난한 자를 택하사 믿음에 부요하게 하시고 또 자기를 사랑하는 자들에게 약속하신 나라를 상속으로 받게 하지 아니하셨느냐
마 5:3	심령이 가난한 자는 복이 있나니 천국이 그들의 것임이요
눅 6:20	예수께서 눈을 들어 제자들을 보시고 이르시되 너희 가난한 자는 복이 있나니 하나님의 나라가 너희 것임이
약 2:8	너희가 만일 성경에 기록된 대로 네 이웃 사랑하기를 네 몸과 같이 하라 하신 최고의 법을 지키면 잘하는 것이거니와
막 12:31	둘째는 이것이니 네 이웃을 네 자신과 같이 사랑하라 하신 것이라 이보다 더 큰 계명이 없느니라

약 2:10 　누구든지 온 율법을 지키다가 그 하나를 범하면 모두 범한 자가 되나니

마 5:19 　그러므로 누구든지 이 계명 중의 지극히 작은 것 하나라도 버리고 또 그같이 사람을 가르치는 자는 천국에서 지극히 작다 일컬음을 받을 것이요 누구든지 이를 행하며 가르치는 자는 천국에서 크다 일컬음을 받으리라

약 2:13 　긍휼을 행하지 아니하는 자에게는 긍휼 없는 심판이 있으리라 긍휼은 심판을 이기고 자랑하느니라

마 5:7 　긍휼히 여기는 자는 복이 있나니 그들이 긍휼히 여김을 받을 것임이요

마 18:33-35 　내가 너를 불쌍히 여김과 같이 너도 네 동료를 불쌍히 여김이 마땅하지 아니하냐 하고 주인이 노하여 그 빚을 다 갚도록 그를 옥졸들에게 넘기니라 너희가 각각 마음으로부터 형제를 용서하지 아니하면 나의 하늘 아버지께서도 너희에게 이와 같이 하시리라

약 3:12 　내 형제들아 어찌 무화과나무가 감람 열매를, 포도나무가 무화과를 맺겠느냐 이와 같이 짠 물이 단 물을 내지 못하느니라

약 3:18 　화평하게 하는 자들은 화평으로 심어 의의 열매를 거두느니라

마 5:9 　화평하게 하는 자는 복이 있나니 그들이 하나님의 아들이라 일컬음을 받을 것임이요

약 4:4 　간음한 여인들아 세상과 벗된 것이 하나님과 원수 됨을 알지 못하느냐 그런즉 누구든지 세상과 벗이 되고자 하는 자는 스스로 하나님과 원수 되는 것이니라

약 4:13-15 　들으라 너희 중에 말하기를 오늘이나 내일이나 우리가 어떤 도시에 가서 거기서 일 년을 머물며 장사하여 이익을 보리라 하는 자들아 내일 일을 너희가 알지 못하는도다 너희 생명이 무엇이냐 너희는 잠깐 보이다가 없어지는 안개니라 너희가 도리어 말하기를 주의 뜻이면 우리가 살기도 하고 이것이나 저것을 하리라 할 것이거늘

마 6:24 　한 사람이 두 주인을 섬기지 못할 것이니 혹 이를 미워하고 저를 사랑하거나 혹 이를 중히 여기고 저를 경히 여김이라 너희가 하나님과 재물을 겸하여 섬기지 못하느니라

약 4:5 　너희는 하나님이 우리 속에 거하게 하신 성령이 시기하기까지 사모한다 하신 말씀을 헛된 줄로 생각하느냐

약 4:10 　주 앞에서 낮추라 그리하면 주께서 너희를 높이시리라

눅 18:14 　내가 너희에게 이르노니 이에 저 바리새인이 아니고 이 사람이 의롭다 하심을 받고 그의 집으로 내려갔느니라 무릇 자기를 높이는 자는 낮아지고 자기를 낮추는 자는 높아지리라 하시니라

약 1:9-10 　낮은 형제는 자기의 높음을 자랑하고 부한 자는 자기의 낮아짐을 자랑할지니 이는 그가 풀의 꽃과 같이 지나감이라

눅 1:52 　권세 있는 자를 그 위에서 내리치셨으며 비천한 자를 높이셨고

약 4:12 　입법자와 재판관은 오직 한 분이시니 능히 구원하기도 하시며 멸하기도 하시느니라 너는 누구이기에 이웃을 판단하느냐

마 7:1 　비판을 받지 아니하려거든 비판하지 말라

약 5:1-3 　들으라 부한 자들아 너희에게 임할 고생으로 말미암아 울고 통곡하라 너희 재물은 썩었고 너희 옷은 좀먹었으며 너희 금과 은은 녹이 슬었으니 이 녹이 너희에게 증거가 되며 불 같이 너희 살을 먹으리라 너희가 말세에 재물을 쌓았도다

마 6:19-21 　너희를 위하여 보물을 땅에 쌓아 두지 말라 거기는 좀과 동록이 해하며 도둑이 구멍을 뚫고 도둑질하느니라 오직 너희를 위하여 보물을 하늘에 쌓아 두라 거기는 좀이나 동록이 해하지 못하며 도둑이 구멍을 뚫지도 못하고 도둑질도 못하느니라 네 보물 있는 그 곳에는 네 마음도 있느니라

약 5:1 　들으라 부한 자들아 너희에게 임할 고생으로 말미암아 울고 통곡하라

야고보의 경우, 율법과 복음은 서로 융합된다. 그리스도인으로서 우리는 "진리의 말씀"으로 거듭났다(1:18). 그리고 이 '말씀'은 우리 마음에 심겨져서 새로운 삶의 원리가 되어야 한다(약 1:21). 그렇게 되어야만 우리는 말씀을 들으면서도 실천하지 않는 오류를 피할 수 있을 것이다. 말씀이 우리 안에 뿌리를 내릴 때 우리는 "자유롭게 하는 온전한 율법을 들여다보며 듣고 잊어버리는 자가 아니요 실천하는 자"가 될 것이다(1:25). 복음과 결합된 모세의 율법은 진정 "자유롭게 하는 온전한 율법"이 된다.

무엇보다 그리스도인은 하나님나라의 시민을 다스리는 율법인(2:5) "네 이웃 사랑하기를 네 몸과 같이 하라"라는 "최고의 법"(2:8)을 성취해야 한다. 먼저 모세를 통해 전파되고(레 19:18), 이후 예수께서 선포하신(막 12:31) 이 법은 여전히 효력이 있다. 가난한 자들을 착취하면서(2:9) 편파적 태도를 취한다면 우리는 마치 씻어야 함을 알면서도 오히

눅 6:24   그러나 화 있을진저 너희 부요한 자여 너희는 너희의 위로를 이미 받았도다

약 5:7-9   그러므로 형제들아 주께서 강림하시기까지 길이 참으라 보라 농부가 땅에서 나는 귀한 열매를 바라고 길이 참아 이른 비와 늦은 비를 기다리나니 너희도 길이 참고 마음을 굳건하게 하라 주의 강림이 가까우니라 형제들아 서로 원망하지 말라 그리하여야 심판을 면하리라 보라 심판주가 문 밖에 서 계시니라

막 13:29   이와 같이 너희가 이런 일이 일어나는 것을 보거든 인자가 가까이 곧 문 앞에 이른 줄 알라

약 5:12   내 형제들아 무엇보다도 맹세하지 말지니 하늘로나 땅으로나 아무 다른 것으로도 맹세하지 말고 오직 너희가 그렇다고 생각하는 것은 그렇다 하고 아니라고 생각하는 것은 아니라 하여 정죄 받음을 면하라

약 1:21   그러므로 모든 더러운 것과 넘치는 악을 내버리고 너희 영혼을 능히 구원할 바 마음에 심어진 말씀을 온유함으로 받으라

약 2:5   내 사랑하는 형제들아 들을지어다 하나님이 세상에서 가난한 자를 택하사 믿음에 부요하게 하시고 또 자기를 사랑하는 자들에게 약속하신 나라를 상속으로 받게 하지 아니하셨느냐

레 19:18   원수를 갚지 말며 동포를 원망하지 말며 네 이웃 사랑하기를 네 자신과 같이 사랑하라 나는 여호와이니라

막 12:31   둘째는 이것이니 네 이웃을 네 자신과 같이 사랑하라 하신 것이라 이보다 더 큰 계명이 없느니라

약 2:9   만일 너희가 사람을 차별하여 대하면 죄를 짓는 것이니 율법이 너희를 범법자로 정죄하리라

려 멀어져서 아무것도 하지 않는 거울을 가진 사람과 같은 것이다. 무엇이 옳은지 알면서도 행하지 않는 것은 죄다!(4:17)

4. 부의 위험에 대한 인식

이 주제 역시 중요한 네 단락에서 볼 수 있듯이 야고보가 주님과 공유한 문제다. 야고보는 부가 영원하지 않다는 사실(1:9-11)과 하나님이 가난한 자에 대한 차별을 혐오하신다는 것(2:1-11)을 가르친다. 그리고 자신의 일을 계획하면서 하나님의 뜻을 구하지 않는 장사꾼(4:13-17)과, 품꾼들을 무자비하게 착취하는 부자들(5:1-6)을 맹비난한다. 야고보의 언어가 얼마나 날카로운지, 최근 작가인 페드리토 메이나르레이드(Pedrito Maynar-Reid)는 부자들은 구원받을 가능성이 없었다고 주장했을 정도이다.

그러나 이것은 분명 지나친 주장이다. 1장 10절에서 야고보는 "부한 형제"를 언급하고 있기 때문이다. 이 부자 형제를 향한 야고보의 메시지는 부자가 자신의 높은 위치가 아니라 오히려 낮은 지위를 자랑해야 한다는 것이다. 욥처럼 그는 해가 뜨기 전 "풀의 꽃과 같이 지나감"을 발견할 것이기 때문이다. 그에게는 자신의 부를 가난한 자들을 위해 사용해야 할 책임이 있다(2:14-16).

대체로 야고보는 마지막에 자신의 죽음을 획책한 대제사장 안나스 같

약 4:17   그러므로 사람이 선을 행할 줄 알고도 행하지 아니하면 죄니라

약 1:9-11 낮은 형제는 자기의 높음을 자랑하고 부한 자는 자기의 낮아짐을 자랑할지니 이는 그가 풀의 꽃과 같이 지나감이라 해가 돋고 뜨거운 바람이 불어 풀을 말리면 꽃이 떨어져 그 모양의 아름다움이 없어지나니 부한 자도 그 행하는 일에 이와 같이 쇠잔하리라

약 2:14-16 내 형제들아 만일 사람이 믿음이 있노라 하고 행함이 없으면 무슨 유익이 있으리요 그 믿음이 능히 자기를 구원하겠느냐 만일 형제나 자매가 헐벗고 일용할 양식이 없는데 너희 중에 누구든지 그에게 이르되 평안히 가라, 덥게 하라, 배부르게 하라 하며 그 몸에 쓸 것을 주지 아니하면 무슨 유익이 있으리요

혀를 다스리는 일: 야고보서 3장 1-12절

"내 형제들아 너희는 선생 된 우리가 더 큰 심판을 받을 줄 알고 선생이 많이 되지 말라. 우리가 다 실수가 많으니 만일 말에 실수가 없는 자라면 곧 온전한 사람이라 능히 온몸도 굴레 씌우리라.

우리가 말들의 입에 재갈 물리는 것은 우리에게 순종하게 하려고 그 온몸을 제어하는 것이라. 또 배를 보라. 그렇게 크고 광풍에 밀려가는 것들을 지극히 작은 키로써 사공의 뜻대로 운행하나니 이와 같이 혀도 작은 지체로되 큰 것을 자랑하도다. 보라, 얼마나 작은 불이 얼마나 많은 나무를 태우는가. 혀는 곧 불이요 불의의 세계라. 혀는 우리 지체 중에서 온몸을 더럽히고 삶의 수레바퀴를 불사르나니 그 사르는 것이 지옥 불에서 나느니라.

여러 종류의 짐승과 새와 벌레와 바다의 생물은 다 사람이 길들일 수 있고 길들여 왔거니와 혀는 능히 길들일 사람이 없나니 쉬지 아니하는 악이요 죽이는 독이 가득한 것이라.

이것으로 우리가 주 아버지를 찬송하고 또 이것으로 하나님의 형상대로 지음을 받은 사람을 저주하나니 한 입에서 찬송과 저주가 나오는도다. 내 형제들아 이것이 마땅하지 아니하니라. 샘이 한 구멍으로 어찌 단물과 쓴물을 내겠느냐. 내 형제들아 어찌 무화과나무가 감람 열매를, 포도나무가 무화과를 맺겠느냐. 이와 같이 짠물이 단물을 내지 못하느니라."

은 사람들을 염두에 둔 것 같다. 이들은 넓은 땅을 소유하고 있으면서도 자신들을 위해 일하는 가난한 소작농들의 복지에는 전혀 신경 쓰지 않는 부유한 사두개파 귀족들이었다. 삭개오의 경우처럼 그런 사람이 구원을 받으려면 자신의 부를 포기해야 할 것이다.

5. 그리스도인의 삶을 지탱하는 세 가지 기둥

학자들은 야고보서 1장의 마지막 두 절인 26-27절에 야고보의 메시지가 요약되어 있음을 깨달았다. 이 두 구절에서 야고보는 참종교와 거짓종교를 대조하면서 양자를 판단하는 기준을 제공한다. 우리는 자신에게 신앙이 있다고 생각할지 모르지만, 그 안에 어떤 분명한 특징이 없다면 우리는 자신을 속이는 것이며, 우리가 믿는 종교는 '무가치한' 것이 되고 만다.

이어서 야고보는 참종교의 세 가지 특징을 설명하는데, 그는 이것을 "정결하고 더러움이 없는 것"으로 묘사한다. 그 특징들은 "자기 혀를 재갈 물림", "고아와 과부를 그 환난 중에 돌봄", "자기를 지켜 세속에 물들지 아니함"이다. 이는 인간의 윤리적 의무에 관한 예리한 분석이다. 여기에는 우리 자신, 이웃, 그리고 하나님에 대한 우리의 삼중적 의무가 포함되어 있다. 혀의 통제는 자기 통제의 지표이다. 고아와 과부를 돌보는 것은 형제애의 본보기다. 세상에 오염되지 않도록 자신을 지키는 것은 하나님께 그분의 이름에 합당한 예배를 드리는 것이다.

이 편지의 나머지 부분에서 야고보는 이 세 주제를 차례로 다루면서 서로의 관계를 설명한다. 3장에서는 혀에 대해, 2장에서는 곤궁에 처한 자들에 대한 보살핌에 대, 4장과 5장에서는 세상에 대한 저항에 대해 다룬다. 이제 야고보의 메시지를 요약하면서 이 세 주제에 대한 야고보의 가르침을 간략하게 살펴보자.

야고보의 메시지

1. 자기 절제

야고보서 1장에서 독자들에게 "듣기는 속히 하고 말하기는 더디 하

약 1:26-27 누구든지 스스로 경건하다 생각하며 자기 혀를 재갈 물리지 아니하고 자기 마음을 속이면 이 사람의 경건은 헛것이라 하나님 아버지 앞에서 정결하고 더러움이 없는 경건은 곧 고아와 과부를 그 환난중에 돌보고 또 자기를 지켜 세속에 물들지 아니하는 그것이니라

라"(1:19)고 권면한 야고보는 3장의 유명한 본문(1-12절)에서 혀의 위험한 영향력에 대해 더 상세히 기술한다. 야고보는 펜으로 그린 생생한 그림처럼 이미지를 겹겹이 추가하면서 그 크기와는 비교할 수 없을 만큼 큰 해로운 영향을 끼치는 혀를 부각시키고 있다.

따라서 야고보는 말을 그리스도인의 삶에서 매우 중요한 것으로 여긴다. 그는 말을 제자도의 실체를 측정하는 기준으로까지 생각한다. 그러나 혀 그 자체는 유혹의 근원이 아니다. 유혹은 우리의 내적 욕망에서 생긴다. 내적 욕망이 죄를 낳고, 죄가 사망을 낳는다(1:15). 야고보는 하나님의 사랑에 뿌리를 두지 않은 모든 욕망은 우리를 죄의 길로 인도할 수 있기에 우리가 그것에 저항해야 한다고 말한다.

특히 야고보는 혀의 제어(1:19-20; 3:9; 3:14; 4:1-3)와 그 반대편에 있는 화평케 하는 말(3:17-18)에 관심이 있다. 그러한 말은 하나님이 주신 지혜에서 나온다.

2. 최고의 법

'정결하고 더러움이 없는' 종교의 두 번째 요소는 사랑이다. 이 주제에 대해 야고보는 두 가지 특징을 들어 설명한다.

약 1:15   욕심이 잉태한즉 죄를 낳고 죄가 장성한즉 사망을 낳느니라

약 1:19-20   내 사랑하는 형제들아 너희가 알지니 사람마다 듣기는 속히 하고 말하기는 더디 하며 성내기도 더디 하라 사람이 성내는 것이 하나님의 의를 이루지 못함이라

약 3:9   이것으로 우리가 주 아버지를 찬송하고 또 이것으로 하나님의 형상대로 지음을 받은 사람을 저주하나니

약 3:14   그러나 너희 마음 속에 독한 시기와 다툼이 있으면 자랑하지 말라 진리를 거슬러 거짓말하지 말라

약 4:1-3   너희 중에 싸움이 어디로부터 다툼이 어디로부터 나느냐 너희 지체 중에서 싸우는 정욕으로부터 나는 것이 아니냐 너희는 욕심을 내어도 얻지 못하여 살인하며 시기하여도 능히 취하지 못하므로 다투고 싸우는도다 너희가 얻지 못함은 구하지 아니하기 때문이요 구하여도 받지 못함은 정욕으로 쓰려고 잘못 구하기 때문이라

첫째, 사랑은 행위를 낳는다. 경건한 호의가 실제적인 도움을 대신할 수 없다. 고아와 과부에게 동정심을 품는 것만으로는 아무 소용이 없다. 우리는 그들을 돌봐야 한다(1:27). 거지에게 "덥게 하라, 배부르게 하라"고 말하는 것은 무용지물이다. 그들에게 먹을 것과 입을 것을 줘야 한다(2:15-16). 기독교의 사랑은 일시적 감상이 아니라 봉사이며, 감정이 아니라 행위다.

둘째, 사랑은 공평하다. 사랑은 차별을 모르고 '편파주의'를 혐오한다. 야고보는 당시 거의 모든 회당에서 펼쳐지던 상황을 묘사한다. 부자가 회당에 오면 당연히 그럴 권리가 있는 것처럼 상석을 차지하고, 반면 허름한 차림의 예배자는 그냥 바닥에 앉는다. 그런 계급차별은 최고의 법과 완전히 모순된다. J. B. 필립스는 야고보서 2장 1절을 풀어서 이렇게 썼다. "형제 여러분, 행여라도 주 예수 그리스도 안에서 신앙과 속물근성을 섞으려 해서는 안 될 것입니다!(Don't ever attempt, my brothers, to combine snobbery with faith in our Lord Jesus Christ!)"

3. 하나님을 향한 신실함

'정결하고 더러움이 없는' 종교의 세 번째 요소는 "자기를 지켜 세속에 물들지 아니하는 그것"이다(1:27). 긍정적으로 표현하자면, 이는 세상의 어떤 유혹과 압력 속에서도 하나님께 신실한 것을 의미한다. '세속'의 의미는 물질주의, 이방적 사회가 주입하는 "갖고 싶은 것은 무엇이든 가

약 1:27   하나님 아버지 앞에서 정결하고 더러움이 없는 경건은 곧 고아와 과부를 그 환난중에 돌보고 또 자기를 지켜 세속에 물들지 아니하는 그것이니라
약 2:15-16 만일 형제나 자매가 헐벗고 일용할 양식이 없는데 너희 중에 누구든지 그에게 이르되 평안히 가라, 덥게 하라, 배부르게 하라 하며 그 몸에 쓸 것을 주지 아니하면 무슨 유익이 있으리요

져라!"와 같은 단순한 메시지를 말한다.

하지만 그것은 기독교적 방식이 아니라고 야고보는 말한다. 기독교의 방식은 고난 가운데 인내했던 욥(5:10-11), 기도에 온 힘을 다 쏟아부은 엘리야(5:16-18)의 방식이다. 하나님은 우리를 향해 '질투'하신다. 우리의 전적인 사랑을 원하시며(4:5), 선지자들이 옛 이스라엘 백성에게 추궁했던 영적 간음으로부터 우리를 보호하고 싶어 하신다(4:4). 그리고 바로 이 부분에서 돈이 우리 모두에게 매우 위험한 덫이 될 수 있다. 부하든 가난하든, 우리는 물질을 갈망하면서 주님 앞에서 "두 마음을"(1:8; 4:8) 품고 신실하지 못하게 될 수 있다.

그리스도인들로 차라리 "믿음에 부요하고", "하나님나라를 상속받게" 될 것을 기뻐하게 하자(2:5). 하나님 안에서 부요함을 발견하게 하자. 주님 앞에서 겸손히 자신을 낮추고(4:10), 하나님께 복종하며(4:7), 기도와 찬송으로 충만하며(5:13-19), "주께서 강림하시기까지" 인내하게 하자(5:7).

따라서 야고보가 말하는 그리스도인의 삶, 즉 '의인'의 삶은 본질적으

욥 5:10-11 비를 땅에 내리시고 물을 밭에 보내시며 낮은 자를 높이 드시고 애곡하는 자를 일으키사 구원에 이르게 하시느니라

약 5:16-18 그러므로 너희 죄를 서로 고백하며 병이 낫기를 위하여 서로 기도하라 의인의 간구는 역사하는 힘이 큼이니라 엘리야는 우리와 성정이 같은 사람이로되 그가 비가 오지 않기를 간절히 기도한즉 삼 년 육 개월 동안 땅에 비가 오지 아니하고 다시 기도하니 하늘이 비를 주고 땅이 열매를 맺었느니라

약 4:5 너희는 하나님이 우리 속에 거하게 하신 성령이 시기하기까지 사모한다 하신 말씀을 헛된 줄로 생각하느냐

약 1:8 두 마음을 품어 모든 일에 정함이 없는 자로다

약 4:8 하나님을 가까이하라 그리하면 너희를 가까이하시리라 죄인들아 손을 깨끗이 하라 두 마음을 품은 자들아 마음을 성결하게 하라

약 4:10 주 앞에서 낮추라 그리하면 주께서 너희를 높이시리라

약 4:7 그런즉 너희는 하나님께 복종할지어다 마귀를 대적하라 그리하면 너희를 피하리라

약 5:7 그러므로 형제들아 주께서 강림하시기까지 길이 참으라 보라 농부가 땅에서 나는 귀한 열매를 바라고 길이 참아 이른 비와 늦은 비를 기다리나니

로 거룩을 실천하는 삶이다. 그것은 주 예수 그리스도를 믿는 믿음과 함께 시작한다(2:1). 그러나 그리스도인들은 이렇게 덧붙여야 한다. "나는 행함으로 내 믿음을 네게 보이리라"(2:18).

약 2:1   내 형제들아 영광의 주 곧 우리 주 예수 그리스도에 대한 믿음을 너희가 가졌으니 사람을 차별하여 대하지 말라

8장

베 드 로 와
그 의 메 시 지

"오히려 너희가 그리스도의 고난에 참여하는 것으로 즐거워하라 이는 그의 영광을 나타내실
때에 너희로 즐거워하고 기뻐하게 하려 함이라 너희가 그리스도의 이름으로 치욕을 당하면
복 있는 자로다 영광의 영 곧 하나님의 영이 너희 위에 계심이라" (벧전 4:13-14)

「회개하는 베드로(St. Peter Penitent)」 헤리트 반 혼토호르스트. 캔버스에 유화. 110.2x97.4cm. 개인 소장.

바울은 기독교의 세 가지 두드러진 은혜가 바로 믿음, 소망, 사랑이라고 우리에게 말한다(고전 13:13). 만약 바울 자신이 믿음의 사도이며, 요한이 사랑의 사도라면, 베드로는 소망의 사도이다. 물론 이는 지나치게 단순화시킨 것이다.

베드로전서는 그보다 더 폭넓은 메시지를 전한다. 저명한 영국 주석가 셀윈(E. G. Selwyn)은 다음과 같이 말했다. "베드로전서는 다양한 주제와 소재로 구성된, 그리스도인의 신앙과 의무의 축소판이자 목회 사역의 모델이다." 그럼에도 베드로전서에서 가장 강조하는 것은 바로 기독교적 소망, 즉 우리가 현재의 고난을 인내하고 심지어 기뻐할 수 있게 해주는 확실하면서도 영광스러운 소망이다. 우리보다 앞서 가신 주님처럼 우리는 영광에 들어가기 전에 고난의 길을 걸어야 한다.

· · · · · · · · · ·
저자 베드로

베드로전서는 이른 시기부터 정경으로 수용되었다. 로마의 클레멘트는 저자의 이름을 베드로라고 명시하고 있지는 않지만 96년경 고린도인들

고전 13:13 그런즉 믿음, 소망, 사랑, 이 세 가지는 항상 있을 것인데 그 중의 제일은 사랑이라

에게 보낸 편지에서 베드로전서를 인용하고 있다. 그러나 이레나이우스 이후, 이 서신은 일반적으로 베드로가 기록한 편지로 인용되었으며, 유세비우스가 편집한 신약 저작 목록에도 포함되어 있는데, 이는 논박의 여지가 없다.

하지만 이것이 과연 베드로의 저작인지에 관한 논란은 최근에야 제기되었는데, 가장 큰 이유는 수려한 헬라어 문체 때문이다. 거친 갈릴리 어부 출신이 그런 수준 높은 문체를 구사했을 가능성이 적다는 주장이다. 그러나 베드로전서의 훌륭한 문학적 수준은 5장 12절에서 언급한 실루아노가 단순히 비서 이상의 인물이었다고 추측하면 가장 잘 설명될 수 있다. 베드로는 자신이 "실루아노(실라)로 말미암아 너희에게 간단히 써서"(문자 그대로 '실루아노를 통해')라고 기록했다. 당연히 실루아노가 이 서신을 작성하는 데 어느 정도 참여했을 것이다. 아마 베드로의 말을 받아 적으면서 부족한 부분을 채웠을 것이다.

이 서신의 내용 가운데 베드로의 개인적 기억을 암시하는 듯한 수많은 내용들이 베드로가 저자임을 더욱 뒷받침하고 있다. 베드로는 "예수 그리스도를 죽은 자 가운데서 부활하게 하심으로 말미암아" 영광 가운데 생겨난 "산 소망"을 생생하게 체험했다(1:3). 또한 그는 "그리스도의 고난의 증인"(5:1)이었고, 예수가 매를 맞으신 것(2:20-21)과 고문자들 앞에서 침묵하신 것(2:22-23)을 기억했으며, 그리고 "내 양을 치라"는 선한 목자의 삼중 명령을 결코 잊을 수 없었다(요 21:15-17: 벧전 5:2과 비

벧전 5:12 내가 신실한 형제로 아는 실루아노로 말미암아 너희에게 간단히 써서 권하고 이것이 하나님의 참된 은혜임을 증언하노니 너희는 이 은혜에 굳게 서라

벧전 1:3 우리 주 예수 그리스도의 아버지 하나님을 찬송하리로다 그의 많으신 긍휼대로 예수 그리스도를 죽은 자 가운데서 부활하게 하심으로 말미암아 우리를 거듭나게 하사 산 소망이 있게 하시며

벧전 2:20-21 죄가 있어 매를 맞고 참으면 무슨 칭찬이 있으리요 그러나 선을 행함으로 고난을 받고 참으면 이는 하나님 앞에 아름다우니라 이를 위하여 너희가 부르심을 받았으니 그리스도도 너희를 위하여 고난을 받으사 너희에게 본을 끼쳐 그 자취를 따라오게 하려 하셨느니라

교하라).

베드로후서의 저자에 대해서는 매우 이른 시기부터 진지하게 논의되었다. 베드로후서에는 베드로가 기록했다는 진술과(1:1) 베드로전서를 언급하는 듯한 부분도 있지만(3:1), 문체가 좀 더 거칠고 복잡하다. 그리고 학자들은 베드로 생존 당시에 바울의 편지들도 구약과 나란히 '성경'으로 간주될 수 있었을지 의문을 품었다(3:16).

이를 비롯한 여러 주장들은 중요하긴 해도 결정적인 증거는 없다. 만약 실라가 베드로전서의 문체를 다듬었다면, 베드로후서의 투박한 헬라어 문체는 베드로가 직접 쓴 것일 수도 있다. 또한 변화산에 있었고(1:16-18), 베드로 자신의 죽음에 관한 예언을 예수께 직접 들었고(1:13-

---

벧전 2:22-23 그는 죄를 범하지 아니하시고 그 입에 거짓도 없으시며 욕을 당하시되 맞대어 욕하지 아니하시고 고난을 당하시되 위협하지 아니하시고 오직 공의로 심판하시는 이에게 부탁하시며

요 21:15-17 그들이 조반 먹은 후에 예수께서 시몬 베드로에게 이르시되 요한의 아들 시몬아 네가 이 사람들보다 나를 더 사랑하느냐 하시니 이르되 주님 그러하나이다 내가 주님을 사랑하는 줄 주님께서 아시나이다 이르시되 내 어린 양을 먹이라 하시고 또 두 번째 이르시되 요한의 아들 시몬아 네가 나를 사랑하느냐 하시니 이르되 주님 그러하나이다 내가 주님을 사랑하는 줄 주님께서 아시나이다 이르시되 내 양을 치라 하시고 세 번째 이르시되 요한의 아들 시몬아 네가 나를 사랑하느냐 하시니 주께서 세 번째 네가 나를 사랑하느냐 하시므로 베드로가 근심하여 이르되 주님 모든 것을 아시오매 내가 주님을 사랑하는 줄을 주님께서 아시나이다 예수께서 이르시되 내 양을 먹이라

벧전 5:2 너희 중에 있는 하나님의 양 무리를 치되 억지로 하지 말고 하나님의 뜻을 따라 자원함으로 하며 더러운 이득을 위하여 하지 말고 기꺼이 하며

벧후 1:1 예수 그리스도의 종이며 사도인 시몬 베드로는 우리 하나님과 구주 예수 그리스도의 의를 힘입어 동일하게 보배로운 믿음을 우리와 함께 받은 자들에게 편지하노니

벧후 3:1 사랑하는 자들아 내가 이제 이 둘째 편지를 너희에게 쓰노니 이 두 편지로 너희의 진실한 마음을 일깨워 생각나게 하여

벧후 3:16 또 그 모든 편지에도 이런 일에 관하여 말하였으되 그 중에 알기 어려운 것이 더러 있으니 무식한 자들과 굳세지 못한 자들이 다른 성경과 같이 그것도 억지로 풀다가 스스로 멸망에 이르느니라

벧후 1:16-18 우리 주 예수 그리스도의 능력과 강림하심을 너희에게 알게 한 것이 교묘히 만든 이야기를 따른 것이 아니요 우리는 그의 크신 위엄을 친히 본 자라 지극히 큰 영광 중에서 이러한 소리가 그에게 나기를 이는 내 사랑하는 아들이요 내 기뻐하는 자라 하실 때에 그가 하나님 아버지께 존귀와 영광을 받으셨느니라 이 소리는 우리가 그와 함께 거룩한 산에

14; 요 21:18-19과 비교), "사랑하는 형제 바울"(3:15)과도 아는 사이였다는 저자의 주장을 주목할 필요가 있다.

이 서신의 저자가 베드로가 아니라면, 그러한 언급들은 의도적으로 조작된 것이며 저자가 진정성을 꾸며내기 위해 삽입한 것이라고 볼 수밖에 없다.

고대 세계는 그러한 '허위저자 이름붙이기'에 대해 허용적이었지만, 그러한 관습이 초대교회 내에서는 수용되지 않았음을 보여주는 증거가

「감옥에서 해방되는 베드로(The Liberation of St. Peter)」 안토니오 드 벨리스. 1640년경. 캔버스에 유화. 178.5x260.5cm. 개인 소장. 스칸디나비아.

있을 때에 하늘로부터 난 것을 들은 것이라

벧후 1:13-14 내가 이 장막에 있을 동안에 너희를 일깨워 생각나게 함이 옳은 줄로 여기노니 이는 우리 주 예수 그리스도께서 내게 지시하신 것 같이 나도 나의 장막을 벗어날 것이 임박한 줄을 앎이라

요 21:18-19 내가 진실로 진실로 네게 이르노니 네가 젊어서는 스스로 띠 띠고 원하는 곳으로 다녔거니와 늙어서는 네 팔을 벌리리니 남이 네게 띠 띠우고 원하지 아니하는 곳으로 데려가리라 이 말씀을 하심은 베드로가 어떠한 죽음으로 하나님께 영광을 돌릴 것을 가리키심이러라 이 말씀을 하시고 베드로에게 이르시되 나를 따르라 하시니

실 라

실라는 분명 초대교회에서 매우 출중한 인물이었다. 실라는 바울의 2차 선교여
행에 동참했으며(행 15:40; 16:19, 25; 17:4, 10, 14; 18:5), 선지자였다(행 15:32). 그
는 또한 데살로니가에 보낸 편지들을 기록할 때에도 바울과 디모데와 함께 참여
했다(살전 1:1; 살후 1:1). 베드로는 분명 그를 중요하게 생각해서 "신실한 형제"
라고 불렀다(벧전 5:12). 베드로가 그렇게 재능이 많고 뛰어난 사람을 단순히 비
서나 서기로 두었을 가능성은 별로 없다. 그러나 베드로는 자신의 인사말에 실라
의 이름을 포함하지 않았다(벧전 1:1). 따라서 실라가 서신의 작성에 참여했더라
도, 베드로는 이 편지를 자신이 직접 작성한 것으로 간주했다(예. 벧전 5:1).

있다. 마이클 그린은 2세기 작품 「바울과 데클라 행전」(*The Acts of Paul and Thecla*)의 저자에게 벌어진 일에 관해 터툴리아누스가 기록한 이야기를 언급한다. 이 작품은 이단적이지는 않았지만, 그 저자는 장로직을

행 15:40 　바울은 실라를 택한 후에 형제들에게 주의 은혜에 부탁함을 받고 떠나

행 16:19 　여종의 주인들은 자기 수익의 소망이 끊어진 것을 보고 바울과 실라를 붙잡아 장터로 관
　　　　　리들에게 끌어 갔다가

행 16:25 　한밤중에 바울과 실라가 기도하고 하나님을 찬송하매 죄수들이 듣더라

행 17:4 　그 중의 어떤 사람 곧 경건한 헬라인의 큰 무리와 적지 않은 귀부인도 권함을 받고 바울과
　　　　　실라를 따르나

행 17:10 　밤에 형제들이 곧 바울과 실라를 베뢰아로 보내니 그들이 이르러 유대인의 회당에 들어
　　　　　가니라

행 17:14 　형제들이 곧 바울을 내보내어 바다까지 가게 하되 실라와 디모데는 아직 거기 머물더라

행 18:5 　실라와 디모데가 마게도냐로부터 내려오매 바울이 하나님의 말씀에 붙잡혀 유대인들에
　　　　　게 예수는 그리스도라 밝히 증언하니

행 15:32 　유다와 실라도 선지자라 여러 말로 형제를 권면하여 굳게 하고

살전 1:1 　바울과 실루아노와 디모데는 하나님 아버지와 주 예수 그리스도 안에 있는 데살로니가인
　　　　　의 교회에 편지하노니 은혜와 평강이 너희에게 있을지어다

살후 1:1 　바울과 실루아노와 디모데는 하나님 우리 아버지와 주 예수 그리스도 안에 있는 데살로
　　　　　니가인의 교회에 편지하노니

벧전 1:1 　예수 그리스도의 사도 베드로는 본도, 갈라디아, 갑바도기아, 아시아와 비두니아에 흩어
　　　　　진 나그네

벧전 5:1 　너희 중 장로들에게 권하노니 나는 함께 장로 된 자요 그리스도의 고난의 증인이요 나타
　　　　　날 영광에 참여할 자니라

박탈당했다. 자신의 작품을 바울의 이름을 빌려 출간했기 때문이었다. 어쨌든 '허위저자 이름붙이기'는 경건과 진리를 강조하는 서신과 어울리지 않았을 것이다(예. 1:5-7; 2:2-3). 마이클 그린은 광범위한 증거들을 검토한 뒤 이런 결론을 내렸다. "사실 서신의 저자가 베드로임을 반박하는 입장은 설득력이 부족해 보인다. 베드로가 저자임을 결정적으로 보여줄 수는 없지만 아직까지 베드로가 저자가 아님을 확실히 보여주지도 못했다."

인 간 베 드 로

시몬 베드로는 아마 신약의 저자들 가운데 가장 매력적인 인물일 것이다. 베드로는 사복음서와 사도행전 초반부에서 가장 눈에 띄는 인물이며, 뛰어난 강점뿐만 아니라 분명한 약점으로 인해 그리스도인 독자들의 사랑을 받았다.

동생 안드레처럼 시몬 역시 어부였다. 그들은 세베대의 아들 요한과 야고보 형제의 동업자였다(눅 5:10). 그들은 갈릴리 북쪽 해변 벳새다 출신이었지만(요 1:44), 베드로는 나중에 갈릴리 북서쪽 가버나움에 정착했다(막 1:21, 29). 그곳에서 그는 아내, 장모 그리고 동생 안드레와 함께 살았다(막 1:29-30; 고전 9:5과 비교하라).

벤후 1:5-7 그러므로 너희가 더욱 힘써 너희 믿음에 덕을, 덕에 지식을, 지식에 절제를, 절제에 인내를, 인내에 경건을, 경건에 형제 우애를, 형제 우애에 사랑을 더하라

벤후 2:2-3 여럿이 그들의 호색하는 것을 따르리니 이로 말미암아 진리의 도가 비방을 받을 것이요 그들이 탐심으로써 지어낸 말을 가지고 너희로 이득을 삼으니 그들의 심판은 옛적부터 지체하지 아니하며 그들의 멸망은 잠들지 아니하느니라

눅 5:10 세베대의 아들로서 시몬의 동업자인 야고보와 요한도 놀랐음이라 예수께서 시몬에게 이르시되 무서워하지 말라 이제 후로는 네가 사람을 취하리라 하시니

요 1:44 빌립은 안드레와 베드로와 한 동네 벳새다 사람이라

막 1:21 그들이 가버나움에 들어가니라 예수께서 곧 안식일에 회당에 들어가 가르치시매

막 1:29-30 회당에서 나와 곧 야고보와 요한과 함께 시몬과 안드레의 집에 들어가시니 시몬의 장모가 열병으로 누워 있는지라 사람들이 곧 그 여자에 대하여 예수께 여짜온대

베드로의 이름

원래 베드로의 헬라어 이름은 시몬이었다. 유대인, 특히 갈릴리에서는 헬라어 이름을 갖는 것이 보통이었고, 시몬의 형제 안드레도 헬라어 이름이 있었다. 요한복음 1장 42절에 따르면, 예수께서 시몬을 처음 만나셨을 때, 그에게 '베드로'라는 이름을 붙여주셨다. 베드로라는 이름은 헬라어판(베드로)과 아람어판(게바)이 있는데 둘 다 '반석'을 의미한다.

그러나 예수께서는 공생애 후반에 가서야 교회의 기초를 세우게 될 베드로의 역할을 강조하면서 그 이름에 더 깊은 의미를 부여하셨다. 사도행전 초반부에 베드로는 실제로 예루살렘 교회의 지도자였다(행 1:15; 2:14; 5:3; 갈 1:18; 2:9과 비교하라).

바울은 습관적으로 베드로의 아람어 이름을 사용했다(예. 고전 1:12; 3:22; 9:5). 아마도 예수와 제자들이 헬라어가 아닌 아람어를 사용하던 때로 거슬러 올라가, 예수와 베드로의 친밀한 관계에 대해 바울이 인식하고 있었음을 표현한 것 같다.

고전 9:5 　우리가 다른 사도들과 주의 형제들과 게바와 같이 믿음의 자매 된 아내를 데리고 다닐 권리가 없겠느냐

행 1:15 　모인 무리의 수가 약 백이십 명이나 되더라 그 때에 베드로가 그 형제들 가운데 일어서서 이르되

행 2:14 　베드로가 열한 사도와 함께 서서 소리를 높여 이르되 유대인들과 예루살렘에 사는 모든 사람들아 이 일을 너희로 알게 할 것이니 내 말에 귀를 기울이라

행 5:3 　베드로가 이르되 아나니아야 어찌하여 사탄이 네 마음에 가득하여 네가 성령을 속이고 땅 값 얼마를 감추었느냐

갈 1:18 　그 후 삼 년 만에 내가 게바를 방문하려고 예루살렘에 올라가서 그와 함께 십오 일을 머무는 동안

갈 2:9 　또 기둥 같이 여기는 야고보와 게바와 요한도 내게 주신 은혜를 알므로 나와 바나바에게 친교의 악수를 하였으니 우리는 이방인에게로, 그들은 할례자에게로 가게 하려 함이라

고전 1:12 　내가 이것을 말하거니와 너희가 각각 이르되 나는 바울에게, 나는 아볼로에게, 나는 게바에게, 나는 그리스도에게 속한 자라 한다는 것이니

고전 3:22 　바울이나 아볼로나 게바나 세계나 생명이나 사망이나 지금 것이나 장래 것이나 다 너희의 것이요

고전 9:5 　우리가 다른 사도들과 주의 형제들과 게바와 같이 믿음의 자매 된 아내를 데리고 다닐 권리가 없겠느냐

초기에 베드로의 기질이 어땠는지 상상하기는 어렵지 않다. 제자로서의 베드로는 욱하는 성격이 있었다(예. 요 13:6-9; 마 26:33). 자연스럽게 그는 그 집단의 리더가 되었다. 그는 항상 사도들의 명단에서 제일 먼저 언급되며 그들의 대변자로 행동했다(예. 마 16:15-16). 우리는 베드로를 사나운 기질의 성질 급한 젊은이로 묘사할 수 있다. 그러므로 예수께서 베드로에게 '반석'이라는 별명을 주신 것은 더욱 의미심장하다. 이 다혈질의 젊은이는 나중에 교회가 세워질 굳건하고 튼튼한 기초가 될 것이었다(마 16:18).

그러나 좀 더 살펴볼 것이 있다. 시몬은 갈릴리 사람이었다. 갈릴리는 메시아를 기다리는 혁명가들의 온상으로 악명이 높았다. 예루살렘보다 오히려 갈릴리에 사는 사람들이 이스라엘의 운명이 역전되고 하나님 나라가 세워질 것을 약속한 예언에 더 매달렸다. 그들은 메시아가 나타나 로마의 지배하에 있는 이스라엘의 상황을 종식시켜 주길 갈망했다. 성질이 불같은 시몬 역시 분명 그런 혁명적 갈망을 공유했을 것이다. 기질적 요소와 환경적 요소가 복합적으로 작용해 베드로는 "예루살렘의 속량"(눅 2:38), "이스라엘의 위로"(눅 2:25) 그리고 "하나님의 나라"(막 15:43)를 열렬히 기다리는 유대인들 중 한 사람이 되었다.

그러므로 유대 광야에 한 선지자가 나타났다는 소식을 들었을 때, 시

요 13:6-9 시몬 베드로에게 이르시니 베드로가 이르되 주께서 내 발을 씻으시나이까 예수께서 대답하여 이르시되 내가 하는 것을 네가 지금은 알지 못하나 이 후에는 알리라 베드로가 이르되 내 발을 절대로 씻지 못하시리이다 예수께서 대답하시되 내가 너를 씻어 주지 아니하면 네가 나와 상관이 없느니라 시몬 베드로가 이르되 주여 내 발뿐 아니라 손과 머리도 씻어 주옵소서

마 26:33 베드로가 대답하여 이르되 모두 주를 버릴지라도 나는 결코 버리지 않겠나이다

마 16:15-16 이르시되 너희는 나를 누구라 하느냐 시몬 베드로가 대답하여 이르되 주는 그리스도시요 살아 계신 하나님의 아들이시니이다

마 16:18 또 내가 네게 이르노니 너는 베드로라 내가 이 반석 위에 내 교회를 세우리니 음부의 권세가 이기지 못하리라

몬과 그의 친구들이 고기잡이 일을 버리고 그 선지자를 만나러 남쪽으로 간 사실은 그리 놀랄 일이 아니다. 확실히 세례 요한 주변에는 로마에 대항한 혁명을 이끌어 갈 예언된 구원자를 기대하는 수많은 사람들이 모여들었다. 혁명에 대한 열정에 자극받아 시몬은 요한에게 세례를 받고 그의 제자가 되었다. 하지만 요한은 자신이 아닌 또 다른 사람을 가리켰다. 동생 안드레가 "우리가 메시아를 만났다!"(요 1:41)며 흥분해 베드로를 데리러 왔을 때, 그 메시아는 요한이 아니라 예수를 의미했다.

이는 자신의 모든 소망의 대상이 되실 분에 대해 베드로가 처음 소개한 부분이다. 베드로는 그분을 따랐고, 그의 말씀을 들었고, 그분을 주시했으며, 그분이 행하신 일들 때문에 놀랐다. 베드로 안에서 점점 확신의 불꽃이 커져갔다. 마침내 헤르몬 산 기슭에 위치한 가이사랴 빌립보에서

「십자가에 못 박히는 베드로(Crucifixion of St. Peter)」 카라바조. 1600년. 캔버스에 유화. 230x175cm. 산타마리아 델 포폴로 성당. 로마.

그 불꽃은 위대한 신앙고백으로 타올랐다. "주는 그리스도시요 살아 계신 하나님의 아들이시니이다"(마 16:16). 베드로의 소망은 실현되었다. 베드로의 삶에서 최고의 순간이었다. 메시아가 오셨다. 예수께서 그 칭호를 받아들이시고, 그 진리를 아버지께서 베드로에게 보여주셨다고 말씀해 주셨으며, 제자들에게는 자신이 그리스도임을 누구에게도 말하지 말라고 명하셨다(마 16:20). 그리고 곧바로 제자들에게 가르치기 시작하셨다. "예수 그리스도께서 자기가 예루살렘에 올라가… 많은 고난을 받고 죽임을 당하고…"(마 16:21).

특별히 시몬에게 이는 매우 받아들이기 힘든 교훈이었을 것이다. 예수께서 자신의 고난과 죽음에 대해 예언하셨을 때 베드로의 첫 반응은 공포와 부인이었다. 메시아는 죽으면 안 됐다. 베드로에게 예수는 분명 다스리려고 오셨지 죽으려고 오신 분이 아니었다. 그래서 베드로는 이렇게 내뱉는다. "주여 그리 마옵소서 이 일이 결코 주께 미치지 아니하리이다"(마 16:22). 그러나 이에 대한 예수의 반응은 훨씬 더 거칠었다. 아니 사실 과격했다. "사탄아 내 뒤로 물러가라 너는 나를 넘어지게 하는 자로다 네가 하나님의 일을 생각하지 아니하고 도리어 사람의 일을 생각하는도다"(마 16:23).

예수께서 베드로가 원했던, 승리하고 통치하며 높임을 받는 그런 메시아가 된다고 생각하는 것은 그분에게 유혹거리였다. 방금 하나님 아버지로부터 계시를 받았던 제자가 마귀의 속임을 받는 대상이 된 것이다. 예수는 약속의 땅에서 로마 군대를 몰아내려고 온 것이 아니기 때문이다. 그분은 세상의 죄로 인해 죽기 위해 이 땅에 오셨다. 그분이 보좌로 가려면 가파른 갈보리 언덕을 통과해야 했다. 예수는 영광으로 들어가기 전에 고난의 길을 걸으셔야 했다. 그분이 왕이 되는 대가는 바로 십자가였다.

그러나 베드로는 이해할 수 없었고 자신의 선입견을 바꾸려고도 하지 않았다. 그는 모세와 엘리야가 예수께서 "예루살렘에서 별세하실 것"(눅 9:31)을 말하는 것을 들었고, 심지어 예수께서 장차 겪으실 고난과 죽음에 대해 누누이 말씀하셨는데도(막 8:31; 9:31; 10:33-34, 45) 변화산에서 영광 가운데 계신 예수의 모습을 본 지 일주일도 되지 않기에 그의 선

막 8:31 인자가 많은 고난을 받고 장로들과 대제사장들과 서기관들에게 버린 바 되어 죽임을 당하고 사흘 만에 살아나야 할 것을 비로소 그들에게 가르치시되

막 9:31 이는 제자들을 가르치시며 또 인자가 사람들의 손에 넘겨져 죽임을 당하고 죽은 지 삼 일 만에 살아나리라는 것을 말씀하셨기 때문이더라

입견은 확고했다.

그래서 때가 찼을 때, 베드로는 저항하려고 했다. 다락방에서 주님께서 노예가 하는 일인, 발을 씻겨주는 일을 하려고 할 때 베드로는 처음에 하지 못하게 했다(요 13:6-8). 겟세마네 동산에서 베드로는 예수를 체포하러 온 일당에게 저항했다. 베드로는 어둠 속에서 칼을 뽑아 휘둘러 대제사장의 종 말고의 귀를 잘랐다(요 18:10). 그는 싸우지도 않고 왕이 체포되는 것을 보고만 있을 수 없었다. 그러나 베드로는 자신의 영웅적 행동에 대해 예수께서 보이신 반응에 답답함과 어리둥절함을 느꼈을 것이다. "칼을 칼집에 꽂으라 아버지께서 주신 잔을 내가 마시지 아니하겠느냐?"(요 18:11).

재판을 받으면 죽을 것이 뻔하다는 걸 알면서도 그 길을 가시는 예수를 "멀찍이 따라"(막 14:54) 가는 베드로의 마음에는 의문들이 생겼을 것이다. 예수께서 잘못 생각하신 건가? 결국 이분은 메시아가 아니었던 것인가? 베드로는 그분을 위해 죽을 각오가 되었다고 자랑했다(막 14:31). 그러나 자기 나라에서마저 배척당한, 패배한 왕에게 어떻게 충성을 다할 수 있겠는가?

마지막 시험이 찾아왔고, 베드로는 예수를 부인했다. 한 번도 아니고

막 10:33-34 보라 우리가 예루살렘에 올라가노니 인자가 대제사장들과 서기관들에게 넘겨지매 그들이 죽이기로 결의하고 이방인들에게 넘겨 주겠고 그들은 능욕하며 침 뱉으며 채찍질하고 죽일 것이나 그는 삼 일 만에 살아나리라 하시니라

막 10:45 인자가 온 것은 섬김을 받으려 함이 아니라 도리어 섬기려 하고 자기 목숨을 많은 사람의 대속물로 주려 함이니라

요 13:6-8 시몬 베드로에게 이르시니 베드로가 이르되 주여 주께서 내 발을 씻으시나이까 예수께서 대답하여 이르시되 내가 하는 것을 네가 지금은 알지 못하나 이 후에는 알리라 베드로가 이르되 내 발을 절대로 씻지 못하시리이다 예수께서 대답하시되 내가 너를 씻어 주지 아니하면 네가 나와 상관이 없느니라

요 18:10 이에 시몬 베드로가 칼을 가졌는데 그것을 빼어 대제사장의 종을 쳐서 오른편 귀를 베어 버리니 그 종의 이름은 말고라

막 14:31 베드로가 힘있게 말하되 내가 주와 함께 죽을지언정 주를 부인하지 않겠나이다 하고 모든 제자도 이와 같이 말하니라

성경이 이루어지다

만약 예수께서 엠마오 도상의 두 제자에게 즉시 자신을 드러내셨더라면, 그들의 슬픔은 곧 사라졌을 것이다. 그러나 누가는 예수께서 놀랍게도 그것을 유보하셨다고 기록한다. 예수께서 성경에 따라 자기가 반드시 죽고 부활해야 했다는 것을 가르치실 때까지 "그들의 눈이 가리어져서 그인 줄 알아보지 못했다"(눅 24:16). 이후 그것은 예루살렘에 모인 모든 사람에게 주시는 말씀의 핵심이 되었다. "또 이르시되 내가 너희와 함께 있을 때에 너희에게 말한 바 곧 모세의 율법과 선지자의 글과 시편에 나를 가리켜 기록된 모든 것이 이루어져야 하리라 한 말이 이것이라 하시고 이에 그들의 마음을 열어 성경을 깨닫게 하시고 또 이르시되 이같이 그리스도가 고난을 받고 제 삼일에 죽은 자 가운데서 살아날 것과 또 그의 이름으로 죄 사함을 받게 하는 회개가 예루살렘에서 시작하여 모든 족속에게 전파될 것이 기록되었으니"(눅 24:44-47).

우리는 베드로전서에서 어떻게 그가 이 가르침을 배우게 되었는지를 알 수 있다. 짧막한 다섯 장에서 구약 인용이 열네 번이나 나오며 그 교훈을 암시하는 것도 다수 등장한다. 구약이 전쟁을 일으켜 승리하는 메시아가 아니라 죽으시고 부활하시는 메시아를 예언하고 있음을 베드로가 깨닫게 되었을 때, 구약에 대한 그의 이해는 혁명적으로 변화되었다.

그래서 베드로는 다음과 같이 기록했다. "이 구원에 대하여는 너희에게 임할 은혜를 예언하던 선지자들이 연구하고 부지런히 살펴서 자기 속에 계신 그리스도의 영이 그 받으실 고난과 후에 받으실 영광을 미리 증언하여 누구를 또는 어떠한 때를 지시하시는지 상고하니라"(벧전 1:10-11).

세 번이나. 그리고는 어두운 밤에 홀로 통한의 눈물을 흘린다. 그것은 회한의 눈물이자 처절한 환멸감에서 솟아나는 눈물이었다. 분명 베드로는 군중에 섞여 골고다까지 따라갔을 것이다. 거기서 그는 최후의 장면을 목격했다. 그가 그동안 품어온 희망의 불꽃은 완전히 꺼져버렸다. 메시아가 죽었다.

이틀간 시몬 베드로가 경험한 지옥을 상상하기란 결코 쉽지 않다. 그러나 부활의 날에 그가 느꼈을 엄청난 흥분은 충분히 공감할 수 있다. 베드로는 요한과 함께 무덤으로 달려갔다(요 20:1-10). 무덤은 텅 비어 있었다. 시신은 보이지 않았다. 그리고 그때 베드로는 주님을 뵈었다(고전 15:5). 이 개인적인 만남에서 어떤 말이 오갔는지는 알려진 바가 없다. 그러나 그때 베드로가 "예수 그리스도를 죽은 자 가운데서 부활하게 하심으로 말미암아… 거듭나게 하사 산 소망"을 품게 되었다는 것만큼은 확실하다(벧전 1:3). 베드로는 문자 그대로 다시 태어난 것만 같았다.

또한 부활하신 첫날 저녁, 주님은 예루살렘에 있는 제자들에게 나타나셔서, 앞서 엠마오 도상에서 두 제자에게 하신 말씀을 되풀이하셨다. "미련하고 선지자들이 말한 모든 것을 마음에 더디 믿는 자들이여 그리스도가 이런 고난을 받고 자기의 영광에 들어가야 할 것이 아니냐 하시고 이에 모세와 모든 선지자의 글로 시작하여 모든 성경에 쓴 바 자기에 관한 것을 자세히 설명하시니라"(눅 24:25-27). 그러므로 이제 다락방에서 예수는 마찬가지로 자신의 죽음과 부활 안에서 성경이 성취되었음을 강조하신다.

베드로가 이 가르침을 배웠다는 것은 사도행전 초반부에 나오는 그의 설교에서 분명히 알 수 있다. "너희가… 죽였으나 하나님께서… 살리셨으니 우리가 다 이 일에 증인이로다." 이는 베드로의 메시지를 요약해 준다. 베드로는 더 이상 그리스도의 고난을 부끄러워하지 않는다. 비록 그 고난이 "법 없는 자들의 손을 빌려" 일어났지만, 그것 또한 "하나님께서 정하신 뜻과 미리 아신" 것들이기 때문이다(행 2:23). 베드로는 산헤드린 공회에 말했다. "하나님이 모든 선지자의 입을 통하여 자기의 그리스도께서 고난받으실 일을 미리 알게 하신 것을 이와 같이 이루셨느니라"(행 3:18). 그러나 이제 예수는 부활하셨고, 높임을 받아 "임금과 구주"가 되셨으며, 회개하고 믿는 모든 자들을 위한 용서의 근원이 되셨

고전 15:5 게바에게 보이시고 후에 열두 제자에게와

다(행 5:31; 2:38; 3:19; 4:12; 10:43과 비교하라). 그렇다. 언젠가는 이 임금 께서 자신의 백성을 구원하고 세상을 심판하기 위해 행하실 것이다(행 3:19-21; 10:42). 그러나 그를 따르는 자들은 칼을 뺄 필요가 없다. 그들 이 할 일이라고는 기다리는 것과 증언하는 것뿐이다.

예루살렘 성묘 교회는 예수가 죽어서 묻혔을 것이라고 추측되는 장소 위에 세워졌다.

행 5:31   이스라엘에게 회개함과 죄 사함을 주시려고 그를 오른손으로 높이사 임금과 구주로 삼으 셨느니라

행 2:38   베드로가 이르되 너희가 회개하여 각각 예수 그리스도의 이름으로 세례를 받고 죄 사함 을 받으라 그리하면 성령의 선물을 받으리니

행 3:19   그러므로 너희가 회개하고 돌이켜 너희 죄 없이 함을 받으라 이같이 하면 새롭게 되는 날 이 주 앞으로부터 이를 것이요

행 4:12   다른 이로써는 구원을 받을 수 없나니 천하 사람 중에 구원을 받을 만한 다른 이름을 우리 에게 주신 일이 없음이라 하였더라

행 10:43   그에 대하여 모든 선지자도 증언하되 그를 믿는 사람들이 다 그의 이름을 힘입어 죄 사함 을 받는다 하였느니라

행 3:19-21 그러므로 너희가 회개하고 돌이켜 너희 죄 없이 함을 받으라 이같이 하면 새롭게 되는 날 이 주 앞으로부터 이를 것이요 또 주께서 너희를 위하여 예정하신 그리스도 곧 예수를 보 내시리니 하나님이 영원 전부터 거룩한 선지자들의 입을 통하여 말씀하신 바 만물을 회 복하실 때까지는 하늘이 마땅히 그를 받아 두리라

행 10:42   우리에게 명하사 백성에게 전도하되 하나님이 살아 있는 자와 죽은 자의 재판장으로 정 하신 자가 곧 이 사람인 것을 증언하게 하셨고

그래서 처음에는 주님을 옹호했다가 나중에는 부인한 이 충동적인 사도는 산헤드린 공회 앞에서 의연하게 서서 겸손하게 대질심문에 응했다. 베드로는 매질을 당했고 투옥되었다. 그는 예정된 사형 집행 전날 밤에 잠이 들었다(행 12:6). 그리고 전승(傳承)에 따르면, 그는 마침내 네로 황제의 박해 기간에 로마에서 십자가형을 받고 주님과 같은 죽음을 맞이했다(요 21:18-19). 옛 시몬의 불같고 호전적인 기질은 이제 베드로의 새로운 산 소망으로 바뀌었다. 주님처럼 베드로도 십자가를 통해 영광에 이르게 되었다.

그것은 그때나 지금이나 습득하기 힘든 가르침이었다. 고난의 필요성

행 12:6 헤롯이 잡아 내려고 하는 그 전날 밤에 베드로가 두 군인 틈에서 두 쇠사슬에 매여 누워 자는데 파수꾼들이 문 밖에서 옥을 지키더니

요 21:18-19 내가 진실로 진실로 네게 이르노니 네가 젊어서는 스스로 띠 띠고 원하는 곳으로 다녔거니와 늙어서는 네 팔을 벌리리니 남이 네게 띠 띠우고 원하지 아니하는 곳으로 데려가리라 이 말씀을 하심은 베드로가 어떠한 죽음으로 하나님께 영광을 돌릴 것을 가리키심이러라 이 말씀을 하시고 베드로에게 이르시되 나를 따르라 하시니

을 부인하고 싶은 유혹은 언제나 교회를 시험한다. 고통을 견디게 해주는 그리스도보다 고통으로부터 구원해 주는 그리스도를 믿는 것이 훨씬 더 매력적이다. 그러나 베드로는 단호하게 전자의 그리스도를 가리킨다. 처음에 베드로가 꿈꾸던 그리스도는 후자의 모습이었지만, 그 꿈은 부활하신 날 아침 산산이 부서진다. 그분이 그저 먼발치서 죽음을 이긴 것이 아니라 죽음을 몸소 겪으신 분이 그날 죽음을 파하셨기 때문이다.

베드로의 첫 독자들은 지금 우리와 마찬가지로 그 메시지를 들어야 했다.

베드로의 메시지

베드로의 편지를 받은 그리스도인들은 소아시아 지역 다섯 도시에 '흩어진' 채 살았으며(벧전 1:1) 분명 박해의 위협을 받고 있었다. 그것은 공식적인 박해는 아니었지만, 문자 그대로 '불 시험'(벧전 4:12)이라고 불릴 만큼 심했으며 널리 확산되어 있었다(5:9). 베드로는 '바벨론'(5:13)에서 그들에게 편지를 썼는데, 이는 아마도 로마를 지칭하는 암호였을 것이다. 고대 바벨론처럼 로마와 그 제국은 당시 하나님을 대적하는 세상의 중심이었다.

베드로의 독자들은 그 말의 의미를 알았을 것이다. 소아시아에 살고 있는 그들은 대부분 로마제국의 황제숭배 압력을 받고 있었다. 그곳은

벧전 1:1 예수 그리스도의 사도 베드로는 본도, 갈라디아, 갑바도기아, 아시아와 비두니아에 흩어진 나그네

벧전 4:12 사랑하는 자들아 너희를 연단하려고 오는 불 시험을 이상한 일 당하는 것 같이 이상히 여기지 말고

벧전 5:9 너희는 믿음을 굳건하게 하여 그를 대적하라 이는 세상에 있는 너희 형제들도 동일한 고난을 당하는 줄을 앎이라

벧전 5:13 택하심을 함께 받은 바벨론에 있는 교회가 너희에게 문안하고 내 아들 마가도 그리하느니라

특히 압력이 강했던 지역이었다. 과거에 학자들은 로마의 황제숭배가 로마의 강요에 의한 것이라고 생각했다. 즉 충성을 강요하기 위해 로마 당국은 '로마(Roma)'라는 여신을 위한 신전을 짓고 모든 사람에게 거기서 황제에게 분향할 것을 강요했다.

그러나 비록 로마 당국이 장려하기는 했지만, 그것은 사실 대중적인 운동이었음이 최근 밝혀졌다. 로마의 통치가 주는 혜택에 대한 감사로, 각 지역 거주민들은 이 신전 건물들을 재정적으로 지원했고, 황제를 신으로 숭배하는 각종 축제를 열었다. 당연히 사람들은 축제를 거부하는 그리스도인들에게 의심의 눈초리를 보냈다. 그러나 그리스도인들은 참여할 수 없었다. 체제 전복적으로 보일 위험을 감수하고서라도 그들은 우상숭배를 거부해야 했다. 베드로는 그들을 이렇게 격려한다. "너희가 음란과 정욕과 술취함과 방탕과 향락과 무법한 우상숭배를 하여 이방인의 뜻을 따라 행한 것은 지나간 때로 족하도다 이러므로 너희가 그들과 함께 그런 극한 방탕에 달음질하지 아니하는 것을 그들이 이상히 여겨 비방하나 그들이 산 자와 죽은 자를 심판하기로 예비하신 이에게 사실대로 고하리라"(벧전 4:3-5).

초기 기독교인 상징인 선한 목자상은 비잔틴 시대부터 시작되었으며, 가자 지구 근처의 알미나에서 발견되었다.

그러한 상황에서 그리스도인은 어떻게 행동해야 하는가? 억울하게 고난을 당할 때 그리스도인은 어떤 태도를 취해야 하는가? 자신을 둘러싼 사회로부터 소외당할 때 그리스도인들은 어떻게 대처해야 하는가? 이러한 것들은 특별히 베드로전서에서 다루는 실제적인 질문들이었다. 베드로는 어떻게 답변했는가?

1. 예수께서 보여주신 본

베드로는 독자들이 베드로 자신이 아닌 그리스도께 주의를 집중하게 한다. 베드로전서에서 그는 그리스도를 언급하면서 '고난'이라는 단어를 일곱 번이나 사용한다(1:11; 2:21, 23; 3:18; 4:1, 13; 5:1). 베드로는 과거에 자신이 거부했던 것을 이제는 기뻐하는 것 같다. 예수의 본을 따라 그리스도인 또한 반드시 고난을 받아야 한다. 베드로는 그리스도인들을 지칭하면서 동일한 단어 '고난'을 아홉 번이나 사용한다(2:19, 20; 3:14, 17;

벧전 1:11 자기 속에 계신 그리스도의 영이 그 받으실 고난과 후에 받으실 영광을 미리 증언하여 누구를 또는 어떠한 때를 지시하시는지 상고하니라
벧전 2:21 이를 위하여 너희가 부르심을 받았으니 그리스도도 너희를 위하여 고난을 받으사 너희에게 본을 끼쳐 그 자취를 따라오게 하려 하셨느니라
벧전 2:23 욕을 당하시되 맞대어 욕하지 아니하시고 고난을 당하시되 위협하지 아니하시고 오직 공의로 심판하시는 이에게 부탁하시며
벧전 3:18 그리스도께서도 단번에 죄를 위하여 죽으사 의인으로서 불의한 자를 대신하셨으니 이는 우리를 하나님 앞으로 인도하려 하심이라 육체로는 죽임을 당하시고 영으로는 살리심을 받으셨으니
벧전 4:1 그리스도께서 이미 육체의 고난을 받으셨으니 너희도 같은 마음으로 갑옷을 삼으라 이는 육체의 고난을 받은 자는 죄를 그쳤음이니
벧전 4:13 오히려 너희가 그리스도의 고난에 참여하는 것으로 즐거워하라 이는 그의 영광을 나타내실 때에 너희로 즐거워하고 기뻐하게 하려 함이라
벧전 5:1 너희 중 장로들에게 권하노니 나는 함께 장로 된 자요 그리스도의 고난의 증인이요 나타날 영광에 참여할 자니라
벧전 2:19 부당하게 고난을 받아도 하나님을 생각함으로 슬픔을 참으면 이는 아름다우나
벧전 2:20 죄가 있어 매를 맞고 참으면 무슨 칭찬이 있으리요 그러나 선을 행함으로 고난을 받고 참으면 이는 하나님 앞에 아름다우니라
벧전 3:14 그러나 의를 위하여 고난을 받으면 복 있는 자니 그들이 두려워하는 것을 두려워하지 말며 근심하지 말고
벧전 3:17 선을 행함으로 고난 받는 것이 하나님의 뜻일진대 악을 행함으로 고난 받는 것보다 나으니라

4:1, 15-16, 19; 5:9, 10). 베드로는 다음과 같이 말했다. "이를 위하여 너희가 부르심을 받았으니 그리스도도 너희를 위하여 고난을 받으사 너희에게 본을 끼쳐 그 자취를 따라오게 하려 하셨느니라"(2:21).

여기서 '본'으로 번역된 단어는 헬라어 신약성경에서 유일무이하다. 그것은 아이들이 글자 모양을 익히기 위해 따라서 쓰는 교사의 알파벳 연습용 공책을 의미한다. 그와 같이 우리는 예수의 삶을 본받아 기독교 제자도의 기초를 배워야 한다. 베드로의 펜 끝에서 쓰인 이 글은 웅변과 같이 울려 퍼진다. "주여 내가 주와 함께 옥에도, 죽는 데에도 가기를 각오하였나이다"(눅 22:33). 이렇게 장담했지만 실제로는 "멀찍이 따라"갔을 뿐이었던 베드로(눅 22:54). 후에 갈릴리 해변에서 베드로는 또다시 "나를 따르라"는 주님의 부르심을 들었다(요 21:19). 그리고 베드로는 이 부르심을 자신의 편지를 읽는 그리스도인들에게도 전한다. "욕을 당하시되 맞대어 욕하지 아니하시고 고난을 당하시되 위협하지 아니하시고 오직 공의로 심판하시는 이에게 부탁하시며"(벧전 2:23). 그들도 동일하게 행해야 한다.

벧전 4:1 그리스도께서 이미 육체의 고난을 받으셨으니 너희도 같은 마음으로 갑옷을 삼으라 이는 육체의 고난을 받은 자는 죄를 그쳤음이니

벧전 4:15-16 너희 중에 누구든지 살인이나 도둑질이나 악행이나 남의 일을 간섭하는 자로 고난을 받지 말려니와 만일 그리스도인으로 고난을 받으면 부끄러워하지 말고 도리어 그 이름으로 하나님께 영광을 돌리라

벧전 4:19 그러므로 하나님의 뜻대로 고난을 받는 자들은 또한 선을 행하는 가운데에 그 영혼을 미쁘신 창조주께 의탁할지어다

벧전 5:9 너희는 믿음을 굳건하게 하여 그를 대적하라 이는 세상에 있는 너희 형제들도 동일한 고난을 당하는 줄을 앎이라

벧전 5:10 모든 은혜의 하나님 곧 그리스도 안에서 너희를 부르사 자기의 영원한 영광에 들어가게 하신 이가 잠깐 고난을 당한 너희를 친히 온전하게 하시며 굳건하게 하시며 강하게 하시며 터를 견고하게 하시리라

2. 예수께서 고난을 받으신 이유

하지만 질문이 생긴다. 어째서 예수는 그런 모범을 보여주셨을까? 만약 그리스도인들이 단지 예수를 따르기 때문에 고난을 받아야 한다면, 단지 세상이 예수를 미워했기 때문에 그분이 고난을 당하셨다면, 그리스도인이 된다는 것은 가련하고 달갑잖은 일일 뿐이다. 베드로는 독자들에게 예수께서 고난을 당한 영광스러운 이유에 대해 말한다. 그 때문에 그들이 받는 고난은 견딜 만한 가치가 있다고 한다.

예수의 죽음은 끔찍한 사고가 아니었다. 그분은 "단번에 죄를 위하여 죽으사(고난받으사) 의인으로서 불의한 자를 대신하셨으니 이는 우리를 하나님 앞으로 인도하려 하심이라"(벧전 3:18). 예수께서 고난받으신 위대한 목적은 바로 속죄였다. 그분은 죄인과 하나님 사이의 큰 괴리를 잇는 다리가 되어주셨다. "친히 나무에 달려 그 몸으로 우리 죄를 담당하셨으니 이는 우리로 죄에 대하여 죽고 의에 대하여 살게 하려 하심이라"(벧전 2:24).

여기서 베드로의 성경 지식이 무척 유익하다. "우리 죄를 담당하셨으니"라는 구절은 구약의 속죄제와 속죄일의 희생양 제사 의식을 떠올리게 한다. 또한 다른 사람들의 죄를 대신해 죽는 이사야 53장의 '고난받는 종'에 대한 예언도 생각나게 한다. 베드로는 예수께서 이 예언을 자신에게 적용시켜 그 가르침의 관점에서 자신의 죽음을 해석했음을 분명 알고 있었다(눅 22:37). 베드로전서 2장 22-25절에서 베드로는 이사야 53장의 다섯 문구를 인용한다(288쪽 박스글 참조).

속죄일과 이사야 53장 외에도 베드로는 예수의 죽음을 이해하고 설명

눅 22:37   내가 너희에게 말하노니 기록된 바 그는 불법자의 동류로 여김을 받았다 한 말이 내게 이루어져야 하리니 내게 관한 일이 이루어져 감이니라

하기 위해 유월절 의식을 사용한다. "너희가 알거니와 너희 조상이 물려준 헛된 행실에서 대속함을 받은 것은 은이나 금같이 없어질 것으로 된 것이 아니요 오직 흠 없고 점 없는 어린 양 같은 그리스도의 보배로운 피로 된 것이니라"(벧전 1:18-19). 신체적으로 완벽한 유월절 어린 양의 피로 이스라엘 백성은 애굽의 노예 생활에서 구출되었다. 이제 죄 없으신 그리스도의 소중한 '피 뿌림'(1:2)을 통해 우리는 '헛된 행실'이라는 노예 생활보다 악한 상태로부터 구원받았다.

따라서 그리스도께서 고난을 받으신 목적이 분명해졌다. 오직 그러한 고난을 통해서만, 하나님이 "죽은 자 가운데서 살리시고 영광을 주셨을" 때 그리스도께서 영광에 들어갈 수 있다(1:21). 예수는 '죽음에서 생명으로'의 원칙을 확립하신다. 베드로는 그것이 홍수 이야기 속에서 상징적으로 드러남을 발견한다(3:20-21). 세상을 멸명시킨 물은 방주 안의 노아와 그의 가족을 구원하기 위한 수단이었다. 그러므로 이제 세례는 생명으로 인도하는 유일한 죽음, 즉 그리스도와 함께 죽는 것을 상징한다. 그리스도와 연합한 우리는 자신의 고난을 또한 그분의 고난으로 여길 수 있다. 그래서 베드로는 하나님이 우리를 '불 시험' 가운데로 부르실 때 놀라지 말라고 말한다(4:12). "오히려 너희가 그리스도의 고난에 참여하는 것으로 즐거워하라 이는 그의 영광을 나타내실 때에 너희로 즐거워하고 기뻐하게 하려 함이라"(4:13). 우리가 자신의 고난을 그리스도께 넘겨드리고, 그분 안에서 "육체의 고난을 받은 자는 죄를 그쳤음"(4:1)을 기뻐할 때, 우리가 받은 세례가 상징하는 죽음은 일상적인 삶의

벧전 3:20-21 그들은 전에 노아의 날 방주를 준비할 동안 하나님이 오래 참고 기다리실 때에 복종하지 아니하던 자들이라 방주에서 물로 말미암아 구원을 얻은 자가 몇 명뿐이니 겨우 여덟 명이라 물은 예수 그리스도께서 부활하심으로 말미암아 이제 너희를 구원하는 표니 곧 세례라 이는 육체의 더러운 것을 제하여 버림이 아니요 하나님을 향한 선한 양심의 간구니라
벧전 4:12 사랑하는 자들아 너희를 연단하려고 오는 불 시험을 이상한 일 당하는 것 같이 이상히 여기지 말고

원리가 된다. 이제 구원의 여정이 시작된 것이다.

이는 큰 위로와 도전을 동시에 주는 메시지다. 이미 고난 중에 있는 자들에게는 위로를, 그리고 고난을 피하거나 부인하려는 자들에게는 도전을 준다.

3. 하나님의 백성이 된다는 것

시작부터 베드로는 편지의 독자들을 '흩어진 나그네'(1:1)라고 칭했으며, 이 표현을 두 번이나 반복한다(1:17; 2:11). 그들에게는 그것이 문

라오디게아 교회 | 소아시아의 번창했던 상업도시 라오디게아는 육적으로는 부유했으나 영적으로는 가난했다. 주님은 "네가 이같이 미지근하여 뜨겁지도 아니하고 차지도 아니하니 내 입에서 너를 토하여 버리리라"고 책망했다. 현재 터키에 위치해 있다.

벧전 1:17 외모로 보시지 않고 각 사람의 행위대로 심판하시는 이를 너희가 아버지라 부른즉 너희가 나그네로 있을 때를 두려움으로 지내라

벧전 2:11 사랑하는 자들아 거류민과 나그네 같은 너희를 권하노니 영혼을 거슬러 싸우는 육체의 정욕을 제어하라

제였다. 그들은 세상으로부터 소외되어 어디에도 속하지 않았기에 모든 '나그네'가 당하는 배척에 시달려야 했다. 하지만 다른 관점에서 보면 그러한 소외는 또 다른 말로 설명할 수 있다. 바로 택하심이다. 이스라엘 백성을 사실상 구별한 것은 하나님이 그들을 자신의 백성으로 택하신 것이며, 그런 관점에서 보면 그들은 흩어지고 소외되며 거절당한 것이 아니라 "택하신 족속이요 왕 같은 제사장들이요 거룩한 나라요 그의 소유가 된 백성이니… 너희가 전에는 백성이 아니더니 이제는 하나님의 백성이요 전에는 긍휼을 얻지 못하였더니 이제는 긍휼을 얻은 자"가 된 것이다(2:9-10). 베드로는 이스라엘을 지칭하는 위대한 구약의 이름들을 취해(출 19:5-6), 그것을 자신의 서신을 읽는 흩어진 이스라엘 백성에게 적용시킨다. 교회를 이보다 더 강력하게 묘사할 수는 없을 것이다.

서로에게 속했기에 그들은 시련에 직면해도 서로 도울 수 있다.

- "너희가 진리를 순종함으로 너희 영혼을 깨끗하게 하여 거짓이 없이 형제를 사랑하기에 이르렀으니 마음으로 뜨겁게 서로 사랑하라"(1:22).
- "너희가 다 마음을 같이하여 동정하며 형제를 사랑하며 불쌍히 여기며 겸손하며"(3:8).
- "무엇보다도 뜨겁게 서로 사랑할지니 사랑은 허다한 죄를 덮느니라 서로 대접하기를 원망 없이 하고 각각 은사를 받은 대로 하나님의 여러 가지 은혜를 맡은 선한 청지기같이 서로 봉사하라"(4:8-10).

그러므로 그리스도인은 두려워하지 않아도 된다. 하나님이 예수 그리스도라는 초석 위에 집을 세우고 계시며, 그분께 속한 자들은 모두 "산 돌

출 19:5-6 세계가 다 내게 속하였나니 너희가 내 말을 잘 듣고 내 언약을 지키면 너희는 모든 민족 중에서 내 소유가 되겠고 너희가 내게 대하여 제사장 나라가 되며 거룩한 백성이 되리라 너는 이 말을 이스라엘 자손에게 전할지니라

같이 신령한 집으로 세워지고 예수 그리스도로 말미암아 하나님이 기쁘게 받으실 신령한 제사를 드릴 거룩한 제사장이 될” 것이다(2:5). 세상 가운데 흩어져 있지만, 그들은 여전히 하나님이 거하시는 성전이다. 따라서 그들은 고난을 당한다 해도 절망할 필요가 없으며 확신을 품고 “미쁘신 창조주께 의탁할” 수 있다(4:19).

4. 소망 가운데 사는 삶

고난에 대한 베드로의 네 번째 답은 소망이다. 사실 고난이 닥칠 때 가장 힘든 것이 바로 이 소망을 잃지 않는 것이다. 그러나 베드로가 말하는 소망은 모호하고 불합리한 감정이나, 그저 “용기를 잃지 말고 힘내라”는 식의 불굴의 의지가 아니다. 이 소망은 역사에 뿌리를 두고 있고 그 중심에는 그리스도가 있다. 그것은 그리스도의 부활로 인해 발생하며(1:3), 그분이 재림할 때 실현되는 “산 소망”이다(1:7). 그분이 “나타나실” 때(1:7), 우리의 최종적인 구원도 “나타난다”(1:5). 그동안 우리는 “믿음으로 말미암아 하나님의 능력으로 보호하심을 받는다”(1:5). 그리고 그리스도께서 우리에게 나타나실 때까지 우리는 보이지 않는 그분을 믿고 사랑하며 “말할 수 없는 영광스러운 즐거움으로 기뻐할” 수 있다(1:8). 베드로는 다음과 같이 말한다. “그러므로 너희 마음의 허리를 동이고 근신하여 예수 그리스도께서 나타나실 때에 너희에게 가져다주실 은혜를 온전히 바랄지어다”(1:13).

그러므로 이 소망은 안전하다. 우리가 그리스도의 고난에 참여하면(4:13), 우리는 확실히 그의 영광에 참여하게 될 것이다(5:1). 그리고 우

벧전 1:3 우리 주 예수 그리스도의 아버지 하나님을 찬송하리로다 그의 많으신 긍휼대로 예수 그리스도를 죽은 자 가운데서 부활하게 하심으로 말미암아 우리를 거듭나게 하사 산 소망이 있게 하시며

리가 당하는 고난은 불이 금을 정제하듯 우리의 믿음을 정결케 할 것이다(1:7). 그것이 우리의 진정한 소망이다. 현재의 연약함은 단지 미래에 강건케 될 것을 가리킬 뿐이다. "모든 은혜의 하나님 곧 그리스도 안에서 너희를 부르사 자기의 영원한 영광에 들어가게 하신 이가 잠깐 고난을 당한 너희를 친히 온전하게 하시며 굳건하게 하시며 강하게 하시며 터를 견고하게 하시리라"(5:10).

이처럼 하나님의 미래를 강조하는 것은 베드로후서에서 가장 강조되는 것 중 하나다. 여기서 베드로는 마지막 심판의 실체를 의심하는 "조롱하는 자들"에게 반박한다(벧후 3:3). 베드로는 먼저 종말이 실제로 올 것을 주장한 후(3:3-7), 겉보기에 종말이 지연되는 것처럼 보이는 이유를 설명한다(3:8-10). 그것은 하나님이 '오래 참으시기' 때문이다. 하나님은 심판이 닥치기 전에 최대한 회개할 기회를 주기 원하신다. 끝으로 베드로는 그리스도인들에게 거기에 함축된 실제적 의미를 설명한다. "이 모든 것이 이렇게 풀어지리니 너희가 어떠한 사람이 되어야 마땅하냐 거룩한 행실과 경건함으로 하나님의 날이 임하기를 바라보고 간절히 사모하라"(3:11-12). 우리가 현재 거룩을 추구해야 하는 이유는 장차 하나님의 심판이 확실히 임할 것이기 때문이다.

심판에 대한 이 짧막한 언급을 베드로전서에서도 빼놓지 않았다. 베드로는 "하나님의 집에서 심판을 시작할 때가 되었나니"(4:17)라고 큰소리로 말했다. 베드로는 하나님의 심판을 두려워하지 않는다. 그리스도로 말미암은 '구원'이 자신을 기다리고 있음을 잘 알기 때문이다(1:5). 그럼

벧전 4:13 오히려 너희가 그리스도의 고난에 참여하는 것으로 즐거워하라 이는 그의 영광을 나타내실 때에 너희로 즐거워하고 기뻐하게 하려 함이라

벧전 1:7 너희 믿음의 확실함은 불로 연단하여도 없어질 금보다 더 귀하여 예수 그리스도께서 나타나실 때에 칭찬과 영광과 존귀를 얻게 할 것이니라

벧전 1:5 너희는 말세에 나타내기로 예비하신 구원을 얻기 위하여 믿음으로 말미암아 하나님의 능력으로 보호하심을 받았느니라

에도 우리는 그날을 준비해야 한다. 이것이 고난에 대한 베드로의 다섯 번째 대답이다.

5. 거룩하며 선을 행하는 삶

베드로전서 1장 13-16절의 권면은 베드로가 처음으로 도덕적 책임을 언급한 부분이기에 특히 중요하다. 13절에서 소망을 가지라고 촉구한 다음 이렇게 말을 잇는다. "너희가 순종하는 자식처럼 전에 알지 못할 때에 따르던 너희 사욕을 본받지 말고 오직 너희를 부르신 거룩한 이처럼 너희도 모든 행실에 거룩한 자가 되라"(1:14-16). 그리스도인들이 세상과 구별된 것은 세상과의 뚜렷한 차별성으로 드러나야 하는데, 그것은 하나님의 성품을 의미하는 것이다.

"선을 행하라"는 말은 서신서 중심부에서 반복해서 나오는 권면이다.

- "너희가 이방인 중에서 행실을 선하게 가져 너희를 악행한다고 비방하는 자들로 하여금 너희 선한 일을 보고 오시는 날에 하나님께 영광을 돌리게 하려 함이라"(2:12).
- "곧 선행으로 어리석은 사람들의 무식한 말을 막으시는 것이라"(2:15).
- "선을 행함으로 고난을 받고 참으면 이는 하나님 앞에 아름다우니라"(2:20).
- 사라처럼 그리스도인 여성은 "선을 행하고 아무 두려운 일에도 놀라지" 말아야 한다(3:6).
- "너희가 열심으로 선을 행하면 누가 너희를 해하리요"(3:13). 이 질문을 염두에 두고, 베드로는 길게 인용한 시편 34편의 결론을 내리는데, 여기에는 "악에서 떠나 선을 행하고 화평을 구하며 그것을 따르라"는 권면이 포함된다(3:11).

그러므로 비록 로마에 대해 체제 전복적이라는 혐의를 받을 수도 있지만, 신자들은 "인간의 모든 제도를 주를 위하여 순종하되 혹은 위에 있는 왕이나 혹은 그가 악행하는 자를 징벌하고 선행하는 자를 포상하기 위하여 보낸 총독에게" 해야 한다(2:13-14). 그들은 여전히 박해를 받을지도 모르지만 적어도 "더욱 힘써 너희 믿음에 덕을" 더해야 한다(벧후 1:5). 그러한 노력은 선함에서 시작해서 지식, 자기통제, 인내, 경건, 관심 그리고 사랑으로 줄줄이 이어지는 황금 사슬을 이루게 한다. 그 결과는 분명하다. "너희가 이것을 행한즉 언제든지 실족하지 아니하리라 이같이 하면 우리 주 곧 구주 예수 그리스도의 영원한 나라에 들어감을 넉넉히 너희에게 주시리라"(벧후 1:10-11).

따라서 고난받는 그리스도인들에 대한 베드로의 마지막 처방은 자신의 신앙을 적극적인 순종으로 표현하는 일에서 물러서지 말라는 것이다. 당신이 어떤 일을 겪고 있든지, 베드로는 이렇게 말한다. "계속해서 선을 행하라!"

이제 베드로후서의 특징적인 주제를 언급하는 일만 남았다. 베드로는 베드로후서 대부분을 "멸망하게 할 이단"을 끌어들인 "거짓 교사"를 경고하는 데 할애한다(2:1). 이 거짓 가르침은 회의주의와 도덕적 방종이 혼합된 것으로 보인다. 즉 그리스도의 재림과 장래의 심판에 대한 부인(3:3-13)과 더불어 육신적 쾌락을 추구하는 삶을 긍정했다(2:13-22). 초창기 베드로의 불같은 성격은 이 거짓 교사들의 뻔뻔한 사악함과 그들 앞에 놓인 두려운 운명에 대해 강한 분노의 언어로 표현했다(2:1-10).

또한 베드로는 독자들에게 자신이 죽은 뒤에도 어떻게 흔들림 없이 진리 안에 살아가야 할지를 가르친다(1:13-21). 그들에게는 계속해서 두 가지 권위 있는 가르침이 있을 것이다. 하나는 기록된 사도의 말씀(1:15)이다. 이는 사도들이 꾸며낸 신화에 바탕을 둔 것이 아니라 그들이 목격한 역사(1:16-18)에 근거한 것이다. 또 다른 하나는 기록된 예언의 말씀

(1:19-21)이다. 신약의 사도들은 단지 구약 선지자들을 확증했을 뿐이다. 이 선지자들은 말씀을 '하나님께 받아 말했다.' 거기에는 하나님의 권위가 있다. 즉 스스로 충동적으로 말 한 것이 아니라 성령의 감동을 받아 거부할 수 없는 상태에서 말한 것이다(1:21).

베드로는 자신의 독자들을 이 마지막 재앙, 곧 고통당하는 세상에서 유일하게 확실한 소망을 줄 수 있는 복음을 놓치게 되는 재앙 에서 보호하길 원한다. "그러므로 사랑하는 자들아 너희가 이것을 미리 알았은즉 무법한 자들의 미혹에 이끌려 너희가 굳센 데서 떨어질까 삼가라 오직 우리 주 곧 구주 예수 그리스도의 은혜와 그를 아는 지식에서 자라 가라 영광이 이제와 영원한 날까지 그에게 있을지어다"(벧후 3:17-18). 주님을 향한 베드로의 깊은 사랑, 그리고 오직 그분만을 위해 살겠다는 뜨거운 결연한 의지는 두 번째 서신의 마지막 마무리 문구에서 밝게 빛난다.

벧후 1:15 내가 힘써 너희로 하여금 내가 떠난 후에라도 어느 때나 이런 것을 생각나게 하려 하노라
벧후 1:16-18 우리 주 예수 그리스도의 능력과 강림하심을 너희에게 알게 한 것이 교묘히 만든 이야기를 따른 것이 아니요 우리는 그의 크신 위엄을 친히 본 자라 지극히 큰 영광 중에서 이러한 소리가 그에게 나기를 이는 내 사랑하는 아들이요 내 기뻐하는 자라 하실 때에 그가 하나님 아버지께 존귀와 영광을 받으셨느니라 이 소리는 우리가 그와 함께 거룩한 산에 있을 때에 하늘로부터 난 것을 들은 것이라
벧후 1:19-21 또 우리에게는 더 확실한 예언이 있어 어두운 데를 비추는 등불과 같으니 날이 새어 샛별이 너희 마음에 떠오르기까지 너희가 이것을 주의하는 것이 옳으니라 먼저 알 것은 성경의 모든 예언은 사사로이 풀 것이 아니니 예언은 언제든지 사람의 뜻으로 낸 것이 아니요 오직 성령의 감동하심을 받은 사람들이 하나님께 받아 말한 것임이라

9장

요 한 계 시 록 의
메   시   지

"세상 나라가 우리 주와 그의 그리스도의 나라가
되어 그가 세세토록 왕 노릇 하시리로다"
(계 11:15)

「요한의 환상 또는 다섯 번째 봉인의 열림(The Vision of Saint John, or The Opening of the Fifth Seal)」엘 그레코.
1608-1614년. 캔버스에 유화, 222.2x193cm. 메트로폴리탄 미술관, 뉴욕.

요한계시록은 신약에서 마지막 책으로 제대로 자리 잡았다. 아마도 신약 성경 가운데 가장 마지막에 기록된 책일 것이다. 다른 어떤 책보다 요한 계시록은 독자들이 세상과 교회를 위해 하나님이 계획하신 미래를 보도록 한다. 예수에 대한 묘사는 신약성경의 다른 책들이 그분에 대해 기록한 모든 것을 설득력 있게 요약했다. 그리고 다른 대부분의 신약 책들은 특정한 집단을 대상으로 기록된 데 비해, 요한계시록은 의식적으로 시간과 장소를 초월해 교회 전체를 대상으로 기록되었다. 이 모든 이유 때문에 요한계시록은 신약성경을 가장 적절하면서도 감동적으로 마무리하게 된다.

요한계시록은 파란만장한 역사를 지녔다. 2세기 중엽부터 그리스도인들은 요한계시록을 기록한 '요한'이 사도 요한임을 믿었기에 시작은 좋았다. 그러나 3세기에 이르러 의문점들이 생겨났다. 요한계시록의 문체와 내용 모두 요한복음과 너무 달라서 동일 저자의 책이라는 것에 의문이 제기되었다. 또한 그즈음 다양한 '변두리' 집단들이 요한계시록을 이용해 하나님과 세상에 대한 기괴한 이론들을 주장하기 시작했다. 그 이후로도 그런 과정은 제지되지 않고 계속 이어졌다. 따라서 정통 교리를 신봉하는 그리스도인들은 요한계시록이 안전하지 않다는 생각을 하기 시작했다. 요한계시록은 16세기 종교개혁가 칼빈이 주석을 쓰지 않은 유일한 신약의 책이었다(요한이서와 요한삼서를 제외하고). 마르틴 루터는 "그 책은 그리스도를 가르치지도 알지도 못한다"고 말하면서 공개적으로 요한계시록을 비판하고 열외로 밀어냈다.

그러나 20세기에 와서 학자들과 교회 안에서 이 놀라운 책에 대한 관심과 존경심이 되살아났다. 최근 들어 요한계시록에 관한 책들이 홍수처럼 쏟아지며, 그 배경과 목적, 해석 등에 관해 많이 조명하고 있다. 우리는 요한계시록의 메시지를 검토할 때, 이 책의 적절한 해석의 원칙에 특별한 주의를 기울여야 한다.

●●●●●●●●●●
저자 요한

요한계시록을 기록한 '요한'의 정체는 1800년 전이나 지금이나 확실치 않다. 요한계시록 자체에서 그에 관한 정보를 어느 정도 수집할 수 있을 뿐이다.

- 그는 "네 형제 선지자들"이라는 천사의 언급을 기록하는데, 이는 그 역시 선지자이며(22:9), 그의 책이 '예언서'임을 암시한다(1:3; 22:10).

계 22:9   그가 내게 말하기를 나는 너와 네 형제 선지자들과 또 이 두루마리의 말을 지키는 자들과 함께 된 종이니 그리하지 말고 하나님께 경배하라 하더라

계 1:3   이 예언의 말씀을 읽는 자와 듣는 자와 그 가운데에 기록한 것을 지키는 자는 복이 있나니 때가 가까움이라

「사도 요한(John the Apostle)」 표트르 바신. 1843-1845년. 소석고에 유화. 475x331cm. 성이삭성당. 상트페테르부르크.

이는 그가 하나님의 말씀을 독자들에게 전하는 엄숙한 소명에 대해 깊이 자각하고 있었음을 의미한다(22:18).

- 동시에 그는 독자들에게 단지 "형제"이자 "예수의 환난과 나라와 참음에 동참하는 자"로 알려지기 원한다(1:9).

- 이 책을 기록할 당시 그는 에게해의 밧모섬에 있었다. 그는 예수를 전하고 증언한다는 이유로 그곳으로 유배당했다(1:9).

- 그의 예언은 밧모섬에서 멀지 않은(1:9) 소아시아의 로마 속주 지역에 있는 일곱 교회들을 향한 것이다(1:11). 그는 확실히 (지리적이고 영적인 면에서) 그 지역 상황에 대해 잘 알고 있었다. 또한 그들이 인정할 만한 권위를 갖고 요한계시록을 기록할 수 있었다.

- 그는 독특한 헬라어 문체를 사용하는데, 이것이 지금까지 독자들을 어리둥절하게 했다. 일부 학자들은 헬라어가 그의 모국어가 아니라고 결론을 내렸지만, 다른 이들은 그가 언어의 한계를 초월하는 것들을 묘사하기 때문에 의도적으로 헬라어 문법 규칙을 파괴했다고 말하기도 한다.

- 그는 구약성경에 정통했는데, 이는 그가 유대인임을 암시한다. 게다가 분명 묵시론적 전통에 몸담고 있었을 것이다. 요한계시록은 종종 '묵시론'이라고 불리는 예언의 유형에 속하기 때문이다. 이는 다니엘서와 스가랴서가 잘 보여준다. 그 외 다른 유대 '묵시록'들이 구약과 신약의 중간기와 신약성경의 시기 동안 존재했다. 요한계시록은 그들과 많은 공통점이 있지만 뚜렷한 차이점도 발견된다.

계 22:10 또 내게 말하되 이 두루마리의 예언의 말씀을 인봉하지 말라 때가 가까우니라

계 22:18 내가 이 두루마리의 예언의 말씀을 듣는 모든 사람에게 증언하노니 만일 누구든지 이것들 외에 더하면 하나님이 이 두루마리에 기록된 재앙들을 그에게 더하실 것이요

계 1:9 나 요한은 너희 형제요 예수의 환난과 나라와 참음에 동참하는 자라 하나님의 말씀과 예수를 증언하였으므로 말미암아 밧모라 하는 섬에 있었더니

계 1:11 이르되 네가 보는 것을 두루마리에 써서 에베소, 서머나, 버가모, 두아디라, 사데, 빌라델비아, 라오디게아 등 일곱 교회에 보내라 하시기로

요한계시록 자체에서는 이 정도밖에 얻을 수 없다. 언뜻 보면 이 모든 조항이 요한계시록의 저자가 세베대의 아들이자 예수의 제자인 요한이라는 전통적 관점과 들어맞을 수 있다. 그러나 다섯 번째 사항이 난점이다. 요한계시록의 요한 저자설에 대해 처음 반론을 제기한 사람은 알렉산드리아의 주교 디오니시오스였다. 요한계시록과 요한이 쓴 다른 책들 사이에 언어와 내용상에 차이가 있었기 때문이다. "음절 하나도 동일한 점을 거의 찾아볼 수 없다!" 따라서 그는 다음과 같이 결론 내렸다. "나는 저자가 세베대의 아들, 야고보의 형제, 사도 요한이라는 것에 흔쾌히 동의할 수 없다."

이로 인해 디오니시오스의 관점을 전했던 초기 교회 역사가 유세비우스는 125년경 서머나 교회의 주교였던 파피아스의 관점을 언급했다. 그에 따르면 초대교회에는 '요한'이라는 이름을 가진 중요한 인물이 둘 있었으며, 한 명은 사도 요한이고 또 한 명은 파피아스가 '장로 요한'이라고 언급한 자였다. 유세비우스는 이 두 번째 요한을 요한계시록의 저자로 제시했으며, 다수의 현대 학자들이 유세비우스의 견해를 채택했다.

그러나 이 밖에도 추가로 언급할 것이 있다. 요한복음과 요한계시록 사이에는 비록 차이점이 있지만, 뚜렷한 유사점도 발견된다.

- 신약에서 오직 이 두 책만이 예수를 '말씀'(요 1:14; 계 19:13)으로 언급하며 '어린 양'이라는 명칭에 중요성을 부여한다(요 1:29, 36; 계 5:6 등. 총 28

요 1:14 말씀이 육신이 되어 우리 가운데 거하시매 우리가 그의 영광을 보니 아버지의 독생자의 영광이요 은혜와 진리가 충만하더라

계 19:13 또 그가 피 뿌린 옷을 입었는데 그 이름은 하나님의 말씀이라 칭하더라

요 1:29 이튿날 요한이 예수께서 자기에게 나아오심을 보고 이르되 보라 세상 죄를 지고 가는 하나님의 어린 양이로다

요 1:36 예수께서 거니심을 보고 말하되 보라 하나님의 어린 양이로다

회 언급).

- 두 책 모두 '증언'이라는 주제를 중시한다(요 15:27; 계 12:17).

- 두 책에서 '생수'를 주시는 자, 그리고 '굶주림'과 '목마름'의 궁극적인 해결 자는 예수님이다(요 4:10; 6:35; 계 7:16-17).

- 두 책 모두 교회가 박해를 당하겠지만(요 15:18-16:4; 계 3:10; 13:7), 궁극 적으로 그분의 '이름'을 증거하며 그분의 보좌 앞에서 하나님과 하나가 될 것임을 예언한다(요 17:11, 20-26; 계 22:3-5).

- '성전'(세상에 있는 예루살렘 성전과 천국에 있는 성전 둘 다)이 두 책에서 동 일하게 매우 중요한 주제로 등장한다.

계 5:6   내가 또 보니 보좌와 네 생물과 장로들 사이에 한 어린 양이 서 있는데 일찍이 죽임을 당 한 것 같더라 그에게 일곱 뿔과 일곱 눈이 있으니 이 눈들은 온 땅에 보내심을 받은 하나 님의 일곱 영이더라

요 15:27   너희도 처음부터 나와 함께 있었으므로 증언하느니라

계 12:17   용이 여자에게 분노하여 돌아가서 그 여자의 남은 자손 곧 하나님의 계명을 지키며 예수 의 증거를 가진 자들과 더불어 싸우려고 바다 모래 위에 서 있더라

요 4:10   예수께서 대답하여 이르시되 네가 만일 하나님의 선물과 또 네게 물 좀 달라 하는 이가 누 구인 줄 알았더라면 네가 그에게 구하였을 것이요 그가 생수를 네게 주었으리라

요 6:35   예수께서 이르시되 나는 생명의 떡이니 내게 오는 자는 결코 주리지 아니할 터이요 나를 믿는 자는 영원히 목마르지 아니하리라

계 7:16-17   그들이 다시는 주리지도 아니하며 목마르지도 아니하고 해나 아무 뜨거운 기운에 상하지 도 아니하리니 이는 보좌 가운데에 계신 어린 양이 그들의 목자가 되사 생명수 샘으로 인 도하시고 하나님께서 그들의 눈에서 모든 눈물을 씻어 주실 것임이라

계 3:10   네가 나의 인내의 말씀을 지켰은즉 내가 또한 너를 지켜 시험의 때를 면하게 하리니 이는 장차 온 세상에 임하여 땅에 거하는 자들을 시험할 때라

계 13:7   또 권세를 받아 성도들과 싸워 이기게 되고 각 족속과 백성과 방언과 나라를 다스리는 권 세를 받으니

요 17:11   나는 세상에 더 있지 아니하오나 그들은 세상에 있사옵고 나는 아버지께로 가옵나니 거 룩하신 아버지여 내게 주신 아버지의 이름으로 그들을 보전하사 우리와 같이 그들도 하 나가 되게 하옵소서

계 22:3-5   다시 저주가 없으며 하나님과 그 어린 양의 보좌가 그 가운데에 있으리니 그의 종들이 그 를 섬기며 그의 얼굴을 볼 터이요 그의 이름도 그들의 이마에 있으리라 다시 밤이 없겠고 등불과 햇빛이 쓸 데 없으니 이는 주 하나님이 그들에게 비치심이라 그들이 세세토록 왕 노릇 하리로다

우리는 이것을 어떻게 이해해야 할까? 이 증거들을 검토하면서 조지 케어드(George Caird)는 다음과 같이 썼다. "비록 가능성의 무게는 여전히 반대쪽으로 기운 상태이지만, 동일 저자설을 주장하는 것도 가능하다." 이 점에 대해서는 모르는 척하고 그냥 넘어가야 할 듯하다. 요한계시록의 '요한'은 요한복음의 저자 요한이 아닐 가능성이 높다. 하지만 그 사상과 언어 사이에 이런 일치된 연관성들이 어느 정도 존재하는 것은 분명하다.

그럼에도 결국 저자가 누구인지 정확하게 밝히는 것은 중요하지 않다. 더 중요한 것은 요한계시록을 기록할 때 저자가 어떤 사고와 경험을 바탕으로 썼는가 하는 점이다. 이에 대한 세 가지 사항을 특별히 언급할 필요가 있다.

1. 요한은 구약성경에 정통했다

요한은 한 번도 공식적으로 구약을 인용하지는 않았지만, 요한계시록

사데에 있는 아르테미스 신전의 유적. 사데 교회는 사도 요한이 가르쳤던 일곱 교회 중 하나다.

에는 구약의 본문, 인물 또는 사건에 대한 암시가 400회 이상 나온다. 요한은 시편과 예언서를 가장 많이 활용하고 선지자들 중에는 특히 이사야, 에스겔, 다니엘, 스가랴를 언급하지만 구약의 거의 모든 부분을 언급한다.

많은 경우 구약의 언어를 그대로 다시 사용하는데, 때로는 무의식적일지 모르지만, 더 중요한 것은 구약의 위대한 사상과 사건들을 끌어온 것이다. 그는 종종 이스라엘의 출애굽을 염두에 두고 있다. 이스라엘의 바벨론 망명, 그곳에서 하나님이 다시 이스라엘을 구원해 주신 일도 그의 머릿속에 있다. 하나님이 이스라엘과 맺은 언약이라는, 그에게 매우 중요한 주제다. 요한계시록 전체에서 우리는 성전, 성전의 비품, 성전에서 드리는 예배 등에 관한 언급들을 보게 된다. 그의 생각과 마음에는 한 시편 기자의 믿음이 깊이 새겨져 있다. 그 시편 기자는 하나님을 모르는 이방 세계를 바라보면서 "여호와께서 다스리신다"라고 선언했던 인물이다(시 99:1).

하지만 요한이 단지 구약의 본문이나 사상을 재활용한 것만은 아니다. 그는 그것을 발전시켜서 그로부터 전혀 새로운 것을 창조해 낸다. 그 이유는 다음과 같다.

2. 요한은 예언적 계시를 받은 자였다

그것은 주의 날에 요한이 성령에 감동되었을 때 시작되었다(1:10). 큰 음성이 그에게 보는 것을 두루마리에 기록해 아시아의 일곱 교회에 보내라고 했다(1:11). 그가 몸을 돌이켜 보니 일곱 금 촛대가 보였는데 그

시 99:1   여호와께서 다스리시니 만민이 떨 것이요 여호와께서 그룹 사이에 좌정하시니 땅이 흔들릴 것이로다
계 1:10   주의 날에 내가 성령에 감동되어 내 뒤에서 나는 나팔 소리 같은 큰 음성을 들으니

촛대 사이에 "인자 같은 이"가 계셨다(1:13). 요한은 '인자'라는 표현을 사용하면서 두 가지를 분명히 했다. 그 자신이 본 분이 예수임을 알았다. 그리고 다니엘 7장 9-14절의 환상에서 다니엘이 그분을 본 것처럼 자신도 그분을 보고 있음을 알았다. 이어서 자신이 본 것을 설명하면서 (1:12-16) 구약의 여러 곳에서 끌어온 언어를 사용한다.

- 그의 머리털은 하나님의 머리털과 같았다(단 7:9).
- 그의 눈과 허리띠는 마치 티그리스 강(개역개정에는 힛데겔−옮긴이)에서 다니엘에게 나타났던 힘센 천사와 같았다(단 10:5-6).
- 그의 목소리는 마치 에스겔이 들었던 하나님의 목소리와 같았다(겔 1:24).
- 그의 입은 마치 이사야에게 계시되었던 그 위대한 '주의 종'의 것과 같았다 (사 49:2).
- 그의 옷은 마치 대제사장의 옷과 같았고(레 8:7), 그는 대제사장이 사역하는 성막 안에 있던 자처럼 등잔 옆에 서 있었다(출 25:37).

성령의 감동을 받은 요한은 영광 가운데 부활하신 그리스도의 모습을 묘사하면서 모든 주제를 하나로 엮는다. 그러면서 어떤 새로운 것을 말

단 7:9 　내가 보니 왕좌가 놓이고 옛적부터 항상 계신 이가 좌정하셨는데 그의 옷은 희기가 눈 같고 그의 머리털은 깨끗한 양의 털 같고 그의 보좌는 불꽃이요 그의 바퀴는 타오르는 불이며

단 10:5-6 　그 때에 내가 눈을 들어 바라본즉 한 사람이 세마포 옷을 입었고 허리에는 우바스 순금 띠를 띠었더라 또 그의 몸은 황옥 같고 그의 얼굴은 번갯빛 같고 그의 눈은 횃불 같고 그의 팔과 발은 빛난 놋과 같고 그의 말소리는 무리의 소리와 같더라

겔 1:24 　생물들이 갈 때에 내가 그 날개 소리를 들으니 많은 물 소리와도 같으며 전능자의 음성과도 같으며 떠드는 소리 곧 군대의 소리와도 같더니 그 생물이 설 때에 그 날개를 내렸더라

사 49:2 　내 입을 날카로운 칼 같이 만드시고 나를 그의 손 그늘에 숨기시며 나를 갈고 닦은 화살로 만드사 그의 화살통에 감추시고

레 8:7 　아론에게 속옷을 입히며 띠를 따우고 겉옷을 입히며 에봇을 걸쳐 입히고 에봇의 장식 띠를 띠워서 에봇을 몸에 매고

출 25:37 　등잔 일곱을 만들어 그 위에 두어 앞을 비추게 하며

일곱 교회에 보낸 편지

요한계시록 2장 1절에서 3장 22절까지의 일곱 편지는 요한계시록의 '일곱' 시리즈 중에 제일 먼저 등장한다. 이 편지들은 모두 부활하신 그리스도께서 말씀하신 것을 요한이 받아 쓴 것이다. 각 편지는 모두 "…교회의 사자에게 편지하라"는 동일한 명령으로 시작해서, "귀 있는 자는 성령이 교회들에게 하시는 말씀을 들을지어다"라는 명령으로 끝맺는다. 또한 각각 이러한 부르심 다음에는 "이기는 그에게는"이라는 특별한 약속이 이어진다.

대다수 편지에는 관련된 도시의 역사적 특성, 종교 또는 지리에 대한 자세한 암시가 포함되어 있다. 콜린 히머(Colin Hemer) 박사는 「아시아의 일곱 교회에 보내는 편지들」(*The Letters to the Seven Churches of Asia*)에서 이러한 점들을 깊이 연구했다. 예를 들어 그는 다음과 같이 썼다.

- "사탄의 권좌가 있는"(2:13) 버가모는 황제숭배의 중심지였다.
- 사데 성은 가파른 산 위에 세워진 도시로 오랫동안 난공불락의 요새였다는 사실에 자부심을 가졌다. 하지만 밤에 들키지 않고 산을 기어 올라온 적들에게 공격받아 두 번이나 패배한 사실은 유명하다. 따라서 그리스도는 사데 교회에게 경고한다. "만일 일깨지 아니하면 내가 도둑같이 이르리니 어느 때에 네게 이를는지 네가 알지 못하리라"(3:3).
- 라오디게아는 미지근하고 맛이 고약한 물로 유명했다. 멀리 있는 온천에서 수도관을 통해 도시로 끌어들인 온천수였다. 그리스도께서 라오디게아 교회를 책망하신다. "내가 네 행위를 아노니 네가 차지도 아니하고 뜨겁지도 아니하도다 네가 차든지 뜨겁든지 하기를 원하노라 네가 이같이 미지근하여 뜨겁지도 아니하고 차지도 아니하니 내 입에서 너를 토하여 버리리라"(3:15-16).
- 두 교회(에베소 교회와 버가모 교회)에서 '니골라 당'이라는 단체가 활동했다(2:6; 2:15). 이는 매우 국지적인 언급인 것 같다. 이 단체에 대해 언급하는 다른 자료가 없기 때문이다. 니골라 당에 속한 그리스도인들은 황제숭배나 이교숭배에 아무런 거리낌이 없었던 것 같다. 이 부분들과 다른 국지적 언급들은 모두 1장 12-13절과 20절의 사항을 강조한다. 그리스도께서 '일곱 교회들을 의미하는' 일곱 금 촛대 사이에 서 계신다. 그분은 교회들의 영적 필요뿐만 아니라 그들의 상황까지도 알고 계시며, 이미 그들과 매우 가까이 있고, 그들에게 격려와 경고의 말을 직접 하실 수 있다.

- 각 편지는 '성령이 교회들에게 하시는 말씀'이라고 언급하며 끝맺는다. 마치 각 교회에 전하는 메시지가 다른 여섯 교회에도 동일하게 적용되는 것 같다. 사실 이것을 확장해서 단지 '일곱 교회'뿐만 아니라 다른 모든 교회들이 여기에 포함된다고 말해도 무방하다. 일곱은 완전한 숫자다. 이 일곱이라는 숫자는 보편적인 모든 교회를 의미할 개연성이 높다. 그러므로 우리는 부활하신 그리스도께서 1세기 아시아의 일곱 교회에게 보내신 매우 개인적인 이 메시지들에 기초해 각각 부르심에 응답해야 하며, 오늘날 성령께서 각 교회에 말씀하시는 바가 무엇인지 물어야 한다.

하기 위해 오래된 주제들을 인용한다. 다양한 본문과 주제들을 한데 묶어 예수 그리스도로 집중시킨다. 요한계시록 전체적으로 이런 과정이 반복적으로 이루어지면서 예수는 구약 전체를 이해하는 데 필요한 열쇠가 된다.

구약을 흑백영화에 비유한다면, 요한계시록은 화려한 색상으로 촬영한 '영화 만들기에 관한 영화'다. 우리는 무대 뒤로 가서 실제 연기를 보게 되며, 영화감독을 소개받고, 그에게서 영화를 찍는 이유, 이야기를 계속 이어가면서 자신의 최고 경영자를 주인공으로 삼아 두 번째 영화를 찍는 이유 등에 대한 설명을 듣는다.

그러나 요한계시록은 우리를 구약의 무대 배경 뒤로 데려갈 뿐만이 아니라 세상의 무대 배경 뒤로도 데려간다. 이 '영화 만들기에 관한 영화'는 곧바로 우리를 영화감독의 사무실로 데려간다. 즉 하나님이 앉으

계 2:6   오직 네게 이것이 있으니 네가 니골라 당의 행위를 미워하는도다 나도 이것을 미워하노라
계 2:15 이와 같이 네게도 니골라 당의 교훈을 지키는 자들이 있도다
계 1:12-13 몸을 돌이켜 나에게 말한 음성을 알아 보려고 돌이킬 때에 일곱 금 촛대를 보았는데 촛대 사이에 인자 같은 이가 발에 끌리는 옷을 입고 가슴에 금띠를 띠고
계 1:20 네가 본 것은 내 오른손의 일곱 별의 비밀과 또 일곱 금 촛대라 일곱 별은 일곱 교회의 사자요 일곱 촛대는 일곱 교회니라

신 보좌다. 그리고 우리는 그분이 최고경영자와 동역하면서 세계 역사를 만들어 가는 것을 관찰하게 된다. 이것은 '묵시록적'인데, 문자 그대로 '베일을 걷어내는 것', 그래서 그 뒤에 숨겨져 있는 것을 마침내 우리가 보게 되는 것을 의미한다.

이는 요한의 세 번째 특징으로 우리를 인도한다.

3. 요한은 교회에 대한 세상의 증오를 직접 경험했다

요한은 복음을 증언한 이유로 밧모섬에 유배되었다. 그는 편지의 수신자였던 일곱 교회 중 여러 교회들이 이미 박해를 경험했고(2:3, 13), 다른 교회들도 곧 박해를 받을 것을 알았다(2:10; 3:10).

이 박해는 무엇보다 그리스도인들이 로마의 황제숭배를 거부한 것 때문에 시작된 것 같다. '황제숭배'는 알려진 바와 같이 점차적으로 확산되었다. 율리우스 카이사르는 사후인 주전 29년에 신으로 선포되었고, 에베소에 그를 기리는 성전이 세워졌다. 그다음 황제인 아우구스투스의 경우는 생존 당시에도 신전이 세워졌으며 그의 후임자 티베리우스 황제도 마찬가지였다. 1세기 동안 황제숭배는 제국 전체에 퍼지기 시작했다. 요한계시록은 대개 도미티아누스 황제의 통치 기간(81-96) 동안 기록된 것으로 여긴다. 그는 실제로 사람들에게 자신을 직접 '우리 주 하나님'이

계 2:3　또 네가 참고 내 이름을 위하여 견디고 게으르지 아니한 것을 아노라

계 2:13　네가 어디에 사는지를 내가 아노니 거기는 사탄의 권좌가 있는 데라 네가 내 이름을 굳게 잡아서 나의 충성된 증인 안디바가 너희 가운데 곧 사탄이 사는 곳에서 죽임을 당할 때에도 나를 믿는 믿음을 저버리지 아니하였도다

계 2:10　너는 장차 받을 고난을 두려워하지 말라 볼지어다 마귀가 장차 너희 가운데에서 몇 사람을 옥에 던져 시험을 받게 하리니 너희가 십 일 동안 환난을 받으리라 네가 죽도록 충성하라 그리하면 내가 생명의 관을 네게 주리라

계 3:10　네가 나의 인내의 말씀을 지켰은즉 내가 또한 너를 지켜 시험의 때를 면하게 하리니 이는 장차 온 세상에 임하여 땅에 거하는 자들을 시험할 때라

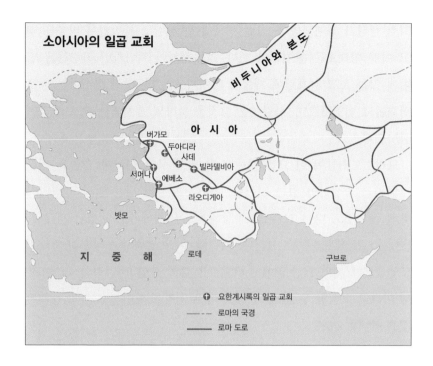

소아시아의 일곱 교회

비두니아와 본도

아 시 아

버가모
두아디라
사데
빌라델비아
서머나
에베소
라오디게아

밧모

지 중 해

로데

구브로

✚ 요한계시록의 일곱 교회
------ 로마의 국경
——— 로마 도로

라고 칭하도록 장려했다. 이에 대해서는 요한계시록 11장 17절, 15장 3
절, 16장 7절, 19장 6절에 나와 있다. 오직 단 한 번 '주 하나님'이라는 말
이 나오는데, 그것은 로마 황제를 지칭하는 것이 아니다.

아시아의 경우 우상숭배가 아주 만연했다. 두아디라를 제외한 여섯
도시에는 각각 당시의 황제 또는 여신 '로마(Roma)'에게 헌정된 신전
이 한 개 이상씩 있었다. 지방 정부는 우상숭배와 밀접하게 연관되어
있었고, 매년 열린 축제에서는 우상숭배뿐만 아니라 때로 엄청난 비윤

계 11:17 이르되 감사하옵나니 옛적에도 계셨고 지금도 계신 주 하나님 곧 전능하신 이여 친히 큰
권능을 잡으시고 왕 노릇 하시도다
계 15:3 하나님의 종 모세의 노래, 어린 양의 노래를 불러 이르되 주 하나님 곧 전능하신 이시여
하시는 일이 크고 놀라우시도다 만국의 왕이시여 주의 길이 의롭고 참되시도다
계 16:7 또 내가 들으니 제단이 말하기를 그러하다 주 하나님 곧 전능하신 이시여 심판하시는 것
이 참되시고 의로우시도다 하더라
계 19:6 또 내가 들으니 허다한 무리의 음성과도 같고 많은 물 소리와도 같고 큰 우렛소리와도 같
은 소리로 이르되 할렐루야 주 우리 하나님 곧 전능하신 이가 통치하시도다

리적 행위가 자행되었다. 그런 행사에 한 사람도 빠짐없이 비용을 대고 어떤 형태로든 참여해야 했다. 가두행진이 지나가면 사람들은 집 밖에 있는 조그만 제단에 제물을 바치기도 했다. 당시 아시아는 매우 평화롭고 번영했으며, 사람들은 그것을 로마의 통치 덕분으로 돌리며 감사했다.

그리스도인들이 이 모든 것에서 한 발짝 물러섰을 때, 그들은 배은 망덕하고 충성심이 없는 것처럼 보였다. 니골라 당은 압박을 견디지 못해 굴복했고 다른 그리스도인들에게도 타협하라고 권했던 것 같다 (312-313쪽 박스글 참조). 그러나 '예수를 주'로 고백하는 다수의 그리스도인들은 황제의 동상 앞에서 타오르는 불에 분향하며 '카이사르는 주님'이라고 고백할 수 없었다. 혹시 이 때문에 요한이 밧모섬에 유배된 것은 아니었을까?

요한은 일곱 교회의 상황이 어떠한지, 그리고 이 세상에서의 삶이 진

고대 라오디게아에 물을 공급하기 위해 건설된 수로. 이 지역의 지하수에는 광물이 풍부했는데, 석회질의 침전물이 파이프 내부를 덮고 있는 것을 볼 수 있다.

정 어떤 것인지 알고 있었다. 번영하는 아시아라는 허울 뒤에는 훨씬 추한 모습이 감춰져 있었다. 로마의 힘은 군사력, 전쟁, 경제적 착취, 노예무역, 돈과 권력이라는 우상숭배와 더불어(요한은 이를 직접 목격했다) 사탄 자체를 의미하는 용, 그리고 사탄이 준 무시무시한 '짐승'의 섬뜩한 권위 위에 놓여 있었다. 로마를 숭배하는 것은 용 자체를 숭배하며 이마에 그의 표를 받는 것이었다(13:16-17). 로마제국은 겉보기에 평화롭고 번영하는 듯 보였지만, 실제로는 짐승을 타고 있는 창녀이자(17:3), "증인들의 피에 취해"(17:6) 세상을 희생시켜 사치스럽게 살다가 망할 운명이었다(18장).

요한계시록 6장에 나오는 '인(印)'은 로마 통치의 현실을 묘사한다. 즉 제국의 권세(6:1-2), 전쟁에의 의존(6:3-4), 경제적 불안 조성(6:5-6), 죽음의 유포(6:7-8) 그리고 하나님의 종들의 순교(6:9-11) 등이다. 요한은 이미 수많은 그리스도인들이 겪은 이 모든 끔찍한 일들의 베일을 벗겨낸다. 이는 그리스도께서 그분을 따르는 자들에게 약속하셨고, 하나님이

계 13:16-17 그가 모든 자 곧 작은 자나 큰 자나 부자나 가난한 자나 자유인이나 종들에게 그 오른손에나 이마에 표를 받게 하고 누구든지 이 표를 가진 자 외에는 매매를 못하게 하니 이 표는 곧 짐승의 이름이나 그 이름의 수라

계 17:3 곧 성령으로 나를 데리고 광야로 가니라 내가 보니 여자가 붉은 빛 짐승을 탔는데 그 짐승의 몸에 하나님을 모독하는 이름들이 가득하고 일곱 머리와 열 뿔이 있으며

계 6:1-2 내가 보매 어린 양이 일곱 인 중의 하나를 떼시는데 그 때에 내가 들으니 네 생물 중의 하나가 우렛소리 같이 말하되 오라 하기로 이에 내가 보니 흰 말이 있는데 그 탄 자가 활을 가졌고 면류관을 받고 나아가서 이기고 또 이기려고 하더라

계 6:3-4 둘째 인을 떼실 때에 내가 들으니 둘째 생물이 말하되 오라 하니 이에 다른 붉은 말이 나오더라 그 탄 자가 허락을 받아 땅에서 화평을 제하여 버리며 서로 죽이게 하고 또 큰 칼을 받았더라

계 6:5-6 셋째 인을 떼실 때에 내가 들으니 셋째 생물이 말하되 오라 하기로 내가 보니 검은 말이 나오는데 그 탄 자가 손에 저울을 가졌더라 내가 네 생물 사이로부터 나는 듯한 음성을 들으니 이르되 한 데나리온에 밀 한 되요 한 데나리온에 보리 석 되로다 또 감람유와 포도주는 해치지 말라 하더라

계 6:7-8 넷째 인을 떼실 때에 내가 넷째 생물의 음성을 들으니 말하되 오라 하기로 내가 보매 청황색 말이 나오는데 그 탄 자의 이름은 사망이니 음부가 그 뒤를 따르더라 그들이 땅 사분의 일의 권세를 얻어 검과 흉년과 사망과 땅의 짐승들로써 죽이더라

요한계시록의 구조와 '일곱'

요한계시록의 구조에 대해서는 다양한 의견이 제시되었는데, 요한은 연속되는 '일곱'으로 환상을 체험한 것이 분명하다. 요한계시록에는 기본적으로 다음과 같은 여섯 개의 일곱 시리즈가 있다.

- 일곱 교회: 2:1-3:22
- 일곱 인: 4:1-8:1
- 일곱 나팔: 8:2-11:19
- 일곱 가지 하늘의 이적: 12:1-15:8
- 진노의 일곱 대접: 16:1-21
- 일곱 가지 마지막 환상: 17:1-22:21

추가로 일곱 번째 일곱 시리즈를 언급하는데, 요한이 일곱 '우레'가 한 말을 기록하려고 하자 하늘에서 봉인하고 기록하지 말라는 말을 듣는 장면이다(10:4). 마치 이 요한계시록조차 모든 것을 계시하고 있는 것이 아님을 우리에게 일깨우고자 한 것 같다.

각 시리즈는 이전 시리즈와 연이어 생겨나기에, 결국 그 모든 것은 하나로 연결된다. 예컨대 일곱 '나팔'은 일곱째 '인' 다음에 나오며(8:1-2) 일곱째 '대접'은 일곱째 '하늘의 표적'(15:1)을 잇는다.

일곱 '하늘의 표적' 시리즈는 요한계시록의 핵심이다. 각각의 표적은 "또 내가 보니"또는 그와 비슷한 구절로 시작하며, 첫째와 일곱째는 실제로 '표적'이라는 용어를 사용한다(12:1; 13:1, 11; 14:1, 6, 14; 15:1). 이 부분은 우리에게 온갖 끔찍하고도 적나라한 악의 실체를, 그리고 그리스도께서 성취하시고 그분의 백성과 공유하신 승리의 실체를 보여준다.

위 목록에서 마지막 시리즈인 일곱 개의 마지막 환상은 분명히 시리즈가 아니며, 이 장들이 그런 식으로 묘사되는 것에 모든 학자가 동의하는 것은 아니다. 이 마지막 환상들을 단지 일곱 대접 시리즈에 이어서 그것을 완성하는 것으로 보는 편이 더 나을지도 모른다. 4-5장에서 하늘의 경이로운 표적으로 일곱 인을 소개하는 방식과 균형을 이룬다.

그러나 17-22장을 각각 힘센 하늘의 형상이 등장하는 위대한 여섯 가지 환상시리즈로 분석하는 것은 가능하다.

- 천사가 붉은 빛 짐승을 탄 여자를 드러낸다(17:1-8).
- 또 다른 천사가 바벨론의 멸망을 알린다(18:1-19:10).
- 백마를 탄 이가 나타나 짐승을 물리친다(19:11-21).
- 열쇠를 가진 천사가 나타나 용을 잡아 가둔다(20:1-10).
- 하나님이 직접 나타나셔서 마지막 심판의 보좌에 앉으신다(20:11-15).
- 또 하나의 천사가 나타나서(21:9), 전혀 다른 여인, 어린 양의 신부, 천국의 예루살렘을 드러낸다(21:1-22:17).

만약 이 분석이 정확하다면, 우리는 이 마지막 부분에서 왜 일곱 번째 형상과 환상이 나타나지 않는지를 물어야 한다. 아마도 그것이 존재하지만 아직 일어나지 않았기 때문이라고 답할 수 있을 것이다. 요한계시록은 "이것들을 증언하신 이가 이르시되 내가 진실로 속히 오리라" 하는 약속과 "아멘 주 예수여 오시옵소서" 하고 화답하는 기도로 끝맺는다(22:20).

이런 식으로 분석해 보면, 요한계시록은 '일곱'의 일곱 가지 시리즈를 중심으로 구성되었지만, 예수께서 아직 돌아오시지 않았기 때문에 마지막의 일곱은 아직 완성되지 않았다고 할 수 있다.

계 6:9-11 다섯째 인을 떼실 때에 내가 보니 하나님의 말씀과 그들이 가진 증거로 말미암아 죽임을 당한 영혼들이 제단 아래에 있어 큰 소리로 불러 이르되 거룩하고 참되신 대주재여 땅에 거하는 자들을 심판하여 우리 피를 갚아 주지 아니하시기를 어느 때까지 하시려 하나이까 하니 각각 그들에게 흰 두루마기를 주시며 이르시되 아직 잠시 동안 쉬되 그들의 동무 종들과 형제들도 자기처럼 죽임을 당하여 그 수가 차기까지 하라 하시더라

계 12:1 하늘에 큰 이적이 보이니 해를 옷 입은 한 여자가 있는데 그 발 아래에는 달이 있고 그 머리에는 열두 별의 관을 썼더라

계 13:1 내가 보니 바다에서 한 짐승이 나오는데 뿔이 열이요 머리가 일곱이라 그 뿔에는 열 왕관이 있고 그 머리들에는 신성모독 하는 이름들이 있더라

계 13:11 내가 보매 또 다른 짐승이 땅에서 올라오니 어린 양 같이 두 뿔이 있고 용처럼 말을 하더라

계 14:1 또 내가 보니 보라 어린 양이 시온 산에 섰고 그와 함께 십사만 사천이 서 있는데 그들의 이마에는 어린 양의 이름과 그 아버지의 이름을 쓴 것이 있더라

계 14:6 또 보니 다른 천사가 공중에 날아가는데 땅에 거주하는 자들 곧 모든 민족과 종족과 방언과 백성에게 전할 영원한 복음을 가졌더라

계 14:14 또 내가 보니 흰 구름이 있고 구름 위에 인자와 같은 이가 앉으셨는데 그 머리에는 금 면류관이 있고 그 손에는 예리한 낫을 가졌더라

그리스도를 통해 성취하신 놀라운 승리를 드러내기 위함이다. 요한은 부활하시고 승리하셔서 영광을 드러내시며 아무도 대적할 수 없는 예수께서 굳센 오른팔로 교회를 붙들고 계신 모습을 보았다. 이것은 핍박받는 교회가 꼭 봐야 하는 환상이었다.

· · · · · · · · · · · · · · · ·
요한계시록의 해석

우리는 요한계시록을 어떻게 이해해야 할까? 요한계시록은 기록된 이래로 지금까지 괴짜들의 놀이터가 되어왔다. 요한이 의도한 대로 우리가 이 책을 읽고 있음을 확신할 수 있는 방법이 있을까?

이 책을 해석하는 데는 기본적으로 네 가지 접근 방식이 있다. 이 책의 의미를 밝히려는 모든 노력은 이 접근 방식들 중에 하나를 활용하거나 둘 이상을 결합해 해석하려고 한다. 우리는 차례로 각 접근 방식을 설명하고 평가하되, 특히 1장에 나오는 요한의 소개 방식에 비추어 고찰할 것이다.

요한은 자신의 글에 대해 제일 첫 구절에서 이렇게 묘사한다. "예수 그리스도의 계시라 이는 하나님이 그에게 주사 반드시 속히 일어날 일들을 그 종들에게 보이시려고 그의 천사를 그 종 요한에게 보내어 알게 하신 것이라"(1:1). 그러나 우리는 "종들은 누구인가?", "어떤 미래가 계시되고 있는가?"라고 질문해야 한다.

• 실현된 예언론적 접근(preterist approach)은 첫 독자들에게 요한계시

계 15:1   또 하늘에 크고 이상한 다른 이적을 보매 일곱 천사가 일곱 재앙을 가졌으니 곧 마지막 재앙이라 하나님의 진노가 이것으로 마치리로다
계 1:1   예수 그리스도의 계시라 이는 하나님이 그에게 주사 반드시 속히 일어날 일들을 그 종들에게 보이시려고 그의 천사를 그 종 요한에게 보내어 알게 하신 것이라

록이 어떤 의미였는지를 강조하면서, 그 독자들을 염두에 두지 않는 모든 해석에 대해 의심한다. 첫 독자들은 '속히 일어날 일들'을 경험하게 될 '종들'이다.

• 역사주의적 접근은 요한계시록을 미리 기록된 일종의 세계 역사 연감으로 간주한다. 이 접근에 따라, 일부는 '짐승'을 교황으로 해석하거나, 짐승의 뿔 열 개를 유럽 공동체를 상징하는 것으로 보기도 한다(13:1).

• 미래주의적 접근은 '속히 일어날 일들'을 훨씬 더 급진적으로 해석한다. 이는 요한계시록이 그리스도의 재림과 마지막 심판을 포함해, 오직 종말 사건, 즉 세계 역사의 맨 마지막 일들에 대한 것이라고 주장한다.

• 초시간적-상징주의 접근은 앞의 방식들과는 달리 요한계시록을 일종의 비유 시리즈로 다룬다. 이 접근은 다음과 같이 주장한다. 중요한 것은 이 책에 담긴 '어린 양', '천국의 예루살렘' 같은 강력한 이미지들이 전달하는 영원한 진리라고.

이렇게 서로 경쟁적인 여러 접근법을 우리는 어떻게 평가할 것인가? 이것들은 겉보기만큼 상호 배타적이지 않을 가능성이 많다. 그러나 요한의 말 자체를 경청하는 것은 중요하다. 요한의 소개는 바로 이 문제에 대해 우리에게 명확한 지침을 주기 때문이다.

1. 요한은 계시의 수신자가 누구인지 밝힌다

하나님은 요한과 요한에게 보낸 천사들을 통해 요한계시록을 그분의 '종들'에게 주셨다(1:1). 이어지는 인사말에서 이 '종들'의 이름을

계 13:1   내가 보니 바다에서 한 짐승이 나오는데 뿔이 열이요 머리가 일곱이라 그 뿔에는 열 왕관이 있고 그 머리들에는 신성모독 하는 이름들이 있더라

언급한다.

- "요한은 아시아에 있는 일곱 교회에 편지하노니 이제도 계시고 전에도 계셨고 장차 오실 이와 그의 보좌 앞에 있는 일곱 영과… 예수 그리스도로 말미암아 은혜와 평강이 너희에게 있기를 원하노라…"(1:4-5).

요한계시록은 삼위일체 세 위격 모두가 일곱 교회에 주는 구체적인 메시지로 시작한다. 따라서 이 책에는 진정한 역사적 맥락이 있다. 요한은 에베소, 서머나, 버가모, 두아디라, 사데, 빌라델비아, 라오디게아 등의 일곱 교회에 일종의 감독 역할을 했던 것이 분명하다. 심지어 요한은 서신 전달자가 원을 그리며 거쳐가는 순서대로 교회들을 열거한다. 그리고 우리가 앞에서 봤듯이(318-319쪽 박스글 참조) 각 교회의 특정한 필요들을 다룬다.

이 구체적인 역사적 상황은 우리가 서로 경쟁적인 접근들을 평가하는 데 도움이 된다. 실현된 예언론적 접근은 분명 중요한 진리를 담고 있는 반면, 엄격한 미래주의 학파는 정답일 수가 없다. 만약 요한계시록의 메시지가 전적으로 주님의 재림 직전에 관한 내용뿐이라면, 요한이 편지를 썼다고 말하는 그 교회들을 위한 특별한 메시지는 없는 셈이다.

그러나 우리가 위에서 살펴보았듯이, 좀 더 폭넓은 독자들을 염두에 두었다는 증거도 있다. 이는 오로지 실현된 예언론자만이 옳은 것은 아니라는 사실을 암시한다. 메시지는 주로 일곱 교회의 교인들을 향한 것이지만, 도처의 모든 그리스도인들과도 관련이 있다. 이를 증명하기 위해 우리는 요한이 본 가장 중요한 환상 가운데 하나인 용과 짐승들의 환상에 대해 살펴볼 것이다.

요한계시록에서 가장 섬뜩한 묘사 중 하나는 바로 일곱 머리를 가진 짐승 위에 앉아 있는 음녀에 대한 묘사다(17:1-6). 환상이 전개되면서 이 여자는 확실하게 로마인으로 밝혀진다. 짐승의 일곱 머리는 "여자가 앉은 일곱 산"이다(17:9). 로마가 일곱 개의 산 위에 세워진 도시라는 사실은 잘 알려져 있다. 이 여인은 실제로 "큰 바벨론"이라고 불린다(17:5). 그러나 첫 독자들은 그녀의 진짜 정체에 대해 의심의 여지가 없었을 것이다. 그러므로 전체 환상이 그들에게 주는 의미는 매우 컸다. 요한의 글을 읽으면서, 그들은 로마의 사치스런 삶, 로마를 살찌운 무역, 우상숭배, 로마의 착취적인 경제 체제, 그리고 곧 닥칠 로마의 몰락 등을 이해했다.

그러나 만일 이 여인이 로마라면, 로마가 앉아 있는 이 짐승은 누구 또는 무엇인가? 일곱 머리를 가진 이 짐승은 이미 13장 1-10절에 출현했다. 요한은 혼돈의 장소, 하나님께 대적하는 모든 세력들의 고향인 바다에서 나오는 그 짐승을 본다(13:1). 다니엘은 바다에서 네 마리의 짐승이 나오는 환상을 봤다(단 7:1-7). 알고 보니 네 마리 짐승은 도래할 네 개의 제국을 의미했다(단 7:17). 요한이 목격한 짐승은 다니엘의 네 마리 짐승이 가진 네 가지 특징을 묶어놓은 존재이다. 이 짐승-제국들은 각각 사자, 곰, 표범, 뿔이 열 개 달린 거대한 용과 같이 생겼다(단 7:4-7). 요한이 묘사한 짐승은 이러한 특징을 역순으로 반복한다. 뿔이 열 개가 있고 "표범과 비슷하고 그 발은 곰의 발 같고 그 입은 사자의 입 같다"(계 13:2).

우리는 이를 어떻게 이해해야 할까? 이 짐승을 단지 로마라는 도시가

단 7:17 그 네 큰 짐승은 세상에 일어날 네 왕이라
단 7:4-7 첫째는 사자와 같은데 독수리의 날개가 있더니 내가 보는 중에 그 날개가 뽑혔고 또 땅에서 들려서 사람처럼 두 발로 서게 함을 받았으며 또 사람의 마음을 받았더라 또 보니 다른 짐승 곧 둘째는 곰과 같은데 그것이 몸 한쪽을 들었고 그 입의 잇사이에는 세 갈빗대가 물렸는데 그것에게 말하는 자들이 있어 이르기를 일어나서 많은 고기를 먹으라 하였더라 그 후에 내가 또 본즉 다른 짐승 곧 표범과 같은 것이 있는데 그 등에는 새의 날개 넷이 있고 그 짐승에게 또 머리 넷이 있으며 권세를 받았더라 내가 밤 환상 가운데에 그 다음에 본 넷째 짐승은 무섭고 놀라우며 또 매우 강하며 또 쇠로 된 큰 이가 있어서 먹고 부서뜨리고 그 나머지를 발로 밟았으며 이 짐승은 전의 모든 짐승과 다르고 또 열 뿔이 있더라

용, 짐승 그리고 그들의 표

많은 학자들은 용과 두 짐승이 어떻게 성부, 성자, 성령의 삼위일체를 악의적으로 반영하고 있는지 주목했다.

- 하나님은 창조주로서 천사들의 시중을 받는 반면, 사탄은 파괴자로서(9:11) 마귀들의 군대를 통솔한다.
- 예수 그리스도는 온 열방으로부터 사람들을 불러 자신의 피로 사서 하나님께로 인도하시는 반면(5:9), 첫째 짐승은 하나님의 백성과 싸움을 벌인다(13:7).
- 예수 그리스도는 "일찍이 죽임을 당한 것 같은" 어린 양(5:6), "전에 죽었었지만… 이제 세세토록 살아 있는" 분이다(1:18). 첫째 짐승은 "죽게 되었던 상처"가 나음으로써 예수의 죽음과 부활을 흉내낸다(13:3, 12).
- "표적과 기사"로 복음을 확증하고(롬 15:18-19) 예수를 증거하는 것(행 5:32)은 성령의 독특한 기능이다. 둘째 짐승은 첫째 짐승을 숭배하도록 나라들을 속이기 위해 표적을 행하고 그를 대신해 "거짓 선지자"로 활동하면서(19:20; 20:10) 성령의 역할을 흉내낸다.

마귀는 언제나 자신을 선한 모습으로 가장하고 최악을 최선처럼 보이게 한다. 우리는 "짐승의 표"(13:16-17; 19:20; 20:4)를 이런 흉내내기(패러디)의 관점에서 해석해야 한다. 신자들은 하나님께 '표', 즉 '인치심'을 받는다. 이는 그들이 하나님께 속했으며 해로부터 보호받는 것을 의미한다(7:3). 따라서 우리는 14장 1절에서 다음과 같은 구절을 만난다. "또 내가 보니 보라 어린 양이 시온 산에 섰고 그와 함께 십사만 사천이 서 있는데 그들의 이마에는 어린 양의 이름과 그 아버지의 이름을 쓴 것이 있더라." 이 그림은 모든 기독교 제자도에 내포된 헌신의 양면성을 생생하게 표현한다. 즉 하나님은 그리스도 안에서 자신을 우리에게 주시며, 우리는 기쁨으로 우리가 그분의 소유임을 받아들인다. 요한의 일부 독자들은 이로 인해 자신이 받은 세례를 떠올릴지도 모른다.

그러나 짐승 또한 사람들에게 표를 남긴다. "그가 모든 자 곧 작은 자나 큰 자나 부자나 가난한 자나 자유인이나 종들에게 그 오른손에나 이마에 표를 받게 하고 누구든지 이 표를 가진 자 외에는 매매를 못하게 하니 이 표는 곧 짐승의 이름이나 그 이름의 수라"(계 13:16-17). 물건을 사고파는 상업은 이 세상의 삶에서 가장 근본적인 활동이다. 상업 활동 없이 우리는 살아갈 수 없다. 모든 정치 체제가 상업 활동을 기초로 한다. 1세기 그리스도인들은 대부분 마귀의 권세와 상업 간의 관계를 매우 직접적으로 체감했다. 여러 무역이 '수호신'을 숭배하는 조직과 관련되어 있었기 때문이다. 그런 우상숭배에 참여하기를 거절한다는 것은 곧 자신들의 생계가 위험에 처하게 됨을 의미했다.

2000여 년이 지난 오늘날 우리는 가난한 국가들을 희생해 가며 부유한 나라들을 먹여 살리는 글로벌 경제 시대에 살고 있다. 그때보다 '신'이란 개념은 덜 명확하지만 그렇다고 그보다 덜 실재하는 것은 절대 아니다. 과학기술, 속도, 섹스와 유행 그리고 자결의 권리 등이 오늘날의 신이다. 오늘날의 우리 또한 어떻게 '물건을 사고팔지' 생각할 필요가 있다. 즉 우리는 짐승의 표를 받지 않고 매매함으로써, 우리가 입고 있는 주님의 이름을 진정으로 증거할 수 있다.

계 9:11 그들에게 왕이 있으니 무저갱의 사자라 히브리어로는 그 이름이 아바돈이요 헬라어로는 그 이름이 아볼루온이더라

계 5:9 그들이 새 노래를 불러 이르되 두루마리를 가지시고 그 인봉을 떼기에 합당하시도다 일찍이 죽임을 당하사 각 족속과 방언과 백성과 나라 가운데에서 사람들을 피로 사서 하나님께 드리시고

계 13:7 또 권세를 받아 성도들과 싸워 이기게 되고 각 족속과 백성과 방언과 나라를 다스리는 권세를 받으니

롬 15:18-19 그리스도께서 이방인들을 순종하게 하기 위하여 나를 통하여 역사하신 것 외에는 내가 감히 말하지 아니하노라 그 일은 말과 행위로 표적과 기사의 능력으로 성령의 능력으로 이루어졌으며 그리하여 내가 예루살렘으로부터 두루 행하여 일루리곤까지 그리스도의 복음을 편만하게 전하였노라

행 5:32 우리는 이 일에 증인이요 하나님이 자기에게 순종하는 사람들에게 주신 성령도 그러하니라 하더라

계 19:20 짐승이 잡히고 그 앞에서 표적을 행하던 거짓 선지자도 함께 잡혔으니 이는 짐승의 표를 받고 그의 우상에게 경배하던 자들을 표적으로 미혹하던 자라 이 둘이 산 채로 유황불 붙는 못에 던져지고

계 20:10 또 그들을 미혹하는 마귀가 불과 유황 못에 던져지니 거기는 그 짐승과 거짓 선지자도 있어 세세토록 밤낮 괴로움을 받으리라

계 13:16-17 그가 모든 자 곧 작은 자나 큰 자나 부자나 가난한 자나 자유인이나 종들에게 그 오른손에나 이마에 표를 받게 하고 누구든지 이 표를 가진 자 외에는 매매를 못하게 하니 이 표는 곧 짐승의 이름이나 그 이름의 수라

계 19:20 짐승이 잡히고 그 앞에서 표적을 행하던 거짓 선지자도 함께 잡혔으니 이는 짐승의 표를 받고 그의 우상에게 경배하던 자들을 표적으로 미혹하던 자라 이 둘이 산 채로 유황불 붙는 못에 던져지고

앉아 있는 로마제국으로 간주하는 것은 요한이 묘사한 이미지와 다니엘서의 배경을 제대로 살려내지 못할 것이다. 더 나은 해석이 있는데, 그것은 시대와 장소를 초월한 모든 신자에게 주는 메시지로 이해하는 것이다. 짐승은 어느 한 제국에만 나타나는 것이 아니라 하나님과 그 백성을 대적하는 모든 제국의 권력 안에 나타난다. 물론 모든 강대국이 교회를 박해하는 것은 아니다. 그러나 역사상 다수, 아니 아마도 거의 대부분의 제국이 기독교를 박해했다. 그 이유가 무엇일까? 그 답은 "용이 자기의 능력과 보좌와 큰 권세를 그에게 주었기" 때문이다(13:2). 궁극적으로 제국의 권력은 사탄에게서 파생한다. 사탄이 창조주와 상관없이 세상을 다스리며 자신에게 충성하라고 요구하기 때문이다.

요한은 첫째와 상응하는 둘째 짐승에 대한 환상을 받는데, 이번에는 "땅에서 올라온다"(13:11-18). 첫째 짐승의 뚜렷한 특징은 맞서 싸우고(13:4), "각 족속과 백성과 방언과 나라를 다스리는 권세를" 행사하는 것이었다(13:7). 이 둘째 짐승의 특징은 첫째 짐승에 대한 충성을 강요하는 것, 즉 실제로 "땅과 땅에 사는 자들을 처음 짐승에게 경배하게 하는" 것이다(13:12). 둘째 짐승은 "땅에 거하는 자들을 미혹하는"(13:14) 이적을 행함으로써 그들이 기쁜 마음으로 숭배하게 한다.

요한계시록의 최초 독자들은 황제숭배에 기꺼이 참여하는 사람들에 둘러싸여 있었다. 사람들이 우상숭배를 행한 것은 팍스 로마나(로마의 평화)에 대한 로마의 이념을 수용하고, 요한이 분명하게 목격한 로마 통치의 실체에 대해 무지한 채 자신들이 누리는 번영에 대해 로마에 감사했

계 20:4　또 내가 보좌들을 보니 거기에 앉은 자들이 있어 심판하는 권세를 받았더라 또 내가 보니 예수를 증언함과 하나님의 말씀 때문에 목 베임을 당한 자들의 영혼들과 또 짐승과 그의 우상에게 경배하지 아니하고 그들의 이마와 손에 그의 표를 받지 아니한 자들이 살아서 그리스도와 더불어 천 년 동안 왕 노릇 하니

계 7:3　이르되 우리가 우리 하나님의 종들의 이마에 인치기까지 땅이나 바다나 나무들을 해하지 말라 하더라

기 때문이다. 첫째 짐승이 온갖 다양한 형태로 표현된 억압적인 제국의 권력을 상징한다면, 이 둘째 짐승은 제국이 체제 유지와 충성 강요에 동원한 수많은 이념들을 의미할 수 있다. 특별히 소아시아에서 황제숭배는 그것을 조장하면서 막강한 영향력을 휘두른 강력한 제사장 제도에 의해 유지되었다. 황제숭배의 선전 활동은 매우 강렬했다. 그것이 둘째 짐승인가?

요한계시록 19장에서 그리스도께서 마침내 짐승들을 물리치셨을 때, 둘째 짐승을 "거짓 선지자"라고 날카롭게 지적한다(19:20). 거짓 선지자는 세속적인 권력을 통한 구원을 믿도록 사람들을 속인다.

그러므로 요한은 세계적인 관점에서 기록하면서, 자신의 최초 독자들과는 매우 다른 상황이라 하더라도 그리스도인들이 각자 처한 상황에 적용할 수 있도록 자신의 메시지를 표현한다. "그 종들"(1:1)은 이 예언의 말씀을 '듣고'(1:3) 스스로 '몸담'은 세상에 적용하고자 하는 우리 모두를 포함한다.

따라서 실현된 예언론적 관점에도 진리가 있지만, 초시간적-상징주의 접근 또한 간과해서는 안 된다. 요한은 각 시대의 그리스도인들이 새로운 안목으로 자신의 세계를 볼 수 있게 해주는 '계시'를 제공한다.

2. 요한은 계시의 특징을 묘사한다

요한은 자신의 책을 "예수 그리스도의 계시"라고 칭한다(1:1). 이는 요한계시록 메시지의 근원일뿐만 아니라 그 내용에 대한 묘사임을 깨닫는 것이 중요하다. 요한계시록에서 암호로 된 세계 역사를 발견하는 역사

계 1:3 　이 예언의 말씀을 읽는 자와 듣는 자와 그 가운데에 기록한 것을 지키는 자는 복이 있나니 때가 가까움이라

요한계시록의 숫자들

요한계시록 전체에서 숫자는 매우 상징적으로 사용되었는데, 특히 넷, 일곱, 열, 열둘 그리고 이 숫자들의 배수들이다.

- 땅 네 모퉁이와 땅의 사방의 바람이 있기 때문에(7:1) '넷'이라는 숫자는 창조된 우주를 나타내는 것 같다. 보좌 주위에서 예배하는 "네 생물"(4:6-9)은 창조주에게 의지하고 있는 살아 있는 피조물 전체를 상징하는 것 같다.
- '일곱'이라는 숫자는 완전함과 완벽함을 의미한다. 아마 그 이유는 창세기에서 창조기사가 이레 동안을 다루기 때문일 것이다. 따라서 아시아의 일곱 교회는, 비록 역사적 교회이긴 하지만, 또한 보편적인 교회를 나타낸다. 이러한 상징은 요한계시록의 '일곱'이라는 숫자가 각각 특정한 '각도'에서 바라본 세상의 완전한 모습을 보여준다는 관점을 지지한다. 또한 13장 18절에 나오는 "짐승의 수" 666이 총체적 불완전함, 완전하게 보이려고 분투하지만 언제나 모자라는 어떤 것을 가리킨다는 해석을 제시한다.
- '열둘'은 하나님 백성의 숫자다. 구약에는 열두 지파가 있고, 신약에는 열두 제자가 있기 때문이다. 따라서 보좌 둘레의 24 장로는 분명 구약과 신약의 예배하는 교회들을 상징한다. 이러한 상징은 21장 12-14절에서 새 예루살렘을 묘사할 때도 사용된다.
- '열'이라는 숫자는 하나님의 주권적 지식과 목적을 가리키는 것 같다. 서머나 교회의 그리스도인들이 "십 일 동안" 박해를 받을 것이라는 말은 박해의 기간을 하나님이 예정하셨음을 암시한다(2:10). 마찬가지로 짐승이 가진 열 개의 뿔과 왕관(13:1; 17:12)은 마귀의 권세에 대한 하나님의 궁극적 주권을 강조한다. 또 다른 숫자에 10을 곱할 때 동일한 개념이 전달된다. 144,000(7:4; 14:1)은 12×12×1,000이며, 분명 구약과 신약 시대(범위는 오직 하나님만 아시지만)의 하나님의 모든 구원받은 백성들을 나타낸다. 마찬가지로 20장 2-4절, 7절의 "천 년"은 정확한 범위는 오직 하나님만 아시는 매우 긴, 명시되지 않은 기간을 상징하는 것으로 이해해야 한다.
- 또 하나의 중요한 숫자는 요한이 다니엘서에서 인용한 상징적 기간인 삼과 이분의 일이다(단 7:25; 9:27; 12:7). 이 기간은 "사흘 반"(11:9), "한 때와 두 때와 반 때"(12:14), "마흔 두 달"(11:2; 13:5) 그리고 "천이백육십 일"(11:3; 12:6) 등으로 묘사될 수 있다. 한 달을 30일로 보면, 이 기간은 각 경우에 동일하다. 그

것은 새 언약의 시대처럼 보인다. 첫 번째 재림과 두 번째 재림 사이의 전체 기간, 즉 교회가 주님을 증언함으로 말미암아 박해당하고 엄청난 반대에 직면해서도 하나님에 의해 양육되고 유지되는 기간이다.

계 7:1 이 일 후에 내가 네 천사가 땅 네 모퉁이에 선 것을 보니 땅의 사방의 바람을 붙잡아 바람으로 하여금 땅에나 바다에나 각종 나무에 불지 못하게 하더라

계 13:18 지혜가 여기 있으니 총명한 자는 그 짐승의 수를 세어 보라 그것은 사람의 수니 그의 수는 육백육십육이니라

계 21:12-14 크고 높은 성곽이 있고 열두 문이 있는데 문에 열두 천사가 있고 그 문들 위에 이름을 썼으니 이스라엘 자손 열두 지파의 이름들이라 동쪽에 세 문, 북쪽에 세 문, 남쪽에 세 문, 서쪽에 세 문이니 그 성의 성곽에는 열두 기초석이 있고 그 위에는 어린 양의 열두 사도의 열두 이름이 있더라

계 2:10 너는 장차 받을 고난을 두려워하지 말라 볼지어다 마귀가 장차 너희 가운데에서 몇 사람을 옥에 던져 시험을 받게 하리니 너희가 십 일 동안 환난을 받으리라 네가 죽도록 충성하라 그리하면 내가 생명의 관을 네게 주리라

계 13:1 내가 보니 바다에서 한 짐승이 나오는데 뿔이 열이요 머리가 일곱이라 그 뿔에는 열 왕관이 있고 그 머리들에는 신성모독 하는 이름들이 있더라

계 17:12 네가 보던 열 뿔은 열 왕이니 아직 나라를 얻지 못하였으나 다만 짐승과 더불어 임금처럼 한동안 권세를 받으리라

계 7:4 내가 인침을 받은 자의 수를 들으니 이스라엘 자손의 각 지파 중에서 인침을 받은 자들이 십사만 사천이니

계 14:1 또 내가 보니 보라 어린 양이 시온 산에 섰고 그와 함께 십사만 사천이 서 있는데 그들의 이마에는 어린 양의 이름과 그 아버지의 이름을 쓴 것이 있더라

계 20:2-4 용을 잡으니 곧 옛 뱀이요 마귀요 사탄이라 잡아서 천 년 동안 결박하여 무저갱에 던져 넣어 잠그고 그 위에 인봉하여 천 년이 차도록 다시는 만국을 미혹하지 못하게 하였는데 그 후에는 반드시 잠깐 놓이리라 또 내가 보좌들을 보니 거기에 앉은 자들이 있어 심판하는 권세를 받았더라 또 내가 보니 예수를 증언함과 하나님의 말씀 때문에 목 베임을 당한 자들의 영혼들과 또 짐승과 그의 우상에게 경배하지 아니하고 그들의 이마와 손에 그의 표를 받지 아니한 자들이 살아서 그리스도와 더불어 천 년 동안 왕 노릇 하니

계 20:7 천 년이 차매 사탄이 그 옥에서 놓여

단 7:25 그가 장차 지극히 높으신 이를 말로 대적하며 또 지극히 높으신 이의 성도를 괴롭게 할 것이며 그가 또 때와 법을 고치고자 할 것이며 성도들은 그의 손에 붙인 바 되어 한 때와 두 때와 반 때를 지내리라

단 9:27 그가 장차 많은 사람들과 더불어 한 이레 동안의 언약을 굳게 맺고 그가 그 이레의 절반에 제사와 예물을 금지할 것이며 또 포악하여 가증한 것이 날개를 의지하여 설 것이며 또 이미 정한 종말까지 진노가 황폐하게 하는 자에게 쏟아지리라 하였느니라 하니라

단 12:7 내가 들은즉 그 세마포 옷을 입고 강물 위쪽에 있는 자가 자기의 좌우 손을 들어 하늘을 향하여 영원히 살아 계시는 이를 가리켜 맹세하여 이르되 반드시 한 때 두 때 반 때를 지나서 성도의 권세가 다 깨지기까지이니 그렇게 되면 이 모든 일이 다 끝나리라 하더라

주의적 접근은 이 본질적인 원리를 망각하는 경향이 있다. 역사주의자들이 제시한 다양한 해석 방법과는 별개로, 그러한 해석 방법에 반대하는 가장 큰 이유는 교회의 필요와 교회의 주인 모두를 간과하기 때문이다. 박해당하는 교회에 필요한 것은 힘들여 해독해야 할 장래의 사건에 대한 상세한 예견이 아니라, 연약한 이들에게 힘을 주고 지친 자들을 격려하는 예수 그리스도의 모습이다.

요한의 목적은 학문적이 아니라 실제적이었다. 요한은 단순한 공상가가 아니었다. 그는 또한 목사였다. 요한의 바람은 미래에 대한 우리의 호기심을 채우는 것이 아니라 현재 우리의 신실함을 북돋는 것이었다. 물론 요한은 "속히 일어날 일들"에 대해 들었다(1:1). 그러나 그가 예견하는 미래는 전적으로 예수 그리스도와 연결되어 있다. 그분은 현재 "땅의 임금들의 머리"로서 다스리는 분이고(1:5), 속히 돌아오실 것이다(1:7). 요한이 우리가 주목하길 원하는 것은 단지 미래가 아니라 바로 예수 그리스도이다. 그분은 다양한 방식으로 묘사되고 있다.

- 먼저 우리는 촛대 사이에서 두루 다니시며 살피시고 교회들을 격려하시는 그분을 본다(1:12-2:1).
- 다음으로, 그분은 아버지의 보좌에 가까이 있는 어린 양, 홀로 두루마리의 인을 떼기 합당한 분으로 묘사된다(5-7장).
- 이어서 그분은 대적하는 모든 세력들을 이기고 하나님의 통치를 공유하는 하나님의 그리스도로 계시된다(11:15; 12:10).
- 장면이 다시 바뀌어 이제 그분은 해를 옷 입은 여자가 해산한 남자 아이,

계 1:7   볼지어다 그가 구름을 타고 오시리라 각 사람의 눈이 그를 보겠고 그를 찌른 자들도 볼 것이요 땅에 있는 모든 족속이 그로 말미암아 애곡하리니 그러하리라 아멘
계 11:15   일곱째 천사가 나팔을 불매 하늘에 큰 음성들이 나서 이르되 세상 나라가 우리 주와 그의 그리스도의 나라가 되어 그가 세세토록 왕 노릇 하시리로다 하니

밧모섬에는 로마제국 당시 종교 및 정치범을 귀양 보냈던 곳으로 사도 요한이 머물었다는 동굴이 있다. 요한은 현재 그리스에 위치한 이곳에서 계시록을 썼다. 아래 건물은 사도 요한 동굴의 입구 건물이다.

용이 삼키고자 하는 아이로 나타난다(12:1-6).

- 또다시 그분은 '어린 양'이다. 그러나 이번에는 구원받은 자들이 노래하는 대열 맨 앞에 서 있다(14:1-5).
- 다음에 그분은 '인자', 하나님의 마지막 분노와 심판을 행하시는 자이다 (14:14-16).
- 여기에 맞춰 그분은 다시 원수들과 싸우고 그들을 심판하기 위해 천국의 군사들 맨 앞에서 백마를 타고 오는 전사로 묘사되고 있다(19:11-16).
- 마지막으로, 그분은 하늘에서 내려와 완벽하게 단장한 신부인 교회를 맞이하는 남편으로 묘사된다(21:1-9).

요한은 이 환상들을 차례로 보았지만, 그렇다고 그것이 이 땅에서 그와 동일한 순서대로 일어날 사건들을 묘사하는 것은 아니다. 각 환상은 모든 시대의 그리스도인들이 이해하고 스스로 적용할 수 있는, 그리스도에 관한 어떤 특별한 진리를 전달한다. 그리스도는 먼저 일곱 금 촛대 사이를 거니시며(2:1), 일정 기간 세상의 교회들과 교제를 나누신 뒤에 보좌에 앉은 어린 양이 되기 위해 천국으로 올라가신 것이 아니다(5:6). 두 환상 모두 모든 시대에 해당되는 진리이며 모든 그리스도인들을 격려하

계 12:10 　내가 또 들으니 하늘에 큰 음성이 있어 이르되 이제 우리 하나님의 구원과 능력과 나라와 또 그의 그리스도의 권세가 나타났으니 우리 형제들을 참소하던 자 곧 우리 하나님 앞에서 밤낮 참소하던 자가 쫓겨났고

계 14:14-16 　또 내가 보니 흰 구름이 있고 구름 위에 인자와 같은 이가 앉으셨는데 그 머리에는 금 면류관이 있고 그 손에는 예리한 낫을 가졌더라 또 다른 천사가 성전으로부터 나와 구름 위에 앉은 이를 향하여 큰 음성으로 외쳐 이르되 당신의 낫을 휘둘러 거두소서 땅의 곡식이 다 익어 거둘 때가 이르렀음이니이다 하니 구름 위에 앉으신 이가 낫을 땅에 휘두르매 땅의 곡식이 거두어지니라

계 2:1 　에베소 교회의 사자에게 편지하라 오른손에 있는 일곱 별을 붙잡고 일곱 금 촛대 사이를 거니시는 이가 이르시되

계 5:6 　내가 또 보니 보좌와 네 생물과 장로들 사이에 한 어린 양이 서 있는데 일찍이 죽임을 당한 것 같더라 그에게 일곱 뿔과 일곱 눈이 있으니 이 눈들은 온 땅에 보내심을 받은 하나님의 일곱 영이더라

고 있다.

그러나 어떤 점에서는 역사적 순서가 중요한 역할을 하기도 한다. 여러 '일곱' 시리즈는 마지막 심판이나 구원에 대한 환상과 함께 막을 내린다. 이는 여섯째 인(6:12-17), 일곱째 나팔(11:15-18), 여섯째 하늘의 표적(14:14-20), 일곱째 대접(16:17-21) 그리고 새 예루살렘의 환상에도 그대로 적용된다(21:1-22:6). 그러나 이 모든 사례들을 볼 때, 이 시리즈에서 이전 항목들이 마지막 때에 이르기까지 단계적인 순서를 밟는 것은 아니다. 각 '일곱'은 동일한 풍경을 서로 다른 관점에서 바라보는 일련의 사진들과 비슷하여 세상과 주님과 미래에 대한 다양한 면들을 보여준다. 요한계시록에 대한 이러한 접근은 50여 년 전 미국 학자 윌리엄 헨드릭슨이 제안했다. 그는 그런 방식을 '점진적 병행법(progressive parallelism)'이라고 명명했다. 그의 이론은, 요한계시록의 각 부분이 점점 더 종말을 강조하며 20-22장에서 절정을 이루는 마지막 심판과 구원의 환상이라는 위대한 결말로 치닫는 방식으로 역사 전체를 다룬다는 것이다.

3. 요한은 계시의 방법을 가리킨다

요한계시록 맨 첫 구절에서 요한은 자신의 책의 성격에 대해 중요한 암시를 더 남긴다. NIV 성경에서 "알게 하신 것이라(made it known)"로 번역된 단어는 문자적으로 '표시하다(signified)'라는 뜻으로, '표적(sign)'이라는 단어와 관련된 동사다. 이는 요한복음에서 예수의 기적을 묘사하는 데 즐겨 사용된 용어다. 그 기적들은 모두 외적인 사건으로 '표명되는' 어떤 내적, 영적 의미를 가지고 있는 것으로 제시되고 있기 때문이다.

마찬가지로 요한계시록은 다양한 표적 또는 상징들을 활용하고 있는

데, 이것들은 그 자체를 넘어 우리 독자들이 분별해야 할 더 깊은 의미를 가리키고 있다. 최근 학자들은 어떤 진리들은 상징과 은유의 사용을 통해서만 표현할 수 있음을 강조했다. 오직 상징과 은유만이 우리가 파악하고 이해할 수 있는 한계 너머에 있는 사상과 개념들의 소리를 들을 수 있게 해주기 때문이다.

요한이 목격한 환상의 이미지는 매우 풍성하다. 그것은 자연(예. 말, 어린 양, 사자, 메뚜기, 전갈, 독수리, 나무, 추수, 바다, 강, 땅, 하늘), **인간 생활**(예. 상업, 전쟁, 우상숭배, 출산, 매춘, 농업, 의료, 정부, 건축) 그리고 **구약**(예. 바벨론, 예루살렘, 이세벨, 애굽, 소돔, 성전과 성전 기물, 만나, 생명나무, 생 명책, 생명수, 어린 양 예수, 사자, 그리고 뿌리 등등)에서 끌어왔다. 이러한 이미지들을 해석하는 데 지침이 되는 세 가지 주요 원칙들이 있다.

이미지는 대부분 고조된 극적 효과를 주기 위한 것일 뿐이며, 모든 세부사항에 어떤 독립적인 의미가 있는 것은 아니다

예컨대 천국의 예루살렘 성곽을 장식한 보석(21:19)들은 제각기 다른 의미를 상징하지 않을 것이다. 큰 음녀를 장식하고 있는 보석들도 마찬가지다(17:4; 18:16)!

이미지는 회화적이기보다는 상징적이며 시각화보다는 해석되어야 한다

우리는 "앞뒤에 눈들이 가득한"(4:6) 생물을 상상해야 하는 것이 아니라 그들이 끊임없이 지켜보고 있음을 기억해야 한다. 또한 뿔이 열이요

계 21:19 그 성의 성곽의 기초석은 각색 보석으로 꾸몄는데 첫째 기초석은 벽옥이요 둘째는 남보석이요 셋째는 옥수요 넷째는 녹보석이요

계 17:4 그 여자는 자주 빛과 붉은 빛 옷을 입고 금과 보석과 진주로 꾸미고 손에 금 잔을 가졌는데 가증한 물건과 그의 음행의 더러운 것들이 가득하더라

계 18:16 이르되 화 있도다 화 있도다 큰 성이여 세마포 옷과 자주 옷과 붉은 옷을 입고 금과 보석과 진주로 꾸민 것인데

머리가 일곱, 입이 하나인(13:1-2) 짐승을 시각화하려고 할 것이 아니라, 그 짐승이 상징하는 끔찍한 권세와 무시무시한 신성모독에 놀라야 한다 (13:5). 하나님의 보좌 앞에서 "어린 양의 피에 그 옷을 씻어 희게"(7:14) 한 큰 군중들의 경우처럼, 때로 그것이 문자적으로 표현 불가능할 때 오히려 그 이미지의 효과가 극대화된다.

일부 세부사항들은 그 자체로 '의미심장'하지는 않지만, 기본적으로 요한 계시록에 나오는 모든 것은 문자적이기보다는 상징적인 것으로 보아야 한다

어떤 것들, 즉 니골라 당(2:6, 15), 그리고 서머나 교회에서 일부 그리스도인들이 곧 감옥에 가게 될 것(2:10) 등에 대한 언급들은 분명히 문자적이다. 그러나 만약 그처럼 명확한 문자적 언급이 아니라면, 상징적인 의미가 무엇인지 찾아야 한다. 심지어 문자 그대로 소아시아의 삶의 특색을 유념한 것이 분명할 때조차 그렇다. 예컨대 라오디게아에는 유명한 안약을 생산해 내는 제약산업이 흥했다. 그러나 그리스도께서 라오디게아 사람들에게 "내게서… 안약을 사서 눈에 발라 보게 하라"(3:18)고 하셨을 때, 그 안약은 다른 어떤 것을 상징한다. 마찬가지로 일곱 교회 자체는 문자적인 의미와 상징적 의미를 모두 갖고 있다. 즉 일곱 교회는 소아시아의 교회들을 의미지만 그리스도의 보편 교회

계 13:1-2 내가 보니 바다에서 한 짐승이 나오는데 뿔이 열이요 머리가 일곱이라 그 뿔에는 열 왕관이 있고 그 머리들에는 신성모독 하는 이름들이 있더라 내가 본 짐승은 표범과 비슷하고 그 발은 곰의 발 같고 그 입은 사자의 입 같은데 용이 자기의 능력과 보좌와 큰 권세를 그에게 주었더라
계 13:5 또 짐승이 과장되고 신성모독을 말하는 입을 받고 또 마흔두 달 동안 일할 권세를 받으니라
계 2:6 오직 네게 이것이 있으니 네가 니골라 당의 행위를 미워하는도다 나도 이것을 미워하노라
계 2:15 이와 같이 네게도 니골라 당의 교훈을 지키는 자들이 있도다
계 2:10 너는 장차 받을 고난을 두려워하지 말라 볼지어다 마귀가 장차 너희 가운데에서 몇 사람을 옥에 던져 시험을 받게 하리니 너희가 십 일 동안 환난을 받으리라 네가 죽도록 충성하라 그리하면 내가 생명의 관을 네게 주리라

를 상징하기도 한다.

교회들이 상징하는 바를 암시하는 것은 바로 '일곱'이라는 숫자다. 숫자를 상징으로 사용하는 것은 요한계시록의 이미지들이 가진 가장 눈에 띄는 특징 가운데 하나다(328-329쪽 박스글 참조).

그러므로 네 가지 해석 방식 모두 진리를 담고 있다. 요한계시록의 이미지가 하나님, 그리스도, 교회, 세상 그리고 마귀의 권세 등에 대해 시간과 장소를 초월해 모든 교회들이 배워야 할 위대한 진리를 가르치고 있음을 주장하는 상징주의적 접근은 옳다. 또한 1세기의 특정한 상황과 독자들을 향한 적실성을 강조하는 실현된 예언론적 접근도 옳으며, 단지 1세기뿐만이 아닌 전 세계 역사에 대한 적실성을 추구하는 역사주의적 접근도 옳다. 마지막으로, 교회와 세상의 궁극적인 운명에 대해 요한계시록이 무엇을 말하고 있는지를 강조하는 미래주의적 접근도 옳다.

· · · · · · · · · · · ·
목회적 분석

간단히 말해서, 요한계시록이 그리스도에 관해 교회에 가르치는 바가 무엇인가? 우리는 다음과 같이 그 메시지를 매우 간략하게 분석할 수 있다.

1. 1-3장: 그리스도 안에 있는 교회의 생명

이 부분의 내용은 1장의 부활하시고 다스리시는 그리스도에 대한 환상이 주도한다. 그분의 교회는 연약하고 고통당하고 심지어 현실에 안주하고 있을지도 모르지만, 여전히 그분 손안에 있으며, 그리스도께서 교회의 필요를 보살피신다.

2. 4-7장: 그리스도로 말미암은 교회의 안전

4-5장의 환상은 하나님을 구약의 관점에서(4장), 곧이어 신약의 관점에서(5장) 묘사한다. 이 세상에서의 삶의 일부인 그 모든 고난에도 불구하고(6장), 교회는 안전하며, 우주의 보좌에서 난공불락의 권세로 통치하시는 하나님의 소유라는 표와 함께 '인치심'을 받는다.

3. 8-11장: 그리스도를 증언하는 교회

나팔이 우상을 숭배하는 죄악된 세상에 대한 하나님의 경고를 알리는 동안(9:20-21) 교회는 그것을 증언한다. 이는 먼저 세상에 대한 예언을 받은(10:9-11) 요한이 상징했고, 나중에 지독한 반대 앞에서도 신실하게 그리스도를 증거했던 두 증인이 다시 상징했다(11장).

4. 12-14장: 그리스도를 위한 교회의 갈등

교회를 대적하는 세상의 배경에는 무엇이 자리 잡고 있는가? 여기서 그 장막이 걷히고, 우리는 진정한 원수 셋을 보게 된다. 이들은 그리스도를 파괴하려고 했고, 이제는 그분의 백성을 무너뜨리려 한다(12:17). 이

계 9:20-21 이 재앙에 죽지 않고 남은 사람들은 손으로 행한 일을 회개하지 아니하고 오히려 여러 귀신과 또는 보거나 듣거나 다니거나 하지 못하는 금, 은, 동과 목석의 우상에게 절하고 또 그 살인과 복술과 음행과 도둑질을 회개하지 아니하더라

계 10:9-11 내가 천사에게 나아가 작은 두루마리를 달라 한즉 천사가 이르되 갖다 먹어 버리라 네 배에는 쓰나 네 입에는 꿀 같이 달리라 하거늘 내가 천사의 손에서 작은 두루마리를 갖다 먹어 버리니 내 입에는 꿀 같이 다나 먹은 후에 내 배에서는 쓰게 되더라 그가 내게 말하기를 네가 많은 백성과 나라와 방언과 임금에게 다시 예언하여야 하리라 하더라

계 12:17 용이 여자에게 분노하여 돌아가서 그 여자의 남은 자손 곧 하나님의 계명을 지키며 예수의 증거를 가진 자들과 더불어 싸우려고 바다 모래 위에 서 있더라

원수들은 "권세를 받아 성도들과 싸워 이기게 되었지만", 그럼에도 또 다른 관점에서 보면, 교회는 안전하고, 광야의 엘리야처럼 양육을 받으며(12:14), 시온 산의 어린 양과 함께 모였다(14:1-5).

5. 15-20장: 그리스도께서 교회를 옹호하심

교회의 원수들에 대한 환상 다음에는 그들이 멸망하게 되는 환상이 이어진다. "인"(6-7장)은 하나님이 그분의 세상에서 허락하시는 것을 묘사한다. "나팔"(8-11장)은 하나님이 그분의 세상에 경고하시는 방법을 묘사한다. "대접"(16장)은 하나님이 그분의 세상을 심판하시는 방법을 묘사한다. 그런 뒤 로마의 멸망을 그리고 있으며(18장), 그다음은 세 원수의 패망으로 이어진다. 이는 12-13장에서 그것들이 소개된 차례의 역순이다.

6. 21-22장: 교회와 그리스도의 연합

세상의 마지막 심판(15-20장)을 목격한 요한은 이제 교회의 마지막 운명을 보게 된다. 고통과 죽음이 추방되고 세상을 향한 하나님의 모든 계획이 완전히 성취된 '새 창조' 안에서 교회는 그리스도와 연합할 것이다.

사실 요한계시록의 메시지는 매우 강력하다. 이 메시지는 자신의 백성이 당하는 고통과 죽음을 함께 나누고 마지막에 하나님의 보좌에 오르시는 그리스도에 대한 환상에 초점을 두고 있다. 또한 세계 역사와 우리

계 12:14 그 여자가 큰 독수리의 두 날개를 받아 광야 자기 곳으로 날아가 거기서 그 뱀의 낯을 피하여 한 때와 두 때와 반 때를 양육 받으매

자신의 삶의 혼돈과 상처를 넘어, 세상과 우리를 향한 하나님의 계획 안에서 우리가 안전하다는 것을 가르친다. 요한계시록은 마귀를 심각하게 여기지만 하나님을 훨씬 더 중요하게 다루고 있다. 죽음과 마귀에 대해 극명하게 묘사하여 우리에게 공포감을 주지만, 그러고 나서 우리의 입술로 가장 놀라운 찬양을 하게 함으로써 우리의 영을 천국까지 끌어올린다. 우리는 천군천사들과 함께 찬양하면서 마귀의 권세가 패배했으며 우리가 구속받았음을 알게 된다. "구원하심이 보좌에 앉으신 우리 하나님과 어린 양에게 있도다"(7:10).

참고도서

1장
기본

Donald English, *The Message of Mark. The Mystery of Faith* (The Bible Speaks Today series, Leicester: IVP, 1992). 「마가복음 강해 : 하나님의 아들 그리스도」 (IVP 역간).

R. T. France, *Divine Government. God's Kingship in the Gospel of Mark* (London: SPCK, 1990).

심화

Ernest Best, *Mark. The Gospel as Story* (Edinburgh: T. & T. Clark, 1983).

Adela Yarbro Collins, *The Beginning of the Gospel. Probings of Mark in Context* (Minneapolis: Fortress, 1992).

Morna D. Hooker, *The Message of Mark* (London: Epworth Press, 1983).

Jack D. Kingsbury, *Conflict in Mark. Jesus Authorities, Disciples* (Minneapolis: Fortress, 1989).

2장
기본

Richard A. Edwards, *Matthew's Story of Jesus* (Philadelphia: Fortress Press, 1985).

J. R. W. Stott, *The Message of the Sermon on the Mount. Christian Counter-Culture* (Leicester: IVP, 1978). 「존 스토트의 산상수훈」(생명의말씀사 역간).

심화

R. T. France, *Matthew, Evangelist and Teacher* (Exeter: Paternoster, 1989). 「마태 신학」(엠마오 역간).

David E. Garland, *Reading Matthew. A Literary and Theological Commentary on the First Gospel* (London: SPCK, 1993).

Jack Dean Kingsbury, *Matthew as Story* (Philadelphia: Fortress Press, 1988). 「이야기 마태복음」(요단출판사 역간).

Paul S. Minear, *Matthew. The Teacher's Gospel* (London: Darton, Longman & Todd, 1984).

John W. Wenham, *Redating Matthew, Mark and Luke. A Fresh Assault on the Synoptic Problem* (London: Hodder & Stoughton, 1991).

3장

기본

David Gooding, *According to Luke, A new exposition of the Third Gospel* (Leicester: IVP, 1987).

David Gooding, *True to the Faith. A fresh approach to the Acts of the Apostles* (London: Hodder & Stoughton, 1990).

J. R. W. Stott, *The Message of Acts. To the ends of the earth* (Leicester: IVP, 1990). 「사도행전 강해: 땅 끝까지 이르러」(IVP 역간).

Michael Wilcock, *The Message of Luke: The Saviour of the World* (Leicester: IVP, 1979). 「누가복음 강해: 온 세상의 구세주」(IVP 역간).

심화

J. A. Fitzmyer, *Luke the Theologian. Aspects of His Teaching* (London: Geoffrey Chapman, 1989).

W.W. Gasque, *A History of the Criticism of the Acts of the Apostles* (Grand Rapids: Eerdmans, 1975).

I. H. Marshall, *Luke: Historian and Theologian* (Exeter: Paternoster, 1970). 「누가행전」(엠마오 역간).

John T. Squires, *The Plan of God in Luke-Acts* (Cambridge: Cambridge University Press, 1993).

4장

기본

A. E. Harvey, *Jesus on Trial. A Study in the Fourth Gospel* (London: SPCK, 1976).

David Jackman, *The Message of John's Letters: Living in the Love of God* (Leicester: IVP, 1988). 「요한서신 강해: 하나님의 사랑 안에 거하는 삶」(IVP 역간).

Bruch Milne, *The Message of John: Here is your King!* (Leicester: IVP, 1993). 「요한복음 강해: 말씀이 육신이 되어」(IVP 역간).

Leon Morris, *Jesus is the Christ. Studies in the Theology of John* (Grand Rapids: Eerdmans / Leicester: IVP, 1989).

심화

Gary M. Burge, *Interpreting the Gospel of John* (Grand Rapids: Baker Book House, 1992).

John W. Pryor, *John, Evangelist of the Covenant People. The Narrative and Themes of the Fourth Gospel* (London: Darton, Longman & Todd, 1992).

Judith M. Lieu, *The Theology of the Johannine Epistles* (Cambridge: CUP, 1991).

Leon Morris, *Studies in the Fourth Gospel* (Exeter: Paternoster, 1969). 이 책에는 요한복음과 공관복음의 관계에 관한 소논문이 포함되어 있다.

5장
기본

Steve Motyer, *Israel in the Plan of God. Light on today's debate* (Leicester: IVP, 1989).

Robert Stein, *Difficult Passages in the Epistles* (Grand Rapids: Baker, 1988; Leicester: IVP, 1989).

John Ziesler, *Pauline Christianity* (Oxford: OUP, 1990).

심화

F. F. Bruce, *Paul: Apostle of the Free Spirit* (Exeter: Paternoster, 1977). 「바울」(크리스챤다이제스트 역간).

Martin Hengel, *The Pre-Christian Paul* (London: SCM, 1991).

Morna Hooker, *From Adam to Christ: Essays on Paul* (Cambridge: CUP, 1990).

Seyoon Kim, *The Origin of Paul's Gospel* (Tubingen: J. C. B. Mohr, 1981).
    「바울복음의 기원」(엠마오 역간).

6장
기본

Reymond Brown, *The Message of Hebrews. Christ Above All* (Leicester: IVP, 1982).
    「히브리서 강해: 만유의 그리스도」(IVP 역간).

David Gooding, *An Unshakable Kingdom. The Letter to the Hebrews for Today* (Leicester: IVP, 1989).

William L. Lane, *Hebrews. A Call to Commitment* (Peabody, Massachusetts: Hendricksen, 1985).

심화

L. D. Hurst, *The Epistle to the Hebrews. Its background of thought* (Cambridge: CUP, 1990).

Barnabas Lindars, *The Theology of the Letter to the Hebrews* (Cambridge: CUP, 1991).

7장
기본

James T. Draper, *Faith That Works. Studies in James* (Wheaton: Tyndale House, 1988).

J. A. Motyer, *The Message of James: The tests of faith* (Leicester: IVP, 1985).
    「야고보서 강해 : 믿음의 시험」(IVP 역간).

심화

James B. Adamson, *James. Tha Man and His Message* (Grand Rapids: Eerdmans, 1989).

P. J. Hartin, *James and the Q Sayings of Jesus* (Sheffield: JSOT Press, 1991).

Pedrito U. *Maynard-Reid, Poverty and Wealth in James* (Maryknoll: Orbis, 1987).

8장
기본

Carsten P. Thiede, *Simon Peter: From Galilee to Rome* (Exeter: Paternoster, 1986).

Edmund P. Clowney, *The Message of 1 Peter: The Way of the Cross* (Leicester: IVP, 1988) 「베드로전서 강해: 순례자의 소망과 영광」(IVP 역간).

I. Howard Marshall, *1 Peter* (Downers Grove: InterVarsity Press, 1991).

심화

John H. Elliott, *A Home for the Homeless. A Sociological Exegesis of 1 Peter, Its Situation and Strategy* (London: SCM, 1982).

Michael Green, *2 Peter Reconsidered* (Leicester: IVP, 1961 최초 출간).

9장
기본

John Stott, *What Christ Thinks of the Church* (Milton Keynes, UK: Word, 1990).
    – an exposition of Revelation 2 and 3. 「내가 사랑하는 교회에게」(포이에마 역간).

Michael Wilcock, *The Message of Revelation. I Saw Heaven Opened* (The Bible Speaks Today series) (Leicester: IVP, 1975). 「요한계시록 강해: 새 하늘과 새 땅을 보니」(IVP 역간).

Michael Williams, *The Power and the Kingdom. Power, Politics and the Book of Revelation* (Eastbourne: Monarch, 1989).

심화

Donald Guthrie, *The Relevance of John's Apocalypse* (Exeter: Paternoster / Grand Rapids: Eerdmans, 1987).

C. J. Hemer, *The Letters to the Seven Churches of Asia in the Local Setting* (Sheffield: JSOT Press 1986).

J. M. Court, *Myth and History in the Book of Revelation* (London: SPCK, 1979).

신약의 메시지 (컬러개정판)

초판 1쇄 발행   2013년 9월 17일
개정 1쇄 발행   2021년 4월 9일

지은이 존 스토트, 스티븐 모티어
옮긴이 김동규
펴낸이 정선숙

펴낸곳 협동조합 아바서원
등록 제274251-0007344호
주소 경기도 고양시 덕양구 삼원로51 원흥하이필드 지식산업센터 606호
전화 02-388-7944 **팩스** 02-389-7944
이메일 abbabooks@hanmail.net

© 존 스토트, 스티븐 모티어, 2021

ISBN 979-11-90376-26-6 (03230)